印度占星學

精準解讀先天格局，論斷命運走勢

秦瑞生———著

☽ 目錄 ☾

第三章　天宮圖的要素 I：星座 106

第六章　行星的八個吉點力量　292

第七章　行星組合　324

———————○ 作者序 ◑———————

天啟的占星學

　　印度位處南亞次大陸，與埃及、希臘、中國並列世界四大文明古國。約莫在西元前 1,500 年以後，亞利安人（Aryans）移入征服且統治，他們帶來的原始神，大都是自然界獨特的魔魅力量，例如風、雷、雨、電等衍化而成的神格，結合祭祀冥思而發展出吠陀文化，而大量的吠陀經典也指導著印度子民的生活。

　　為顯示這些白種人的優越，並加強社會控制，藉由《原人歌》的傳播，硬生生地將人種分為上、為潔淨，為下、為污穢的區分，於是進一步形成特有的種姓制度，婆羅門、剎帝利、吠舍等三種姓為上，而首陀羅為下，累世累代世襲不替，另尚有因違反種姓規定，被驅逐在外的不可接觸者……。

　　為上者享有各種社會資源，受人敬仰；為下者幾被剝奪一切。會有這樣的命運，各教派或哲學學說都傾向以業力解釋，無法擺脫因果輪迴所致，因而大都主張需禁欲苦修，或是透過瑜伽等精神訓練，而這些觀念也影響甚深。

　　印度占星學（Indian Astrology，簡稱印占），較正確的名稱應為「Jyotish Astrology」。「Jyotish」即光之科學，由「Jyoti」和「sh」兩個梵文組成，前者的字義是「蠟燭的火焰」，後者則是「最具智慧」，喻意天空照射給地球的光，經由人類眼睛而洞見人生的微妙，得以驅逐無知，引導走向人生正確的道路，它的整個精神和思想，都建構自天啟的、神聖的吠陀經典，因而又被稱為吠陀占星學（Vedic Astrology）。

　　在希臘天宮圖形式占星學傳入印度之前，印度早期的占星學主要是以月亮運行在天空的二十八星宿為主的型態。印度是宗教意識濃厚的國度，祭祀

祈禱為生活所不可或缺，月亮的光華賦予次大陸人民的心靈精神昇華，因而月亮的周期相態就成為重要慶典的擇日指標。當時的月亮被視為陽性男神，每晚住宿於不同星宿的妻子，後世的天文學稱之為月站，在施行純陰曆的猶太、阿拉伯、中國等地區國家，都見得到這二十八星宿的使用或稱謂。因二十八星宿的重要，印度先賢將之賦予神性，以神話流傳。

爾後，希臘馬其頓的亞歷山大大帝東征北印度，雖戰敗離開，卻留下一位部將統領一個說希臘語的小王國，因而常與希臘及羅馬貿易往來，約在二世紀中葉，一本希臘占星學的書籍被譯成梵文，此即著名的《Yavanajataka》，由該王國的「Sphujidhvaja」所譯。剛逝世不久的哈佛大學著名科學史學者大衛・潘格利（David Pingree），博士論文便是研究這本書，仔細地編譯該書內容，比對與希臘占星學的關係並加以評論，幾乎能確認現今印占的天宮圖形式，除了少部分發源自本土，其他大多數來自希臘占星學。

「Yavanas」的梵文意譯是「希臘」，因而《Yavanajataka》即是「希臘人說法的占星書」，國際知名占星學泰斗羅伯特・漢德（Robert Hand），在《History of Astrology》一文曾整理潘格利的內容，證實該書的部分梵文專有占星名詞，幾乎都是希臘占星學獨有而予以意譯的，甚或增添原本所沒有的梵文字義。希臘占星學初期發展的整個星座宮位制、三方四正、根據始宮／續宮／果宮的吉凶能量，以及光學視覺角度衍生的不合意凶象而導出六宮、八宮、十二宮為三凶宮，印占都可見到這些內容，且將之視為核心內容。另外，受希臘占星學影響，月亮也轉變成陰柔的女性角色，更可證明潘格利的觀點正確。

印占發展至今約可分成三大系統，間或有其他外來文化，如與波斯、阿拉伯交流所形成的「Tajika Jyotish」，主要用於流年預測，是西方熟稔的太陽迴歸，但並非主流。又二十世紀後，印度占星家克里希那穆提（K. S. Krishnamurty）建構一套有別於三大系統的「K.P. Jyotish」，僅屬於小眾市

場。所謂的三大系統分別是：

1. **帕拉薩拉系統（Parasara）**：印度占星先賢帕拉薩拉所著《Brihat Parasara Hora Sastra》，通常簡稱為《BPHS》，流行於全印度（P43）。
2. **賈密尼系統（Jaimini）**：賈密尼所著《Upadesa Sutras》，比較流行於南印度，近十年來逐漸受到矚目（P44）。
3. **納迪系統（Nadi）**：這個系統頗為龐雜，其中的納迪葉解讀最為神祕奇趣，全球各地常有人揪團前往南印，尋找自己的葉子（P47）。

　　我在研習任何學問，向來重視完整歷史淵源及發展脈絡，關於西方占星學，自認相當了然於胸，但在印占部分卻頗感挫折，主因是全印度語言繁多，不易學習，另一原因是印度向來不注重歷史，他們認為現實生活的一切，不過是一剎那，追求的是永恆的最高境界，因此不重視確切的歷史年代記載。上述三大系統的占星書籍，對作者描述常見神話式的傳奇，卻不知其出生年代，而其傳布脈絡更不知所云，故要追蹤這三大系統的歷史發展，確實不易。

　　本書的編寫主要是根據帕拉薩拉系統，重要的基礎內容應都已涵蓋在內，甚至擴及中級程度，讀者只要循著整本書的篇章努力研習，掌握要點再加以整合，要登堂入室並不難。為增加學習印象，盡量附予實例驗證。

　　儘管本書主要以印占的本命為主，但如能奠定紮實基礎，也能延伸研習卜卦、擇日、時事、醫療等領域，當然，這些延伸領域皆有各自的使用規則及判斷法訣。

　　由於印占採用恆星黃道，而西方占星學不論現代心理占星學（簡稱現占）或古典占星學（簡稱古占），都採用迴歸黃道，那麼，這兩種黃道用法係因歲差所致，同一出生時間的人，會因行星和各敏感點所在黃道位置而大為不

同。印占和古占都強調行星吉凶力量強弱，可能呈現不同的情況，如此一來，將以何者為驗呢？這真是大哉問，其實這也是國際占星學界至今仍爭論不休的議題。

我從事現占、古占已三十年，而印占也有二十年資歷，對此議題，個人持平而論的心得是，印占論格局高低、富貴貧賤、六親緣厚緣薄及大運趨勢走向較為準驗，如排名世界首富多次的微軟創辦人比爾‧蓋茲、國內知名歌手周杰倫、香港影歌雙棲皆甚有成就的張國榮等等，從他們的印占命盤，能輕易一眼看出屬於人生勝利組、具社會影響力的富貴格局。

古占也論及格局，只是較為隱晦，不若印占明確，但古希臘有一套大運系統，名稱為「黃道釋放」（Zodical Releasing，簡稱 ZR），這套結構有點類似印占的大運系統，對運勢轉折往往令人驚訝，在人生取向目標、各宮事務吉凶評斷頗精細，又主限向運和流年小限等推論較小時間單位的預測，確為古占的獨到之處。至於現占，避談事件預測，不論行星的力量強弱導致吉凶，強調人本主義或榮格動力心理學，因而圍繞行星在黃道及與其他行星之間的相位，討論案主的心理素質，排斥印占、古占的宿命論說法，卻顯得空泛，難以切入人生各事項領域的主題，然心理描述或許為其一大特色。

最後要感謝豐雯的促成、美欽的用心，得以讓本書面世，「豐富文化」的全員努力都令人感動，尤其是韋毅的鍥而不捨、精美的編輯，讓我相當銘感於內，也謝謝芳誼、課震的序文增添光輝。

秦瑞生

───────── ☽ 推薦序 ☾ ─────────

在巨人肩上看見宇宙真理

　　秦瑞生老師的印度占星學（簡稱印占）書籍，在我們的千呼萬喚之下，終於出版了！

　　師從秦老師的古典占星學（簡稱古占）、印占，每次上課時，我總是萬分佩服秦老師的占星學問如此根底深厚。老師畢生沉浸在浩瀚占星學書海中，他看過的占星學書籍，真的比我吃過的鹽還多！而且幾乎都是原文書，更顯示出秦老師所下的苦功。在台灣，甚至華人圈，應該難有占星學家能望其項背，我很有福氣，能跟隨這樣認真的老師從事占星學的研究。

　　近幾十年來，古占的浪潮在歐美興起，漸漸擴及到台灣，許多當年抨擊古占是「算命的」那些現代占星學派（簡稱現占）人士，有不少人後來也默默學起古占來，可見古占那種顛撲不破的內涵，才是王道。至於印占，就更像「算命的」了，印占與印度傳統神話、哲學、文化關連密切，尤其是「業」、「輪迴」這些概念。印占對一個人出生格局的斷定、大運流年的預測、二十七星宿（原為二十八星宿）、後天十二宮的分類（三方宮、困難宮、成長宮等等）、各種分宮圖、賦予行星功能吉／凶星的性質、行星之間的相映、行星之間的連結（各種行星組合）、行星之間的友誼與敵意等等，在在顯示出印占迥異於古占獨特的神祕魅力，所以自 1990 年代起，印占逐漸獲得歐美占星學界的注目，如今在占星學界已有一席之地。

　　我練習正統瑜伽多年，所以跟隨秦老師學習古占、印占時，深深感受到瑜伽理論說的對：「我們都是宇宙的孩子，星星的射線影響著我們。」不論是古占或印占，都充滿深奧的學問，無窮無盡，從事這些占星學的研究者，

更都是大學問家，絕對不是江湖郎中，更不是現占學派（或其他人）認為的命定論者。誠如印度著名上師聖尤地斯瓦爾（Swami Sri Yukteswar）所言：

「孩子出生時，天體的射線與他個人的業力恰當地交織計算一致於該時刻，他的天宮圖是一張深具挑戰性的素描，揭示他不可改變的過去（業力）及未來可能發生的結果……在出生時刻，跨越在天空顯示的訊息，並不意謂強調命定，而是喚醒人的意志來避開業力的束縛。曾經做過的行為，現在可以不做，自己正是現在生活狀態的始作俑者，不是別人。人能克服任何業力的限制，因為這一切都是自己過去的行為創造的結果，而人因為具有靈性，所以可以鍛鍊自己不受制於行星。」

As above, so below.

人在做，天真的在看，並確實記錄著，一切都有脈絡可循，無法改變的是過去（前世的業），可以展望的是未來，這才是占星學的功用所在——好好認清自己的主客觀環境，才能好好揮灑自己的人生藍圖。

印占在台灣的發展及知名度，仍屬於萌芽階段，這個領域的中文書很少，而秦老師這本書的出版，實是有志學習者的一大福音。秦老師在此書中不藏私的分享，使我們能站在巨人的肩膀上，一窺印度占星學的奧妙。

宇宙的真理，一直在那裡，不管你信或不信。

陳芳誼

☽ 推薦序 ☆

探索不同的人生面向

欣聞秦老師出印度占星學（簡稱印占）書籍，邀請我這個老學生寫序，高興又惶恐！

回憶起跟秦老師的結緣，是在 2003 年了。當時透過報紙得知老師要舉辦西洋占星的招生發表會，因而好奇前去聆聽，隔天又找老師算西洋星盤，結果老師言簡意賅，說了我的家境與我的痛苦根源。先前的八字老師都說我是乞丐命，讓我心裡很不服氣，也因而走向研究五術之路，但秦老師竟然從星盤直接命中我的核心，讓我驚訝不已！當下向老師詢問了學費以及如何付費？從此開始了我跟秦老師的緣分。後來的大六壬、玄空陽宅學、印占，我都跟是秦老師學習的，唯因家裡事業緣故，回去故鄉彰化發展，與老師的緣分暫時告個段落。

爾後因為小孩緣故，我又回到高雄，也在當地置產生根。當時向老師學習印占，老師曾論及我的命格與政治有緣，適合宗教修行的道路，但感情婚姻不順利。這十年來，一一印證，所以最近讓我決定與老師再續前緣，重新複習印占及其他卜卦、合盤、A*C*G* 等古典占星的課程。

印占是源自印度古老的吠陀學問，採用整宮制，而且只用日、月、水、金、火、木、土、羅睺、計都這些行星，並沒有使用現代的天王星、海王星、冥王星等三大行星，而且不用什麼相位角度，反而是以行星來照映星體或宮位，例如火星照映它起算第四、七、八的宮位，而太陽月亮只能照映對面的第七宮，這部分與西洋占星的合相、三分相、對分相比對，就有不同的看法了。

　　而且，印占在論斷格局高低，或者是否適合功名利祿上，更為精準，例如第一、五、九宮為三方宮，與第一、四、七、十宮為始宮（或稱四正宮）組成的格局，我們稱「Raja Yoga」，主貴格、社會地位、名望；第二、十一宮這部分的組合，或其與三方宮／四正宮的組合，我們稱「Dhana Yoga」，主財富賺錢格局。

　　還有異路功名的第六、八、十二宮組合，或其與三方宮／四正宮的組合，利宗教修行，印占讓我們用更多元的方式看到不同的人生面向，而且它特殊的「Dasa」大運法，比起西洋占星的諸多大運法更為準確，另外，尚能參考 D_2、D_4、D_9 等不同分盤，可以精準論斷各個不同人生事務領域，是其他祿命法所沒有的，讓人驚嘆不已，絕對值得去體驗、研究這個寶庫。

　　秦老師也是我見過最博學、最認真的老師，教室及工作室滿滿的中文命理書籍，以及西洋占星與印占的原文書籍，每次去找老師聊天，都看到他在讀書、整理資料，好學精神幾無人可及，我們這些學生的用功程度可能還沒有他的十分之一，令人汗顏。

　　秦老師也多次在課堂上精準預測國內外大事，例如十年前看小布希命盤，就斷言小布希會攻打阿富汗跟伊拉克；四年前預測柯文哲會當選台北市長……讓人震撼連連。

　　今天欣逢老師的印占書籍上市，承蒙老師厚愛，不嫌筆陋，寫此序言，也可以說是個人十多年來跟老師學習的一點感言感想，希望有緣人得此寶書，可以入寶山而不空手回，猶如得葵花寶典，增加一甲子的功力。

業餘命理風水師　林課震（阿政哥）

─────── ☽ **重要字詞釋義** ☾ ───────

行星與星座

中文	梵文	符號	中文	梵文	符號
行星	Graha		白羊座	Mesha	♈
太陽	Ravi	☉	金牛座	Vrishabh	♉
月亮	Chandra	☽	雙子座	Mithuna	♊
火星	Kuja	♂	巨蟹座	Kataka	♋
水星	Buddha	☿	獅子座	Simha	♌
木星	Guru	♃	處女座	Kanya	♍
金星	Sukra	♀	天秤座	Thula	♎
土星	Sani	♄	天蠍座	Vrischik	♏
北交點（羅喉）	Rahu	☊	人馬座	Dhanus	♐
南交點（計都）	Ketu	☋	摩羯座	Makara	♑
徵象星	Karaka		水瓶座	Kumbha	♒
星座	Rasi		雙魚座	Meena	♓

分宮圖

分宮圖	Varga	分宮圖	Varga	分宮圖	Varga
D_1	Rasi	D_{10}	Dashamsa	D_{30}	Trimsamsa
D_2	Hora	D_{12}	Dwadashamsa	D_{40}	Chatvarimsamsa
D_3	Drekana	D_{16}	Shodashamsa	D_{45}	Akshavedamsa
D_4	Chaturtamsa	D_{20}	Vimsamsa	D_{60}	Shastiamsa
D_7	Saptamsa	D_{24}	Chaturvimsamsa		
D_9	Navamsa	D_{27}	Bhamsa		

宮位與行星狀態

中文	梵文	中文	梵文
宮位	Bhava	旺	Uchcha
上升星座、上升點（ASC）	Lagna	弱	Neecha
始宮	Kendras	三方旺宮	Moolatrikona
三方宮	Trikonas	自己的星座	Swakshetra
成長宮	Upachaya	行星的狀態	Graha Avasthes
困難宮	Dusthanas	行星逆行	Cheshta
死亡殺手宮	Marakas	行星停滯	Stambana
第一宮	Tanur	行星逢太陽焦傷	Astangatha
第二宮	Dhana	行星戰爭	Graha Yudha
第三宮	Sahaja	行星的六種力量	Shad Bala
第四宮	Sukha	行星的八個吉點力量	Ashtaka Varga
第五宮	Putra	行星組合	Yogas
第六宮	Satru	吉點	Bhindus
第七宮	Jaya	總共吉點	Sarav Ashtaka Varga
第八宮	Mrityu	個別行星的吉點	Bhinn Ashtaka Varga
第九宮	Bhagya	貴格	Raja Yogas
第十宮	Karma	富格	Dhana Yoga
第十一宮	Ayaya	主要期間、大運	Dasa
第十二宮	Vyaya	次要期間	Bhukti
相映	Drishtis	過運	Gochar

As above,

上天如是，

so below.

地下亦然。

第一章

印度占星學與吠陀文化

　　印度（Hindu）一詞，源自古波斯語。古代波斯人經商到達南亞次大陸第一大河印度河下游地區時，因感嘆水勢雄大而命名為「信度」（Sindu，水或海之意），讀作「Hindu」。原僅稱呼印度河流域，後演變為全印度的通稱。西元前四世紀，馬其頓王國的亞歷山大大帝東征印度的信度地區，以希臘語稱呼「Indu」，遂成為印度的國名，一直沿用至今。我國在漢代即與印度有往來，《史記》、《漢書》稱其為「身毒」；唐代高僧玄奘前往天竺取經，天竺即唐朝對印度的稱呼。

　　大約西元前 1,500 年，印歐民族的亞利安人遷徙到印度西北部，進行征伐統治之前，當地曾有相當發達的哈拉帕（Harapa）文明，可惜不知何故，文明突然消失。亞利安人帶來他們信仰的神祇、風俗習慣與文化，經過世代變遷，與當地土著融合，開啟了印度的吠陀文明（Vedic Civilzation）。

　　有關吠陀文明的發展，〈圖 1-1〉引用重繪日本高楠順次郎與木村泰賢的名著《印度哲學宗教史》所繪古代印度，配合保羅・杜森（Paul Deussen）的文明史角度，可一窺吠陀文明發展概況。

　　保羅・杜森將印度分為三個區域，也是印度文明的三大中心：西方印度河為中心的五河地方、東南恆河平原地方、頻闍耶山（Vindhya，現稱溫迪亞山脈）以南的半島地方。印度文明初期興起於五河地方，之後東漸移入恆河地方，最終發展至半島地方。

　　以注入阿拉伯海的印度河河口為起點，向注入孟加拉灣的恆河河口畫一直線，將印度分成南北兩個三角形，北方為興都斯坦平原地方，南方為由德干

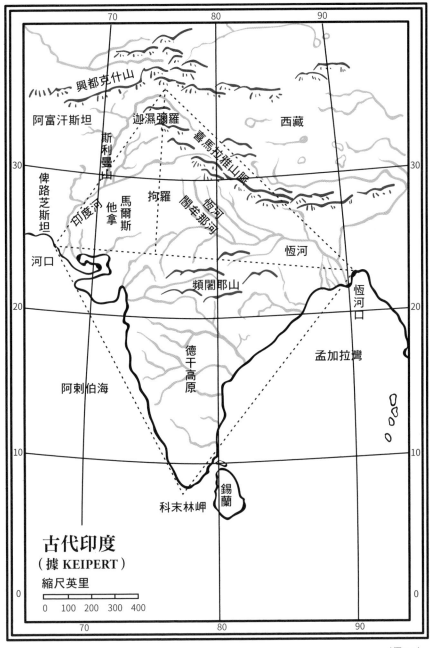

阿富汗斯坦　　迦濕彌羅　　　　　西藏

興都克什山

斯利曼山

俾路芝斯坦

印度河

馬爾斯
他拿

拘羅

喜馬拉雅山脈

閻牟那河

恆河

恆河

河口

頻闍耶山

恆河口

阿剌伯海

德干高原

孟加拉灣

科末林岬

錫蘭

古代印度
（據 KEIPERT）

縮尺英里

0　100　200　300　400

〈圖 1-1〉

高原至科末林岬（Kanyakumari，現稱科摩林角）的半島地方。再於上方三角形頂點的興都克什山，往下畫一條垂直線貫穿馬爾斯他拿沙漠，在此沙漠的西方，即為五河地方。

印度是全世界宗教意識最濃厚的國家，在吠陀思想文化的薰陶下，有近83%的印度子民信仰印度教。印度教就是吠陀教歷經了婆羅門教的洗禮後，再加以精煉的宗教。

印度的整個社會風俗、人生目標取向，都長期浸淫於吠陀經典的啟迪。「印度占星學」（Jyotish）為吠陀六大知識系統之一，其受吠陀思想文化的影響，不言可喻。

以下將分節說明印度占星學與吠陀文化的關係，以便讀者充分理解印度占星學特有的吠陀文化之內涵。

第一節　印度占星學的意義

「印度占星學」（Hindu Astrology 或 Jyotish Astrology）是流行全印度的占星學的統稱，現今有極大部分受「希臘占星學」（Hellenistic Astrology）的影響，如黃道十二星座的使用、行星及後天宮的管轄意義，以及宮位系統的採用。西元 270 年的《Yavanajataka》一書內容，就是典型的希臘－印度占星學整合的形式。

如今，印度占星學已不復見早期二十七星宿體系的完整論述，但在精神與思想上，仍相當著重吠陀哲學的特色，所以又稱為「吠陀占星學」（Vedic Astrology）。「吠陀」（Veda），是從梵文中「知」的動詞「Vid」演變而來的，即「知識」或「智識」之意。信奉者認為，這是神聖、天啟的知識，由天神傳授給祭司和聖賢，據說當時傳給七個家族，再以口傳方式留給後世，因此稱之為「Sruti」，意指「所聞」之意。

　　這些知識原為讚誦神明或祭祀的儀規，經由亞利安學者整理後再創作，賦予哲學思維而形成《吠陀經》。因其主張祭祀萬能，因此，主司祭祀的婆羅門掌握且壟斷了這門知識；而由吠陀精神衍生的宗教活動，則稱為婆羅門教。後來，信奉者根據天啟聖典，並秉持著吠陀精神，由聖人著作來例示或擴充天啟聖典，稱之為「傳承聖典」（Smriti）。期間，婆羅門僧侶因過於驕縱奢華，在遭逢清新宗教如佛教、耆那教挑戰時，曾一度沒落。但在印度子民勤誦與吠陀相關的經典，苦修和體悟吠陀的要義後，婆羅門教又得以復興，且更為茁壯發展，因而蛻變成現今的印度教。

　　「Jyotish」是「吠陀占星學」的全名。其中，「Jyoti」的意義是「蠟燭的火焰」，即來自天空，照射給地球人類的光；意指光經由我們的眼睛，使我們有能力看清事物，洞見人生的微妙；而「sh」的意義是「最佳的，最具智慧的」，所以「Jyotish」被譯為「光之科學」。光驅散黑暗，驅除人生的無明或無知，導引我們走向正確的道路。意謂吠陀的知識是宇宙的知識，是清淨意識的狀態。

　　絕大多數的印度人相信，一切的學問都從《吠陀經》演化而來。宗教是知識之源，占星學亦不例外。《吠陀經》中可獨立分支出來的經書（Sutra），有一部稱為《吠陀分明論支節錄》（Vedangas），便提及吠陀的六大知識，意義略述如下：

一、音韻學（Siksa），代表吠陀的鼻子

　　有關語言的著作。因吠陀文獻乃口耳相傳保留下來的，為了避免在口傳過程中走樣，需對吠陀經典的讀音聲調做完整詳細的研究和記錄。由於抑揚頓挫與鼻音有關，故代表吠陀的鼻子。

二、語言學或稱文法學（Vyakarana），代表吠陀的嘴

　　研究吠陀文獻的方法。若不具備文法的知識，便無法了解吠陀文獻，屬吠陀分支中最重要的部分。在印度，教導吠陀文法的地點都位於濕婆神廟。吠

陀的營養吸收需經由嘴，故代表吠陀的嘴。

三、格律學（Chandah），代表吠陀的腳

有關吠陀韻律的研究。唸誦吠陀經典有一定的韻律，如同吟詩。印度占星學的改運方法常涉及真言念咒（Mantras），與格律學密切相關，是吠陀經典的基礎，類比為腳，故代表吠陀的腳。

四、語源學（Nirukta），代表吠陀的耳朵

主要針對吠陀文獻中難字的注釋。《吠陀經》是以梵文撰寫，需對字詞或字源做根本的詮釋，才能通徹文獻真正的內涵，這是因梵文屬觀念性語言，非定義式的，因而類比耳聽八方，多重的詮釋，故代表吠陀的耳朵。

五、天文占星學（Jyotisa），代表吠陀的眼睛

如前所述，相關分類參讀本章第四節「印度占星學的分類」。

六、方法學（Kalpa），代表吠陀的手

此為出現較晚的吠陀分支，內容十分龐雜，主要分成三類：

1. 天啟經：解釋祭司執掌的大祭。

2. 家庭經：敘述家庭中由家長主持進行的祭祀。

3. 法經：社會職責、種姓的行為規範，相當具體的維繫婆羅門教的社會秩序及倫理道德，最著名的是《摩奴法論》。

方法學是從吠陀的分支中再區分出來的，類似手掌分開的樣子，故又稱「吠陀之手」。

第二節　吠陀思想文化形成概述

印度占星學深受吠陀文化影響，因此，了解吠陀思想文化形成的過程與演變，以及相關神話學、哲學思想等深烙在社會風俗民情的現象，較能掌握印度占星學的精神，有助深入體悟其來龍去脈及論斷精髓，也更能分辨西洋占星學和印度占星學內涵的差異。

吠陀思想文化的形成是以吠陀文獻為中心，經由世代累積特有的宗教哲學所匯集而成的東方文化。因時間久遠，加上印度人不重視歷史記載，《吠陀經》的構成年代已無從查考確認，某些作品的口傳可追溯至西元前2,500年。目前學者普遍認為，《吠陀經》的構成時期約為西元前1,500至500年，基本上又分成吠陀前期、吠陀後期、史詩形成時期，爾後直到笈多王朝，此時相當於遵奉吠陀文獻的印度六大哲學宗派經書形成時期。中世紀以後，則是印度各哲學宗派思想體系完備時期，而這些吠陀思想文化也一直延續至今。

吠陀思想文化形成時期概述

吠陀前期 BC1500 - 800	吠陀後期 BC800 - 500	史詩形成時期 BC500 - 300	經書形成時期 BC300 - AD400	六大哲學體系 完備 AD400 - 1600
《梨俱吠陀》	《梵書》	《摩訶婆羅多》	佛教	正理派
《夜柔吠陀》	《森林書》	《羅摩衍那》	正理教	勝論派
《沙摩吠陀》	《奧義書》	《往世書》	《勝論經》	數論派
《阿闥婆吠陀》		耆那教	《數論經》	瑜伽派
		佛教	《瑜伽經》	彌曼差派
			《彌曼差經》	吠壇多派
			《梵經》，又名 《吠壇多經》	

〈表 1-1〉

吠陀前期至後期的《梵書》（*Brahmana*）、《森林書》（*Arayaka*），屬於五河地方所發展的神話時期；而吠陀後期的《奧義書》（*Upanisad*），則為開始向東南恆河平原發展的哲學期；經書形成時期後，為向南發展的百家爭鳴期。

一、吠陀前期（B.C.1,500-800）

（一）文獻架構

在介紹吠陀思想文化形成之前，我們先整理吠陀文獻，也就是天啟聖典的分類。《吠陀經》基本上分成《本集》（*Samhita*）、《梵書》、《森林書》和《奧義書》。本集的形成過程歸在吠陀前期，後三者則歸在吠陀後期。

吠陀文獻的架構

天啟聖典			
《梨俱吠陀》	《夜柔吠陀》	《沙摩吠陀》	《阿闥婆吠陀》
《本集》	《本集》	《本集》	《本集》
《梵書》	《梵書》	《梵書》	《梵書》
《森林書》	《森林書》	《森林書》	《森林書》
《奧義書》	《奧義書》	《奧義書》	《奧義書》

〈表 1-2〉

所謂本集是指狹義的吠陀，乃吠陀文獻的基礎，共有四部本集，分別是《梨俱吠陀》、《夜柔吠陀》、《沙摩吠陀》、《阿闥婆吠陀》，其中又以《梨俱吠陀》最為古老。

《梨俱吠陀》（*Rig Veda*）

又名《讚誦明論本集》（10卷，1,017詩篇，10,580頌），或稱《讚嘆吠陀》，明解脫的方法。「Rig」的語音，是由「rc」（唸誦讚歌）而來，乃由祭司勸請諸神駕臨祭壇唸誦的讚歌集結而成，是古印度最早的宗教聖典，內容偏向自然界的諸神祇，以及印歐民族原先的神祇崇拜和敬禮。

《夜柔吠陀》（*Yajur Veda*）

又名《祭祀明論本集》，純然祭祀開明經典，《梵書》之前驅，表現「祭祀萬能」的風格，祭祀祈禱，明善道的方法。梵文「Yajur」乃「祭祀」之意。此集為婆羅門祭祀時唸誦的詩詞，及如何祭祀的散詩。

《沙摩吠陀》（*Sama Veda*）

又名《歌詠明論本集》（2卷，1,549頌），為研究印度樂律史上獨一無二的寶典，並無獨立存在的價值；因其構成的詩節除七十五頌外，其餘都來自《梨俱吠陀》，意即在誦詩上譜上曲調，以便婆羅門在祭祀時，以固定的音律吟唱。

《阿闥婆吠陀》（*Atharva Veda*）

又名《禳災明論》（20卷，730詩，6,000頌），以禳災咒語為主，宗教色彩濃厚；為術論、異能技術、梵咒醫方之書，說明咒術算術之法，對神明的讚歌比例較低。其內容多為祈禱消災解厄、對怨敵的咒語，充滿著低下階層人民的信仰，與前三本集的內容明顯不同。

（二）此時期對印度占星學的影響

1. 神話學／多神信仰

印度先民將宇宙分成「天」、「空」、「地」之界，就其神力及職能，各有天神（devas）和女神（devis）。根據《梨俱吠陀》記載如下：

（1）天界：律法神婆樓那（Varuna）曾是天界最有勢力的神，掌管大自然的秩序，並使人們遵守道德法律。黎明神烏莎（Ushas）、太陽神是天界最重要的神，因其處所相異而有不同稱呼，如密特羅（Mitra）、蘇里亞（Surya）……。

（2）空界：雷神因陀羅（Indra）、風神（Vayu）以及暴風神魯陀羅（Rudra）……。

（3）地界：火神阿耆尼（Agni）、酒神蘇摩（Soma）。後者後來轉變成月神、動物神、庶物神、低級群神、植物神魔……。

其中又以因陀羅最受重視，祂曾是印歐民族的神，整部《梨俱吠陀》約四分之一的讚歌都在歌頌祂。因陀羅手執金剛杵，是印度的雄偉戰鬥之神，也是國民精神的守護者。

吠陀前期，印度先民對大自然現象的驚惶與震懾，呈現單純信賴的本性，風、雨、雷、電因而成為膜拜的對象，加上亞利安人入侵南亞次大陸前就已敬奉的神，以及原次大陸住民敬拜的神、祖先英靈等等，構成龐大的神靈世界。這些神靈隨著時代遞變，在進入吠陀後忽然不見或淪為次要地位，而原本次要地位之神卻一躍成為主神。此時期的儀式崇拜是印度先民與神明溝通的主要模式，主其事的祭司擔任與神溝通者，地位崇高，不言可喻。

印度占星學使用的要素，如行星、二十七星宿、分宮圖，常涉及神話故事的演繹。吠陀文化中神靈的特質功能，就扮演詮釋的關鍵。改運時，須對相應的守護神靈誠心祈禱，然後進行真言念咒或戴寶石祛除厄運、增強能量，或舉行雅卻（Yantra）祭祀、譚崔（Tantra，又稱坦陀羅）等等。

2. 業、輪迴的觀念萌芽

此期著重的儀式崇拜日益精細，祭祀過程中的每個細節，都可能影響祭祀成效，經由正確舉行複雜且相互關聯的儀式來完成獻祭，報酬回饋也因而產生。因此，獻祭被視為具有神祕的潛在力量，在當時是唯一的職責，是行為活動（Karma）及不變的律則。英國學者麥克唐納（A. A. Macdonell）認為，這是業力法則的出處。《梨俱吠陀》讚歌中的「rta」（規律）即為「事物的秩序」、「擴大及於自然界的規律」及「人間的道德秩序」。儀式風行下，「rta」等同「祭祀」的同義詞。因此，「rta」及祭祀這兩個概念的預示行為活動，都暗示行為活動帶有其本身的報應。

另外，《梨俱吠陀》的許多讚歌都提到死後存在著另一世界，凡正確舉行祭祀儀式者，死後可在此世界獲得無上快樂；而那些未依正確儀式舉行祭祀者，死後將受懲罰、墮入黑暗世界。這項觀念說明靈魂和身體各自獨立，進而可輪迴轉世，是輪迴思想的最初萌芽，但尚未具體論述。至於業力法則與印度占星學的關係，留待後述。

3. 種姓制度

印度社會特有的種姓制度在吠陀前期應已存在，且是逐漸演變而成的。亞利安人在入侵印度後，便以勝利者之姿壓迫當地原住民。亞利安人膚色較白，印度原住民膚色較黑，起初可能是以顏色來區分，後隨著《吠陀經》形成，儀式主義盛行，主其事的祭司為鞏固地位，在《吠陀經》裡加入種姓區分，是相當有可能的。

種姓制度將社會分成四大階級，由上而下分別為婆羅門、剎帝利、吠舍和首陀羅。婆羅門為祭司，階級最高；剎帝利為武士、治理國家的王族，排名第二；吠舍為商人，階級第三；最後是屬於低賤下民的首陀羅。以上僅為基本分類，各階級中若因違犯階級禁忌或規定被逐出，則成為更低階之賤民、遊民，甚或被隔離而不可接觸，地位相當卑微。一些社會文化研究專家集畢生之力研究此特有的社會現象，仍未形成共識。種姓制度在某些程度上因宗教而生，再加上業與輪迴思想的灌輸，使得印度子民頗宿命論的以此機制生活，卻也維持一定的社會秩序。

有關種姓制度，在《梨俱吠陀》的〈原人歌〉中有明確的記載。但一般咸信，這是祭司階級婆羅門為了鞏固其地位而添加進來的，將「原人」（Purusa）比喻為宇宙萬物的原理，如同能生產胎兒的母親。經典記載如下：

> 當眾神把原人分割，
>
> 他們分割了多少份？
>
> 他的嘴是什麼？
>
> 他的手臂叫什麼？
>
> 他的腿和腳又被賦予什麼名稱？
>
> 他的口是婆羅門，
>
> 他的雙臂變成王族，
>
> 他的腿成為吠舍，
>
> 而從他的腳上生出首陀羅，

月亮從他心中生成，

太陽則產自他的眼睛，

從他的口中生出因陀羅和阿耆尼，

他的氣息變成了風，

從他的肚臍生出空間，

他的頭則化成天界，

地界生自他的腳，

方位生自他的耳朵，

而這一切就構成了世界。

　　楊惠南教授在其著作《印度哲學史》中，將〈原人歌〉整理成下表，即明確掌握《梨俱吠陀》中宇宙生成的概念。原人身體的各部分生出四大種姓，以及「天」、「空」、「地」之界，和隸屬其中的諸神。

		頭部	天界
原人	頭面部	面部	眼：太陽 耳：方位 鼻（呼吸）：窪尤（風） 口：因陀羅（雷）、阿耆尼（火）、婆羅門族
	軀幹部		心臟（心識）：月亮 雙臂：王族（剎帝利族） 肚臍：空界
	肢足部		腿部：吠舍族 足部：地界、首陀羅族
	其他（膏脂等等）：《四吠陀》、馬、（家）羊、野羊等牲類		

〈表 1-3〉

　　種姓中的婆羅門、剎帝利、吠舍為再生族，可讀吠陀文獻，而首陀羅為非再生族，不能接觸吠陀文獻。印度占星學中的天宮圖要素，如行星、星座、宮位及二十七星宿，都與種姓制度的分類相對應。

4. 禳災咒語

《阿闥婆吠陀》跟後來發展的密教有關，印度占星學的改運方法，包含持咒念誦真言、譚崔，很多內容就出自於此。

二、吠陀後期（B.C.800-500）

（一）文獻架構

〈表 1-2〉說明了天啟聖典的架構，除四部吠陀的《本集》形成歸為吠陀前期，而《梵書》、《森林書》以及《奧義書》的形成，則歸為吠陀後期，以下分別說明此三書的要義：

《梵書》

音譯為《婆羅門書》，也稱為《淨行書》，主要用來解釋《吠陀經》，指導不熟悉祭祀儀式者，使其了解不同儀式所具有的神聖意義。《梵書》是部成熟的宗教經典，以教條式的觀點、儀規、象徵主義及對祭祀的細節，作出自由無拘的想像、思索，體現婆羅門祭司的深思熟慮，涵蓋了後世印度教的精神核心。

《森林書》

係《梵書》的進一步發展，音譯為《阿蘭若書》，這些文獻有可能是主持祭祀的婆羅門老人實行人生四期：梵行期、家居期、林棲期、遁世期，在林棲期隱退至森林所撰寫。由於森林中無法隨時取得供品作為精緻化儀式之用，因此，必然會將祭祀萬能的觀點，慢慢轉向冥思的特定象徵。如原本具體出現的「馬祭」，改為冥思太陽為「馬眼」，空氣為馬的生命。這種超越祭祀至上，朝向冥思的演變，是吠陀文化的一大進步，也為後來出現的《奧義書》預先鋪路。

《奧義書》

梵文的「Upanisad」，是由「Upa」+「ni」+「sad」組合而成，為「近坐」的合成語，意為弟子侍坐於師父旁側，師父將祕傳奧義給他。原為《森林書》的附屬書，內容相當龐雜，但以哲學思考為首。

（二）對印度占星學的影響

1. 神話學

吠陀前期的一些主要神祇，像是因陀羅或婆羅那，都逐漸退為次要神祇。《梵書》創造出梵天（Brahma），與《梨俱吠陀》的次要神祇——毗濕奴（Vishnu）和濕婆神（Shiva）三神合為一體，位階最高，為眾神之主，影響後世印度崇拜神明的方向。

> **（1）梵天：**原形是《梨俱吠陀》的祈禱神，但在《梵書》、《奧義書》中，已成為世界之主，具有面向東南西北的四個頭，及分別拿著《吠陀經》、蓮花、匙形權杖、念珠的四隻手；坐在蓮花座或七隻天鵝拉的車上，泰國的四面佛便源自於此。
>
> **（2）毗濕奴：**在《梨俱吠陀》中僅是跟隨太陽神的助手，但在吠陀後期，地位僅次於梵天，具有保護萬物和降服妖魔的神力。祂的皮膚是深藍色的，也長著四隻手，分別拿著蓮花、法輪、法杖、法螺，端坐於蓮花座上或臥於七頭巨蛇上，擁有不同化身，變化多端。
>
> **（3）濕婆神：**擁有不同化身，以單腳著地的舞姿形象顯現，後來成了舞蹈之神，也成了毀滅之神，多出兩隻手臂，法力更加巨大，額頭長出第三隻眼，欲行毀滅之事時，就由第三隻眼發出神火毀滅一切。

吠陀後期的這三位神祇形成三位一體。梵天創造宇宙，毗濕奴保護宇宙，而濕婆神則毀滅宇宙，這個觀念常用於印度占星學後天宮的詮釋上。三大神也有人性的一面，如毗濕奴與妻子吉祥天女（Lakshmi）恩愛非常，為印度教信徒尊崇的婚姻典範。此時期產生的神話故事，也在二十七星宿和分宮圖中占有一席之地。

2.「梵我不二」哲學形成

《奧義書》時期，印度哲學最重要的「梵我不二」思想已然形成，留待第三節「印度占星學中的吠陀哲學思想」再做說明。

3. 對神的敬仰與尊崇上師的特有文化

從《奧義書》的字義，以及再生族施行人生四期的梵行期，即可得知，上

師的訓誡和指引極為重要。因此，在印度學習任何知識，上師的引導幾為必備，而研習深奧的天文占星學，亦不例外。

三、史詩形成時期（約 B.C.500-300）

（一）文獻架構

因兩大史詩《摩訶婆羅多》（*Mahabharata*）以及《羅摩衍那》（*Rama Yana*）在此時形成而得名。內容融合部分史實、神話、傳奇，建構龐大的英雄事蹟，將人性的憤怒、嫉妒、正義、是非以及最終邪不勝正的法（Dharma）原理描述得淋漓盡致，深烙在印度子民心中。

《摩訶婆羅多》

世上最長的史詩，共約十萬頌，敘述兩個家族之間的衝突故事，即般度王（Pandu）死後，由其瞎眼的兄長持國（Dhritarashtra）繼承王位，持國讓般度王的五個兒子般度瓦（Pandaua）兄弟與自己的一百個兒子一起受教育。般度瓦兄弟表現得相當爭氣，勇敢誠信，相較之下，持國的兒子們卻無能且善妒，處處陷害般度瓦兄弟，逼得他們離開國土、流放森林。當期間屆滿，他們返國展開王權爭奪戰。故事的立場站在般度瓦兄弟這一邊，也代表著正義，而持國的兒子們，尤其是老大，則代表邪惡一方。雙方展開十八天的浴血之戰，最後正義終於戰勝邪惡。但般度瓦兄弟戰勝後，卻隱退於聖山喜馬拉雅山沉思。

《薄伽梵歌》（*Bhagavad Gita*）

敘述上述大戰前，般度瓦兄弟中最神勇的老三有修（Arjuna），與其馭者黑天神克里希那（Krishna）之間的對話。鑑於大戰雙方都是自己的親人、師友，有修遂思索著到底此戰意義為何，以致行動有所遲疑。克里希那適時予以開導。長達七百頌的訓話，充分顯示大法的精神。內容主要訓示正義的行為，應克盡職責而不重結果。

《羅摩衍那》

印度第二部史詩，共兩千四百頌，文長約為《摩訶婆羅多》的四分之一，

敘述阿佑陀國王（Dasharatha）娶妻三人，共生下羅摩（Rama）、拉克須馬那（Lakshmana）、夏都古那（Shatrughuna）及婆羅多（Bharata）四個兒子。羅摩為長子，本應繼承王位，但國王最年輕的妃子想促成自己的親生兒子婆羅多繼位，遂重提舊事——她救過國王一命，國王答應回報她。為信守承諾，國王無奈順其要求，並將羅摩放逐十四年。羅摩不以為意，認為國王的決定是正確的，便帶著妻子悉達（Sita）和弟弟拉克須馬那一起流放。後來楞伽（Lanka，今斯里蘭卡）的魔王拉瓦那（Ravana）趁機綁走悉達。羅摩乃號召熊兵猴將前往營救，猴王哈努曼（Hanuman）探尋到她的囚禁處，羅摩克服萬難，終於打敗魔王，救出悉達。她被救出後，赤足安然走在火焰上，證明被擄期間並未遭受污辱。之後，羅摩帶著妻子返國，其弟婆羅多歸還王權，而國家也在羅摩的努力治理下，造就黃金時代。

《往世書》（*Puranas*）

主要是透過神話及故事、傳奇和史事來宣揚宗教及情操，共有十八部。其中最流行的是《薄伽梵往世書》（*Bhagavata Purana*），敘述毗濕奴神十次化身拯救天界、地界的記事，相當膾炙人口。《往世書》連同兩大史詩，合稱為「第五吠陀」。

（二）此時期對印度占星學的影響

1. 神話學

受到兩大史詩及《薄伽梵歌》流傳的影響，加上《往世書》描述毗濕奴十種化身，拯救或維護世界的英雄事蹟，使得毗濕奴成為全印度最受尊崇的神靈，羅摩及克里希那亦同。《往世書》也描述象頭神被尊為除障者，印度人求職或上任，莫不祈求祂保佑，象頭神成為印度占星學祈福的神靈，能除障以利心靈通澈。

2. 強調「法」的精神

這兩部史詩都著重「法」。這裡的「法」，是指印度教依循的大法（行為準則），也是唯一且鮮明的主題。《摩訶婆羅多》描述當「法」和我們對善

惡行為預期相衝突時，所引發的難題。其中穿插憤怒、嫉妒、道德訓示、孝道、兄友弟恭，而正義最後終於戰勝邪惡的主題。《薄伽梵歌》故事的重點在於如何化解「法」的矛盾，以及將之應用於日常生活。克里希那神教導有修：「**真實的我是永恆的我，是恆常不滅的。**」並提及輪迴轉世是生生不息的，如何解脫呢？克里希那神定出三條解脫之道，即：

（1）知識瑜伽（Jnana-Yoga）：獲得知識來了解自我的真實。

（2）行動瑜伽（Karma-Yoga）：個人行事應單純秉持「法」、職責的理念，不應以畏懼懲罰和期望報酬來行事。

（3）虔信瑜伽（Bhakti-Yoga）：虔信信奉將使個人變得良善，引導他走向永恆的平和道路。

《羅摩衍那》則透過故事人物所代表的美德，如羅摩的誠懇真摯、愛與尊敬眾人、堅決履行義務，是「法」的理想人格典型代表。悉達的堅貞，是女性的理想典範，加上哈奴曼的奉獻、羅摩與弟弟之間的兄友弟恭，最後，良善與正義終於戰勝了邪惡。

3. 莎蒂制度（Sati）的流傳——寡婦殉夫

《摩訶婆羅多》記載般度老王因誤射仙人變成的鹿，遭受詛咒而死。他的妻子瑪德利（Madri）悲痛欲絕，把自己的一對雙胞胎託付給般度王首任妻子珮利妲（Pritha）後，縱身跳下火堆殉葬。她的貞節行為被人們歌頌，遂開始了莎蒂制度。由於寡婦地位受《摩奴法典》規範，甚為低落悲慘，因此長期影響印度為人父母者，常請占星家觀察其女兒是否會成為寡婦，進而衍生出莎蒂年（Sade Sati）、「Kuja Dosha」（火星對婚姻程度較重的損害）等令人害怕的災難、不幸或不利婚姻的星象。

由於此時期的婆羅門祭司過於驕奢，遂引發宗教革命，出現如耆那教和佛教，這些令人耳目一新的發展。不過這段歷史與印度占星學之間，並無實質相關性，其形成及發展，便不在此論述。

四、經書形成時期及兩大哲學體系完備

一般而言，印度哲學的派別大致分為正統與外道兩派，分別說明如下：

正統	外道
1. 正理派（Nyaya）	**7. 耆那派（Jaina）**
2. 勝論派（Vasesika）	**8. 佛教（Buddha）**
3. 數論派（Sankhya）	**9. 順世派（Carvakas）**
4. 瑜伽派（Yoga）	
5. 彌曼差派（Mimamsa）	
6. 吠壇多派（Vedanta）	

所謂正統，是指接受《吠陀經》的權威性，但其中只有彌曼差派和吠壇多派，可說是《吠陀經》思想的直接繼承者，毫無保留的證成吠陀思想。而正理派、勝論派、數論派、瑜伽派，都是建立在一般經驗及推理上，試圖指出吠陀經文與其據理推論的理論，完全協和一致，並未挑戰吠陀權威。其中某些派別因理論或實證形成表裡之象，又被劃分成三派，即正理／勝論、數論／瑜伽、彌曼差／吠壇多等等。

所謂「外道」，或稱「六師外道」，即耆那教、佛教、順世派，都完全否定吠陀的權威。

我們在〈表 1-1〉所列的經書形成時期，是指西元前 300 至西元 400 年間，除了順世派外的印度正統和外道哲學的主要經典，都在這段期間撰述完成或詮釋評註；甚至，已評註的再經評註。這些經書的形成，構成各大哲學教派的底質。表中所列經書名稱與各派名稱，可逐一對應。

與印度占星學直接相關的，是吠壇多派的「梵我不二」哲學以及數論派的「神我、自性二十五諦學說」。由於事涉較深奧的印度哲學內容，在此不擬細述。

第三節　印度占星學中的吠陀哲學思想

　　吠陀哲學思想博大精深，在印度占星學中應用甚為廣泛，在此羅列幾個要點如下：

一、「梵我不二」哲學

　　印度哲學的「梵」（Brahman），是抽象的宇宙靈魂或終極實在，將宇宙起源歸於太一，既不是神，也非物質，是相當抽象的存在，意謂著宇宙不能用現實予以範疇，需要以抽象的概念來詮釋。至於「我」，則以「阿特曼」（Atman）命名，譯作個體靈或神我，具有雙重意義，一是個體靈魂，一是萬物內在的神祕力量及宇宙統一原理。

　　《奧義書》時代廣泛繞著「梵」、「我」兩個概念，探討宇宙靈魂和個體靈魂的關係，作為外在宇宙終極實在的「梵」，和作為內在個人靈魂的「我」，兩者在本質上是一致的，此即「梵我不二」哲學。人們只要摒棄世俗眷戀，抑制七情六欲，即能解脫業力束縛，親證梵我如一的境界。

　　「梵我不二」哲學類似中國哲學的「天人合一」，也隱含西方奧祕術法共同的主要哲學基礎：「上天如是，地下亦然」（as above, so below）。印度占星學認為，天體的秩序和地球的世俗事件相呼應，因而描述了宇宙連結所有現象的互相作用，這種智慧正是「梵我不二」哲學的體現，是聖人受吠陀文獻的啟迪，探索至高無上的知識和真理，破除迷妄而得。

二、業／輪迴／解脫

　　「業」（Karma，同第二節提到的行為活動）與「輪迴」的觀念在吠陀前期即形成，在《奧義書》時代成為討論重心，更在史詩時期成為全印度各宗教的共同信仰。

　　「業」、「輪迴」的思想與「梵我不二」的理論相輔相成，構成印度宗教

和哲學相當重要的核心思想。

　　印度各大哲學宗派除順世派外，都主張業力法則、輪迴再生、如何拯救及解脫的觀念，如恰特吉（Chatterjee）與達塔（Datta）合著、伍先林等譯的《印度哲學概論》，就提及它們「相信世界上有一種永恆的道德秩序」，指的即是業力法則；「愚昧是束縛之根源，知識是解脫之要件」，其中愚昧指的是生死輪迴及由此而來的個人痛苦過程，而解脫就是這種過程的終結，是一種完美的境界，如佛教的證入涅槃。

　　只要仔細觀察，就會知道世界上每件事物不可能同時發生，受到時間、空間和因果關係的限制。如鐵礦和鋼鐵成品不可能同時存在，後者需經鐵礦提煉製造，有時間順序先後。空間移易的情況，在宇宙中事件的發生，就是一系列的時間表，由業力法則排定。

　　業力的作用如同牛頓第三定律：「任何作用力都有相等的反作用力」，亦即有因就有果，「想就怎麼收穫，就怎麼栽」。「業」是一種行為，建立在以「動」為本質的根源力上，人類生命和其他萬物一樣，都在不停的流轉，「輪迴」的概念因而產生。「業」與「輪迴」的結合，相當巧妙的解釋了人生不平等、苦樂的緣由。為了脫離輪迴，人類必須進行禁欲、苦修、瑜伽的精神訓練。印度占星學就根據「業、輪迴、解脫」三合一的觀念，認為「人是自己命運的建築師」。印度著名精神導師聖尤地斯瓦爾（Swami Sri Yukteswar）的一席話，一直為印度占星學界競相引用，解釋占星學與「業」、「輪迴」的關係。

　　「孩子出生時，天體的射線與他個人的業力，恰當的交織計算，一致於該時刻。他的天宮圖是一張深具挑戰性的素描，顯露出他不可改變的過去（前世），及未來可能發生的結果……

　　在出生時刻，跨越天際所顯示的訊息，並不意謂強調命定（過去善惡行為的結果），而是喚醒命主之意志，來避開普遍性束縛。他曾做過的行為，可以不做，除了他本人，沒有任何其他人是生命中因果的鼓動者。他能克服任

何限制，因為首先他以自己的行為創造它，且因他具備精神鍛鍊，因而不受制於行星的引力。」

這個說法是印度占星學界普遍認同的觀點。許多占星家都在進行瑜伽、靜坐等解脫法的精神鍛鍊，裨能看清命之業力所在，以便作出最適當的建議，幫助命主袪除厄運或增強福報。

按照聖尤地斯瓦爾的說法，可知命主雖受前世業力的束縛，但在這一世，他可以透過自由意志從事活動，以期創造來世的幸福。這就涉及「業」、「命運」、「自由意志」的討論。台灣有許多研究西洋占星學的人士，尤其是留學英美，研習現代占星學的心理學者，常不明就裡，一股腦排斥西洋古典占星學或印度占星學，認定是宿命論。殊不知，全世界心靈精神成就最高的國家就是印度，惟印度人懂得業力理論、輪迴再生，了解宿命根底，進而努力尋求解脫；乍看之下，似為悲觀主義，然最終是樂觀的呈現真實自我，此即真正的心靈解放，而非無病呻吟的唱高調。

三、強調精神心靈至上

從「梵我不二」哲學、宇宙生成三德自性，到「業」、「輪迴」、「解脫」的敘述，當可了解印度哲學強調，人的愚昧在於無明，因而墮入生死輪迴的痛苦深淵。唯有懂得真知、梵我合一，才能解脫靈魂的束縛。因此，印度哲學崇尚精神心靈至上，宣揚苦行禁欲，以企求心靈昇華和精神解脫。

印度占星學將這種精神歸由第八、十二宮管轄，但以十二宮為主，攸關精神啟迪、冥想、靜坐、修煉。

另外，因強調宗教、精神、心靈至上，且尊重上師，因此，在印度占星學中管轄這些內容的第九宮，被視為最大吉宮。而有關利、欲的宮位，除第十宮為始宮，管轄名望、社會地位、事業，被視為吉宮外，其他宮位則以凶宮居多。如第十一宮管轄大財，印度占星聖者（Maharishi）帕拉薩拉（Parasara）將其宮主星視為功能凶星；而第九宮的宮主星，則視為最吉的功

能吉星。此即印度占星學重精神、輕物質的典型寫照。

四、對神的敬仰／尊崇上師

　　印度是世界上宗教色彩最濃厚的國家，雖然曾遭遇幾次異族入侵，但其宗教儀式照舊，神明未變；不像歐洲在中世紀時，即改由基督教統轄，而中東地區也改信伊斯蘭教。印度人除少部分因伊斯蘭教國家入侵，而改信奉阿拉外，大多數的印度人仍保留原先的神祇，虔誠信仰的精神一貫。印度占星學也承襲了這項特色。當代占星大師羅曼先生（Dr. B. V. Raman）譯自梵文的《Prasna Marga》，在祈禱章第一節中記載著：「**我向毗濕奴誠摯的祈禱，讓我的心靈變得更開明、廣闊與完全。**」即梵文的研究者著手研讀，都會祈求神賜福，開啟智慧。印度占星學的早期文獻都以梵文撰述，研究占星學的人必然也敬拜神明，此慣例一直傳承至今。

　　印度占星學是吠陀的六大知識之一，吠陀是天啟的，印度占星學自然也是天啟的。大約西元十世紀時，重要的印度占星典籍——卡利亞納．維爾馬（Kalyana Varma）所著的《Saravali》——就提及：占星學的知識是由太陽神傳給 Danavos，毗濕奴傳給婆私吒（Vasistha），再由蘇摩神傳給帕拉薩拉；是以流傳至今的印度占星學，便以帕拉薩拉的說法為主流。

　　占星學的發展過程中，常將行星視若神明，對之恭敬如儀。印度人更廣泛的相信：若未向神誠摯的祈禱、尊崇上師，僅僅單獨的學習，是無法全然掌握印度占星學精髓的。羅曼先生著作《Prasna Marga》同一章第二節載錄：「**我向上師和行星敬禮，讓他們可以賜福我的言談純真與實在。**」《奧義書》即點出上師的重要性。上師為精神或宗教的導師，在一個強調精神或宗教的國度，自然有其崇高地位。而在印度占星學中，上師歸由第九宮管轄，因此，第九宮是管轄幸運、宗教、高等學識，且最重要的宮位。

五、人生四大目的

　　經由上述說明，即可了解印度人重視宗教，以精神、心靈為上的民族性。

印度教的前身——婆羅門教，由祭祀的「rta」演變成「業」的理論，在印度人的行、住、坐、臥中，都可見其蹤影；再搭配「輪迴」的觀念，幾乎成為印度各宗教的共同看法。「業」與「輪迴」雖適當撫平種姓階級不平等的哀怨，卻也易形成宿命論。因此，印度教的有心人士即提倡解脫之道，以期脫離無止盡的輪迴，認為「業」是幫助願求解脫者，而非阻礙之。

印度教的特色，在於強調行為甚於信仰。儘管印度的經典豐富，哲學思想深奧，神祇繁多，解脫之道亦多，然而這一切，無不在要求教徒信守某些行為。而這些行為，是生活的實踐、正確的行為，符合宗教義務和社會責任，亦即「法」，為法律、責任、正義和德性，比起西方所訂的「法」更為廣泛，含有宗教的意涵，亦即自然界、社會秩序以及家庭生活，都與神性息息相關。

由於印度教對於「法」的道德標準甚為堅持及重視，於是發展出「人生四大目的」的概念：

1. 法（Dharma）：即上述所談的「法」，涵蓋宗教、種姓的規範。

2. 利（Artha）：世俗的名利、財富。

3. 欲（Kama）：歡愉及性欲。

4. 解脫（Moksha）：掙脫無止盡的輪迴轉世。

先從欲談起，印度古代神話有位愛神伽摩（Kama）掌管愛欲，在《梨俱吠陀》中便提到：有了伽摩，原始萬物才得以產生。造物主依據最原始的衝動，創造了萬物，也賦予人類欲、怒、愛、憎、飢、渴、憂、惑。人世間的苦樂，就建立在這個層面上。欲是一種本能，如能適當駕馭，納入正確軌道，會帶來無限歡愉。但若濫用，便會成為罪惡之淵源。

利是獲取地上財富和知識的行為，能讓我們的生活快樂，是目標取向的。

欲和利，都僅提供感官上的歡愉，都非實質的善。印度教認為：只有使人們過著正義的生活，它們才是善，亦即須在法的制約下，利和欲才有真正的意義，否則若成為歡愉的奴隸，易成獸性之人。

解脫為人生最上層的目的，勝於其他三者。法雖重要，但履行法並不能

真正帶來幸福，唯有從不斷的輪迴轉世中脫離出來，才能真正的幸福，亦即解脫，使我們脫離「業」所造成的輪迴旋渦。那麼，如何才能解脫呢？如前述的《薄伽梵歌》，即提供了三個解決之道：知識瑜伽、行動瑜伽、虔信瑜伽。所謂「瑜伽」（yoga），其字源相當於英語的「yoke」（軛、結合），意指與上帝結合，以及達到與上帝結合的方法。三種瑜伽都是精神的鍛鍊。佛教強調當下的覺悟、棄絕俗世；耆那教主張苦行、禁欲，如此才能使靈魂從「業」中解脫出來。

印度占星學將人生四大目的與後天宮結合，而欲對後天十二宮作適當的詮釋，尚需對人生四大目的充分了解。

1. 法：第一、五、九宮

2. 利：第二、六、十宮

3. 欲：第三、七、十一宮

4. 解脫：第四、八、十二宮

第四節　印度占星學的分類

全世界任何國家早期的天文學，都與占星活動、宗教祭祀或慶典禮儀脫離不了關係，印度也不例外。早期的天文觀察也許粗略，但隨著時代推演，變得越來越精密，甚至引進數理技巧、球面天文學；而上述活動所需預知的曆表編製方法，也更加精確。這種發展歷程，涉及了星象徵兆、氣候、地震、洪水、災變等占星預言，甚至其他神靈媒介、物候徵兆的預示，種類繁多。在占星學方面，為了爭取先機，或進行擇日，或解答心理疑惑，或以卜卦尋找失物，或論及命主生活境況和一生大運流年，也都有不同解讀方式。印度占星學將這些活動分門別類，以利區分。根據重要印度占星典籍《Prasna Marga》第一章第五節到第九節所述，分為三大類及六分支：

三大類

1. **Ganita**：天文學與占星學的計算。

2. **Samhita**：本集。日咎的觀測，包含徵兆、氣象、農作物的豐碩與歉
收、地震、洪水、大量人口的財富變化、經濟循環、房屋建築、流星及
所有的自然現象。

3. **Hora**：命盤的解釋。

其中「Ganita」攸關天文學，如球面天文學、天文觀測記錄、行星位置的
計算、順行、逆行、停滯、比太陽先出或後入、星體的顏色與大小、恆星
位置等所有天文活動，尤其是與占星學有關的部分。「Samhita」精細的處
理自然現象的徵兆（Nimitta）。「Hora」針對用事時刻、地點製作天宮圖
（Horoscope），包括本命（Jataka）、擇日（Muhurta）和卜卦（Prasna）。

六大支

1. **Gola**：球面天文學，直接觀測天文現象與記錄。

2. **Ganita**：天文學與占星學的計算。

3. **Jataka**：本命占星學。

4. **Prasna**：卜卦占星學，就尋問事項解答，不用本命天宮圖的內容。

5. **Muhurta**：選擇吉祥的天象時刻從事活動。

6. **Nimitta**：徵兆的解釋。

六大支其實就是三大類的細分，很容易明白，因此不必細述。印度占星學
又因與希臘占星學、波斯／阿拉伯占星學交流，本土吠陀文化發展的真言念
咒、火供（Homa，護摩）、雅卻、譚崔、戴寶石、其他改善或增進命運的
方法，以及 1960 年代獨特的 K.P. 系統、民間祕傳守口如瓶的納迪（Nadi）
等等，都依附占星學的內容，而有不同的使用形態，分別簡述如下：

一、帕拉薩拉占星系統

帕拉薩拉占星系統（Parasara Jyotish） 以印度占星先賢帕拉薩拉的偉大名
著《Brihat Parasara Hora Sastra》（簡稱《BPHS》）作為核心內容，全書共

九十七章，超過兩千節，體系頗為龐大。

印度人向來不重視歷史，有關帕拉薩拉出生於何時、家世背景、有何其他著作、師承何人或門下弟子有誰，皆無信史可考，有的僅是近乎神話的傳奇，實無法深入介紹之。同樣的，《BPHS》博得「印度占星學聖經」的美名，也頗為神奇。因為追蹤其歷史，在二十世紀以前，竟無完整版本；而二十世紀初期，才有少量印文流通。

1984 年，印度占星學者桑塔納姆（R. Santhanam）首次以英文翻譯並加以評論，隨即成功地攻占市場，蘭詹出版社（Ranjan）更將之譽為印度占星學的福音書且是神聖的主要關鍵。爾後 1994 年，沙瑪（G. C. Sharma）也以英文翻譯且評論，更加優化其內涵，擴大奠定其影響力，幾乎是研習印度占星學必備的書籍。

在《BPHS》風行前，印度最重要的占星典籍，應屬六世紀天文學家伐羅訶密希羅（Varahamihira）出版的《Brihat Jataka》，簡稱《BJ》。《BJ》一直都有信史記載，只因在書中直接引用以 Saktipurva 之名的帕拉薩拉說法，才有後世引人注目的《BPHS》。無論如何，現今的《BPHS》內容幾已涵蓋《BJ》，成為印度占星學的主流。本書即以《BPHS》作為主要依據，涵蓋許多重要的基礎議題。

二、賈密尼占星系統

賈密尼占星系統（Jaimini Jyotish） 以印度占星學先賢賈密尼（Jaimini）所著《Upadesa Sutras》（又稱《Jaimini Sutras》，簡稱《JS》）作為主要內容。全書共四章，各章又以四個編次敘述，內容較少。此書雖非印度占星學主流，但部分重要占星家如羅曼、雷歐（K. N. Rao）、桑賈伊・銳斯（Sanjay Rath）都曾專著介紹。尤其是銳斯，更將帕拉薩拉系統和賈密尼系統加以整合，形成有別於傳統主流的論斷。經由他的推廣，本系統如今在全印度已逐漸受到重視。

同樣的，賈密尼是何許人也，至今已不可考。儘管有人提及，他是約莫西

元前五世紀末、四世紀初，印度吠陀六大哲學之一彌曼差派的創始人，然也可能只是同名而已。

賈密尼占星系統與**帕拉薩拉占星系統**最大的差異在於：

1. 賈密尼系統以特定規則論及星座和相位；而帕拉薩拉則系統則以行星論相映。

2. 前者使用「Padas」論生活事項；而後者則以宮位主星的分布作為重點。

3. 前者充分利用徵象星（Karaka），選用上有其特定規則；而後者則分一般徵象星和宮位徵象星，所得的結果可能南轅北轍。

4. 賈密尼系統的大運（Dasa），開始於上升星座（ASC），而後按黃道秩序排列；而帕拉薩拉系統主流的「Vimsottari」，則視月亮的所在位置，再按二十七星宿主星排列。另外，兩者的管轄年數也不相同，前者有特定的規則，後者則採固定制。

5. 賈密尼系統和帕拉薩拉系統都有行星的組合（Yogas），然而兩者詮釋差異頗大。

請注意，帕拉薩拉系統的《BPHS》曾論及賈密尼系統以星座論相位的特殊規則，以及七個最重要徵象星的導出和意義，然並未見如賈密尼系統的完整論述。

三、Tantric Jyotish

梵文「Tantra」的字義，是宣揚救護與真實真言的大智慧。印度宗教各派林立，遂有不同解釋方式。它其實源自印度宗教中在墳場苦修的一種次文化，注重儀式，採用令人匪夷所思的道具，如以往生者的顱骨作為象徵性的法術運用。這種信仰，又跟前篇介紹的《阿闥婆吠陀》息息相關，如充滿神祕的真言念咒、魔力的符咒、火供護摩、雅卻等結合占星學後，廣泛用於改運、禳災祈福、三世因果的解讀、靈修以利控制自然，統稱為「Tantric Jyotish」。

這個型態的占星學主張「小宇宙與大宇宙之間的對應原理」，亦即整個宇

宙從最微粒的原子，到巨大銀河，無論看得見或看不見的，都是神無限擴展的意識。「Tantric Jyotish」向我們揭示：宇宙的律動，乃至行星的運行，都影響著每個人的生命。行星的組合結構能揭露我們的幸與不幸。因此，同屬宇宙律動的譚崔，其各種應用方式都可用來增強幸運和袪除不幸。由於這些譚崔內容，有些過於光怪陸離，因此常遭責難，並淪為不肖占星家的斂財工具。

四、Tajika Jyotish

梵文「Tajika」是「阿拉伯」或「波斯」之意。印度西北方興都庫什山的缺口，常是印度與西北方國家，如波斯、阿拉伯、亞美尼亞作為通商貿易或侵略的入口。因此，波斯／阿拉伯占星也曾傳至印度。直到 1544 年，印度學者尼歐昆達（Neelkantha）以梵文寫成的《Tajika Neelakanthi》，才見到完整的「Tajika Jyotish」。

這種型態的占星學，即西方占星家所熟悉的「太陽迴歸」（Solar Return），主要用於預測流年，印度占星家稱之為「Varsa Phala」，梵文字義是「年的結果」。儘管此用法已相當印度化，但仍舊保有了獨特的阿拉伯特色：

1. 以太陽回到本命太陽位置的時刻起盤，論一年的流年。
2. 不同於帕拉薩拉的相映，相位保留希臘、羅馬一脈相傳的類似概念，有容許度的概念，同中世紀以行星論容許度。
3. 行星組合僅十六個，有別於印度占星系統，直接命名自波斯／阿拉伯的特殊相位概念。
4. 行星性別除水星、土星是陰性，其他行星同帕拉薩拉定義。
5. 結合小限法（Profection），印度稱「Muntha」，以及小限主星。
6. 年主星（Lord of Year），根據五個主星選出一個。
7. 敏感點（Saham），即阿拉伯點。
8. 其他。

五、K.P. Jyotish

由近代印度占星家克里希那穆提（K. S. Krishnamurthy）所發展出的，另一種型態的印度占星學。他根據「Vimsottari」大運系統和二十七星宿的關係，將每一星宿就九顆行星管轄大運的比例，予以細分區間度數。因此，任一行星位於黃道星宿度數，就有三個主星，分別是：

1. 星座主星。

2. 所在二十七星宿的主星。

3. 細分的區間主星（Sub lord）。

根據第 3 點，假設木星位於巨蟹座 12°8'30"，其三個主星是：

（1）巨蟹座的主星是月亮。

（2）所在二十七星宿的「Pushya」，介於巨蟹座 3°20' 至 16°40' 的星宿主星為土星。

（3）細分區間，介於巨蟹座 12°6'40" 至 12°53'20" 的主星為火星，亦即木星此時受月亮、土星、火星的影響，尤以區間主星火星最為緊要。

K.P. 系統的後繼者，又將區間主星再細分成九個細小區間，認為如此一來，即可解決雙胞胎出生命盤的問題，並在人生各領域，作更細微的區別；然而在實務上，卻甚少採用。

K.P. 系統採用西方占星學象限宮位制中的「**普拉西德宮位制**」（Placidus House System），但仍以恆星黃道作為座標系統，有別於其他系統普遍使用的整個星座宮位制。因此，K.P. 系統的宮位有宮始點，而該點的三個主星須特別注意，常是卜卦問事以及論及本命各宮事項時，不容忽視的要點。

六、納迪葉

納迪葉（Nadi Leaf）是相當特殊的流派，且種類繁多，令人目不暇給；許多內容在古書上並無記載，係由家傳祕訣，或長期經驗累積形成。獨特的納迪葉解讀，約涵蓋天宮圖的要素或分宮圖，甚至二十七星宿，都有特別的

用法。因其隱口深藏,外人欲一窺堂奧,絕非易事。大抵可說,除上述各種型態的印度占星學外,其餘都附屬於納迪葉。其中,在南印度盛行、受國家政策保護的納迪葉,更是傳奇。探索頻道(Discovery)曾以兩集節目專題報導,吸引全球目光。當地常有外國旅行團特地前往求算,也有納迪葉解讀者,主動前往全球各地替人服務。在台灣,商周出版社曾於 2014 年出版《印度納迪葉 Nadi Leaf》專書。

梵文「Nadi」是「脈搏」之意;而納迪葉的解讀,則是「尋找」之意,意即透過尋尋覓覓,才能找到個人真理。通常男性是以右大拇指指紋,女性是以左大拇指指紋,找出對應的棕櫚葉,印度聖哲預先記載的個人命運和人生軌跡,已然在內;如能找到該葉片,那麼命主一生事蹟、六親名字及各種生活境況,甚至三世因果,都會顯現在葉片的記載上。儘管當事人未提供出生時辰和出生地,然解讀的上師亦能無誤道出天宮圖的星象結構,讓具有印度占星學背景的尋找者訝異不已!

從事納迪葉的工作者一再宣稱:所有人的命運及人生軌跡,都由印度聖哲約莫在西元五千多年前記載下來。倘若此說為真,那麼人的命運似已前定,這讓信奉基督教的歐美人士難以接受,因為如此一來,人們幾無自由意志可言。當然,一切尚無定論,許多學者已競相投入納迪葉的研究,盼有朝一日能揭開其神祕面紗。全球有六十多億人口,倘若所有人的人生檔案,都被記載在棕櫚葉上,如此龐大的資料庫,在實務操作上,業者實難完整收藏。

印度的術數領域發展,尚有其他項目極為盛行,且各領風騷;如手相學、數字學,有些占星家精熟此兩項,並參酌在星盤論斷中。**阿育吠陀醫學(Ayurveda)**也相當突出,印度醫療占星學常將之納入,作為提供客戶養生保健之道。另外,**風水學(Vastu)**也逐漸受到矚目,有心研讀印度占星學的讀者,應了解相關訊息。

第二章

天宮圖的建立

　　印度占星學的論斷工具同西方占星學一樣，以用事時刻和用事地點的經緯度，創立一張天宮圖，再根據天宮圖內的要素，諸如行星、星座、宮位、二十七星宿／二十八星宿或敏感點，就印度占星學本身發展出來的獨特原理來進行分析。

　　印度天宮圖的創立過程和西方占星學的計算如出一轍，但需理解的是，前者採用**恆星黃道（Sidereal Zodiac）**，不同於自希臘化時代托勒密（C. Ptolemy）所採用的**迴歸黃道（Tropic Zodiac）**，後來成為西方占星學一脈相傳，兩者所得相關要素的黃道經度明顯不同，若讀者有興趣，可參考筆者著作《實用占星學》（P45-53），當能比較出其差異的源由。本書第三章將列出印度占星學特有的二十七星宿。

　　受希臘天宮圖占星學傳承的影響，印度占星學所採用的宮位系統，仍保留當時希臘的模式，即「整個星座宮位制」（Whole Sign House System）。印度子民思想深受吠陀天啟觀念的烙印，不敢更改而沿用至今，其中雖有某些印度占家採用其他分宮制，但也僅是輔助應用，後面將說明其流派或衍生。

　　至於天宮圖最重要的上升點（ASC）度數如何計算而得，涉及球面天文學座標轉換，不適合在此介紹，幸而現今電腦軟體普及，算出命主的上升點已非難事，更可以列出天宮圖的後天十二宮。

　　南亞次大陸的印度幅員廣闊，普遍對占星學都甚為敬仰推崇。印度各地區的天宮圖皆採直方圖形式，卻又有不同的面貌，本章也將在第三節介紹不同地區的差異。

有別於西方占星學，印度占星學採用分宮圖（Divisional Chart）輔助判斷人生各領域事項，因此，了解其由來及意義就相當重要。本書將會詳細解說整個製作過程，而功能較完備的印度占星軟體，亦可以完整列出需要的分宮圖。然而，儘管電腦操作起來非常便利，仍建議讀者不要輕忽分宮圖的計算與來源，唯有了解其操作，才能體會在印度占星學裡使用分宮圖的奧祕。

除本命盤及各種分宮圖外，尚有其他輔助命盤，也各有特殊用途，我們就常用的月亮身宮盤（Chandra Chart）介紹之。

第一節　採用恆星黃道的印度占星學

根據早期的吠陀文獻，即可看出古印度人相當重視祭祀功能。慶典常在月光較明顯時舉行，遂出現月亮在天上運行周期變化的觀察記錄。

在與希臘占星文化交流前，印度本土的占星學早期觀測到月亮在天上繞行一周約需二十八天；想像月亮每日一宿，稱為「**月站**」（**Lunar Mansion**）；二十八宿命名為「Nakshatras」，每宿都有對應的精彩神話故事。而每宿的劃分點，都以天上較亮的恆星作為標記，如第一個星宿「Ashwini」，就以婁宿二（Mesarthim，γ Ari）、婁宿一（Al Sharatan，β Ari）作為辨識標準。經過了長時間的世代相傳，印度占星學自然也相當重視恆星。

後來，希臘天宮圖占星學傳進印度，以太陽在天上視運動繞行一圈為中心，上下各約 9° 寬的距離，稱之為「黃道帶」；且以每 30° 劃分成十二等分，統稱為「黃道十二星座」。印度先賢將二十八星宿與黃道十二星座結合，遂成為印度占星學的特色之一。後因二十八星宿在黃道上難以均分，於是改為二十七星宿，均分成 13°20'。

由於地球是橢圓形球體，並在赤道隆起；加上太陽、月亮的引力，以及因

地球繞行太陽公轉的黃道面與地球本身的赤道面，形成黃赤交角約二十三度二十五分（23°25'），使得上述所說的引力產生不平衡狀態；而地球本身自轉的慣性作用，欲將不平衡轉為平衡，於是地球的旋轉就像陀螺運動，稱為**「地軸進動」**。

由於地軸進動，如以太陽通過天上某顆遙遠的恆星作為標準，當太陽再次通過該恆星時，測量其時間長度，稱之為**「恆星年」**。而根據太陽通過天文曆法規定的春分點（白羊座 0°），再次通過春分點，測量其時間長度，稱之為**「迴歸年」**。

每年恆星年的時間長度，約比迴歸年多出五十點二九秒（50.29"），天文學界稱之為**「歲差」**。恆星年的測量採用**「恆星黃道」**，迴歸年則採用**「迴歸黃道」**。

天文學史上第一位發現歲差現象的人，是西元前二世紀的希臘天文學家希帕恰斯（Hipparchus）。**西元二世紀時，托勒密將白羊座 0° 定為迴歸春分點，即採用「迴歸黃道」。**後世一脈相傳的西方占星學，都以迴歸黃道作為計算行星、敏感點等要素的黃道經度。由於迴歸黃道依據的是地球和太陽間穩定的曆法季節關係，因此多為西方占星家遵循使用。

印度占星學與希臘占星學交流後，前者仍堅持採用恆星黃道，至今約莫兩千年之久，猜測其主因為：

1. 交流當時，恆星黃道和迴歸黃道幾無差異，雙方也就不以為意。

2. 受古代印度二十八星宿觀察，以恆星為主的影響。

3. 印度子民受吠陀文獻影響甚深，他們認為占星學是天啟的學問，不能任意更改。

儘管知道恆星黃道和迴歸黃道間的差異，但差異起算到底在哪一年卻相當重要。托勒密採用迴歸黃道，然而實務應用開始於何時，卻無文獻記載。東西方占星家對此也始終爭論不休，後來，印度占星學界由政府出面，邀集有識之士共商議論，定出結果再由政府頒布，才獲得較普遍的共識。〈表 2-1〉則列出印度占星學電腦程式常採用的關於歲差移行的資料。

恆星黃道與迴歸黃道的差異

內：迴歸黃道
外：恆星黃道

〈圖 2-1〉

印度常見歲差值使用表

名稱	最近起算基準年	歲差速率
Lahiri [1]（印度政府頒布）	285	50.29"
Raman [2]	397	50.33"
Krishnamurti [3]	291	50.2388475"
Yukteswar [4]	499	53.9906"
Fagan/ Bradley [5]	221	50.25"

〈表 2-1〉

---

1 作者註：N. C. Lahiri 為印度著名天文曆表編著者。
2 作者註：羅曼先生，印度當代占星大師，參閱本書四十頁。
3 作者註：克里希那穆提，印度近代占星學家，參閱本書四十七頁。
4 作者註：聖尤地斯瓦爾，印度著名精神導師，參閱本書三十八頁。
5 作者註：前者為愛爾蘭裔知名占星學家費根，向來提倡應採用恆星黃道；後者為其徒弟布萊德利。

根據上述資料，可推算出恆星黃道和迴歸黃道在第一年度的差異度數。對於慣用西方占星學黃道經度的讀者，只要就某一標準減去該度數，即可得出恆星黃道經度。以下的〈表 2-2〉僅列出較常用者。

恆星黃道經度＝迴歸黃道經度－歲差值

年份	Lahiri	Krishnamurti	Raman
1900	22°28'	22°22'	21°01'
1910	22°36'	22°30'	21°09'
1920	22°45'	22°38'	21°18'
1930	22°53'	22°47'	21°26'
1940	23°01'	22°55'	21°34'
1950	23°10'	23°04'	21°43'
1960	23°18'	23°12'	21°51'
1970	23°26'	23°20'	22°00'
1980	23°35'	23°29'	22°08'
1990	23°42'	23°37'	22°16'
2000	23°51'	23°45'	22°24'

〈表 2-2〉

在求算上升點或天頂（MC）的黃道經度時，西方占星學和印度占星學的計算方式相同；只不過，前者採用的是迴歸黃道的度數，而後者採用的是恆星黃道的度數。這裡以張國榮的命盤示範推演：

【案例一】

張國榮

1956 年 9 月 12 日 11:50

香港 114E20, 22N38

假設以西方占星學的迴歸黃道求算，得到上升點位於人馬座 5°31'，迴歸黃道經度為 245°31'。若取 Lahiri 的歲差值標準，他在 1950 至 1960 年間出生，即歲差值介於 23°10' 和 23°18' 之間。經插補調整，得到 23°15'23"，將之減去，即可得出他的上升點的恆星黃道度數為 222°15'37'，亦即天蠍座 12°15'37"。

　　張國榮命盤中的上升點與行星的迴歸黃道經度，以及恆星黃道經度對照如下：

	迴歸黃道	黃道經度	恆星黃道	黃道經度
ASC	♐ 5°31'	245°31'	♏ 12°8'	222°16'
☉	♍ 19°21'	169°21'	♌ 26°5'	146°6'
☽	♐ 21°2'	261°2'	♏ 27°46'	237°46'
♂	♓ 17°48'	347°48'	♒ 24°32'	324°32'
☿	♎ 12°5'	192°5'	♍ 18°49'	168°48'
♃	♍ 13°42'	163°42'	♌ 20°27'	140°27'
♀	♌ 3°52'	123°52'	♋ 10°36'	100°16'
♄	♏ 27°39'	237°39'	♏ 4°23'	214°13'
☊	♐ 2°4'	242°4'	♏ 8°48'	218°48'
☋	♊ 2°4'	62°4'	♉ 8°48'	38°48'

〈表 2-3〉

　　前文論及印度占星學在與希臘占星學採用的黃道十二星座交流前，是以二十八星宿或二十七星宿劃分周天。兩者交流後，前者仍以二十七星宿的恆星作為劃分重點，沿用的黃道座標不同於希臘占星學的迴歸黃道。〈表 2-4〉列出二十七星宿與黃道十二星座的對照關係、星宿主管行星及聯絡星。

　　印度占星學曾隨佛教東傳至中國，並有相關文獻《文殊師利菩薩及諸仙所說吉凶時日善惡宿曜經》，簡稱為《宿曜經》，內容涵蓋二十八星宿。經翻譯比對二十八星宿的名稱，與印度占星學二十七星宿的主要聯絡恆星，也一同整理於〈表 2-4〉。由於二十七星宿是印度占星學的核心內涵之一，因此讀者須熟悉其內容。

恆星黃道	序號	印度二十七星宿名稱	宿曜經	恆星主星	黃道經度範圍	聯絡星
白羊座	1	Ashwini	婁	☋	♈ 0°0' - 13°20'	α Ari
	2	Bharani	胃	♀	13°20' - 26°40'	41 Ari
金牛座	3	Krittika	昴	☉	26°40' - ♉10°0'	η Tau
	4	Rohini	畢	☽	♉ 10°0' - 23°20'	α Tau
雙子座	5	Mrigasira	嘴	♂	23°20' - ♊ 6°40'	λ Ori
	6	Ardra	參	☊	♊ 6°40' - 20°0'	α Ori
	7	Punarvasu	井	♃	20°0' - ♋ 3°20'	β Gem
巨蟹座	8	Pushya	鬼	♄	♋ 3°20' - 16°40'	δ Cnc
	9	Ashlesha	柳	☿	16°40' - 30°0'	ε Hya
獅子座	10	Magha	星	☋	♌ 0°0' - 13°20'	α Leo
	11	Purva Phalguni	張	♀	13°20' - 26°40'	δ Leo
處女座	12	Uttara Phalguni	翼	☉	26°40' - ♍ 10°0'	β Leo
	13	Hasta	軫	☽	♍ 10°0' - 23°20'	δ Crv
天秤座	14	Chitra	角	♂	23°20' - ♎ 6°40'	α Vir
	15	Swati	亢	☊	♎ 6°40' - 20°0'	α Boo
天蠍座	16	Vishakha	氐	♃	20°0' - ♏ 3°20'	α Lib
	17	Anuradha	房	♄	♏ 3°20' - 16°40'	δ Sco
	18	Jyeshta	心	☿	16°40' - 30°0'	α Sco
人馬座	19	Mula	尾	☋	♐ 0°0' - 13°20'	λ Sco
	20	Purva Ashadha	箕	♀	13°20' - 26°40'	δ Sgr
摩羯座	21	Uttara Ashadha	斗	☉	26°40' - ♑ 10°0'	σ Sgr
	22	Shravana	女	☽	♑ 10°0' - 23°20'	α Agl
水瓶座	23	Dhanishtha	虛	♂	23°20' - ♒ 6°40'	β Del
	24	Shatabhisha	危	☊	♒ 6°40' - 20°0'	γ Aqr
雙魚座	25	Purva Bhadra	室	♃	20°0' - ♓ 3°20'	β Peg
	26	Uttara Bhadra	壁	♄	♓ 3°20' - 16°40'	γ Peg
	27	Revati	奎	☿	16°40' - 30°0'	ζ Psc

〈表 2-4〉

印度恆星黃道
與二十七星宿

第二節　宮位制的使用

　　印度占星學以預測事件為主，側重後天宮意義的吉凶詮釋。依此而言，會隨著數理天文學的進展，注重後天各宮位的分界，然就其歷史發展來看，並未在分宮制的使用上多所著墨，不像西方占星學的分宮制相關論述，相當熱鬧分歧。究其原因，可歸納如下：

1. 傳統的宮位制確已達到一定效果，值得信賴，無須畫蛇添足。
2. 印度占星學是天啟的知識，無須假借後天的人為處理。
3. 印度的數理天文學或球面天文學，發展較西方為晚，反而省去摻雜天文座標中各種標準圈的繁複。

　　目前印度占星學最被常使用的分宮制，約為三種：

一、整個星座宮位制

　　整個星座宮位制（Whole Sign House System）的使用，證實印度占星學曾與希臘占星學交流過，其特色為：當上升點的星座確定後，即作為第一宮的起始星座；接續的星座，作為第二宮的起始星座；爾後再按照黃道十二星座的順序，依此規律作為其他各宮的起始星座。

　　如用事時刻，注視當時用事地點的地平線，倘若升起的星座為雙子座，那麼就以雙子座作為命宮；接續的巨蟹座，即作為第二宮；獅子座作為第三宮；處女座作為第四宮；天秤座作為第五宮；天蠍座作為第六宮；人馬座作為第七宮；摩羯座作為第八宮；水瓶座作為第九宮；雙魚座作為第十宮；白羊座作為第十一宮；金牛座作為第十二宮。

　　「整個星座宮位制」各宮的劃分，即以星座為主，十分簡單。

　　當上升點落於某個星座時，無論其度數為何，該星座即作為第一宮，而落於該星座內的行星，則一律作為命宮內的行星（宮內星）；其他星座內的行星，也依次對應成為第幾宮內的行星。這種方法相當簡便，傳承至今，至少

超過兩千年。

論述後天宮時，須強調宮內行星及宮主星的影響力。由於印度占星學界至今仍相當堅持不使用現代占星學常出現的三顆外行星（天王星、海王星、冥王星）或小行星，因此，各星座的守護星（或稱為宮主星），仍然以傳統行星為主。請參見〈圖 2-3〉：

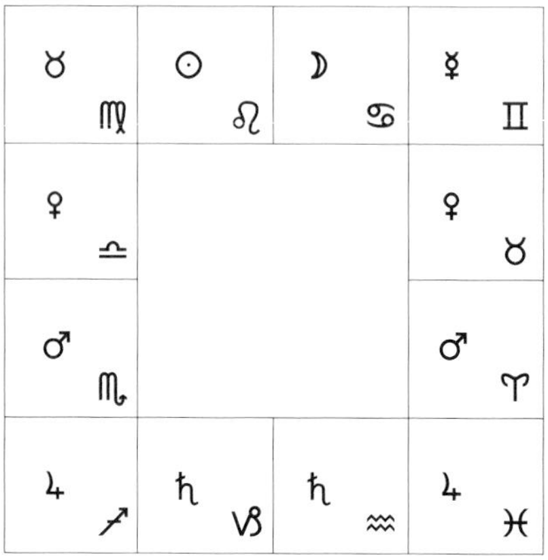

〈圖 2-3〉

由上圖可清楚得知各宮分別屬於哪個星座，也可輕易了解與掌握各宮主星為哪顆行星。以上圖為例，當上升點位於雙子座時，即可推敲出其他各宮及宮主星如下表：

一宮	命宮	♊	☿		七宮	夫妻	♐	♃
二宮	財帛	♋	☽		八宮	疾厄	♑	♄
三宮	兄弟	♌	☉		九宮	遷移	♒	♄
四宮	田宅	♍	☿		十宮	官祿	♓	♃
五宮	子女	♎	♀		十一宮	福德	♈	♂
六宮	奴僕	♏	♂		十二宮	災難	♉	♀

〈表 2-5〉

由於這種宮位制強調宮位的吉凶，因此相當注意各行星原本的自然吉凶

性質，以及因宮位所衍生的功能性，可能使原本的自然吉星轉為功能性凶星。如上例的第七宮人馬座和第十宮雙魚座，皆為始宮，當以其主星木星論斷時，即帶有功能性凶的性質。**行星的自然性質與功能性質交互辯證的技法，是印度占星學論斷的特色與訣竅，其脈絡便是由「整個星座宮位制」衍生而來的**，所以請務必了解其特性。

「整個星座宮位制」可能是占星史上最古老的分宮制，目前沒有任何證據證明，在托勒密之前尚有其他分宮制。由於其星座與宮位重疊，因此並沒有西方占星學中的截奪宮（Intercepted House）問題，也沒有宮始點當以何者為準的困擾。但其缺點是：天頂所坐落的星座，可能不同於第十宮的起始星座。然而，就西方占星學而言，天頂是極其重要的敏感點，如此一來，可能會產生論斷上的誤差。不過，印度占星學界似乎不以為意，因為長期傳承下來的經驗，即可作為支持的佐證，因此，「整個星座宮位制」至今仍是印度占星學界的主流。

希臘化時期的占星學，對相位的看法是以整個星座來論述之，不同於現代占星學所論述的相位觀念。印度占星學的相位觀念，亦從傳統的整個星座來看，稱之為「相映」。本書將於後文詳述其用法。

二、斯里帕蒂宮位制

印度占星學中的宮位制，除了上述「整個星座宮位制」，最常使用的就屬**「斯里帕蒂宮位制」（Sripati House System）**，其方法跟西元三世紀希臘哲學家波菲利（Porphyry）所提倡的分宮制有些類似，因實務中甚少應用，我們不擬詳述。

三、普拉西德宮位制

「普拉西德宮位制」（Placidus House System），是西方占星學中最重要的分宮制。何以此宮位制亦被印度占星學界所採用，主因在於印度於二十世紀中竄起的「K.P. 占星系統」。

「K.P. 占星系統」即採用「普拉西德宮位制」。由於此系統逐漸獲得印度占星學界的重視，因此連帶讓「普拉西德宮位制」亦在印度備受矚目。

第三節　天宮圖的形式

印度占星學所使用的天宮圖形式，一律採用直方形圖，又依各地區所使用形式分為：北印度占星命盤、南印度占星命盤、東印度占星命盤。其中，又以前兩者較為盛行。

一、北印度占星命盤

北印度占星命盤的形式，主要是將由上升點起始的命宮定在命盤的最上方，然後，如西方占星學的後天宮順序，以逆行針方向推算出各後天宮。由於後天宮是固定的，一般電腦程式不會特別列出，慣用此形式的占星家都默記心中。而星座則是以數字對應的星座順序列出。如左下〈圖 2-4〉上升點

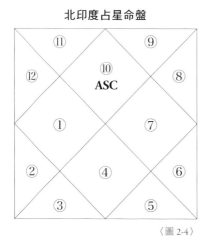

北印度占星命盤

〈圖 2-4〉

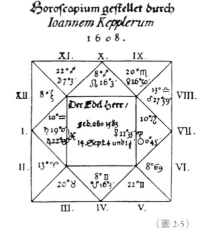

〈圖 2-5〉

起始的命宮內的 ⑩，即代表黃道星座先天第十宮的摩羯座，其他數字也都
是星座的代號，並非後天宮的宮號，讀者須區分清楚。也有軟體不以數字代
表星座，而是直接將星座符號列出，更加一目了然。

　　印度占星學在印度境內的發展分布，係由北到南，故北印度占星命盤較為
普及；就連中世紀的阿拉伯及西方部分占星家，都曾使用此形式，如十六世
紀的天文學家約翰尼斯·克卜勒（Johannes Kepler），為捷克貴族華倫斯坦
（A. E. W. Von. Wallenstein）所繪的天宮圖〈圖 2-5〉即是。只是西方系統一
律將上升點定在東地平，而北印度天宮圖則將上升點定在最上頭。

　　以張國榮的命盤為例，其北印度占星命盤如下：

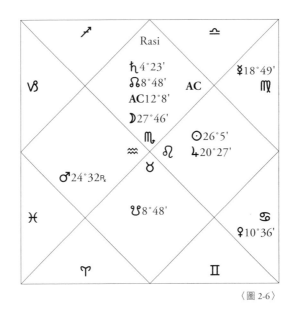

〈圖 2-6〉

二、南印度占星命盤

　　南印度占星命盤的星座位置是固定的，後天宮的上升點則根據位於哪一星
座，以「//」標示出來；其他各後天宮則按順時針方向起出。〈圖 2-7〉的
上升點位於天蠍座，即為第一宮；第二宮為人馬座；第三宮為摩羯座；第四

宮為水瓶座；第五宮為雙魚座；第六宮為白羊座；第七宮為金牛座；第八宮為雙子座；第九宮為巨蟹座；第十宮為獅子座；第十一宮為處女座；第十二宮為天秤座。

　　南印度占星命盤形似紫微斗數命盤，只要知道命宮所在，便可知道其他各宮位置。以張國榮的命盤為例，其南印度占星命盤為〈圖 2-8〉：

南印度占星命盤

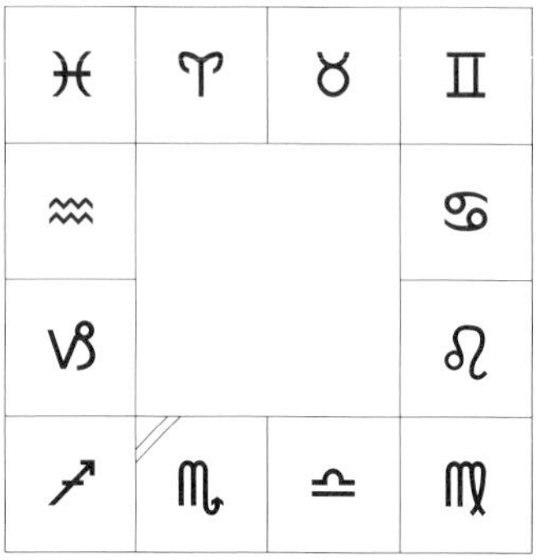

〈圖 2-7〉

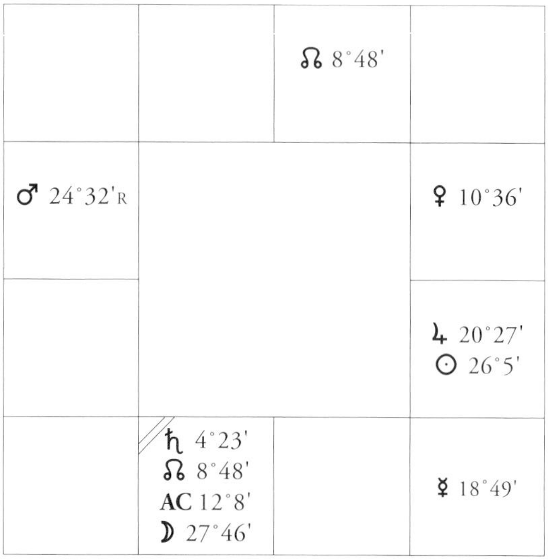

〈圖 2-8〉

三、東印度占星命盤

　　東印度占星命盤也是將星座位置固定的形式。如〈圖 2-9〉將白羊座定在四正中的右邊，然後按黃道十二星座排序。原則上將啟動星座，如白羊、巨蟹、天秤及摩羯，定在四正；而其他星座則兩兩排在偶宮。上升星座定出後，再按逆時針方向排列各宮。如〈圖 2-9〉的上升點落在天蠍座，即為第一宮命宮；第二宮為人馬座，其他宮位依此類推。由於東印度占星命盤的使用者較少，遂不擬在此詳述。

東印度占星命盤

〈圖 2-9〉

第四節　分宮圖的產生與基本意義

「分宮圖」是印度占星學特有的形式，在論斷人生各個事項時，都會再參酌相關領域的分宮圖。如論及職業，歸第十宮管轄，占星家會參考 D_{10} 來研判。分宮圖的種類繁多，幾乎每種人生事項都有對應的分宮圖，然在實務上，並非每個分宮圖都會被使用，依占星家個人喜好及經驗，而有不同搭配。印度常用的組合如下：

六種分宮圖（Shad Vargas）：D_1、D_2、D_3、D_9、D_{12}、D_{30}

七種分宮圖（Sapta Vargas）：D_1、D_2、D_3、D_7、D_9、D_{12}、D_{30}

十種分宮圖（Dasa Vargas）：D_1、D_2、D_3、D_7、D_9、D_{10}、D_{12}、D_{16}、D_{30}、D_{60}

十六種分宮圖（Shodasa Vargas）：D_1、D_2、D_3、D_4、D_7、D_9、D_{10}、D_{12}、D_{16}、D_{20}、D_{24}、D_{27}、D_{30}、D_{40}、D_{45}、D_{60}

　　「分宮圖」的梵文名稱為「Vargas」，意指「區間」；由來是將星座以特定數分割而成。上述分類中的分宮圖代號，即為該定數。如 D_9，即將星座除以九，每個區間為 3°20'，每個星座都有九個區間，整個黃道十二星座，共有一百零八個區間。同樣的，D_{12} 即將星座除以十二，每個區間為 2°30'，每個星座都有十二個區間，整個黃道十二星座，共有一百四十四個區間。依此類推，其中，D_1 即為本命盤。

　　由於星座經由特定數的切割，對出生時間的精確度要求也就較高，否則製作分宮圖便毫無意義可言。以 D_9 為例，每個區間為 3°20'，以經度 1° 等於四分鐘來換算時間，每 13°20'，D_9 的上升區間將有所變化。依此類推，以 D_{60} 為例，每兩分鐘就會產生 D_{60} 的上升區間變化，可以想見其精密度。因此，若能將印度占星學的分宮圖研究透徹，即可用來校正出生時間，或許也能合理解釋雙胞胎出生命盤的差異。

　　台灣在 1950 年代以前，新生兒大多在家由產婆接生，且囿於傳統習慣，以時辰（每兩小時）為標準，記載出生時間。倘若知道出生時間落在時辰頭、時辰中或時辰尾的哪個段區內，誤差還不致太大，尚可校正。倘若不知，即便使用分宮圖校正也頗費時。幸好 1960 年代以後，新生兒多在醫院出生，有較明確的出生證明。如此一來，製作分宮圖才較具意義。

　　在尚未介紹分宮圖的製作過程前，〈表 2-6〉先將各種分宮圖的代號、梵文名稱、區間的時間差異及基本意義稍作介紹。由於聖人帕拉薩拉在《BPHS》裡提倡十六種分宮圖的組合，此即成為印度占星學界的主流；因此，本章也以介紹十六種分宮圖的組合為主。

代號	梵文名稱	星座區分	區間度數	時間	意義
D1	Rasi	1/1	30°	120 分	本命盤、健康、身體結構、自我、膚色、脾氣、習性、人格
D2	Hora	1/2	15°	60 分	財富、財產、貧窮
D3	Drekana	1/3	10°	40 分	兄弟姊妹、勇氣、膽量、冒險精神
D4	Chaturtamsa	1/4	7°30'	30 分	擁有財產的能力、土地、建物、不動產
D7	Saptamsa	1/7	4°17'8.57"	17 分 8.57 秒	孩子
D9	Navamsa	1/9	3°20'	13 分 20 秒	配偶、婚姻生活、運氣、幸運、所有生活層面
D10	Dashamsa	1/10	3°	12 分	職業、位階、地位、名望、權力
D12	Dwadashamsa	1/12	2°30'	10 分	父母
D16	Shodashamsa	1/16	1°52'30"	7 分 30 秒	運輸交通工具、汽車、奢侈、內心愉悅
D20	Vimsamsa	1/20	1°30'	6 分	靜坐、冥想、精神訓練、奉獻
D24	Chaturvimsamsa	1/24	1°15'	5 分	學術成就、教育、知識、學習
D27	Bhamsa	1/27	1°6'40"	4 分 26.4 秒	強弱、力量、勇敢、膽量
D30	Trimsamsa	1/30	1°	4 分	逆境、不幸、災難、困難、阻礙、專論女命德行
D40	Chatvarimsamsa	1/40	0°45'	3 分	吉凶效應（行星期間之星）、母系遺產
D45	Akshavedamsa	1/45	0°40'	2 分 39.6 秒	一般指示父系遺產
D60	Shastiamsa	1/60	0°30'	2 分	一般指示過去的業力

〈表 2-6〉

這些分宮圖中，尤以 D$_9$ 最為重要，南印度的職業占星家通常會將本命盤與 D$_9$ 並列。D$_9$ 分宮圖的星座區分，恰與印度占星學中，依二十七星宿劃分出的每個星宿的管轄度數相同，因此應特別留意之。

以下介紹上述十六個分宮圖的製作方式，並以張國榮的命盤為例：

☉	♌	26°5′	♀	♋	10°36′
☽	♏	27°46′	♄	♏	4°23′
♂	♒	24°32′℞	☊	♏	8°48′
☿	♍	18°49′	☋	♉	8°48′
♃	♌	20°27′	ASC	♏	12°8′

〈表 2-6〉

一、D$_2$ Hora

將每個星座劃分為二。奇數星座的前半 15° 由太陽主宰，後半 15° 由月亮主宰；偶數星座的前半 15° 由月亮主管，後半 15° 由太陽主管；依此劃分，即形成 D$_2$ Hora。「Hora」即「一小時」之意，每個星座包含兩個「Hora」。資料整理如下：

星座	星座奇偶	前 15°		後 15°	
白羊座	奇數星座	☉	獅子座	☽	巨蟹座
金牛座	偶數星座	☽	巨蟹座	☉	獅子座
雙子座	奇數星座	☉	獅子座	☽	巨蟹座
巨蟹座	偶數星座	☽	巨蟹座	☉	獅子座
獅子座	奇數星座	☉	獅子座	☽	巨蟹座
處女座	偶數星座	☽	巨蟹座	☉	獅子座
天秤座	奇數星座	☉	獅子座	☽	巨蟹座
天蠍座	偶數星座	☽	巨蟹座	☉	獅子座
人馬座	奇數星座	☉	獅子座	☽	巨蟹座

摩羯座	偶數星座	☾	巨蟹座	☉	獅子座
水瓶座	奇數星座	☉	獅子座	☾	巨蟹座
雙魚座	偶數星座	☾	巨蟹座	☉	獅子座

〈表 2-8〉

張國榮本命行星所在 D₂ 分宮圖位置

行星	恆星黃道經度	區間	主管行星	所在星座
ASC	天蠍座 12°8'	前	☾	巨蟹座
☉	獅子座 26°5'	後	☾	巨蟹座
☾	天蠍座 27°46'	後	☉	獅子座
♂	水瓶座 24°32' Rx	後	☾	巨蟹座
☿	處女座 18°49'	後	☉	獅子座
♃	獅子座 20°27'	後	☾	巨蟹座
♀	巨蟹座 10°36'	前	☾	巨蟹座
♄	天蠍座 4°23'	前	☾	巨蟹座

〈表 2-9〉

D₂ Hora

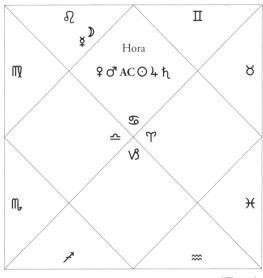

〈圖 2-10〉

二、D₃ Drekana

將每個星座劃分為三等分，每等分區間各 10°，整個黃道十二星座，共有三十六個區間，類似埃及占星學的三十六個黃道區間。

每個星座的第一個區間，由該星座主星主管；第二個區間，由該星座起算的第五個星座主星主管；第三個星座，則由該星座起算的第九個星座主星主管。依此規則，可畫出 **D₃ 分宮圖；具有兄弟姊妹的徵象。**

星座	第一區間 0°-10°	第二區間 10°-20°	第三區間 20°-30°
白羊座	♈	♌	♐
金牛座	♉	♍	♑
雙子座	♊	♎	♒
巨蟹座	♋	♏	♓
獅子座	♌	♐	♈
處女座	♍	♑	♉
天秤座	♎	♒	♊
天蠍座	♏	♓	♋
人馬座	♐	♈	♌
摩羯座	♑	♉	♍
水瓶座	♒	♊	♎
雙魚座	♓	♋	♏

〈表 2-10〉

張國榮本命行星所在 D₃ 分宮圖位置

行星	恆星黃道經度	區間	主管行星	所在星座
ASC	天蠍座 12°8'	2	♃	雙魚座
☉	獅子座 26°5'	3	♂	白羊座
☽	天蠍座 27°46'	3	☽	巨蟹座
♂	水瓶座 24°32' ℞	3	♀	天秤座
☿	處女座 18°49'	2	♄	摩羯座
♃	獅子座 20°27'	3	♂	白羊座
♀	巨蟹座 10°36'	2	♂	天蠍座
♄	天蠍座 4°23'	1	♂	天蠍座

〈表 2-11〉

D₃ Drekana

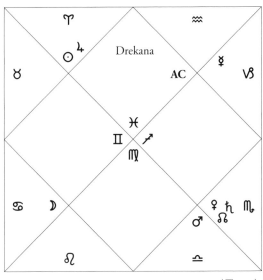

〈圖 2-11〉

三、D₄ Chaturtamsa

將每個星座劃分成四等分，每個區間 7°30'，整個黃道十二星座共有四十八個區間。每個星座的第一個區間，由該星座主星主管；第二個區間，由該星座起算的第四個星座主星主管；第三個區間，由該星座起算的第七個星座主星主管；第四個區間，則由該星座起算的第十個星座主星主管；依此規則，即可畫出 D₄ 分宮圖，各個區間的星座如下：

星座	第一區間 0°-7°30'	第二區間 7°30'-15°	第三區間 15°-22°30'	第四區間 22°30'-30°
白羊座	♈	♋	♎	♑
金牛座	♉	♌	♏	♒
雙子座	♊	♍	♐	♓
巨蟹座	♋	♎	♑	♈
獅子座	♌	♏	♒	♉
處女座	♍	♐	♓	♊
天秤座	♎	♑	♈	♋
天蠍座	♏	♒	♉	♌
人馬座	♐	♓	♊	♍
摩羯座	♑	♈	♋	♎
水瓶座	♒	♉	♌	♏
雙魚座	♓	♊	♍	♐

〈表 2-12〉

張國榮本命行星所在 D₄ 分宮圖位置

行星	恆星黃道經度	區間	主管行星	所在星座
ASC	天蠍座 12°8'	2	♄	水瓶座
☉	獅子座 26°5'	4	♀	金牛座
☽	天蠍座 27°46'	4	☉	獅子座
♂	水瓶座 24°32' ℞	4	♂	天蠍座
☿	處女座 18°49'	3	♃	雙魚座
♃	獅子座 20°27'	3	♄	水瓶座
♀	巨蟹座 10°36'	2	♀	天秤座
♄	天蠍座 4°23'	1	♂	天蠍座

〈表 2-13〉

D₄ Chaturtamsa

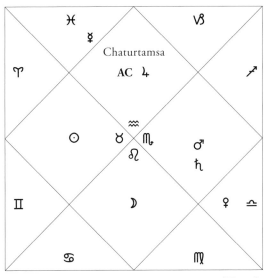

〈圖 2-12〉

四、D7 Saptamsa

　　將每個星座劃分成七等分，每個區間 4°17'8.57"，位於奇數星座，從該星座起算，連續七個星座主星主管七個區間；而偶數星座，其最後區間由該星座主星主管，然遞算連續七個星座主星主管七個區間。依此規則，可排出 D7 分宮圖；**呈顯當事人與孩子間種種關係的徵象**。相關星座主管區間如下：

星座	白羊座	金牛座	雙子座	巨蟹座	獅子座	處女座	天秤座	天蠍座	人馬座	摩羯座	水瓶座	雙魚座
第一區間 4°17'8.57"	♈	♏	♊	♑	♌	♓	♎	♉	♐	♋	♒	♍
第二區間 8°34'17.14"	♉	♐	♋	♒	♍	♈	♏	♊	♑	♌	♓	♎
第三區間 12°51'25.71"	♊	♑	♌	♓	♎	♉	♐	♋	♒	♍	♈	♏
第四區間 17°08'34.28"	♋	♒	♍	♈	♏	♊	♑	♌	♓	♎	♉	♐
第五區間 21°25'42.18"	♌	♓	♎	♉	♐	♋	♒	♍	♈	♏	♊	♑
第六區間 25°42'51.42"	♍	♈	♏	♊	♑	♌	♓	♎	♉	♐	♋	♒
第七區間 30°	♎	♉	♐	♋	♒	♍	♈	♏	♊	♑	♌	♓

〈表 2-14〉

※D7 分宮圖特別關注性活動及其結果——孩子。一般而言，孩子的論斷要看第五宮（它是第七宮〔配偶〕的第十一宮〔收獲〕），特別是第一位配偶（第七宮）的孩子。

張國榮本命行星所在 D₇ 分宮圖位置

行星	恆星黃道經度	區間	主管行星	所在星座
ASC	天蠍座 12°8'	3	☽	巨蟹座
☉	獅子座 26°5'	7	♄	水瓶座
☽	天蠍座 27°46'	7	♂	天蠍座
♂	水瓶座 24°32' ℞	6	☽	巨蟹座
☿	處女座 18°49'	5	☽	巨蟹座
♃	獅子座 20°27'	5	♃	人馬座
♀	巨蟹座 10°36'	3	♃	雙魚座
♄	天蠍座 4°23'	2	☿	雙子座

〈表 2-15〉

D₇ Saptamsa

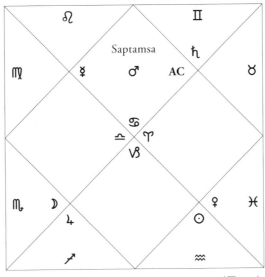

〈圖 2-13〉

五、D9 Navamsa

　　將每個星座劃分成九等分，每個區間 3°20'，整個黃道十二星座共有一百零八個區間。火象星座（白羊座、獅子座、人馬座）的第一個區間，由白羊座主星火星主管；而第二至第八個區間，則按照白羊座之後的黃道星座順序，分別排列。土象星座（金牛座、處女座、摩羯座）的第一個區間，由摩羯座主星土星主管，再依黃道星座順序，分別排出第二至第八個區間。風象星座（雙子座、天秤座、水瓶座）的第一個區間，由天秤座主星金星主管，再依黃道星座順序，分別排出第二至第八個區間。水象星座（巨蟹座、天蠍座、雙魚座）的第一個區間，由巨蟹座主星月亮主管，再依黃道星座順序，分別排出第二至第八個區間。依此規則，即可製作出 D9 分宮圖；**具有配偶、婚姻、幸運吉祥的徵象，在所有分宮圖中最為重要。**

星座	白羊座	金牛座	雙子座	巨蟹座	獅子座	處女座	天秤座	天蠍座	人馬座	摩羯座	水瓶座	雙魚座
第一區間 3°20'	♈	♑	♎	♋	♈	♑	♎	♋	♈	♑	♎	♋
第二區間 6°40'	♉	♒	♏	♌	♉	♒	♏	♌	♉	♒	♏	♌
第三區間 10°	♊	♓	♐	♍	♊	♓	♐	♍	♊	♓	♐	♍
第四區間 13°20'	♋	♈	♑	♎	♋	♈	♑	♎	♋	♈	♑	♎
第五區間 16°40'	♌	♉	♒	♏	♌	♉	♒	♏	♌	♉	♒	♏
第六區間 20°	♍	♊	♓	♐	♍	♊	♓	♐	♍	♊	♓	♐
第七區間 23°20'	♎	♋	♈	♑	♎	♋	♈	♑	♎	♋	♈	♑
第八區間 26°40'	♏	♌	♉	♒	♏	♌	♉	♒	♏	♌	♉	♒

第九區間 30°	♐	♍	♊	♓	♐	♍	♊	♓	♐	♍	♊	♓

〈表 2-16〉

張國榮本命行星所在 D₉ 分宮圖位置

行星	恆星黃道經度	區間	主管行星	所在星座
ASC	天蠍座 12°8'	4	♀	天秤座
☉	獅子座 26°5'	8	♂	天蠍座
☽	天蠍座 27°46'	9	♃	雙魚座
♂	水瓶座 24°32' ℞	8	♀	金牛座
☿	處女座 18°49'	6	☿	雙子座
♃	獅子座 20°27'	7	♀	天秤座
♀	巨蟹座 10°36'	4	♀	天秤座
♄	天蠍座 4°23'	2	☉	獅子座

〈表 2-17〉

D₉ Navamsa

〈圖 2-14〉

六、D₁₀ Dashamsa

將每個星座劃分成十等分，每個區間 3°，整個黃道十二星座共有一百二十個區間。奇數星座從該星座起算，接續的十個星座分別主管十個區間；而偶數星座則從該星座起算的第九個星座開始，接續的十個星座分別主管十個區間。依此規則，可製作出 D₁₀ 分宮圖；**呈現職業、社會地位、名望的徵象**。

星座	白羊座	金牛座	雙子座	巨蟹座	獅子座	處女座	天秤座	天蠍座	人馬座	摩羯座	水瓶座	雙魚座
第一區間 3°	♈	♑	♊	♓	♌	♉	♎	♋	♐	♍	♒	♏
第二區間 6°	♉	♒	♋	♈	♍	♊	♏	♌	♑	♎	♓	♐
第三區間 9°	♊	♓	♌	♉	♎	♋	♐	♍	♒	♏	♈	♑
第四區間 12°	♋	♈	♍	♊	♏	♌	♑	♎	♓	♐	♉	♒
第五區間 15°	♌	♉	♎	♋	♐	♍	♒	♏	♈	♑	♊	♓
第六區間 18°	♍	♊	♏	♌	♑	♎	♓	♐	♉	♒	♋	♈
第七區間 21°	♎	♋	♐	♍	♒	♏	♈	♑	♊	♓	♌	♉
第八區間 24°	♏	♌	♑	♎	♓	♐	♉	♒	♋	♈	♍	♊
第九區間 27°	♐	♍	♒	♏	♈	♑	♊	♓	♌	♉	♎	♋
第十區間 30°	♑	♎	♓	♐	♉	♒	♋	♈	♍	♊	♏	♌

〈表 2-18〉

張國榮本命行星所在 D₁₀ 分宮圖位置

行星	恆星黃道經度	區間	主管行星	所在星座
ASC	天蠍座 12°8'	5	♂	天蠍座
☉	獅子座 26°5'	9	♂	白羊座
☽	天蠍座 27°46'	10	♂	白羊座
♂	水瓶座 24°32' ℞	9	♀	天秤座
☿	處女座 18°49'	7	♂	天蠍座
♃	獅子座 20°27'	7	♄	水瓶座
♀	巨蟹座 10°36'	5	☽	巨蟹座
♄	天蠍座 4°23'	2	☉	獅子座

〈表 2-19〉

D₁₀ Dashamsa

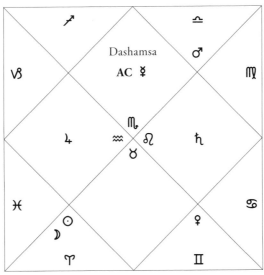

〈圖 2-15〉

七、D₁₂ Dwadashamsa

將星座劃分成十二等分，每個區間 2°30'，整個黃道十二星座共有一百四十四個區間。第一個區間由該星座主星主管，再依黃道星座的順序排列。依此規則，即可製作出 D₁₂ 分宮圖；**具有與父母相關的徵象**。相關星座主管區間如下：

星座	白羊座	金牛座	雙子座	巨蟹座	獅子座	處女座	天秤座	天蠍座	人馬座	摩羯座	水瓶座	雙魚座
第一區間 2°30'	♈	♉	♊	♋	♌	♍	♎	♏	♐	♑	♒	♓
第二區間 5°	♉	♊	♋	♌	♍	♎	♏	♐	♑	♒	♓	♈
第三區間 7°30'	♊	♋	♌	♍	♎	♏	♐	♑	♒	♓	♈	♉
第四區間 10°	♋	♌	♍	♎	♏	♐	♑	♒	♓	♈	♉	♊
第五區間 12°30'	♌	♍	♎	♏	♐	♑	♒	♓	♈	♉	♊	♋
第六區間 15°	♍	♎	♏	♐	♑	♒	♓	♈	♉	♊	♋	♌
第七區間 17°30'	♎	♏	♐	♑	♒	♓	♈	♉	♊	♋	♌	♍
第八區間 20°	♏	♐	♑	♒	♓	♈	♉	♊	♋	♌	♍	♎
第九區間 22°30'	♐	♑	♒	♓	♈	♉	♊	♋	♌	♍	♎	♏
第十區間 25°	♑	♒	♓	♈	♉	♊	♋	♌	♍	♎	♏	♐
第十一區間 27°30'	♒	♓	♈	♉	♊	♋	♌	♍	♎	♏	♐	♑
第十二區間 30°	♓	♈	♉	♊	♋	♌	♍	♎	♏	♐	♑	♒

〈表 2-20〉

張國榮本命行星所在 D₁₂ 分宮圖位置

行星	恆星黃道經度	區間	主管行星	所在星座
ASC	天蠍座 12°8'	5	♃	雙魚座
☉	獅子座 26°5'	11	☿	雙子座
☽	天蠍座 27°46'	12	♀	天秤座
♂	水瓶座 24°32' ℞	10	♂	天蠍座
☿	處女座 18°49'	8	♂	白羊座
♃	獅子座 20°27'	9	♂	白羊座
♀	巨蟹座 10°36'	5	♂	天蠍座
♄	天蠍座 4°23'	2	♃	人馬座

〈表 2-21〉

D₁₂ Dwadashamsa

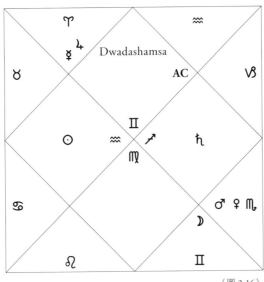

〈圖 2-16〉

八、D₁₆ Shodashamsa

將星座劃分成十六等分，每個區間 1°52'30"，整個黃道十二星座共有一百九十二個區間。啟動星座（白羊座、巨蟹座、天秤座、摩羯座）的第一個區間，由白羊座主管，再依黃道星座的順序，排出第二至第十六個區間；固定星座（金牛座、獅子座、天蠍座、水瓶座）的第一個區間，由獅子座主管，再依黃道星座的順序，排出第二至第十六個區間；變動星座（雙子座、處女座、人馬座、雙魚座）的第一個區間，由人馬座主管，再依黃道星座的順序，排出第二至第十六個區間。依此規則，即可製作出 D₁₆ 分宮圖；**具有運輸工具、汽車等享受生活、舒適的徵象。**

星座	白羊座	金牛座	雙子座	巨蟹座	獅子座	處女座	天秤座	天蠍座	人馬座	摩羯座	水瓶座	雙魚座
第一區間 1°52'30"	♈	♌	♐	♈	♌	♐	♈	♌	♐	♈	♌	♐
第二區間 3°45'	♉	♍	♑	♉	♍	♑	♉	♍	♑	♉	♍	♑
第三區間 5°37'30"	♊	♎	♒	♊	♎	♒	♊	♎	♒	♊	♎	♒
第四區間 7°30'	♋	♏	♓	♋	♏	♓	♋	♏	♓	♋	♏	♓
第五區間 9°22'30"	♌	♐	♈	♌	♐	♈	♌	♐	♈	♌	♐	♈
第六區間 11°15'	♍	♑	♉	♍	♑	♉	♍	♑	♉	♍	♑	♉
第七區間 13°7'30"	♎	♒	♊	♎	♒	♊	♎	♒	♊	♎	♒	♊
第八區間 15°	♏	♓	♋	♏	♓	♋	♏	♓	♋	♏	♓	♋

星座	白羊座	金牛座	雙子座	巨蟹座	獅子座	處女座	天秤座	天蠍座	人馬座	摩羯座	水瓶座	雙魚座
第九區間 16°52'30"	♐	♈	♌	♐	♈	♌	♐	♈	♌	♐	♈	♌
第十區間 18°45'	♑	♉	♍	♑	♉	♍	♑	♉	♍	♑	♉	♍
第十一區間 20°37'30"	♒	♊	♎	♒	♊	♎	♒	♊	♎	♒	♊	♎
第十二區間 22°30'	♓	♋	♏	♓	♋	♏	♓	♋	♏	♓	♋	♏
第十三區間 24°22'30"	♈	♌	♐	♈	♌	♐	♈	♌	♐	♈	♌	♐
第十四區間 26°15'	♉	♍	♑	♉	♍	♑	♉	♍	♑	♉	♍	♑
第十五區間 28°7'30"	♊	♎	♒	♊	♎	♒	♊	♎	♒	♊	♎	♒
第十六區間 30°	♋	♏	♓	♋	♏	♓	♋	♏	♓	♋	♏	♓

〈表 2-22〉

張國榮本命行星所在 D₁₆ 分宮圖位置

行星	恆星黃道經度	區間	主管行星	所在星座
ASC	天蠍座 12°8'	7	♄	水瓶座
☉	獅子座 26°5'	14	☿	處女座
☽	天蠍座 27°46'	15	♀	天秤座
♂	水瓶座 24°32' ℞	14	☿	處女座
☿	處女座 18°49'	11	♀	天秤座
♃	獅子座 20°27'	11	☿	雙子座
♀	巨蟹座 10°36'	6	☿	處女座
♄	天蠍座 4°23'	3	♀	天秤座

〈表 2-23〉

D₁₆ Shodashamsa

〈圖 2-17〉

九、D₂₀ Vimsamsa

將每個星座劃分成二十等分，每個區間 1°30'，整個黃道十二星座共有兩百四十個區間。啟動星座的第一個區間，由白羊管主管；而第二至第二十個區間，則依黃道星座的順序，分別排出。固定星座的第一個區間，由人馬座主管；而第二至第二十個區間，則依黃道星座的順序，分別排出。變動星座的第一個區間，由獅子座主管；而第二至第二十個區間，則依黃道星座的順序，分別排出。依此規則，即可製作出 D₂₀ 分宮圖；**具有靜坐、冥想、精神訓練、奉獻的徵象。**

星座	白羊座	金牛座	雙子座	巨蟹座	獅子座	處女座	天秤座	天蠍座	人馬座	摩羯座	水瓶座	雙魚座
第一區間 1°30'	♈	♐	♌	♈	♐	♌	♈	♐	♌	♈	♐	♌
第二區間 3°	♉	♑	♍	♉	♑	♍	♉	♑	♍	♉	♑	♍
第三區間 4°30'	♊	♒	♎	♊	♒	♎	♊	♒	♎	♊	♒	♎
第四區間 6°	♋	♓	♏	♋	♓	♏	♋	♓	♏	♋	♓	♏
第五區間 7°30'	♌	♈	♐	♌	♈	♐	♌	♈	♐	♌	♈	♐
第六區間 9°	♍	♉	♑	♍	♉	♑	♍	♉	♑	♍	♉	♑
第七區間 10°30'	♎	♊	♒	♎	♊	♒	♎	♊	♒	♎	♊	♒
第八區間 12°	♏	♋	♓	♏	♋	♓	♏	♋	♓	♏	♋	♓
第九區間 13°30'	♐	♌	♈	♐	♌	♈	♐	♌	♈	♐	♌	♈
第十區間 15°	♑	♍	♉	♑	♍	♉	♑	♍	♉	♑	♍	♉

星座	白羊座	金牛座	雙子座	巨蟹座	獅子座	處女座	天秤座	天蠍座	人馬座	摩羯座	水瓶座	雙魚座
第十一區間 16°30'	♒	♎	♊	♒	♎	♊	♒	♎	♊	♒	♎	♊
第十二區間 18°	♓	♏	♋	♓	♏	♋	♓	♏	♋	♓	♏	♋
第十三區間 19°30'	♈	♐	♌	♈	⊕	♌	♈	♐	♌	♈	♐	♌
第十四區間 21°	♉	♑	♍	♉	♑	♍	♉	♑	♍	♉	♑	♍
第十五區間 22°30'	♊	♒	♎	♊	♒	♎	♊	♒	♎	♊	♒	♎
第十六區間 24°	♋	♓	♏	♋	♓	♏	♋	♓	♏	♋	♓	♏
第十七區間 25°30'	♌	♈	♐	♌	♈	♐	♌	♈	♐	♌	♈	♐
第十八區間 27°	♍	♉	♑	♍	♉	♑	♍	♉	♑	♍	♉	♑
第十九區間 28°30'	♎	♊	♒	♎	♊	♒	♎	♊	♒	♎	♊	♒
第二十區間 30°	♏	♋	♓	♏	♋	♓	♏	♋	♓	♏	♋	♓

〈表 2-24〉

張國榮本命行星所在 D₂₀ 分宮圖位置

行星	恆星黃道經度	區間	主管行星	所在星座
ASC	天蠍座 12°8'	9	☉	獅子座
☉	獅子座 26°5'	18	♀	金牛座
☽	天蠍座 27°46'	19	☿	雙子座
♂	水瓶座 24°32' Rx	17	♂	白羊座
☿	處女座 18°49'	13	☉	獅子座
♃	獅子座 20°27'	14	♄	摩羯座
♀	巨蟹座 10°36'	8	♂	天蠍座
♄	天蠍座 4°23'	3	♄	水瓶座

〈表 2-25〉

D₂₀ Vimsamsa

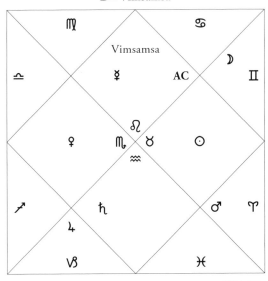

〈圖 2-18〉

85

十、D24 Chaturvimsamsa

　　將每個星座劃分成二十四等分，每個區間 1°15'，整個黃道十二星座共有二百八十八個區間。奇數星座的第一個區間，從獅子座主管起算，再依黃道星座的順序排列，重複兩次；偶數星座的第一個區間，從巨蟹座主管起算，依黃道星座的順序排列，重複兩次。依此規則，即可製作出 D24 分宮圖；**具有學術成就、教育、知識、學習的徵象。**

星座	白羊座	金牛座	雙子座	巨蟹座	獅子座	處女座	天秤座	天蠍座	人馬座	摩羯座	水瓶座	雙魚座
第一區間 1°15'	♌	♋	♌	♋	♌	♋	♌	♋	♌	♋	♌	♋
第二區間 2°30'	♍	♌	♍	♌	♍	♌	♍	♌	♍	♌	♍	♌
第三區間 3°45'	♎	♍	♎	♍	♎	♍	♎	♍	♎	♍	♎	♍
第四區間 5°	♏	♎	♏	♎	♏	♎	♏	♎	♏	♎	♏	♎
第五區間 6°15'	♐	♏	♐	♏	♐	♏	♐	♏	♐	♏	♐	♏
第六區間 7°30'	♑	♐	♑	♐	♑	♐	♑	♐	♑	♐	♑	♐
第七區間 8°45'	♒	♑	♒	♑	♒	♑	♒	♑	♒	♑	♒	♑
第八區間 10°	♓	♒	♓	♒	♓	♒	♓	♒	♓	♒	♓	♒
第九區間 11°15'	♈	♓	♈	♓	♈	♓	♈	♓	♈	♓	♈	♓
第十區間 12°30'	♉	♈	♉	♈	♉	♈	♉	♈	♉	♈	♉	♈
第十一區間 13°30'	♊	♉	♊	♉	♊	♉	♊	♉	♊	♉	♊	♉

星座	白羊座	金牛座	雙子座	巨蟹座	獅子座	處女座	天秤座	天蠍座	人馬座	摩羯座	水瓶座	雙魚座
第十二區間 15°	♋	♊	♋	♊	♋	♊	♋	♊	♋	♊	♋	♊
第十三區間 16°15'	♌	♋	♌	♋	♌	♋	♌	♋	♌	♋	♌	♋
第十四區間 17°30'	♍	♌	♍	♌	♍	♌	♍	♌	♍	♌	♍	♌
第十五區間 18°45'	♎	♍	♎	♍	♎	♍	♎	♍	♎	♍	♎	♍
第十六區間 20°	♏	♎	♏	♎	♏	♎	♏	♎	♏	♎	♏	♎
第十七區間 21°15'	♐	♏	♐	♏	♐	♏	♐	♏	♐	♏	♐	♏
第十八區間 22°30'	♑	♐	♑	♐	♑	♐	♑	♐	♑	♐	♑	♐
第十九區間 23°45'	♒	♑	♒	♑	♒	♑	♒	♑	♒	♑	♒	♑
第二十區間 25°	♓	♒	♓	♒	♓	♒	♓	♒	♓	♒	♓	♒
第二十一區間 26°15'	♈	♓	♈	♓	♈	♓	♈	♓	♈	♓	♈	♓
第二十二區間 27°30'	♉	♈	♉	♈	♉	♈	♉	♈	♉	♈	♉	♈
第二十三區間 28°45'	♊	♉	♊	♉	♊	♉	♊	♉	♊	♉	♊	♉
第二十四區間 30°	♋	♊	♋	♊	♋	♊	♋	♊	♋	♊	♋	♊

〈表 2-26〉

張國榮本命行星所在 D24 分宮圖位置

行星	恆星黃道經度	區間	主管行星	所在星座
ASC	天蠍座 12°8'	10	♂	白羊座
☉	獅子座 26°5'	21	♂	白羊座
☽	天蠍座 27°46'	23	♀	金牛座
♂	水瓶座 24°32' ℞	20	♃	雙魚座
☿	處女座 18°49'	16	♀	天秤座
♃	獅子座 20°27'	21	♃	人馬座
♀	巨蟹座 10°36'	9	♃	雙魚座
♄	天蠍座 4°23'	4	♀	天秤座

〈表 2-27〉

D24 Chaturvimsamsa

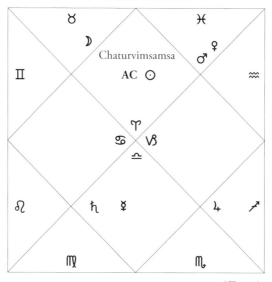

〈圖 2-19〉

十一、D₂₇ Bhamsa

將每個星座劃分成二十七等分，每個區間 1°6'40"，整個黃道十二星座共有三百二十四個區間。火象星座的第一個區間，由白羊座主管，而第二至第二十七個區間，則依黃道星座的順序排出；土象星座的第一個區間，由巨蟹座主管，而第二至第二十七個區間，則依黃道星座的順序排出；風象星座的第一個區間，由天秤座主管，而第二至第二十七個區間，則依黃道星座的順序排出；水象星座的第一個區間，由摩羯座主管，而第二至第二十七個區間，則依黃道星座的順序排出。依此規則，即可製作出 D₂₇ 分宮圖；**具有強弱、力量、勇敢、膽量的徵象。**

星座	白羊座	金牛座	雙子座	巨蟹座	獅子座	處女座	天秤座	天蠍座	人馬座	摩羯座	水瓶座	雙魚座
第一區間 1°6'40"	♈	♋	♎	♑	♈	♋	♎	♑	♈	♋	♎	♑
第二區間 2°13'20"	♉	♌	♏	♒	♉	♌	♏	♒	♉	♌	♏	♒
第三區間 3°20'	♊	♍	♐	♓	♊	♍	♐	♓	♊	♍	♐	♓
第四區間 4°26'40"	♋	♎	♑	♈	♋	♎	♑	♈	♋	♎	♑	♈
第五區間 5°33'	♌	♏	♒	♉	♌	♏	♒	♉	♌	♏	♒	♉
第六區間 6°40'	♍	♐	♓	♊	♍	♐	♓	♊	♍	♐	♓	♊
第七區間 7°46'40"	♎	♑	♈	♋	♎	♑	♈	♋	♎	♑	♈	♋
第八區間 8°53'20"	♏	♒	♉	♌	♏	♒	♉	♌	♏	♒	♉	♌
第九區間 10°	♐	♓	♊	♍	♐	♓	♊	♍	♐	♓	♊	♍
第十區間 11°6'40"	♑	♈	♋	♎	♑	♈	♋	♎	♑	♈	♋	♎

星座	白羊座	金牛座	雙子座	巨蟹座	獅子座	處女座	天秤座	天蠍座	人馬座	摩羯座	水瓶座	雙魚座
第十一區間 12°13'20"	♒	♉	♌	♏	♒	♉	♌	♏	♒	♉	♌	♏
第十二區間 13°20'	♓	♊	♍	♐	♓	♊	♍	♐	♓	♊	♍	♐
第十三區間 14°26'	♈	♋	♎	♑	♈	♋	♎	♑	♈	♋	♎	♑
第十四區間 15°33'20"	♉	♌	♏	♒	♉	♌	♏	♒	♉	♌	♏	♒
第十五區間 16°40'40"	♊	♍	♐	♓	♊	♍	♐	♓	♊	♍	♐	♓
第十六區間 17°46'	♋	♎	♑	♈	♋	♎	♑	♈	♋	♎	♑	♈
第十七區間 16°53'	♌	♏	♒	♉	♌	♏	♒	♉	♌	♏	♒	♉
第十八區間 20°	♍	♐	♓	♊	♍	♐	♓	♊	♍	♐	♓	♊
第十九區間 21°6'40"	♎	♑	♈	♋	♎	♑	♈	♋	♎	♑	♈	♋
第二十區間 22°13'20"	♏	♒	♉	♌	♏	♒	♉	♌	♏	♒	♉	♌
第二十一區間 23°20'	♐	♓	♊	♍	♐	♓	♊	♍	♐	♓	♊	♍
第二十二區間 24°26'40"	♑	♈	♋	♎	♑	♈	♋	♎	♑	♈	♋	♎
第二十三區間 25°33'20"	♒	♉	♌	♏	♒	♉	♌	♏	♒	♉	♌	♏
第二十四區間 26°40'	♓	♊	♍	♐	♓	♊	♍	♐	♓	♊	♍	♐
第二十五區間 27°46'40"	♈	♋	♎	♑	♈	♋	♎	♑	♈	♋	♎	♑
第二十六區間 28°53'20"	♉	♌	♏	♒	♉	♌	♏	♒	♉	♌	♏	♒

星座	白羊座	金牛座	雙子座	巨蟹座	獅子座	處女座	天秤座	天蠍座	人馬座	摩羯座	水瓶座	雙魚座
第二十七區間 30°	♊	♍	♐	♓	♊	♍	♐	♓	♊	♍	♐	♓

〈表 2-28〉

張國榮本命行星所在 D₂₇ 分宮圖位置

行星	恆星黃道經度	區間	主管行星	所在星座
ASC	天蠍座 12°8'	11	♂	天蠍座
☉	獅子座 26°5'	24	♃	雙魚座
☽	天蠍座 27°46'	26	♄	水瓶座
♂	水瓶座 24°32' ℞	23	☉	獅子座
☿	處女座 18°49'	17	♂	天蠍座
♃	獅子座 20°27'	19	♀	天秤座
♀	巨蟹座 10°36'	10	♀	天秤座
♄	天蠍座 4°23'	4	♂	白羊座

〈表 2-29〉

D₂₇ Bhamsa

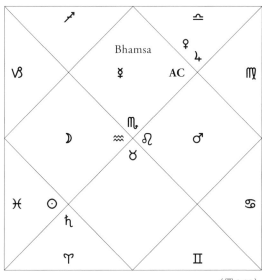

〈圖 2-20〉

十二、D₃₀ Trimsamsa

將每個星座劃分成三十等分，每個區間 1°，整個黃道十二星座共有三百六十個區間。奇數星座 0° 至 5° 區間，由白羊座主管；5° 至 10°，由水瓶座主管；10° 至 18°，由人馬座主管；18° 至 25°，由雙子座主管；25° 至 30°，由天秤座主管。偶數星座 0° 至 5° 區間，由金牛座主管；5° 至 12°，由處女座主管；12° 至 20°，由雙魚座主管；20° 至 25°，由摩羯座主管；25° 至 30°，由天蠍座主管。

依此規則，即可製作出 D₃₀ 分宮圖；**具有不良影響、逆境、不幸、災難、困難、阻礙，和專論女命貞潔與德行的決定性徵象。**

奇數星座	0°-5°	5°-10°	10°-18°	18°-25°	25°-30°
白羊座	♈	♒	♐	♊	♎
雙子座	♈	♒	♐	♊	♎
獅子座	♈	♒	♐	♊	♎
天秤座	♈	♒	♐	♊	♎
人馬座	♈	♒	♐	♊	♎
水瓶座	♈	♒	♐	♊	♎

〈表 2-30〉

偶數星座	0°-5°	5°-10°	10°-18°	18°-25°	25°-30°
金牛座	♉	♍	♓	♑	♏
巨蟹座	♉	♍	♓	♑	♏
處女座	♉	♍	♓	♑	♏
天蠍座	♉	♍	♓	♑	♏
摩羯座	♉	♍	♓	♑	♏
雙魚座	♉	♍	♓	♑	♏

〈表 2-31〉

張國榮本命行星所在 D₃₀ 分宮圖位置

行星	恆星黃道經度	區間	主管行星	所在星座
ASC	天蠍座 12°8'	3	♃	雙魚座
☉	獅子座 26°5'	5	♀	天秤座
☽	天蠍座 27°46'	5	♂	天蠍座
♂	水瓶座 24°32' ℞	4	☿	雙子座
☿	處女座 18°49'	3	♃	雙魚座
♃	獅子座 20°27'	4	☿	雙子座
♀	巨蟹座 10°36'	2	☿	處女座
♄	天蠍座 4°23'	1	♀	金牛座

〈表 2-32〉

D₃₀ Trimsamsa

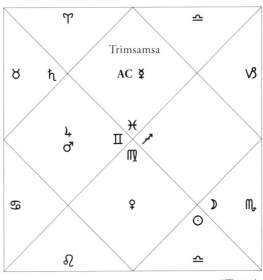

〈圖 2-21〉

十三、D₄₀ Chatvarimsamsa

將每個星座劃分成四十等分，每個區間 45'，整個黃道十二星座共有四百八十個區間。奇數星座的第一個區間，由白羊座主管，再依黃道星座的順序，排出其他區間；偶數星座的第一個區間，由天秤座主管，再依黃道星座的順序，排出其他區間。依此規則，即可製作 D₄₀ 天宮圖；**具有行星期間主星吉凶效應的徵象。**

區間	度數範圍	奇數星座	偶數星座	區間	度數範圍	奇數星座	偶數星座
1	0°45'	♈	♎	21	15°45'	♐	♊
2	1°30'	♉	♏	22	16°30'	♑	♋
3	2°15'	♊	♐	23	17°15'	♒	♌
4	3°	♋	♑	24	18°	♓	♍
5	3°45'	♌	♒	25	18°45'	♈	♎
6	4°35'	♍	♓	26	19°30'	♉	♏
7	5°15'	♎	♈	27	20°15'	♊	♐
8	6°	♏	♉	28	21°	♋	♑
9	6°45'	♐	♊	29	21°45'	♌	♒
10	7°30'	♑	♋	30	22°30'	♍	♓
11	8°15'	♒	♌	31	23°15'	♎	♈
12	9°	♓	♍	32	24°	♏	♉
13	9°45'	♈	♎	33	24°45'	♐	♊
14	10°30'	♉	♏	34	25°30'	♑	♋
15	11°15'	♊	♐	35	26°15'	♒	♌
16	12°	♋	♑	36	27°	♓	♍
17	12°45'	♌	♒	37	27°45'	♈	♎
18	13°30'	♍	♓	38	28°30'	♉	♏
19	14°15'	♎	♈	39	29°15'	♊	♐
20	15°	♏	♉	40	30°	♋	♑

〈表 2-33〉

張國榮本命行星所在 D₄₀ 分宮圖位置

行星	恆星黃道經度	區間	主管行星	所在星座
ASC	天蠍座 12°8'	17	♂	水瓶座
☉	獅子座 26°5'	35	☉	水瓶座
☽	天蠍座 27°46'	38	♂	天蠍座
♂	水瓶座 24°32' ℞	33	♃	人馬座
☿	處女座 18°49'	26	♂	天蠍座
♃	獅子座 20°27'	28	☽	巨蟹座
♀	巨蟹座 10°36'	15	♃	人馬座
♄	天蠍座 4°23'	6	♃	雙魚座

〈表 2-34〉

D₄₀ Chatvarimsamsa

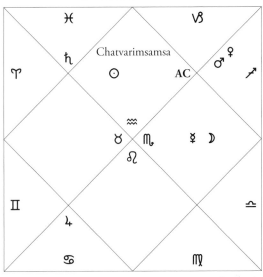

〈圖 2-22〉

十四、D₄₅ Akshavedamsa

將每個星座劃分成四十五等分，每個區間 40'，整個黃道十二星座共有五百四十個區間。啟動星座的第一個區間，由白羊座主管，再依黃道星座的順序，分別排出其他區間。

固定星座的第一個區間，由獅子座主管，再依黃道星座的順序，分別排出其他區間；變動星座的第一個區間，由人馬座主管，再依黃道星座的順序，分別排出其他區間。依此規則，即可製作出 D₄₅ 分宮圖；**具有一般指示、描述宮位和行星的力量。**

區間	度數範圍	啟動	固定	變動	區間	度數範圍	啟動	固定	變動
1	0°40'	♈	♌	♐	21	14°	♐	♈	♌
2	1°20'	♉	♍	♑	22	14°40'	♑	♉	♍
3	2°	♊	♎	♒	23	15°20'	♒	♊	♎
4	2°40'	♋	♏	♓	24	16°	♓	♋	♏
5	3°20'	♌	♐	♈	25	16°40'	♈	♌	♐
6	4°	♍	♑	♉	26	17°20'	♉	♍	♑
7	4°40'	♎	♒	♊	27	18°	♊	♎	♒
8	5°20'	♏	♓	♋	28	18°40'	♋	♏	♓
9	6°	♐	♈	♌	29	19°20'	♌	♐	♈
10	6°40'	♑	♉	♍	30	20°	♍	♑	♉
11	7°20'	♒	♊	♎	31	20°40'	♎	♒	♊
12	8°	♓	♋	♏	32	21°20'	♏	♓	♋
13	8°40'	♈	♌	♐	33	22°	♐	♈	♌
14	9°20'	♉	♍	♑	34	22°40'	♑	♉	♍
15	10°	♊	♎	♒	35	23°20'	♒	♊	♎
16	10°40'	♋	♏	♓	36	24°	♓	♋	♏
17	11°20'	♌	♐	♈	37	24°40'	♈	♌	♐
18	12°	♍	♑	♉	38	25°20'	♉	♍	♑
19	12°40'	♎	♒	♊	39	26°	♊	♎	♒
20	13°20'	♏	♓	♋	40	26°40'	♋	♏	♓

區間	度數範圍	啟動	固定	變動
41	27°20'	♌	♐	♈
42	28°	♍	♑	♉
43	28°40'	♎	♒	♊

區間	度數範圍	啟動	固定	變動
44	29°20	♏	♓	♋
45	30°	♐	♈	♌

〈表 2-35〉

張國榮本命行星所在 D₄₅ 分宮圖位置

行星	恆星黃道經度	區間	主管行星	所在星座
ASC	天蠍座 12°8'	19	♄	水瓶座
☉	獅子座 26°5'	40	♂	天蠍座
☽	天蠍座 27°46'	42	♄	摩羯座
♂	水瓶座 24°32' Rx	37	☉	獅子座
☿	處女座 18°49'	29	♂	白羊座
♃	獅子座 20°27'	31	♄	水瓶座
♀	巨蟹座 10°36'	16	☽	巨蟹座
♄	天蠍座 4°23'	7	♄	水瓶座

〈表 2-36〉

D₄₅ Akshavedamsa

〈圖 2-23〉

十五、D₆₀ Shastiamsa

　　將每個星座劃分成六十等分，每個區間 30'，整個黃道十星座共七百二十個區間。一般而言，印度在 D₆₀ 的應用上，都只列出各區間主宰的神祇，各有其吉凶涵義。這些神祇在奇數星座主管的區間順數，但在偶數星座主管的區間則逆數。星座區間對應的神祇、吉凶屬性及涵義如下：

奇數星座	序號	名稱	吉凶屬性	涵義	偶數星座
0°-0°30'	1	Ghora	凶	恐怖邪惡	30°-29°30'
1°	2	Rakshasa	凶	惡魔	29°30'
1°30'	3	Deva	吉	神聖高貴、天神	29°
2°	4	Kubera	吉	司庫神	28°30'
2°30'	5	Yaksha	吉	天國的歌者	28°
3°	6	Kinnara	吉	人頭馬身	27°30'
3°30'	7	Bhrashta	凶	墮落、荒謬	27°
4°	8	Kulagnana	凶	毀滅家庭	26°30'
4°30'	9	Garala	凶	毒物	26°
5°	10	Vahni	凶	火	25°30'
5°30'	11	Mayamsa	凶	欺騙	25°
6°	12	Purishaka	凶	污穢	24°30'
6°30'	13	Apampathy	吉	雨神	24°
7°	14	Marut	吉	風神	23°30'
7°30'	15	Kala	凶	破壞	23°
8°	16	Sarpa	凶	蛇	22°30'
8°30'	17	Amritha	吉	甘露	22°
9°	18	Indu	吉	月亮、滋養	21°30'
9°30'	19	Mridwamsa	吉	輕柔、溫和	21°
10°	20	Komalamsa	吉	親切	20°30'
10°30'	21	Heramba	吉	象頭神	20°

奇數星座	序號	名稱	吉凶屬性	涵義	偶數星座
11°	22	Brahma	吉	梵天	19°30'
11°30'	23	Vageesa	吉	毗濕奴	19°
12°	24	Mahesvara	吉	濕婆神	18°30'
12°30'	25	Deva	吉	神聖高貴、天神（同3）	18°
13°	26	Ardra	吉	濕潤	17°30'
13°30'	27	Kalinasa	凶	戰爭毀滅	17°
14°	28	Kshitiswara	吉	大地之王	16°30'
14°30'	29	Kamalkara	吉	忘憂湖	16°
15°	30	Gulika	凶	土星之子、懶散	15°30'
15°30'	31	Mrityu	凶	火星之子、死亡	15°
16°	32	Kala	凶	破壞（同15）	14°30'
16°30'	33	Davagani	凶	森林大火	14°
17°	34	Ghora	凶	恐怖邪惡（同1）	13°30'
17°30'	35	Yama	凶	死神	13°
18°	36	Kantaka	凶	麻煩、棘手	12°30'
18°30'	37	Sudha	吉	純潔	12°
19°	38	Amrita	吉	甘露（同17）	11°30'
19°30'	39	Poorna Chandra	吉	滿月	11°
20°	40	Vishadagdha	凶	毒害	10°30'
20°30'	41	Kulanasa	凶	毀滅家庭（同8）	10°
21°	42	Vamsakshaya	凶	家族斷絕	9°30'
21°30'	43	Utpatha	凶	災難	9°
22°	44	Kala	凶	破壞（同15）	8°30'
22°30'	45	Saumya	吉	吉祥、天堂	8°
23°	46	Komalamsa	吉	親切（同20）	7°30'
23°30'	47	Seetala	吉	冷靜	7°
24°	48	Karaladamshtra	凶	牙齦	6°30'

奇數星座	序號	名稱	吉凶屬性	涵義	偶數星座
24°30'	49	Chandramukhi	吉	如月光般美麗	6°
25°	50	Praveena	吉	聰明	5°30'
25°30'	51	Kalapavaka	凶	毀滅之火	5°
26°	52	Dandayudha	凶	破滅	4°30'
26°30'	53	Nirmala	吉	無罪	4°
27°	54	Saumya	吉	吉祥、天堂 （同 45）	3°30'
27°30'	55	Kroora	凶	無情	3°
28°	56	Atiseetala	吉	冷酷	2°30'
28°30'	57	Amrita	吉	甘露（同 17）	2°
29°	58	Payodhi	吉	海洋	1°30'
29°30'	59	Bhraman	凶	流浪	1°
29°30'-30°	60	Indurekha	吉	月光	0°30'-0°

〈表 2-37〉

計算本命行星落入 D₆₀ 星座的步驟

1. 特定行星的度數、分數乘二（所得分數、餘數省略）。

    如上升點位於天蠍座 12°8'：

    12°8'×2 = 24°16'（16' 省略）

2. 以「步驟 1」得出之數除以十二。

    24÷12 = 2，餘數 0

3. 餘數加一，即該特定行星所在星座起算的 D₆₀ 星座。

    0 + 1 = 1，上升點即位於天蠍座起算的第一個星座。

4. 以「步驟 1」得出的度數加一，即特定行星所在的星座區間；奇數星座順數，偶數星座逆數。

    24 + 1 = 25

    上升點位於 D₆₀ 的天蠍座，逆數第二十五個區間為「Kantaka」，凶性，涵義為麻煩、棘手。

張國榮本命行星所在 D₆₀ 分宮圖位置

行星	恆星黃道經度	區間	主管行星	所在星座
ASC	天蠍座 12°8'	逆 25	♂	天蠍座
☉	獅子座 26°5'	順 53	♃	人馬座
☽	天蠍座 27°46'	逆 56	☿	雙子座
♂	水瓶座 24°32' Rₓ		♄	摩羯座
☿	處女座 18°49'	逆 50	♀	天秤座
♃	獅子座 20°27'	順 41	♃	人馬座
♀	巨蟹座 10°36'	逆 21	♂	白羊座
♄	天蠍座 4°23'	逆 9	☽	巨蟹座

〈表 2-38〉

D₆₀ Shastiamsa

〈圖 2-24〉

第五節　其他輔助命盤

在印度占星學中，除了本命盤及各種分宮盤，還有其他輔助命盤，通常會用來配合本命盤的論斷，例如月亮身宮盤、星座移轉盤（Arudha Chart）、微象星變盤（Karakamsa Chart）、幸運點轉盤（Punya Saham Chart），尤其以月亮身宮盤最為重要。**印度本土占星家在解盤時，幾乎都會列出本命盤、D9 Navamsa 及月亮身宮盤三種命盤，足見其重要性。**而本節僅探討月亮身宮盤。

月亮是印度人相當重視的行星，自古以來，便常以月亮的相態，作為慶典擇日的依據。印度占星學中特有的「大運（Dasa）系統」，其中的「Vimsottari Dasa」，就是以命主出生時，月亮在二十七星宿的位置起算大運（Dasa）起始，以及相關行星分配管轄年、月、日；此外，在計算流年的「過運法」（Transit）中，也會根據命主出生時的月亮星座所在位置起算。另外，印度占星學中獨有的二十八宿或二十七宿，即以月亮行經黃道的長期觀測經驗而歸納出來的。

印度人之所以如此重視月亮，其實是受到吠陀經典影響，普遍認為月亮代表梵天的心思。印度知名占星雜誌《The Time of Astrology》編輯瑞金斯瓦里・香卡爾（Rajeshwari Shankar），在帕達咯（K. K. Pathak）所著《Hindu Dasha System》的推薦文中提及：「梵天欲創造宇宙，整個創造源自他的左思右想，這種沉思發自他的偉大心靈，沉思的同時，月亮也被創造出來。」

根據上述說法，足見月亮在印度文化裡何其重要，幾乎已等同於宇宙創造者梵天的心思。印度占星學一向遵循著「梵我不二」哲學的義理，遂發展出以月亮為主，當作「Lagna」（上升星座）起算的身宮圖，以及大運（Dasa）系統中的「Vimsottari」、「Gochar」（即過運）。對於月亮的重視程度，由此可見一斑。

「月亮身宮盤」的計算方式很簡單，即將本命盤中月亮所在星座當作上升

星座；由於印度占星學採用
「整個星座宮位制」，因此
其他各宮，即依月亮星座之
後的星座順序，依次排出。

以張國榮的命盤〈圖 2-25〉
為例，月亮 ☽ 落在天蠍座
♏，恰巧與上升星座相同，
因此他的「月亮身宮盤」跟
本命天宮圖完全一樣。

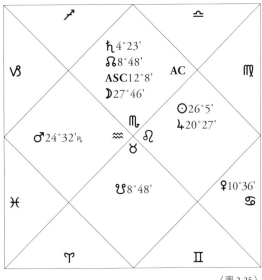

〈圖 2-25〉

接著，再以台灣知名占星家韓良露的命盤為例。

【案例二】

韓良露

1958 年 11 月 19 日

08:35:00 Zone 8.00

Wednesday 23:17:2 Lahiri

高雄市 20E17, 22N38

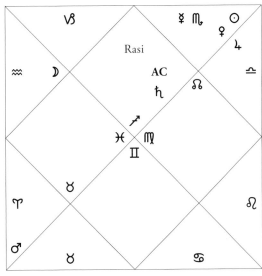

〈圖 2-27〉

她的「月亮身宮盤」如下：

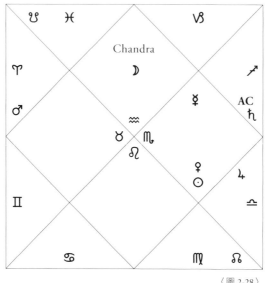

〈圖 2-28〉

1. 韓良露本命月亮 ☽ 位於水瓶座 ♒ 12°11'，在本命第三宮；月亮為吉星，處於漸增光期。

2. 本命水星 ☿、太陽 ☉、金星 ♀，都位於第十二宮。

3. 以月亮 ☽ 所在星座當作上升星座，再依次順轉排出其他星座，即為「月亮身宮盤」。

4. 寫作的徵象星——水星 ☿，位於身宮盤的第十宮（事業）；吉星金星 ♀ 也位於第十宮，映至自己主管的星座金牛座 ♉；同時，掌管聲名的太陽 ☉ 也位於第十宮內。

5. 第九宮內的木星 ♃，映至上升星座——人馬座 ♐。

6. 火星 ♂ 位於第三宮自己主管的星座——白羊座 ♈，戲劇、音樂才華洋溢，且相映至第十宮的天蠍座 ♏，甚吉。

※ 中國古代的「七政四餘占星術」和「紫微斗數」中所採用的身宮，其概念完全出自印度占星學的「月亮身宮盤」。

第三章

天宮圖的要素 I：星座

「星座」的梵文是「Rasi」。由於印度占星學曾與希臘占星學交流，因此，其使用的黃道十二星座，除了象徵摩羯座的山羊形象，在某些地區被鱷魚代替以外，其他都與現今的西方占星學相同。

古時的印度占星學經典對黃道十二星座較少著墨，或僅以簡單的方式帶過；不過，受到西方占星學的影響，現代印度占星學書籍開始對星座的特性有較詳細的敘述。

印度古典占星學並不重視黃道十二星座，這應與慣用二十七星宿有關。印度古典占星學在導入黃道十二星座的概念後，卻因沿襲希臘占星學的「整個星座宮位制」，著重於事件預測；因此將所有的星座，都化成後天十二宮的生活事項，作為星盤解讀的分析重點，反而較少論述星座本身的特性。如論疾病，西方占星學會以黃道十二星座來對應身體的部位；而印度占星學則是以後天宮來對應身體的部位，其星座運用只著重星座主星，以及行星在星座中，廟、旺、弱、陷的力量表現。

三方旺宮（Moolatrikona）區間；行星與星座的友誼、敵意或中立等關係；上升於某星座，會衍生出功能吉星或功能凶星。以上這些內容，都是讀者需要理解的關鍵。

本章第一節將黃道十二星座列表分類，說明相關的二十七星宿名稱、所在區間、星宿主星等資料。

第一區塊：星座名稱、符號和主星等等。

第二區塊：星座的基本特性，如陰陽、元素、四正、方向、顏色、對應的

身體部位、金屬、寶石、動物、植物等等。

第三區塊：身體特徵及外觀、可能疾病、人物、職業（十宮）、場所、器具，以及正面評價和負面評價。

第四區塊：旺宮度數、三方旺宮區間、弱宮度數、友誼與敵意行星。

除印度本土占星學特有的內容，其他絕大部分都近似西洋占星學的黃道十二宮概念。第二節則分列印度二十七星宿資料，說明其對應屬性，以及使用於印度占星學裡的各種資料。

此處先將黃道十二星座最基本的特性列於下表，並於接下來的第一節與第二節詳述。

黃道十二星座基本特性

序號	星座	符號	梵文名稱	陰陽	元素	四正	星座主星
1	白羊座	♈	Mesha	陽	火	啟動	火星
2	金牛座	♉	Vrishabh	陰	土	固定	金星
3	雙子座	♊	Mithuna	陽	風	變動	水星
4	巨蟹座	♋	Kataka	陰	水	啟動	月亮
5	獅子座	♌	Simha	陽	火	固定	太陽
6	處女座	♍	Kanya	陰	土	變動	水星
7	天秤座	♎	Thula	陽	風	啟動	金星
8	天蠍座	♏	Vrischik	陰	水	固定	火星
9	人馬座	♐	Dhanus	陽	火	變動	木星
10	摩羯座	♑	Makara	陰	土	啟動	土星
11	水瓶座	♒	Kumbha	陽	風	固定	土星
12	雙魚座	♓	Meena	陰	水	變動	木星

〈表 3-1〉

第一節　黃道十二星座

白羊座	符號：♈ 主星：♂	Ashwini　♃　♈0°-♈13°20' Bharani　♀　♈13°20'-♈26°40' Krittika　☉　♈26°40'-♈30°0'

陰陽：陽 元素：火象 四正：啟動 方向：東方 顏色：紅色系	身體部位：頭部、眼睛、臉、腦部 金屬：鐵（鋼） 寶石：紅寶石、鑽石、水晶、雞血石、瑪瑙 動物：羊、狼、麋鹿 植物：羊蹄植物、罌粟、蘆薈、大蒜、大麻、芥菜、洋蔥、 　　　辣椒、有刺植物

身體特徵及外觀
1. 中等身材稍高、瘦而前傾、頸長肩寬、手指薄且短
2. 頭圓臉長、面頰瘦、上唇略長、下唇薄且短
3. 髮色紅或黃紅、棕色、有時非常黑、硬直或捲曲
4. 眉毛濃密而黑、鼻子薄而彎曲、牙齒白而牢固有力

可能疾病
1. 所有與頭部相關的慢性病，特別是頭痛、偏頭痛、頭部受傷、熱病、發炎、發燒、猩紅熱、天花症狀、粉刺面皰出疹
2. 割傷、燒傷、燙傷、火災意外
3. 腦炎、腦中風、失眠、癲癇、昏眩
4. 角膜炎、視網膜病變、眼睛發炎、視力受損

人物、職業（十宮）
軍人、鐵匠、外科醫生、拓荒者、屠夫、冒險家、先驅、侵略者、技工、鼓動者、領導者

場所
新墾地、伙房、砂礫岩層、偏僻危險的地方、屋頂、火爐邊、生熱地方、丘陵、乾燥地方、磚窯、天花板

器具
尖銳物品、手槍、手工工具、外科器械、消防器材、烤箱、鐵器、切割利器、瓦斯爐

正面評價
勇氣膽識、鼓舞他人、熱情幹勁、積極活潑、冒險犯難、直接果斷、驕傲自信、開朗鬥志、光明真誠、正直進取、野心勃勃、計畫能力

負面評價
心情不定、缺乏耐心、魯莽無禮、易怒爭吵、專制蠻橫、思慮欠周、挖苦諷刺、強迫鬥氣、容易激動、自私自利、虎頭蛇尾、三分鐘熱度

旺宮度數	三方旺宮區間	弱宮度數	友誼行星	敵意行星
☉ ♈ 10°	♂ ♈ 0°-12°	♄ ♈ 20°	♃、♃、☉	♄、☊

金牛座	符號：♉	Krittika	☉ ♉ 0°0'-♉ 10°0'
	主星：♀	Rohini	☽ ♉ 10°0'-♉ 23°20'
		Mrigasira	♂ ♉ 23°20'-♉ 30°0'

陰陽：陰 **元素**：土象 **四正**：固定 **方向**：南偏東 **顏色**：柔和溫潤 　　　　奶油色、 　　　　淡黃色	**身體部位**：頸部、喉嚨、食道、聲帶、甲狀腺、扁桃腺 **金屬**：銅（鐵） **寶石**：翡翠、玉、瑪瑙、琉璃 **動物**：牛、豬 **植物**：玫瑰、雛菊、紫羅蘭、百合花、蘋果樹、菠菜

身體特徵及外觀

1. 中等身材稍矮、厚重方型、短而強壯的頸肩、背稍彎、手腳寬厚
2. 頭圓或方、寬與肩搭配良好、臉方、前額較寬、唇厚、嘴闊
3. 髮黑密、捲曲而呈現波狀
4. 眼睛棕或黑、大而圓、眼瞼重、稍低，給人想睡覺的感覺
5. 鼻挺、鼻翼通常較厚

可能疾病

1. 甲狀腺機能亢進或低下
2. 咽喉炎、白喉、扁桃腺腫脹、發炎、感冒、咳嗽、聲音嘶啞、聲帶發炎、頸部不適
3. 口吃、語言障礙

人物、職業（十宮）

畜牧者、資本家、銀行家、財政管理者、會計出納、音樂家、藝術家、演唱者、鋼琴師、珠寶商

場所

庭院、牛舍、豬舍、田地、麥田、地窖、儲藏室、牛排館、銀行、金融機構、證券公司

器具

樂器、戒指耳環、珠寶、外在飾物、皮包、胸針、金屬飾品、手鐲、紙幣、銅錢、貴重石頭、存摺、保險箱、支票簿

正面評價

實際、忠誠、信賴、耐性、富藝術美感、有定性、責任感、喜愛美食、具商業與理財頭腦

負面評價

頑固、古板、貪婪、佔有欲強、物欲重、缺乏應變能力、緩慢、遲鈍、懶惰、過於堅持

旺宮度數	三方旺宮區間	弱宮度數	友誼行星	敵意行星
☽ 3°、♉	☽ 3°-30°		♊、☿、♄	♃、☋、☉

雙子座	符號：Ⅱ	Mrigasira ♂ Ⅱ 0°0' - Ⅱ 6°40'
	主星：☿	Ardra ☊ Ⅱ 6°40' - Ⅱ 20°0'
		Punarvasu ♃ Ⅱ 20°0' - Ⅱ 30°0'

陰陽：陽　　身體部位：肩部、手臂、肺部、支氣管、神經系統
元素：風象　　金屬：水銀
四正：變動　　寶石：水晶、綠玉、斑紋石頭
方向：西偏南　　動物：小鳥、猴子
顏色：黃色系　　植物：薰衣草、樺樹、胡桃、產堅果的植物、艾菊、
　　　　　　　　　　　西洋蓍草

身體特徵及外觀
1. 高而直立、單薄細長、手腳長、胸窄、肩有時傾斜、手指藝術型
2. 頭長而窄、臉長、寬而明亮的額頭、耳小、唇薄稍寬
3. 髮直、軟而棕色或黑
4. 眼睛通常明亮、富有表情、視力佳
5. 鼻子直長或如鳥喙

可能疾病
1. 肩胛骨傷痛、手臂傷痛
2. 肺結核、肺功能不佳、支氣管炎、百日咳、肺氣腫、哮喘、肺炎
3. 神經失調、失神、失憶、神經緊張或過敏
4. 呼吸系統之諸項疾病

人物、職業（十宮）
兄弟姊妹、親戚、鄰人、知識分子、傳達信息者、司機、記者、文人、旅客、教育家、演講者、書店老闆、郵局員工

場所
學校、教育機構、電台、停車場、馬路、走廊、遊戲場

器具
信件、圖書、海報、各種國內交通工具、出版品、雜誌、與無線電相關物品、電話、文書檔案

正面評價
多才多藝、機敏多變、活潑、聰明、智慧、寫作、語言才能、健談、善於表達、溝通、反應快、學習力佳

負面評價
狡猾、多變、不定、浮誇、喋喋不休、挑剔、批評

旺宮度數	三方旺宮區間	弱宮度數	友誼行星	敵意行星
	☿ 16°-20°		♄、☽、♀	♃、♂

巨蟹座	符號：♋	Punarvasu ♃ ♋ 0°0' - ♋ 3°20'
	主星：☽	Pushya ♄ ♋ 3°20' - ♋ 16°40'
		Ashlesha ☿ ♋ 16°40' - ♋ 30°0'

陰陽：陰
元素：水象
四正：啟動
方向：北方
顏色：銀藍色、灰藍色

身體部位：胃部、胸腔、消化器官、卵巢、膽囊
金屬：白銀
寶石：珍珠、月長石、石英
動物：甲殼類動物、螃蟹、蝦子
植物：甘藍菜、胡瓜、黃瓜、水生植物、一般蔬菜、汁液多的植物

身體特徵及外觀
1. 兩種型態：高而苗條或短而矮胖，以後者居多。身體圓、頭重腳輕、水樣外觀、豐胸、手掌及手指短而多肉
2. 頭圓、臉長而窄；或臉圓、頰下垂、嘴大
3. 髮色棕、金黃棕或較無色澤
4. 眼睛大而水樣，眼瞼有些下垂
5. 鼻子短、牙齒不整

可能疾病
1. 胃炎、胃病、胃潰瘍、胃黏膜炎、幽門病變、反胃暈船、消化系統疾病、女性乳房腫痛、乳癌、卵巢病變
2. 膽囊炎、膽汁分泌障礙、膽結石
3. 肋膜炎、橫膈膜炎
4. 焦慮症、憂鬱症

人物、職業（十宮）
母親、奶媽、保護者、房地產經紀人、收藏家、屋主、旅館主人、餐飲業者、女管家、水族館經營者、糧食供應商

場所
餐廳、家裡、廚房、起居室、旅館、水邊、河邊、海邊、廁所、

器具
家庭日常生活用品、麵包、米食、古董、與水相關之物品

正面評價
母性本能、照顧、記性佳、善良、敏感、熱心、保護、防衛、家庭觀念重、顧家、愛國、念舊、喜尋根、重家族歷史

負面評價
情緒化、過於雞婆、易自憐、心胸狹窄、嫉妒、裝可憐、難以取悅

旺宮度數	三方旺宮區間	弱宮度數	友誼行星	敵意行星
♃ ♋ 5°		♂ ♋ 28°	♃、♂、☉	♄、♀、☿、☊

獅子座	符號：♌ 主星：☉	Magha ☋ ♌ 0°0' - ♌ 13°20' Purva Phalguni ♀ ♌ 13°20' - ♌ 26°40' Uttara Phalguni ☉ ♌ 26°40' - ♌ 30°0'

陰陽：陽

元素：火象

四正：固定

方向：東偏北

顏色：金黃色、耀眼的色調

身體部位：心臟、脊椎、背部、心包絡、血液循環

金屬：黃金

寶石：紅寶石、琥珀、貓眼石

動物：獅子、貓科動物

植物：向日葵、甘菊、芸香科植物、檸檬樹、番紅花、月桂樹、棕櫚植物

身體特徵及外觀

1. 中高或高、強壯而寬的肩膀、尊貴的容貌、骨頭大、肌肉強、背部壯、手大、手指、指甲月型
2. 頭大而圓、直立、臉圓、嘴唇良好整合（唇形佳）
3. 髮亮、茶褐、微捲，若有火星易禿頭
4. 眼睛亮而耀眼、偶爾側視
5. 鼻子小較直挺、鼻翼大
6. 牙齒大而強

可能疾病

1. 心律不整、心臟病、心絞痛、心臟衰竭、心悸、有木星刑沖易心房腫大
2. 背部痠痛、脊椎硬化、佝僂、彎曲
3. 中風、血液循環疾病、高血壓、膽固醇偏高、血管阻塞等心血管疾病

人物、職業（十宮）

主席、監督者、父親、總理、政治家、董事長、泰斗、顯要、馴獸師、電影創作者、證券交易商、投機者、享樂者、賭徒

場所

宴會廳、舞廳、賭場、娛樂場所、舞台、要塞、城堡、公園、森林

器具

賭具、黃金飾品、娛樂器具、值錢物品、遊戲機、打火機、火爐、王冠、紙牌

正面評價

領導能力、創作才華、表演天才、熱誠、熱心、開朗、豪氣、樂觀大方、勇敢無畏、慷慨、雄心萬丈、英雄氣概、尊貴雍容

負面評價

仗勢欺人、作威作福、自大勢利、熱衷權勢、自以為是、專橫霸道、頑固不通、不講人情、排除異己、虛榮心作祟

旺宮度數	三方旺宮區間	弱宮度數	友誼行星	敵意行星
	☉ ♌ 0°-20°		♃、☽、♂、☿	♀、♄、☊

處女座	符號：♍	Uttara Phalguni	☉ ♍ 0°0' - ♍ 10°0
	主星：☿	Hasta	☽ ♍ 10°0- ♍ 23°30
		Chitra	♂ ♍ 23°20' - ♍ 30°0

陰陽：陰	身體部位：大腸、小腸、十二指腸、腹部、交感神經系統
元素：土象	金屬：水銀、鎳
四正：變動	寶石：藍寶石、黃玉、打火石
方向：西偏南	動物：寵物型動物、狗、家禽
顏色：綠色、暗綠色	植物：牧草、燕麥、藥用植物、裸麥、產堅果的植物

身體特徵及外觀
1. 中高稍單薄、通常瘦、整潔、清爽、肩膀常是寬的
2. 頭不大、臉稍圓、前額稍高、嘴唇薄而小巧、有時下唇稍凸
3. 髮黑亮
4. 眼睛黑而清澈
5. 鼻子薄而直、鼻翼易動

可能疾病
1. 腸阻塞、腸中風、腹部絞痛、十二指腸潰瘍、胃腸孔糜系統疾病、便秘、盲腸炎、腹膜炎、痢疾腹瀉、疝氣
2. 營養失調及不良
3. 憂鬱症、神經緊張、手汗

人物、職業（十宮）
服務業、護士、醫生、衛生人員、獸醫、政府機構、服務人員、鄰居、處女、批評者、傭人、侍者、勞動者、秘書、吹毛求疵者

場所
工作場所、衛生所、乾淨整潔之地、圖書館、診療室、藥房、衣櫥、花園、乾草堆

器具
衛生設備、營養品、文件檔案、清潔品、菜單、急救用品、乾酪、乳製品、櫥櫃傢俱

正面評價
明辨是非、努力工作、吃苦耐勞、分析能力甚強、小心謹慎、謙虛節儉、整潔秩序、完美主義

負面評價
吹毛求疵、易小題大作、墨守成規、杞人憂天、古板、小心眼、龜毛、碎碎唸、緊張壓力、過於潔癖

旺宮度數	三方旺宮區間	弱宮度數	友誼行星	敵意行星
☿ ♍ 15°	☿ ♍ 16°-20°	♀ ♍ 27°	☽、♄、♀	♃、♂

天秤座	符號：♎	Chitra	♂ ♎ 0°0' - ♎ 6°40'
	主星：♀	Swati	☊ ♎ 6°40' - ♎ 20°0'
		Vishakha	♃ ♎ 20°0' - ♎ 30°0'

陰陽：陽
元素：風象
四正：啟動
方向：西方
顏色：綠色、淡藍色

身體部位：腎臟、腎上腺、膀胱、輸尿管、腰部脊椎
金屬：銅
寶石：鑽石、珊瑚
動物：鴿子
植物：香水薄荷、三色紫羅蘭、草莓、白楊樹、白薔薇、百合花、盛開玫瑰

身體特徵及外觀
1. 高大、薄而輕盈、但晚年則結實、美麗有氣質、手腳小而圓、手指短但指甲形狀漂亮
2. 頭小、稍圓、比例均勻、臉圓、唇型美、頰型勻稱
3. 髮常棕黑、滑順
4. 眼睛形狀看起來敏銳
5. 鼻子挺而直
6. 牙齒整齊而小

可能疾病
1. 腰痛、腎臟功能失調、膀胱結石、腎結石、腎盂炎、腎衰竭、糖尿病、尿毒症、尿蛋白失衡
2. 腎上腺功能亢進
3. 腰部脊椎病變、扭傷、腰不直

人物、職業（十宮）
斡旋者、談判者、法官、仲裁者、和平主義者、藝術設計家、合夥人、配偶、美容美髮化妝師、設計師、來賓、外交官

場所
美術館、法院、約會地點、清新舒適之地點

器具
合同契約、美容用品、流行服飾、藝術品、花卉、時尚用品、磅秤、平衡桿、化妝品、鋼琴、裝潢設計用品

正面評價
平易近人、和諧愉悅、迷人高雅、藝術美感、理想主義、羅曼蒂克、擅長交際、手腕圓滑

負面評價
優柔寡斷、沒有主見、猶疑不決、難以決定、賣弄風情、附庸風雅、懶惰散漫、沉溺嗜好

旺宮度數	三方旺宮區間	弱宮度數	友誼行星	敵意行星
♄ ♎ 20°	♀ ♎ 0°-20°	☉ ♎ 10°	☊、☿、♄	♃、☉、☋

天蠍座	符號：♏	Vishakha	♃ ♏ 0°0'- ♏ 3°20'
	主星：♂	Anuradha	♄ ♏ 3°20'- ♏ 16°40'
		Jyeshta	☿ ♏ 16°40'- ♏ 30°0'

陰陽：陰	身體部位：生殖器官、子宮、卵巢、肛門、直腸、攝護腺
元素：水象	金屬：鋼、鐵
四正：固定	寶石：雞血石、碧玉、天然磁石
方向：北偏東	動物：爬蟲類、蠍子
顏色：深紅色、茶褐色	植物：韭菜、薊、山楂、苦薄荷、菘藍、杜鵑屬植物

身體特徵及外觀

1. 中等稍矮、厚重、方型、結實；若較高時，背會略彎曲、手骨強健、手指頭方而略尖
2. 頭方而寬、嘴大、前額較低、太陽穴較厚
3. 髮黑、波狀而捲、髮質粗劣
4. 眼睛黑而凝視、甚而逼人、眉毛較亂
5. 鼻子彎曲
6. 牙齒強

可能疾病

1. 任何生殖器官病變、性病、子宮頸癌、子宮肌瘤、卵巢病變、月經周期不順
2. 睪丸炎、攝護腺腫大、排尿不順
3. 肛門、直腸病變、痔瘡、痔瘻、瘰疾

人物、職業（十宮）
心理學家、間諜、偵察員、婦產科或花柳科醫生、犯罪者、強姦犯、殯葬業及相關人員、驗屍官、陰謀者、保險公司及人員、稅務人員、靈媒

場所
下水道、廢墟、垃圾場、殯葬公司、淤塞池塘、性交易場所

器具
保險套、祕密文件、廢棄物、垃圾、下水道污物

正面評價
意志堅定、不屈不撓、洞悉力強、謀略機深、掌控確實、情感豐富

負面評價
城府過深、頑固倔強、多疑猜忌、嫉妒吃醋、冷酷報復

旺宮度數	三方旺宮區間	弱宮度數	友誼行星	敵意行星
		☽ ♏ 3°	♃、♅、☉	♄、☋

人馬座	符號：♐ 主星：♃	Mula	☊ ♐ 0°- ♐ 13°20'
		Purva Ashadha	♀ ♐ 13°20'- ♐ 26°40'
		Uttara Ashadha	☉ ♐ 26°40'- ♐ 30°0'

陰陽：陽 **元素**：火象 **四正**：變動 **方向**：東偏南 **顏色**：寶藍色、 　　　　紫色	**身體部位**：肝臟、脊椎末端、坐骨神經、臀部 **金屬**：錫 **寶石**：紅玉、紫水晶 **動物**：馬、麋鹿 **植物**：蒲公英、桑樹、白楊樹、番茄、石竹、樺樹、 　　　　菩提樹

身體特徵及外觀	**可能疾病**
1. 高大稍瘦，但尚屬勻稱的運動型、 　 活潑、手腳皆長、頸長、肩寬 2. 頸寬闊、臉橢圓而長窄、前額稍寬 3. 髮棕黑或茶色、微捲 4. 眼睛明亮，與眉毛搭配佳 5. 鼻子長而鼻翼薄直，有時有鷹勾鼻	1. 肝功能失調、肝膽疾病、肝昏迷 2. 骨刺、坐骨神經病變 3. 臀部痠痛

人物、職業（十宮）	**場所**	**器具**
教育家、哲學家、 大學教授、宗教家、 代理人、機長、運動員、 空中運輸人員、探險家、 喜愛國外旅遊者、 學問淵博者	運動場、射箭場、 賽馬場、教堂、法院、 高地	舶來品、外國書籍、 運動器材、哲學刊物、 箭矢、出版品、哲學、 宗教書籍、關稅表

正面評價	**負面評價**
樂觀好動、新鮮好奇、坦白正直、 喜好自由、尊崇道德、擅長哲思、 思想開明、精神為奉	誇大奢侈、盲目樂觀、浪費浮誇、 不負責任、浪跡天涯、不安分

旺宮度數	三方旺宮區間	弱宮度數	友誼行星	敵意行星
	♃ ♐ 0°-5°		♂、☉	

摩羯座	符號：♑	Uttara Ashadha	☉ ♑ 0°0'- ♑ 10°0'
	主星：♄	Shravana	☽ ♑ 10°0'- ♑ 23°20'
		Dhanishtha	♂ ♑ 23°20' - ♑ 30°0'

陰陽：陰
元素：土象
四正：啟動
方向：南方
顏色：暗綠色、深褐色、灰黑色

身體部位：骨骼系統、膝蓋、牙齒、皮膚關節
金屬：鉛
寶石：花崗石、土耳其石（綠松石）、石灰石
動物：有蹄動物
植物：亞麻子、榆樹、車前草、黑醋栗、松屬植物、荷蘭芹

身體特徵及外觀
1. 中高或稍矮，骨骼強而明顯，或薄而硬、胸部單薄、肩斜頸弱、手腳瘦弱
2. 頭小、臉薄、常憂慮樣、薄唇
3. 髮黑而無光澤
4. 鼻子長且呈鷹勾形
5. 牙齒不佳

可能疾病
1. 骨骼系統病變、痛風、風濕症、硬化症、脫臼、小兒麻痺、癱瘓
2. 牙齒痛、牙齒神經痛
3. 濕疹、白癬、乾癬等皮膚病變
4. 膝蓋痠痛、破碎
5. 悲觀論、憂鬱症

人物、職業（十宮）
企業主、實業家、政治家、土地交易商、泥水匠、建築師、煤礦業主及工人、老人、墓園相關人員、節儉的人、陶藝相關人員

場所
公司、地下室、礦場、墓地建築工、水泥廠、洞穴、採石場

器具
園藝、墓園工具、磚瓦、水泥、陶器、骨灰、棺材、挖礦工具、礦物、老舊物品、農具、皮革製品

正面評價
有抱負、勤奮、刻苦耐勞、守秩序、組織紀律、謹慎、節儉、企圖心強、擇善固執、忠誠

負面評價
冷漠、無同情心、吝嗇守財、一絲不苟、殺風景、過於嚴肅、悲觀、沮喪、憂鬱、不易親近

旺宮度數	三方旺宮區間	弱宮度數	友誼行星	敵意行星
♂ ♑ 28°		♃ ♑ 5°	♀、☊	☉、☋

水瓶座	符號：♒	Dhanishtha	♂	♒ 0°0'- ♒ 6°40'
	主星：♄	Shatabhisha	☊	♒ 4°40'- ♒ 20°0'
		Purva Bhadra	♃	♒ 20°0'- ♒ 30°0'

陰陽：陽

元素：風象

四正：固定

方向：西偏北

顏色：水藍色、天藍色

身體部位：小腿、腳踝、脛骨、下半身、血液循環

金屬：鋁

寶石：藍寶石、黑珍珠

動物：會飛的大鳥、群體移動的鳥類

植物：蘭花、甘松、果樹、乳香樹

身體特徵及外觀

1. 中高或較高、看起來剛毅
2. 頭有些低垂、臉圓或長、有些肌肉、嘴大、笑時露齒
3. 髮黑、但易夾白、微捲
4. 鼻子長而略微呈鷹勾形
5. 牙齒不佳

可能疾病

1. 腳踝、脛骨傷痛、小腿抽筋、痙攣、靜脈瘤
2. 下半身血液循環不佳、手腳末端冰冷、怕冷
3. 神經兮兮甚或短路、精神錯亂

人物、職業（十宮）

理想主義者、占星家、電子科技業者、社團會員、環保專家、同事、朋友、議員、革命家、天文學家、神經專家

場所

電腦公司或展覽、交誼廳、國會、爆炸場所、革命叛變地區

器具

電腦、電磁波設備、無線電、X 光設備、立體音響、創新發明品

正面評價

獨立、自主意識、意志堅定、有創意、思想、改革精神、智慧、人道主義、社會意識、義工情懷、關心社會

負面評價

偏激、叛逆、標新立異、不圓滑、革命暴動、過於執著、意識型態濃厚、過於前衛、與社會脫序、不顧世俗、突然分裂

旺宮度數	三方旺宮區間	弱宮度數	友誼行星	敵意行星
	♄ ♒ 0°-20°		♀、☊	☉、☋

雙魚座	符號：♓	Purva Bhadra	♃	♓ 0°0' - ♓ 3°20'
	主星：♃	Uttara Dhadra	♄	♓ 3°20' - ♓ 16°40'
		Revati	☿	♓ 16°40' - ♓ 30°0'

陰陽：陰　　　　　**身體部位**：腳趾、淋巴系統、體內各種組織液
元素：水象　　　　**金屬**：鉑
四正：變動　　　　**寶石**：象牙、水晶、綠玉
方向：北偏西　　　**動物**：大型動物、水生動物、魚、水鳥
顏色：柔和的海　　**植物**：水生羊齒植物（蕨類）、水生植物、睡蓮、楊柳、
　　　　　洋綠，略　　　　　　　海底植物
　　　　　微陰暗

身體特徵及外觀

1. 中等或稍矮、笨重有些肌肉、骨頭弱、胸窄、肩厚而圓、背骨有些彎
2. 頭大而寬向前垂、臉圓而多肉、嘴大唇滿、低而寬的前額
3. 髮黑柔軟、髮質好而茂密
4. 眼皮薄
5. 鼻子短而寬、牙齒小、有些像貝殼或不整

可能疾病

1. 腳趾傷痛、變形、腳氣病
2. 體內組織液病變、淋巴腺病變
3. 酒精中毒、夢遊症、妄想症、酗酒、吸毒
4. 難以診斷的疾病
5. 藥物過敏
6. 鬼神附身、走火入魔

人物、職業（十宮）

化學工程師、醫院工作者、
監獄工作者、開採石油人員、
海洋漁業相關人員、祕密敵人、
醉漢、吸毒者、囚犯、藝術家、
神祕靈媒、預言家、宗教家

場所

醫院、監獄、
救濟院、水族館、
水邊、沼澤地、
油井

器具

鎮定劑、酒、
藥品、漁具、
石油製品、
鴉片、麻醉藥物

正面評價

謙虛悲憫、慈悲為懷、同情心、
敏感、脫俗、仁慈、直覺力強、藝術、
宗教觀、情感豐富、善解人意

負面評價

曖昧、意志薄弱、優柔寡斷、
舉棋不定、迷糊、犧牲、散漫、
不切實際、天馬行空、隱晦、
逃避、酒精中毒、吸毒、
難以自拔

旺宮度數	三方旺宮區間	弱宮度數	友誼行星	敵意行星
♀ ♓ 27°		☿ ♓ 15°	☉、♂	

第二節　印度二十七星宿

1

星宿名稱：**Ashwini ／婁宿**

所在範圍：**♈ 0°0'- 13°20' ／主星：☋**

活動性	種姓	方向／風向	三種性質（Gunas）	主要動機
被動	吠舍	水平／南	RRR	法（Dharma）

五行元素	陰陽性	神人鬼	身體部位	
地	陽	神	膝、腳上半部	

一、星空形態

　　《宿曜經》記載：「婁三星，形如馬頭」，即以 α Ari（婁宿三，Hamal）、β Ari（婁宿一，Shartan）和 γ Ari（婁宿二，Mesartim）構成。《摩登伽經》：「婁宿二星形如馬首」。但《舍頭諫經》則稱：「有三要星，形類馬鞍」。

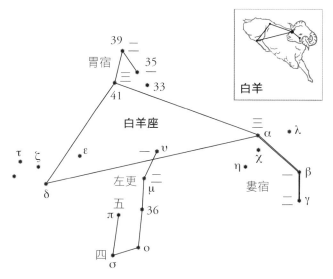

　　「Ashwini」位於英仙座西南方，雙魚座的東方，金牛座的西方，鯨魚座的西北方，屬於白羊座的二等星；完全對應中國二十八星宿的「婁宿」。唐代楊景風云：「唐國天文婁之星，今此經同」，即為此意。

二、主要恆星

　　γ Ari（婁宿二，Masartim）、β Ari（婁宿一，Shartan）

三、星宿名稱及符號

（一）「Ashwini」中的「Ashwin」，意為擁有馬匹者、駕馭馬匹者、女騎師；它的另一名字「Asvayuj」，即為「她駕馭馬」。

（二）象徵符號與意義

馬頭

1. 梵文「Aswa」與數字「七」有關。「七」在印度哲學中為吉祥數字，人體內有七個脈輪、產生七種能量。七種智慧狀態為七種燃燒的永恆之火。

2. 馬是能量與活力的象徵，上述不同的生命能量，需要類似馬的活力來創造成功。

3. 馬也是運送貨物的重要工具，有利於快速移動，隱含心思敏捷、理解力強，表示有能力進行啟蒙，或有關馬的一切活動，古稱之「運輸之星」。

2

星宿名稱：Bharani ／胃宿

所在範圍：♈ 13°20'- 26°40' ／主星：♀

活動性	種姓	方向／風向	三種性質	主要動機
平衡	種姓外	向下／西	RRT	利（Artha）

五行元素	陰陽性	神人鬼	身體部位	
地	陰	人	頭、腳底	

一、星空形態

　　《宿曜經》記載：「胃三星形如三角」，即以 41 Ari（胃宿三）、39 Ari（胃宿二）、35 Ari（胃宿一）構成如女性性器官的三角形。《摩登伽經》：「胃有三星形如鼎足」，而《舍頭諫經》的記載則稱：「有五要星，其五要星其形類軹（車的接軸）」。「Bharani」三星較暗弱，對應中國二十八星宿的「胃宿」，位於「婁宿」的東北方。

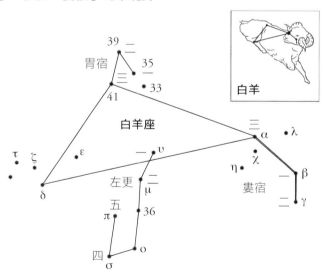

二、主要恆星

41 Ari（胃宿三）

三、星宿名稱及符號

（一）「Bharani」意謂承載或她承載，不僅僅是生產之意。

（二）符號象徵及意義

1. 女性性器官「Yoni」，說明其為創造的管道，不管是經由性行為或是其他形式創造的能量；扮演從精神性顯現的靈魂到物質形成的通道。

女體

2. 子宮透過月經完成自我潔淨。「Bharani」主管類似的過程，包含潔淨的最後呈現，如個人的崇高道德或烏托邦社會；擁有建設性的毅力，可以克服許多困難，如疾病。

3. 子宮的內在變化，代表了微細的成長，直至它們被生出來、擁有自己的生命；此亦說明了這個過程有所限制，需忍耐，先經奮鬥、自我控制、意志力來培育。

4. 「Bharani」為生產的象徵，表示生命維持需要養分，因此主食物、醫院；又因細微成長，故主增量。

3 星宿名稱：Krittika ／昴宿
所在範圍：♈ 26°40'- ♉ 10°0' ／主星：☉

活動性	種姓	方向／風向	三種性質	主要動機
主動	婆羅門	向下／北	RRS	欲（Kama）

五行元素	陰陽性	神人鬼	身體部位
地	陰	魔	臀、腰、頭上半（後）

一、星空形態

《宿曜經》：「即之星形如剃刀」。即以 η Tau（昴宿六，Alcyone）、16 Tau（昴宿增九，Celaeno）、17 Tau （昴宿一，Electra）、19 Tau（昴宿二，Taygeta）、20 Tau（昴宿四，Maia）、21 Tau（昴宿三，Asterope）等六顆「昴宿星團」組成。《摩登伽經》：「昴有六星，形如散花」，頗符合實際星象。《舍頭諫經》：「有六要星其形象」。

「Krittika」大致對應中國二十八星宿的「昴宿」，但後者包含七顆星，西方稱之為「七姊妹」；其中有顆較暗沉、模糊，類比淚珠，西方稱之為

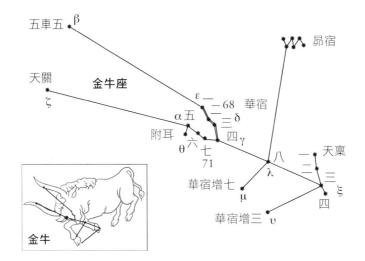

「哭泣的姊妹」；而在印度古代神話裡，則將之類比為六位仙人的妻子，受到火神的誘拐。

「Krittika」屬於金牛座中的「昴宿星團」（Pleiades），大約位於金牛座的肩部。昴的字義是「髦頭」或「旄頭」；後者則是「戰爭」和「行刑」的標誌。

二、主要恆星

η Tau（昴宿六，Alcyone）

三、星宿名稱及符號

（一）「Krittika」意謂切除者，被稱為「火之星」。

（二）符號象徵及意義

1. 剃刀的使用，兼具破壞性與建設性，正面和負面的力量；「Krittika」無情的切除積弊，如醫生割除壞死組織和器官。

2. 「Krittika」，尖銳，代表頑強、堅決，是戰鬥者、精神武士；也是剃刀、斧或其他尖銳武器，有力量切除負面，以追求最深層的真實；一切尖銳的意象皆由它主管，包含戰爭、軍隊、打鬥、爭吵、屠宰。

剃刀

3. 隱含敏銳、直接、不囉嗦、清晰、明快。

4 星宿名稱：Rohini／畢宿
所在範圍：♉ 10°0'-23°20'／主星：☽

活動性	種姓	方向／風向	三種性質	主要動機
平衡	首陀羅	向上／東	RTR	解脫（Moksha）

五行元素	陰陽性	神人鬼	身體部位	
地	陰	人	腰、腿、肚、踝	

一、星空形態

　　《宿曜經》記載：「畢五星形如車」。《摩登伽經》：「畢有五星形如飛雁」。而《舍頭諫經》記載同《宿曜經》。

　　「Rohini」位於西方金牛座臉龐上的「畢宿星團」，主要組成為 α Tau（畢宿五，Aldebaran）、θ₁ Tau（畢宿六，Hyades）、γ Tau（畢宿四，Prima Hyadum）、δ Tau（畢宿三，Hyadum II）、ε Tau（畢宿一，Ain Hyades），大致對應中國二十八星宿的「畢宿」；但中國的「畢宿」，除上述五顆星外，還包括其他三顆星，共計八顆。

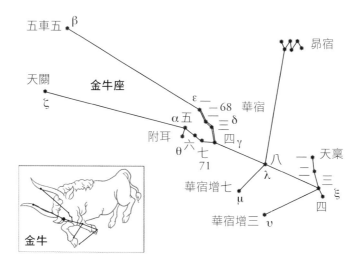

二、主要恆星

α Tau（畢宿五，Aldebaran），為天空中的一等星；在西方被稱作「公牛的紅眼睛」。

三、星宿名稱及符號

（一）「Rohini」譯為紅色的一顆或增長的一顆；另也被稱為「上升的星星」，賦予優秀和社會影響力，隱含熱情、性欲。

（二）符號象徵及意義

1. 傳統上為奢華的車輛。皇家使用的交通工具，所有舒適、奢華、有格調的生活，還有享受肉欲本性，都攸關「Rohini」。

2. 在印度傳說中，「Rohini」由公牛拖引，隱含所有創造成果的運輸，如農產收穫、牛隻養育；在二十七星宿中也是最物質化的一顆。又因公牛之故，所以具備穩定、固執、務實、物質安全感、累積、改良、洗鍊、奢侈享受、愛美等特性。

3. 譯為「增長的一顆」，表示有能力創造或發展其觀念或計畫；在過程中，常獲得好的技術和知識。

皇室座車

5

星宿名稱：Mrigasira ／觜宿

所在範圍：♉ 23°20'-6°40' ／主星：♂

活動性	種姓	方向／風向	三種性質	主要動機
被動	奴僕	水平／南	RTT	解脫

五行元素	陰陽性	神人鬼	身體部位
地	中	神	眼睛、眉毛

一、星空形態

《宿曜經》：「三星形如鹿頭」。《摩登伽經》與《舍頭諫經》記載相同：由 λ Ori（觜宿一，Meissa）、φ¹ Ori（觜宿二）、φ² Ori（觜宿三）組成鹿頭。

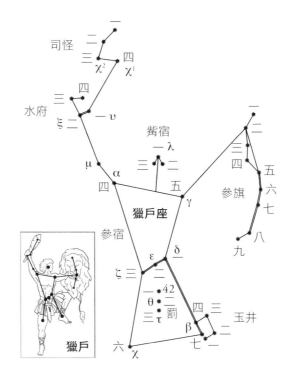

「Mrigasira」位於金牛座，「畢宿星團」東稍南，完全對應中國二十八星宿中的「觜宿」；三顆星均為四等星，較陰暗。

二、主要恆星

λ Ori（觜宿一，Meissa）

三、星宿名稱及符號

（一）「Mrigasira」的字義是鹿頭，也被稱為「搜尋的星星」；表示開始搜尋，即經常不斷尋找某些事情；其坐落宮位是命主尋找的目標。

（二）符號象徵及意義

1. 鹿是膽小、害羞、敏銳的動物，不斷的尋找食物和安全庇護，會快速、煩燥的移動；因此，尋找和發現是其主要特性，也代表了它的脆弱。

2. 「Mrigasira」與狩獵有關，也是尋找的一種形式；鹿徘徊於可預知的路徑，與路、途徑、旅行、移動有關。

3. 在印度史詩《羅摩衍那》中，由阿修羅扮演鹿，誘使悉達注意，最後導致她跟羅摩分離，因而隱含婚姻問題，由錯覺、不恰當懷疑、明顯的誤解引起。

鹿頭

6　星宿名稱：Ardra ／參宿
所在範圍：♊ 6°40'-20°0' ／主星：♌

活動性	種姓	方向／風向	三種性質	主要動機
平衡	屠夫	向上／西	RTS	欲

五行元素	陰陽性	神人鬼	身體部位	
水	陰	人	頸後半部上端、眼睛	

一、星空形態

　　《宿曜經》：「參二星形如額上點」。《舍頭諫經》：「有一要星其形類圓，光色則黃」。根據辛克利・艾倫（R. Hinckley Allen）所著《Star Names》一書的說法，僅以 α Ori（參宿四，Betelgeuze）一顆獨自作為「參宿」。

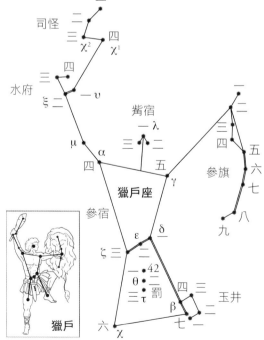

「Ardra」屬於西方獵戶座裡最亮的一等星，位於其肩部；雖對應了中國二十八星宿的「參宿」，但中國的「參宿」是由十顆恆星所組成，也包含參宿四。

二、主要恆星

α Ori（參宿四，Betelgeuze）

三、星宿名稱及符號

（一）「Ardra」意謂潮濕的一顆，通常被描述成一滴淚珠，或明亮得像顆寶石。

（二）符號象徵及意義

1. 鑽石象徵有能力吸收來自太陽的、活力的、神祕的精神能量，再轉換給穿戴者；但這些能量，有可能用在好事或壞事上。鑽石的多面、光澤不一，加上尖頭、尖銳，故本性好批評、殘忍、剛愎、自我中心。

鑽石

2. 另一符號是淚珠，隱含悲傷、不滿意，與露珠、潮濕、濕氣、煙霧、淚腺、液體流動有關。宮主星位於「Ardra」，常是命主悲傷、不滿意之處。

3. 傳統上，這個星宿缺乏感激且有些邪惡；在商業或金融領域裡，會有不忠和欺瞞的行為；另外，也易見情緒化，動不動就流淚，時而因不義而憤怒，時而又殘酷自私；其憤怒的表現為咆哮。

4. 淚珠也代表淨化和純化、風暴後的黎明，故得以解放。

7

星宿名稱：**Punarvasu**／井宿

所在範圍：**Ⅱ 20°0'- ♋ 3°20'**／主星：**♃**

活動性	種姓	方向／風向	三種性質	主要動機
被動	吠舍	水平／北	RSR	利

五行元素	陰陽性	神人鬼	身體部位
水	陽	神	手指、鼻子

一、星空形態

《宿曜經》記載：「井二星形如屋枕」。即由 α Gem（北河二，Castor）和 β Gem（北河三，Pollux）組成。《摩登伽經》：「井有二星形如人步」。《舍頭諫經》：「有二要星其對應」。

「Punarvasu」屬於西方的雙子座，並未對應中國二十八星宿的「井宿」。中國的「井宿」共有八顆星；而印度的「Punarvasu」則位於「井宿」東北方。

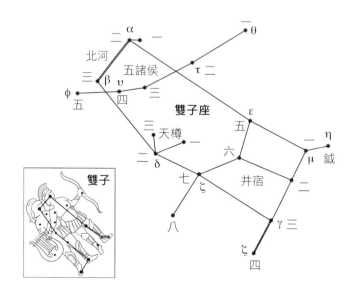

二、主要恆星

β Gem（北河三，Pollux）

三、星宿名稱及符號

（一）「Punarvasu」由梵文「Punar」和「Vasu」所組成。「Punar」字義為重複或一再；而「Vasu」字義為光的射線、寶石或珍珠，也可譯成繁榮的或美好的。由於「Punarvasu」連結到雙子星，因此完整的意義為繁榮或美好的兩個。

（二）符號象徵及意義

1. 弓表示人馬與其目標之間的連結（精神或物質）；此星宿創造契機，讓人馬有機會完成理想，但重點在於採取行動。

2. 象徵潛在能量和資源的準備，以待運用。因弓是箭的支架，說明安住在適當的地方，代表一個人歸家的感覺。但又因如弓上箭欲射出，故也意指想要旅行。箭有「重複循環」之意，如喪失後又獲得使用。

弓

3. 因有「重複循環」之意，故此星宿也被稱為「再生之星」。代表自我的純化、人格的改變，如同光的返回；類比為吸收他人觀念再孕出新觀念，或是離婚後再與同一人結婚。

8

星宿名稱：Pushya／鬼宿

所在範圍：♋ 3°20'- ♋ 16°40'／主星：♄

活動性	種姓	方向／風向	三種性質	主要動機
被動	剎帝利	向上／東	RST	法

五行元素	陰陽性	神人鬼	身體部位	
水	陽	神	嘴、臉	

一、星空形態

《宿曜經》：「鬼五星形如瓶」。《摩登伽經》：「鬼有三星形如畫瓶」。《舍頭諫經》：「其熾盛宿有三要星，形像鉤尺」。一般印度占星書籍，都以 γ Cnc（鬼宿三，Asellus Borealis）、δ Cnc（鬼宿四，Asellus Australis）、θ Cnc（鬼宿一）代表之。

「Pushya」位於西方巨蟹座內，對應中國二十八星宿的「鬼宿」。中國的「鬼宿」包含四顆恆星，其中三顆即構成印度「Pushya」的三恆星。

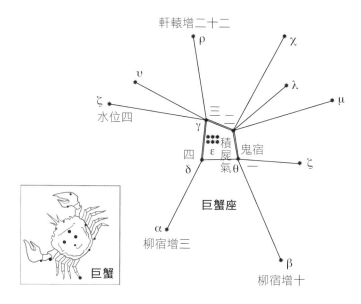

二、主要恆星

δ Cnc（鬼宿四，Asellus Australis）

三、星宿名稱及符號

（一）「Pushya」意謂養育；其三星意象類似乳牛的乳房，故有養育之意。為最吉祥的星宿之一。

（二）符號象徵與意義

1. 表示隱含的功能（即內在理念）呈現在外。花為他人開，不承認自己的美麗；箭顯示野心和直率的行動；圓代表完滿的生活，沒有結束或開端，與富足、成長、豐富、美好相關，也表示圓胖或肥胖。

花、箭、圓

2. 「Pushya」的滋養之意涵蓋身心靈，是物質與精神的滋養。「Pushy」的古名是「Tishya」，有吉祥之意；另一名稱為「Sidhya」，則有繁榮之意。

3. 「Pushya」如乳牛般，無私地提供牛乳；隱含博愛、大眾化之意，促進成長或名望。

9 星宿名稱：Ashlesha ／柳宿
所在範圍：♋ 16°40'- ♋ 30°0' ／主星：☿

活動性	種姓	方向／風向	三種性質	主要動機
主動	種姓外	向下／南	RSS	法

五行元素	陰陽性	神人鬼	身體部位	
水	陰	魔	關節、指甲、耳朵	

一、星空形態

　　《宿曜經》：「柳六星形如蛇頭」。即以 δ Hya（柳宿一）、ε Hya（柳宿五）、ζ Hya（柳宿六）、ρ Hya（柳宿四）、σ Hya（柳宿二）、η Hya（柳宿三）組成類似蛇頭之形。《舍頭諫經》：「有五要星形如曲鉤」。《摩登伽經》：「柳宿一星」。

　　「Ashlesha」位於西方長蛇座的蛇頭，巨蟹座南方；大致對應中國二十八星宿的「柳宿」。中國的「柳宿」共有八顆星，而印度的「Ashlesha」則全部含括在內。

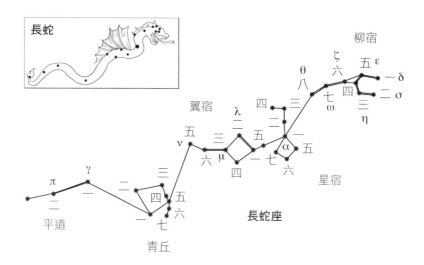

二、主要恆星

ε Hya（柳宿五）

三、星宿名稱及符號

（一）「Ashlesha」意謂纏繞者，被稱為「黏著的星星」，欲擁抱或糾纏而設定的標的物。

（二）符號象徵及意義

1. 在《吠陀經》中，所有的神祇都尊崇蛇。蛇的蛻變是再生和轉換的過程，類比人類心思的變化，如情感、智能和意識的改變。

2. 「Ashlesha」跟蛇有關。印度人認為，蛇是詭計多端的，在捕食其獵物前，會移動、盤繞、蠕動至目標物。蛇有祕密，常被誤解為不真誠。也指冷血、欺騙、貪婪、有毒的牙、集中的力量、原始的能量、特別的性能力。

蛇

3. 蛇眼能洞察深層的底蘊，揭開靈魂深處的迷霧；神性的智、生殖力、危險、突擊；乾枯的困擾；有能力施毒，也有能力阻止敵人迷惑與催眠。

10

星宿名稱：Magha ／星宿
所在範圍：♌ 0°0'-13°20' ／主星：☋

活動性	種姓	方向／風向	三種性質	主要動機
主動	首陀羅	向下／西	TRR	利

五行元素	陰陽性	神人鬼	身體部位	
水	陰	魔	腳、身體左側	

一、星空形態

《宿曜經》：「星六星形如牆」。即以 α Leo（軒轅十四，Regulus）、η Leo（軒轅十三，Al Jabhan）、γ Leo（軒轅十二，Algieba）、ζ Leo（軒轅十一，Adhafera）、μ Leo（軒轅十，Raselas）、ε Leo（軒轅九，Algennbi）組成。《摩登伽經》：「其七星者，五則顯現，二星隱沒，形如河曲」。《舍頭諫經》：「有五要星，其形之類猶如曲河」。

「Magha」位於西方獅子座的前半部，其中軒轅十四是一等星，軒轅十二

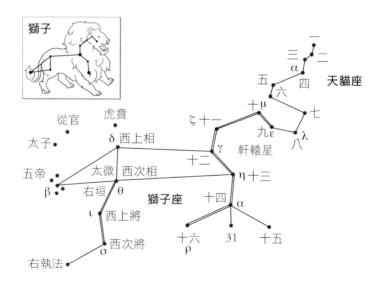

是二等星。印度的「Magha」並沒有對應中國的二十八星宿。中國的「星宿」共有七顆恆星，位於西方長蛇座的前中段。

二、主要恆星

α Leo（軒轅十四，Regulus）

三、星宿名稱及符號

（一）「Magha」意謂強大的一顆或巨大的一顆，源自主要恆星 α Leo（軒轅十四）的至高無上。

（二）符號象徵及意義

1. 乘坐高貴，賦予「Magha」至高無上的意象。轎子中間由直竿做成，類比脊椎，是人體中一種神聖的連結，即由外在力量與內在精神結合成偉大的人類。

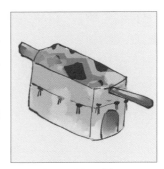

擔在肩上的轎子

2. 「Magha」類比皇權、威權。皇宮是議政與舉辦典禮的場所，顯赫壯觀；王權的重要人物、野心、領導力的展現。

3. 「Magha」與傳統有關，類比人類的祖先。我們站在祖先的肩膀上，祖先賦予我們生命，卻不求回報；借以暗喻「Magha」自由的賦予才能，卻不求回報。「Magha」所在後天宮位，表示良機的領域。

4. 「Magha」是王權，有利太陽、月亮、火星，卻不利僕人行星，如土星、南北交點。

11

星宿名稱：Purva Phalguni ／張宿

所在範圍：♌ 13°20'-26°40' ／主星：♀

活動性	種姓	方向／風向	三種性質	主要動機
平衡	婆羅門	向上／北	TRT	欲

五行元素	陰陽性	神人鬼	身體部位
水	陰	人	性器官

一、星空形態

　　《宿曜經》記載：「張六星形如杵」。但《摩登伽經》則稱：「張星二星亦如人步」，目前一般印度占星書籍，多以床的前兩腳來形容之，亦即 δ Leo（西上相，Zosma）、θ Leo（西次相，Chertau）。印度的「張宿」位於西方獅子座的臀部，並不對應中國二十八星宿的「張宿」；中國的「張宿」包含六星，位於西方長蛇座的中段。《宿曜經》的說法，類比中國的「張宿」。

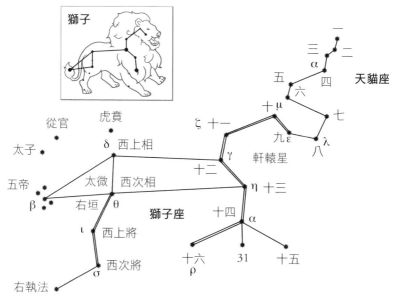

二、主要恆星

δ Leo（西上相，Zosma）

三、星宿的名稱及符號

（一）「Purva Phalguni」意謂樹的果實，符號以床代表之。此星宿的兩顆恆星，即為床的前兩腳；整個星宿被稱為「帶紅色的前一個」（the former reddish one）。「Purva」的梵文字義即為前面的。

（二）符號象徵及意義

1. 床予人休息、放鬆、享受性生活的感覺，主要動機是欲、性愉悅、熱情、愛情等等，包含了生殖、人際關係的和諧、婚姻美好。若方式不當，也會帶來負面影響。

2. 「Purva Phalguni」是床的前腳，意謂著放鬆過程的開始。雖然休息不工作，但大腦仍在活動，或許會靈光乍現。

3. 樹的果實，連結至「Purva Phalguni」，隱含財運佳，因繼承而獲致成功。若此星宿見凶星，則承繼有困難或易有糾紛，難以公平享有。若金錢代表因子木星，或二宮、十一宮主星落在此星宿，則財運通常佳。

床的前腳

141

12

星宿名稱：Uttara Phalguni ／翼宿

所在範圍：♌ 26°40'- ♍ 10°0' ／主星：☉

活動性	種姓	方向／風向	三種性質	主要動機
平衡	剎帝利	向下／東	TRS	解脫

五行元素	陰陽性	神人鬼	身體部位	
火	陰	人	性器官、左手	

一、星空形態

《宿曜經》：「翼二星如跏趺¹」。即以 β Leo（五帝座一，Denebola）和 93 Leo（太子）構成床的後二腳。《摩登伽經》：「翼有二星形如人步」。《舍頭諫經》：「有二要星南北對立」。

「Uttara Phalguni」位於西方獅子座的尾巴和其上方，並不對應中國

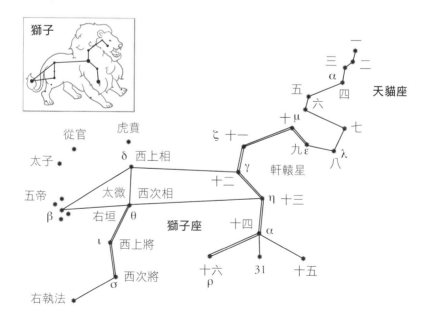

二十八星宿的「翼宿」；而中國的「翼宿」，事實上共包含二十二顆恆星，位於西方巨爵座。

二、主要恆星

β Leo（五帝座一，Denebola）

三、星宿名稱及符號

（一）「Uttara Phalguani」相對於「Purva Phalguni」，被稱為「帶紅色的後一個」；「Uttara」的梵文字義，即後面的。這兩個星宿組合成一張床，也被稱為「援助的星星」，代表對人仁慈與同情。

（二）符號象徵及意義

1. 其意義與前一個星宿有諸多雷同之處，但仍有些許不同。

2. 「Uttara Phalguni」指的是「床的後腳」；傾向非睡覺、非性生活，而是白天午後小憩，並非全然放鬆，尚需準備工作，故較前一星宿更具生產力。

3. 當凶星在此星宿，易見愛情或婚姻醜聞；若見吉星，則相對有利於愛情、婚姻及人際關係的和諧，會因婚姻而獲得財富。

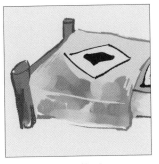

床的後腳

---

1 作者註：跏趺為「盤膝而坐」。

13

星宿名稱：Hasta ／軫宿

所在範圍： ♍ 10°0'- 23°20' ／主星： ☽

活動性	種姓	方向／風向	三種性質	主要動機
被動	吠舍	水平／南	TTR	解脫

五行元素	陰陽性	神人鬼	身體部位	
火	陽	神	手、手指頭	

一、星空形態

《宿曜經》：「軫五星形如牛」。即以 α Crv（右轄，Alchiba）、β Crv（軫宿四，Kraz）、ε Crv（軫宿二，Minkar）、γ Crv（軫宿一，Gieneh）、δ Crv（軫宿三，Algorab）。《摩登伽經》：「其星有五形如人手」。《舍頭諫經》：「有五要星其形類象」。

「Hasta」位於西方烏鴉座上，對應中國二十八星宿的「軫宿」；中國的「軫宿」僅有四顆星，不包含上述印度五顆恆星中的右轄。

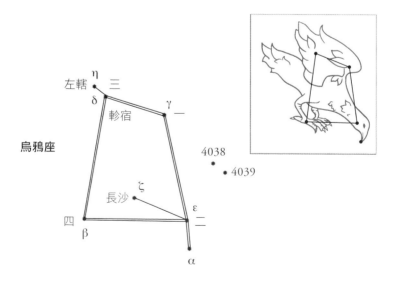

二、主要恆星：

δ Crv（軫宿三，Algorab）

三、星宿名稱及符號

（一）「Hasta」翻譯成手。

（二）符號象徵及意義

1. 手賦予人完整的命運，左右手分別代表正面和負面、男性和女性的能量；手的四個指頭，表示人生四大目的：法、利、欲、解脫；手指頭的三個方陣是三種性質（Gunas），即變性（Rajas）、惰性（Tamas）及悅性（Sattva），和三個體質（Doshas），即風型（Vata）、火型（Pitta）、土型（Kapha）；四個指頭也是指四個方向：北、南、西、東；手指和大拇指表示五覺（看、聽、舌、嗅、觸）及五種元素（地、水、火、風、乙太）；手指的方陣代表十二黃道星座；而拇指和手指則是太陽月的三十天。

手

2. 「Hasta」說明技術性的活動，也意謂著掌握的本性，有能力抓住和掌握所有的事情——無論精神、物質、身、心或靈等等。

3. 「Hasta」，當拇指和手指緊握時，也象徵了堅決，以及經由各種方法的控制傾向，無論名譽或不名譽的行為。

4. 因手涵蓋手工、技術之意，所以隱含早年生活的困頓、限制、妨礙。

14

星宿名稱：Chitra ／角宿

所在範圍：♍ 23°20'- ♎ 6°40' ／主星：♂

活動性	種姓	方向／風向	三種性質	主要動機
主動	奴僕	水平／西	TTT	欲

五行元素	陰陽性	神人鬼	身體部位	
火	陰	魔	頸、前額	

一、星空形態

　　《宿曜經》記載：「角二星形如長布」。但《摩登伽經》則稱：「角有一星」。《舍頭諫經》亦同：「有一要星形圓色黃」。目前一般的印度占星書籍，皆以一星代表，即為 α Vir（角宿一，Spica），是星空中的一等亮星，排名甚前。

　　「Chitra」位於西方的處女座，對應中國二十八星宿的「角宿」；中國的「角宿」包含兩星，除 α Vir 以外，尚有 ζ Vir（角宿二）。《宿曜經》的記載，應該是受了中國的影響。

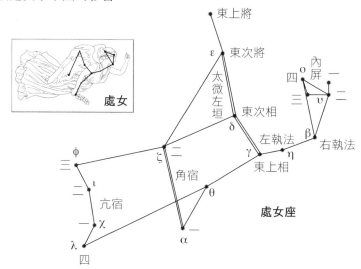

二、主要恆星

α Vir（角宿一，Spica）

三、星宿名稱及符號

（一）「Chitra」意謂輝煌的、明亮的或美麗的，反映出「Spica」周圍的顏色看起來五彩繽紛，同時也被稱為「機會之星」。「Chitra」亦可譯為美麗的圖畫。

（二）符號象徵及意義

1. 珍珠藏於堅硬的貝殼內，在貝殼破開之前，未能顯現。珍珠還得歷時多年才能逐漸長成；經過生命周期的生死嚴格考驗，破殼之前都是艱辛的過程；意謂著個人必須經歷極大的變化，才能有所進展。

珍珠

2. 「Chitra」以珍珠作為象徵，令人神魂顛倒，且極具價值；故與優美、魅力、氣質、迷人、亮麗、色彩繽紛、新奇有關。也是吉祥的、突顯的、生命的光彩。

3. 「Chitra」是耀眼的、口才便給、故事敘述（組織）能力佳、生動、不屈不撓。

15

星宿名稱：Swati／亢宿

所在範圍：♎ 6°40'- 20°0'／主星：♌

活動性	種姓	方向／風向	三種性質	主要動機
被動	屠夫	水平／北	TTS	利

五行元素	陰陽性	神人鬼	身體部位	
火	陰	神	胸部、腸	

一、星空形態

　　《宿曜經》記載：「亢一星形如火珠」。即以 α Boo（大角，Arcturus）為要。《摩登伽經》則稱：「亢宿一星」。《舍頭諫經》：「有一要星形圓色黃」。

　　「Swati」位於西方的牧夫座，並不對應中國二十八星宿的「亢宿」；中國的「亢宿」共有四顆恆星，位於「Swati」的正下方。

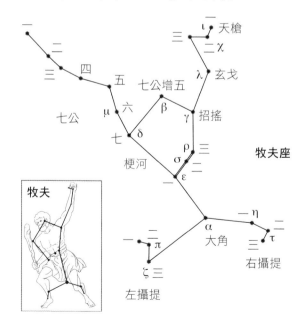

二、主要恆星

α Boo（大角，Arcturus），全天最亮的恆星之一，屬零等亮星。

三、星宿名稱及符號

（一）「Swati」意謂著劍（Sword），想要獨立的強烈欲望，自我前進。

（二）符號象徵及意義

珊瑚

1. 珊瑚在海中受水流影響而搖擺，如同嫩枝受風吹搖曳，故易以「風中搖曳的嫩枝」來形容。亦可說明適應環境的能力，不管如何脆弱，都會增進其成熟性；以自己的方式自我個別化，或獨立成長而存活下來；想要獨立的欲望，如同劍一樣。

2. 「Swati」也象徵純化、無休止、搖擺適應的傾向而顯得不穩定，故它所在後天宮位或有關行星主管宮位，易見不穩定。

16

星宿名稱：Vishakha ／氐宿

所在範圍：♎ 20°0'- ♏ 3°20' ／主星：♃

活動性	種姓	方向／風向	三種性質	主要動機
主動	種姓外	向下／東	TSR	法

五行元素	陰陽性	神人鬼	身體部位
火	陰	魔	手臂、乳房

一、星空形態

《宿曜經》：「氐四星形如角」。即以 α Lib（氐宿一，El Gennbi）、β Lib（氐宿四，Ziben Elshem）、γ Lib（氐宿三，Zuben El Akrab）、氐宿二（ι Lib），構成一個斜四角形。《摩登伽經》：「氐宿二星形如羊角」。《舍頭諫經》：「有二要星形像牛角」。一般印度占星書籍，都以《宿曜經》的說法為準。

「Vishakha」位於西方的天秤座內，完全對應中國二十八星宿的「氐宿」；

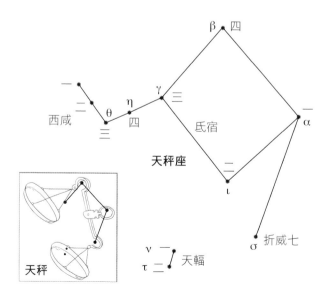

而中國「氐宿」包含的四顆恆星，與印度的「Vishakha」完全相同。

二、主要恆星

α Lib（氐宿一，El Gennbi）

三、星宿名稱及符號

（一）「Vishakha」意謂著叉狀的或兩個枝狀。它的另一名稱「Radha」，是印度神話中，黑天眾多妻子中最愛的一個，也被命名為「目的之星」。

（二）符號象徵及意義

1. 顯示內在的核心，沉浸於外在虛幻的演出。它們被陶工塑成人類的模型，被命運之神捏成不同的形狀，有助生命經驗的成熟。

2. 有時，「Vishakha」會被想像成一棵枝葉繁茂的大樹，對他人提供保護；也意謂人會隨著年紀成熟而逐漸茁壯，孕育鮮美的果實。

轆轤、轉盤

3. 陶藝家有耐心的坐在轉盤前，代表堅持、毅力，以完成藝術工作。

4. 它的另一個符號，是飾以樹葉的勝利拱門，意謂能勝利、獲得成功和偉大成就，但可能導致專制、強迫他人，為目的而用盡一切方法、手段。

17

星宿名稱：Anuradha ／房宿

所在範圍：♏ 3°20'-16°40' ／主星：♄

活動性	種姓	方向／風向	三種性質	主要動機
被動	首陀羅	水平／南	TST	法

五行元素	陰陽性	神人鬼	身體部位	
火	陽	神	乳房、胃、子宮、腸子	

一、星空形態

　　《宿曜經》記載：「房四星形如長布」。《摩登伽經》：「房宿四星形類珠貫」。但根據一般印度占星書籍所記載，「Anuradha」僅有三顆恆星，即 β Sco（房宿四，Acrab）、δ Sco（房宿三，Isidis）以及 π Sco（房宿一，Al Jabhah）。

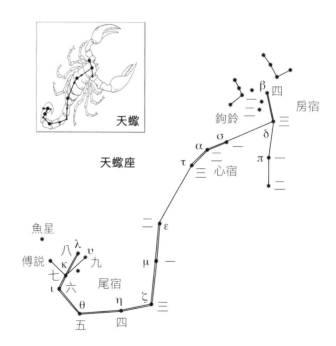

　　「Anuradha」位於西方天蠍座的蠍頭和兩隻螯，對應中國二十八星宿的「房宿」；中國的「房宿」包含四顆恆星，除印度的「Anuradha」三顆恆星外，再加上房宿二。

二、主要恆星

　　δ Sco（房宿三，Isidis）

三、星宿名稱及符號

（一）「Anuradha」簡單的譯作「另一個『Radha』」，或「在『Radha』之後」；另一字義是隨後的成功。

（二）符號象徵及意義

1. 蓮花出淤泥而不染，在印度是用來供奉神明的神聖之花，象徵吉祥、純潔、知識和啟迪。印度知識女神（Saraswati）和吉祥天女座下都是蓮花，意謂著即使處於惡劣環境，也能不屈不撓；或當心思雜亂時，亦能一一釐清思緒。

2. 它的另一符號雷同「Vishakha」（飾以樹葉的勝利拱門），因此也具有目的，而隨後能成功，較「Vishakha」平順。

3. 蓮花供奉在神明腳下，重然諾；即「我所說的話，就是我的責任」，故可成為能夠被他人信賴的朋友。

4. 此星宿也跟財富（Laxmi）有關，但非投機；易遠離家鄉，到各地旅遊。

蓮花

18

星宿名稱：Jyeshta ／心宿

所在範圍：♏ 16°40'-30°0' ／主星：☿

活動性	種姓	方向／風向	三種性質	主要動機
主動	奴僕	水平／西	TSS	利

五行元素	陰陽性	神人鬼	身體部位	
風	陰	魔	頸、身體右側	

一、星空形態

《宿曜經》記載：「心三星形如階」。即以 α Sco（心宿二，Antares）、σ Sco（心宿一，Alniyat）、τ Sco（心宿三，Alsen）。《摩登伽經》：「心宿三星，其形如鳥」。《舍頭諫經》：「有三要星其形類麥」。這三顆恆星較明亮，尤以 α Sco 為天空中的一等亮星，中國古時稱之為「大火星」。

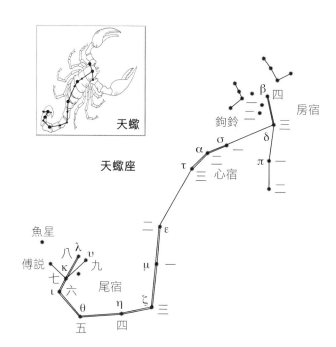

「Jyeshta」位於西方天蠍座的心臟部位，完全對應中國二十八星宿的「心宿」。

二、主要恆星

α Sco（心宿二，Antares）

三、星宿名稱及符號

（一）「Jyeshta」譯作最年長的或主要的，因它以 α Sco 作為主要恆星，剛好與月亮最疼愛的妻子（Rohini）相對，故亦被稱為「最年長的皇后」。

（二）符號象徵及意義

1. 由原先境界層次不高的國王所配戴，可提升其境界；耳墜已活化昆達里尼（Kundalini），一旦適當的完成訓練，就能獲得神祕力量，統治物質世界，並與精神力溝通。

耳墜

2. 「Jyeshta」的另一符號，是圓形的護身符；了解神祕力量的具體呈現，使人在危險時，能夠得到保護。

3. 「Jyeshta」又被稱為「年長的」，代表權威、地位，賦予最大的政治力量和精神力量；當七宮主星位於此星宿，易嫁娶較年長之人，其他宮主星依此類推。

19

星宿名稱：Mula ／尾宿

所在範圍：♐ 0°0'-13°20' ／主星：♉

活動性	種姓	方向／風向	三種性質	主要動機
主動	屠夫	向下／北	SRR	欲

五行元素	陰陽性	神人鬼	身體部位	
風	中	魔	腳、身體左側	

一、星空形態

《宿曜經》：「尾九星形如獅子項毛」。即以 ε Sco（尾宿二，Alkab）、μ Sco（尾宿一，Priere）、ζ Sco（尾宿三，Graffies）、η Sco（尾宿四，Visabik）、θ Sco（尾宿五，Al wei）、ι Sco（尾宿六）、κ Sco（尾宿七，Weil）、λ Sco（尾宿八，Schaula）、υ Sco（尾宿九，Lesath）為主。《摩登

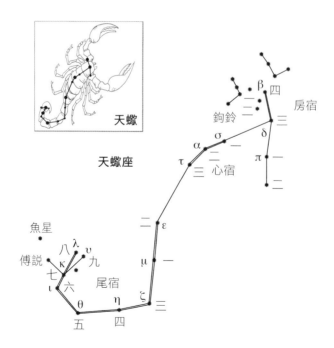

伽經》：「尾有的星形如蠍尾」。《舍頭諫經》：「有三要星，其形類蠍低頭舉尾」。一般印度占星書籍所載，均與《宿曜經》相同，被形容為「獅子的尾巴」。

「Mula」位於西方天蠍座的蠍尾，完全對應中國二十八星宿的「尾宿」。

二、主要恆星

λ Sco（尾宿八，Schaula）

三、星宿名稱及符號

（一）「Mula」譯成根，也被命名為「基礎之星」。

（二）符號象徵及意義

1. 獅子翹起的尾巴，代表憤怒、至高無上、權力的象徵。當憤怒指向他人，代表專制、跋扈，導致權力濫用。

2. 「Mula」的恆星類似綁在一起的植物之根，因此隱含滲入無形的領域，以及某些事情底蘊的根，可比喻為科學或哲學的深層探索。此外，也須注意，細菌是疾病的根源。植物之根，可作醫學用途。

獅尾

3. 植物的根綁在一起，類似趕象棒，用來指引大象走在正確的方向；類比人尋求探討精神途徑，常不斷的呈現痛苦，需要正確的指引。又因為綁在一起，增加了某些限制性，因而難以移動。

20

星宿名稱：Purva Ashadha ／箕宿

所在範圍：♐ 13°20'-26°40' ／主星：♀

活動性	種姓	方向／風向	三種性質	主要動機
平衡	婆羅門	向下／東	SRT	解脫

五行元素	陰陽性	神人鬼	身體部位	
風	陰	人	大腿骨、背部	

一、星空形態

　　《宿曜經》記載：「箕四星形如牛步」。《摩登伽經》：「箕四星形如牛角」。《舍頭諫經》：「有四要星其形類象，南廣北狹」。但一般印度占星書籍，僅以 δ Sgr（箕宿二，Kaus Medius）和 ε Sgr（箕宿三，Kaus

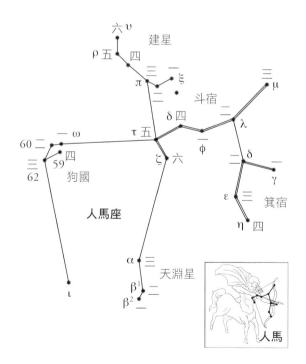

Australis）構成位於西方人馬座的弓部，並不完全對應中國二十八星宿的「箕宿」；中國的「箕宿」共有四顆恆星，除了上述印度「Purva Ashadha」的 δ Sgr 和 ε Sgr，尚包含 r Sgr（箕宿一）和 η sgr（箕宿四）。

二、主要恆星

δ Sgr（箕宿二，Kaus Medius）

三、星宿名稱及符號

（一）「Purva Ashadha」譯作無法征服的前面一個或未被擊敗的；亦可譯作早期的勝利。

（二）符號象徵及意義

1. 象牙是大象身上最昂貴的部位，擁有美麗的質感；然而，取得象牙必須先殺死大象，類比以邪惡的方式取得有價的物品。

2. 「Purva Ashadha」被想像成一台風扇，或是用來篩選糠皮的編製品，其過程猶如戰爭、衝突。此星宿象徵以激烈的想法改進生活；一旦受剋，易自我放縱。另外，篩選亦可類比為精煉，能顯露深層的哲學和精神本質。

象牙

3. 「Purva Ashadha」的另一名稱為「Aparajita」，譯作無法被打敗的，代表對抗和奮鬥後的勝利，也意謂使人有耐性等待，但往往處於不愉快或困厄的環境中。

21

星宿名稱：Uttara Ashadha ／斗宿

所在範圍：♐ 26°40' - ♑ 10°0' ／主星：☉

活動性	種姓	方向／風向	三種性質	主要動機
平衡	剎帝利	向上／南	SR	解脫

五行元素	陰陽性	神人鬼	身體部位	
風	陰	人	腰、大腿	

一、星空形態

《宿曜經》記載：「斗四星形象如象步」（與《摩登伽經》同）。《舍頭諫經》：「有四要星其形類象，南狹北廣」。但一般印度占星書籍所載，僅以兩顆恆星構成，即 σ Sgr（斗宿四，Ascella）和 ζ Sgr（斗宿六，

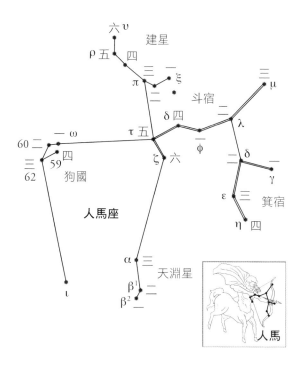

Pelagus）。

　　「Uttara Ashadha」位於西方人馬座以手拉弓弦之處，並不完全對應中國二十八星宿的「斗宿」，而是含括在中國「斗宿」的六顆恆星內。

二、主要恆星

　　σ Sgr（斗宿四，Ascella）

三、星宿名稱及符號

（一）「Uttara Ashadha」譯作無法征服的後面一個，也被稱為「宇宙之星」，另又譯作後來的勝利。

（二）符號象徵及意義

1. 並非只是簡單的睡覺而已。瑜伽中的休息，是放鬆肌肉，以利完成體位法。此星宿創造了心思，能放鬆，開啟進一步的智慧與體悟。

2. 「Uttara Ashadha」是「後來的勝利」，與前一星宿同樣具有對抗和奮戰的內涵，但較和緩，不那麼激進；而且更具內省，擁有較強的永恆性與持續性。

床板

3. 「Uttara Ashadha」是「宇宙之星」，反映真正的人道關懷，公平的對待所有種族，有強大的意志力和耐心。

22

星宿名稱：Shravana ／女宿
所在範圍：♑ 10°0'-23°20' ／主星：☽

活動性	種姓	方向／風向	三種性質	主要動機
被動	種姓外	向上／北	STR	利

五行元素	陰陽性	神人鬼	身體部位	
風	陰	神	耳朵、性器官	

一、星空形態

　　《宿曜經》記載：「女三星形如犁格」。即以 α Agl（河鼓二，Altair）、β Agl（河鼓一，Alshain）、γ Agl（河鼓三，Tarazed）等三顆恆星構成。《摩登伽經》：「女有三星，形如積麥」。《舍頭諫經》：「有三要星，其形類麥邊小中大」。

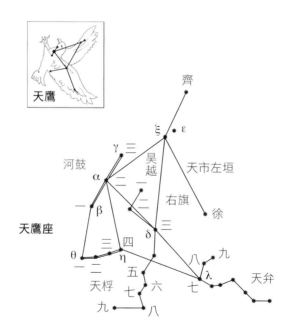

「Shravana」位於西方天鷹座的頸部至頭部，完全沒對應中國二十八星宿的「女宿」；中國的「女宿」包含四顆恆星，位於西方水瓶座的前方。

二、主要恆星

α Agl（河鼓二，Altair），是天空中的一等星。

三、星宿名稱及符號

（一）「Shravana」可譯作兩個不相關的字義：一是聽，另一則是蹣跚的。亦被稱為「學問之星」。

（二）符號象徵及意義

1. 耳朵進一步強化了「傾聽」的特性。在《奧義書》中，有位祈禱者祈求適當的傾聽能力，當人們學習到聲音的真正意識，就能超越談話的實質內涵。

耳朵

2. 「Shravana」的梵文意指「傾聽」，從語源學和象徵意涵，都暗示為「知識女神」（Saraswati）；她是學習和智慧的守護神。故此星宿具備博學、睿智的特質，特別是口傳知識（聽），包話語言研究。

3. 「Shravana」的另一名稱為「Asvattha」，符號為「印度菩提樹」，意指佛陀證道之處。

4. 另一符號為「三腳步」，代表走路，喜歡到處旅行；與毗濕奴化身侏儒三步的典故有關，故隱含維持正統秩序。

23

星宿名稱：Dhanishta ／虛宿

所在範圍： ♑ 23°20'- ♒ 6°40' ／主星： ♂

活動性	種姓	方向／風向	三種性質	主要動機
主動	奴僕	向上／東	STT	法

五行元素	陰陽性	神人鬼	身體部位	
乙太	陰	魔	背部、肛門	

一、星空形態

《宿曜經》記載：「虛四星形如訶黎勒」。即以 α Del（瓠瓜一，Svalocin）、β Del（瓠瓜四，Rotaner）、γ Del（瓠瓜二）、δ Del（瓠瓜三）組成。《摩登伽經》：「虛有四星形如飛鳥」。《舍頭諫經》：「有四要星，其形象調脫之珠」。

「Dhanishta」位於西方的海豚座，完全沒有對應中國二十八星宿的「虛宿」；中國的「虛宿」僅有兩顆恆星，位於西方水瓶座的前半部。

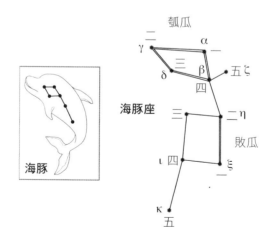

二、主要恆星

β Del（瓠瓜四，Rotaner）

三、星宿名稱及符號

（一）「Dhanishta」譯作最富有的，亦被稱為「調和之星」；它的另一個名稱「Sravistha」，字義為最著名的，由一支鼓來代表。

（二）符號象徵及意義

鼓／笛

1. 「鼓／笛」是印度神話中濕婆的鼓，或黑天的長笛；隱含正擊出節奏，而他人根據這支鼓所擊出的節奏來彈奏歌曲。「鼓／笛」的內部中空，意謂此星宿的人虛而不實，暗示夢想難以成真，但「鼓／笛」具備音樂才能。

2. 「Dhanishta」中的「Dhani」意謂著財富，而「Ishta」意謂完全，即合為「完全的財富」。就精神層面而言，代表擁有良好性格、思想、行為的精神財富。

3. 「Dhanishta」擁有洞見，以及傾聽、理解真實的天賦才能；深層的精神及神祕的知識，能體驗宇宙的和諧。

24

星宿名稱：Shatabhisha／危宿
所在範圍：♒ 6°40'- ♒ 20°0'／主星：♌

活動性	種姓	方向／風向	三種性質	主要動機
主動	屠夫	向上／南	STS	法

五行元素	陰陽性	神人鬼	身體部位	
乙太	中	魔	頜骨、右大腿	

一、星空形態

《宿曜經》：「危一星形如花穗」。即以γ Aqr（墳墓二，Sadachbia）為主，統領一百顆恆星。《摩登伽經》：「危宿一星」。《舍頭諫經》：「有一要星形圓色黃」。

「Shatabhisha」位於西方的水瓶座中間，並不對應中國二十八星宿的「危宿」；中國的「危宿」共有三星，位於印度「Shatabhisha」的西方。

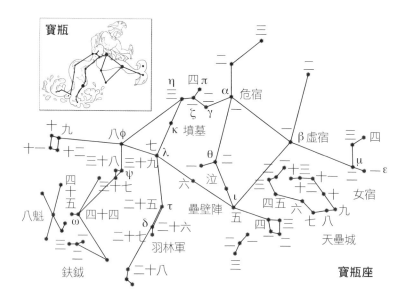

二、主要恆星

γ Aqr（墳墓二，Sadachbia）

三、星宿名稱及符號

（一）「Shata」譯成（擁有）一百位醫生。它的另一個著名名字「Satatara」，即「（擁有）一百顆星星」，而梵文字典稱為「需要一百位醫生」，說明與此星宿有關的疾病，將非常難判斷和治療。

（二）符號象徵及意義

1. 類比千朵花瓣、華麗皇冠。百顆星星顯示宇宙與過去業力的緊密連結，星星可以假設成人生百態的低調觀察者，而千片花瓣表示內在完美的完整呈現，花可以愉悅他人。

一百顆星星

2. 百顆星星圍成的圓圈是個空圈，類比分離與封鎖，將所處環境分成內外，圓圈同時保護內在免受外在的危險，也如水平面上的人體，浮在上，或沉在下，所以此星宿也隱含遮掩某些祕密之意，古稱「面紗之星」。

3. 身心靈領域的多才多藝。

25

星宿名稱：**Purva Bhadra ／室宿**

所在範圍 ♒ 20°0'- ♓ 3°20' ／主星：♃

活動性	種姓	方向／風向	三種性質	主要動機
被動	婆羅門	向下／西	SSR	利

五行元素	陰陽性	神人鬼	身體部位	
乙太	陽	人	腳掌、左大腿股、身體側邊	

一、星空形態

《宿曜經》：「室二星形如車轅」。即以 α Peg（室宿一，Markab）、β peg（室宿二，Scheat）構成。《摩登伽經》：「室有二星形如人步」。《舍頭諫經》：「有二要星相遠對立」。

「Purva Bhadra」位於西方的飛馬座，與 γ Peg（壁宿一，Algenib）、仙女座的一等亮星 α And（壁宿二，Alpheratz）構成一只板凳，「室宿」二星為板凳前兩腳，「壁宿」二星為後兩腳；印度占星的「室宿」，完全對應中國二十八星宿的「室宿」。

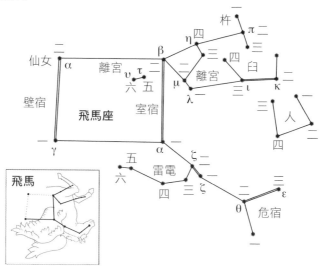

二、主要恆星

β peg（室宿二，Scheat）

三、星宿名稱及符號

（一）「Purva Bhadra」譯成前面幸運的腳或凳子或長凳的腳；結合下一個
星宿「Uttara Bhadra」，形成燃燒般的一對。這兩個星宿都會產生火性脾氣。

（二）符號象徵及意義

1. 用來戰爭和防衛的武器，可打破（切除）任何
   限制或障礙；其象徵不僅在許多宗教和精神等
   層面被取用，也用於邪惡途徑；暗指人們具有
   運用刀劍的殘忍力量，但也能防止無知；刀劍
   是進化的理想工具。

2. 「Purva Bhadra」另一符號是「板凳的前腳」，
   象徵前後不同的兩面人；代表此星宿的人可能
   擁有另一個不為人所知的面貌，只是沒有表現
   出來。

3. 在傳統上，「Purva Bhadra」都與火和熱連結，
   故顯示焦熱、分解代謝作用。

刀劍

26

星宿名稱：Uttara Bhadra ／壁宿

所在範圍：♓ 3°20'-16°40' ／主星：♄

活動性	種姓	方向／風向	三種性質	主要動機
平衡	剎帝利	向上／北	SST	欲
五行元素	陰陽性	神人鬼	身體部位	
乙太	陽	人	脛、腳掌、身體側邊（含肋）	

一、星空形態

《宿曜經》記載：「壁二星形如立竿」。即以 γ Peg（壁宿一，Algenib）和 α And（壁宿二，Alpheratz）構成。《摩登伽經》：「壁宿二星形如人步」。《舍頭諫經》：「有二要星相遠對立」。

「Uttara Bhadra」二星，一個在西方的飛馬座，一個在仙女座，兩者與「Purva Bhadra」二星構成一只板凳；而「Uttara Bhadra」二星為板凳後腳，完全對應中國二十八星宿的「壁宿」。

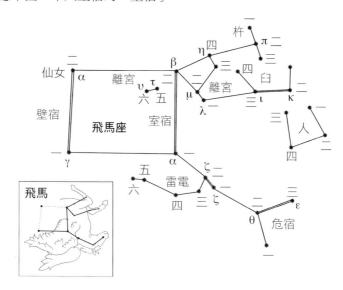

二、主要恆星

γ Peg（壁宿一，Algenib）

三、星宿名稱及符號

（一）「Uttara Bhadra」譯為後面幸運的腳；這個星宿也被稱作「戰士的星星」，有能力照顧和保護周遭親近的人。

（二）符號象徵及意義

1. 雙生子顯示此星宿的二元性，成功的生活在世界上，卻失去對生活的興趣；即每一層面都呈現二元性，當發現光明時，也必然走向黑暗，使此星宿極為複雜、矛盾。

雙生子

2. 「Uttara Bhadra」的另一符號為「板凳的後腳」，與「Purva Bhadra」形成一對；故其意義也適用如焦熱、憤怒的意涵，較少憤怒，自制多些，損失少些；但相對的限制較多，邪惡的行動被控制或被純化。

27

星宿名稱：Revati ／奎宿

所在範圍：♓ 16°40'-30°0' ／主星：☿

活動性	種姓	方向／風向	三種性質	主要動機
平衡	首陀羅	水平／東	SSS	解脫

五行元素	陰陽性	神人鬼	身體部位
乙太	陰	神	腹部、鼠蹊、腳踝

一、星空形態

《宿曜經》：「奎三十二星形如小艇」。一般印度占星書籍對此星宿的描述為：由一群灰暗小星構成，而以 ζ Psc（外屏三）為主。《摩登伽經》：「奎一大星，自餘小者為之輔翼，形如半珪」。《舍頭諫經》：「有一要星，形圓色黃」。

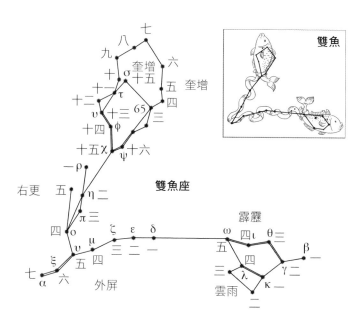

「Revati」位於西方雙魚座內，以 ζ Psc（外屏三）為中心；中國二十八星宿的「奎宿」共有十六星，均包含在內。

二、主要恆星

ζ Psc（外屏三）

三、星宿名稱及符號

（一）「Revati」的意義是富有的，通常指所有層面的富足與繁榮。

（二）符號象徵及意義

1. 印度教裡三位一體的毗濕奴大神，以魚的形象出現，是非常著名的馬特斯亞魚神（Matsya Avatar），也象徵著吉祥。神明來到地球，化身為信息者，當危機發生時，便能夠拯救地球人類。

2. 魚生活在水中，沉浸於海中，能找到真正的幸福快樂。

魚

3. 「Revati」虔誠信仰奉獻給神，是神聖母性的偉大子宮，顯示結束與新的開始；是二十七星宿中的最後一宿，攸關結束、圓滿，再孕育新的。

4. 「Revati」的另一符號是「鼓」，用來標記時間；主管所有逐漸累積的事務及韻律感，節奏感佳，有助生活步調。

第四章

天宮圖的要素 II：行星

　　行星是天宮圖中最重要的要素，扮演著靈魂人物的角色。**印度占星學認為，行星控制了物質界、氣、心靈等元素，是業力的工具。**至高無上的神靈以諸多不同的形式呈現，以行星賦予人類自身行為的結果；行星設定為業力的正本演出，故經由行星業力法則，得以顯現。毗濕奴的使命是保護這個存在面，大法得以維持。

　　梵文「Graha」的行星意義，具有「抓住」、「掌握」或「影響」之意，也意謂著有「神聖的意義」。

　　印度占星學僅採用太陽、月亮、水星、金星、火星、木星、土星等人類肉眼看得見的行星，以及月亮交點（北交點〔羅喉〕、南交點〔計都〕）。至於近代發現的三王星（天王星、海王星、冥王星），多數本土印度占星家都不予採用，他們認為，占星學是天啟的，不必人為添加。但部分深入研究印度占星學的人士，鑑於現代三王星的影響深遠，呼籲應將之納入，強調應以科學的態度來看待其效應。占星學的發展初期雖未發現三王星，但並不代表它們沒有作用。

　　本書以古典印度占星學的七大行星，以及兩個月亮交點（北交點、南交點亦被視為行星）等九大行星為主，不擬列入三王星；欲充分了解印度占星學行星的內涵及影響力，以下議題應精熟之：

1. **行星排列的順序：**印度占星學的順序排列，不同於西方占星學，源自古巴比倫的**「迦勒底秩序」**（**Chaldean order**）。

2. 行星的自然吉凶性質：說明行星的先天本質為吉或凶，是判斷事件預測最根本的基礎。

3. 行星的功能吉凶性質：印度占星學自行發展出來的論述，根據立命上升星座，從而根據特殊宮位特性，衍生出功能性的吉或凶，據以掌握行星組合的吉凶。

4. 行星的相映：類比希臘占星學「整個星座宮位制」的相位。但印度占星學則是依據神話意義，導出不同行星的特殊相映，也是判斷事件吉凶的重要關鍵。

5. 行星的力量：相當近似西方占星學的內容。根據行星所在星座、廟、旺、弱、三方旺宮、行星之間的友誼與敵意（暫時或永久）、行星戰爭、行星包圍、行星自己本身的順序是否逢太陽焦傷、特殊的行星狀態等項目來評估。

6. 行星的六種力量（Shad Bala）：印度人善長微積分，這六種力量的計算過程，就是典型的微分與積分，因過於繁複，且實用性有待驗證，我們僅概談而已。

7. 行星的原理與特性。

上述議題在本章將分為七節敘述，即可掌握行星的本質、作用及意義。**由於印度占星學的流年運勢預測，主要採用「行星期間大運（Dasa）系統」──由每個行星主管一段期間**；因此，這些行星在本命的所有狀態及影響事項，會在大運（Dasa）期間出現。而行星在本命的所有狀態，本章將詳述之。

第一節　行星排列的順序

印度占星學對於行星順序的排列，不像西方占星學是依據太陽系行星軌道的遠近而定，而是**按照太陽、月亮、火星、水星、木星、金星、土星、北交點（羅睺）、南交點（計都）來排列**。而前面七顆人類肉眼看得到的行星（以地心系統來論，太陽也當作行星）排列，正好和一星期的七天對應：

星期日：太陽　　星期一：月亮　　星期二：火星　　星期三：水星

星期四：木星　　星期五：金星　　星期六：土星

這種星期與行星的對應，幾乎已成為全球目前通用的慣例，雖然已難考究其真正源由，但印度占星學及西方古典占星學相當重視之，如擇日、卜卦，以及施行魔法的實務應用，常必須考量此對應。儘管西方現代占星學已不復見其蹤影，但從事上述實務的古典占星家仍予以援用；而印度占星學的各個領域，至今也相當重視之，在計算「行星的六種力量」中的「暫時的力量」（Kaala Bala）時，就必須計算用事時間「星期主星的力量」（Dina Bala），因此，我們應了解箇中關係。

一星期七日的來由，應源自古巴倫的漢摩拉比王（Hammurabi）統治的時代。當時規定，月亮周期的每個七日月相的第一天，一切活動被視為禁忌。以這一天為休息日的規定，流傳到其他文化，就演變成猶太教的「安息日」，以及後來基督教的「禮拜日」，至今更成為全球通用的「星期日」。

西方占星學的發展，在西元前七世紀迦勒底王朝建立，曾有過短暫的鋒芒。迦勒底人曾是占星學家的同義詞，後來波斯人入侵，占星術文化遂四處交流。一般咸信，約莫西元前五世紀時，黃道十二宮每宮 30° 的系統應已建立，迦勒底人的行星秩序觀念也融合在內。希臘化時期相當重視行星在黃道上的力量，分別有五種「必然的尊貴」（Essential Dignities）；其中的「外觀」（Face），就是以「迦勒底秩序」構成，即由白羊座 0° 起，按火星→

太陽→金星→水星→月亮→土星→木星，周而復始，排列星座內的區間。其結果如〈表 4-1〉，若詳細查看，從 0°至 10°、10°至 20°或 20°至 30°的個別星座，按黃道十二星座順序，即可看出係按上述的星期對應的順序，應是希臘占星學與印度占星學結合後，才被援用於內。

星座	0°-10°	10°-20°	20°-30°
白羊座	♂	☉	♀
金牛座	☿	☽	♄
雙子座	♃	♂	☉
巨蟹座	♀	☿	☽
獅子座	♄	♃	♂
處女座	☉	♀	☿
天秤座	☽	♄	♃
天蠍座	♂	☉	♀
人馬座	☿	☽	♄
摩羯座	♃	♂	☉
水瓶座	♀	☿	☽
雙魚座	♄	♃	♂

↓星期秩序

〈表 4-1〉

「迦勒底秩序」適當地說明了行星與星期對應的秩序。另外，大衛・弗勞利（David Frawley）在著作《The Astrology of Seers》中提及，這種對應剛好是太陽系內行星（月亮、水星、金星）和外行星（火星、木星、土星）交互順序所產生的，也相當巧合地說明其對應關係，〈表 4-2〉可供讀者參考。

	☉	•	♂	•	♃	•	♄
	☽	•	☿	•	♀		
星期	日	一	二	三	四	五	六

〈表 4-2〉

第二節　行星的自然吉凶性質

印度占星學著重預測，認為行星是宇宙的代表因子，貫徹支配人類生命所有領域和意識的進化。我們大多數的行為，受到支配我們的行星本質所影響，而人類的命運有吉有凶，自然歸因行星的吉凶之故。

行星的吉凶，應是早期先民長年累月的經驗累積出的結論。**希臘占星學根據「托勒密相位」（Ptolemaic Aspects）的吉星和星座主星，從天體中兩大主角太陽、月亮主管的獅子座及巨蟹座，各從左方、右方，分別按整個星座的相位，推論出木星為最大吉星，金星為次吉吉星，土星為最凶凶星，火星為次凶凶星，水星為中立行星。**

但印度先賢認為，占星學是天啟的，所以行星的吉凶也是天啟的，不用追溯其來源。若從東西方系統使用的行星吉凶來看，其實如出一轍。除了太陽的熱，讓印度子民因身處南亞次大陸的實質感受（太陽臨空的燠熱造成傷害），將它歸類為凶星，而太陽的權威、尊貴、王權的概念，仍與西方系統一樣。

另外，北交點在西方系統中被視為吉星，為前世業力的未來吉祥顯現；但印度占星學將之視為等同土星的凶星。而上述所談東西方的行星吉凶性質，是指自然性質。

有關印度占星學行星的自然吉凶性質如下：

最大吉星：木星	**最大凶星：土星、北交點**
次吉吉星：金星	**次凶凶星：火星、南交點**
一般吉星：月亮、水星	**一般凶星：太陽**

吉星的梵文為「Shubha」，為「敬神」之意；凶星則為「Papi」，「罪人」之意。凶星稱為罪人，是因它們鼓勵人們的心思蔑視自然及其法則，必然會遭受不幸；唯有尊敬神明、崇奉自然法則，才會受到保佑、平安無事，

甚至享有福報與榮華富貴。

　　一般而言，**吉星會促進成長、擴展、維護或保存；而凶星則導致腐敗、衰頹、限制、破壞、毀滅。**接下來將分別針對自然吉星與自然凶星作說明。

一、自然吉星

（一）最大吉星——木星

　　為太陽系中最大的行星，代表樂觀、擴充、富裕、幸福和較高等的教育。梵文名稱為「Brihaspati」，在吠陀經典中指示為「神的教師」，以其知識和高度發展的意識，從外在虛幻的海市蜃樓到內在光明來指導人類，傳授精神啟蒙的知識。木星另一梵文名稱為「Guru」，由此示意，木星賦予物質的利益給虔誠獻身者，意即將前世好的業力，轉賜福給今世。而印度占星家相信，木星能帶來面對任何問題的解決能力。

（二）次吉吉星——金星

　　為太陽系中最亮麗的行星，代表美麗、歡愉、精緻、人類欲望、生殖、生之喜悅。梵文名稱為「Shukra」，在吠陀神話中是魔神（Rakshashas）的老師。魔神意謂喪失人生目的的靈魂，人類的魔性只會追求名利，因而自私自利。金星可作為精神導師，勸回迷失的羔羊，但無法避開業力，也意指在某些方面仍會有過多的欲望，所以是次吉吉星。

（三）一般吉星——月亮

　　月亮反射太陽光。印度人相信，太陽給予整個宇宙生命，而月亮則賦予地球生命。從吠陀神話的內容來看，印度占星學特有的二十七星宿是月神的二十七個妻子，祂一天跟一位妻子在一起，周而復始。**月亮是印度占星學心思的代表因子**，上述神話顯示心思變化很快的本質，也代表想法、情緒的變化；反映人類心靈的敏銳與遲鈍，使我們有能力克服世俗欲望，但也可能陷於無知，突顯獸性本能。

月亮是印度占星學中相當重要的行星，等同於上升點。這可從印度占星學特別強調**身宮盤**得知：即以月亮所在宮位當作第一宮，然後再起算十二宮位，分別觀察各宮主管事項的吉凶。

一般而言，月亮是吉星，但印度人對月相的觀察頗為詳細，認為月相如在漸增光期間，即日月合朔後，從新月到滿月的這段期間，月亮的能量漸增，梵文稱為「Shukla Paksha」。許多印度占星學書籍稱，漸增光明期的月亮為吉星，而漸減光時期的月亮為凶星。但另有一種說法，在計算「行星的六種力量」時，新月時為零，滿月時最高分。因而，**從第一四分相經滿月，至最後四分相的月亮為吉；而最後四分相經新月，至第一四分相的月亮為凶。**如〈圖4-1〉，這種說法較合理。

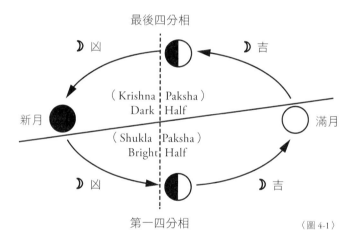

〈圖4-1〉

（四）一般吉星──水星

原則上屬中立行星，配置佳時才為吉星。入自己星座、旺宮、與吉星會合或相映時，為吉星；反之，則為凶星。

水星是太陽系中距離太陽最近的行星，類似天空君王太陽的傳令，與太陽、月亮構成星命的基礎。太陽為靈魂（Atma）、月亮為情感（Manas）、水星為智識（Buddhi）。根據吠陀神話，水星是月亮和木星的妻子塔拉（Tara）所生的孩子──傳說月亮作為蘇摩神（又稱月神）時誘拐塔拉，塔

拉因不滿木星的過於純真，因而與月神出軌，懷有月神的孩子，意謂即使純真，也需要體驗本性的感官快樂。

水星的來到，代表純真的靈魂觸及外在的世界，因而出現理解力。水星是月亮的孩子，是知覺意識中理性和智慧的部分；月亮則代表潛意識。水星的梵文名稱為「Buddhi」，意即覺者。

二、自然凶星

（一）最大凶星——土星

土星是人類肉眼能看得見的太陽系中最遠的行星，代表冷漠、悲觀、老遠、挫敗、不快樂、幻滅、限制，甚至死亡。梵文名稱為「Shani」，在吠陀神話中，土星是太陽和陰影妻子（Chayya）所生的兒子，也由於土星射出陰影，掩蓋太陽的光輝，因此，太陽和土星的關係是困難的。土星帶有業力的性質是無可迴避的，它使我們深入挖掘內在，藉以面對人生的不愉快和困難，遂產生許多的心理問題。面對此狀況如能轉換心境，倒能堅定心志，但芸芸眾生中，真能轉換者又有多少？

（二）次凶凶星——火星

為太陽系中呈現紅色的行星，代表剛猛、炎熱、勇氣、活力、破壞、精力、強壯、大膽、無禮。梵文名稱為「Mangala」。在吠陀神話中，曾經有魔神（Taraka）恐嚇宇宙，當時眾神無人敢攖其鋒。幸有濕婆神七天大的兒子卡帝卡（Kartika，同 Mangala，即火星）將魔神消滅。寓含初生之犢不畏虎之意，勇猛無比，不怕危險，有能力達成所設定的目標，但必須面對許多險難。

（三）一般凶星——太陽

太陽系的君王、領導者，代表尊貴、威嚴、王權、權威，但也相對霸道、獨裁或專制。梵文名稱為「Surya」。吠陀神話認為，太陽是宇宙的統治者，

是生命力的源頭，因而又稱「Prana」。若無太陽光線的照射，萬物均無法生長茁壯，也無法生存。太陽與引力作用，使眾行星能按其軌道運行。人類內在不朽的靈魂和自我，也是整個身體的重心；人類的行為活動，更是其意志的表現。

　　印度地處南亞次大陸，一到夏季便相當燠熱，烈日當空，令人非常不適。可能因為這種深刻感受，因此，雖然太陽在印度占星學中的管轄事項同西方占星學，但因其乾、熱及破壞性而傾向凶性，與西方系統截然不同。

（四）北交點（羅睺）與南交點（計都）

　　其實只是天空軌道面的兩個點，稱不上行星，但在印度占星學中卻扮演著相當重要的角色，且其概念及吉凶性質也不同於西方系統中的南北交點，可參考下圖來理解其天文意義：

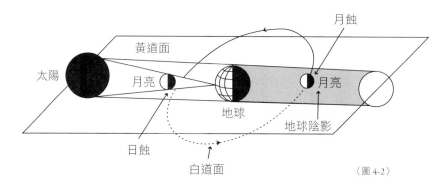

〈圖 4-2〉

1. **就地球觀點來觀測月相，當月亮與太陽會合時，此時為新月，曆法上稱為「朔」；而當月亮與太陽分別位於地球的兩側時，則為滿月，曆法上稱為「望」。**

2. **月亮繞著地球運行，其軌跡稱為「白道面」；地球繞著太陽運行，其軌跡稱為「黃道面」。由於月亮每個月繞行地球一圈，故「白道面」與「黃道面」的交叉，因月亮運行之故，一年將通過「黃道面」約十二點三六次（通過北交點和南交點算一次）。**

**3. 假設地球不動，太陽視運動繞行「黃道面」。由於太陽每日運行約不到
1°，所以太陽繞行到交叉點，頂多只有兩次。**

**4. 通盤考量第 1、2、3 點，要符合太陽、地球與月亮交點連成一直線，一
年之中，只會發生兩次（頂多三次），即日全蝕和月全蝕；前者在新月
時發生，後者在滿月時發生。**

從〈圖 4-2〉可看出，北交點為月亮運行「白道面」，由「黃道面」下
方，向上交叉於「黃道面」上；而南交點則是月亮運行「白道面」，由「黃
道面」上方，向下交叉於「黃道面」下。

北交點即是羅喉，南交點即是計都，兩者在印度占星學中都是陰影行星，
沒有實體。但強調輪迴與業力觀念的印度人卻賦予其重要的精神意義，不能
等閒視之。日蝕、月蝕的發生都與月亮交點有關，故將之視為凶星。

吠陀神話中，相傳正神和邪神為了控制宇宙而相爭，誰得了長生甘露
（Amrita），將更具神力。當時，屬於邪神之一的婆蘇吉（Vasuki），站在
正神一方幫助尋找長生甘露，但當祂發現後卻私自喝下。太陽和月亮看到
了蘇婆吉的作為後，向宇宙的創造主毗濕奴抱怨。創造主對於婆蘇吉的欺騙
行徑感到震怒，遂將祂砍成兩段。但因蘇婆吉已經喝下長生甘露，無法被
殺死，所以天空中留下兩截，頭部為羅喉，尾部為計都，成為其他神祇（行
星）的陰暗面。

上述故事隱含了以下幾種寓意：若沒有蘇婆吉（羅喉、計都）的幫助，正
神無法發現不朽的祕密；就人類而言，若不了解羅喉和計都，就無法探尋較
高層次的自我。它們是我們生命的陰暗面，因此必須克服，使之昇華；而故
事中的長生甘露，即不朽的精神和真正的幸福。

羅喉在印度占星學中被類比為土星，甚凶；剛從黃道面下方向上躍出，帶
有強烈的世俗欲望、貪婪、不知足、無知。但若形成正面意義，則有利物欲
追求、名望、政治權力的掌握；然而，人們對世俗名利的貪魘，卻很可能永
遠不自知。

計都在印度占星學中，被類比為次凶凶星火星；緊張、壓迫、無意識的

行為、害怕、惡夢、恐懼、虛幻、欺騙、混亂、發狂、中毒、沉溺、惡習不改、盜竊、寄生蟲、巫術。但若形成正面意義，則是「解脫的徵象星」（Moksha Karaka），具有心靈能力、智慧、分辨知識，所以也是「智慧的星曜」（Gnana Karaka）；儘管將它歸為次凶凶星，但若配置不佳，往往以非比尋常和迂迴的方式，嚴重傷害管轄的事項。

第三節　行星的功能吉凶性質

　　探討行星的功能性的吉凶性質，為印度占星學的一大特色。由於承襲自希臘占星學的「整個星座宮位制」，當上升星座確定後，接下來的第二至十二宮各占據一個星座；各宮的宮主星相當確定，不至於發生如西方系統的某些宮位制將會產生「宮位截奪」的現象。

　　由於各宮歸屬哪個星座相當明確，因此會出現自然吉星主管凶宮，或是自然凶星主管吉宮的情形。此外，除了太陽、月亮，每個行星都主管兩個星座，因而有可能同時主管吉宮和凶宮。針對這些狀況，如何分辨行星的吉凶性質，頗令人費神。

　　上述狀況係因上升星座確定後，所衍生的宮主星吉凶性質，每張命盤各自不同，稱為「暫時性吉凶性質」或「功能性吉凶性質」。

　　在印度占星學中，行星的特性分析交織著「自然吉凶性質」和「功能性吉凶性質」，因此常令初學者或老手困惑，所以讀者務必充分了解兩種性質如何交叉解讀，否則論斷命盤必有誤差。在正式分析前，先將自然吉凶星及宮位類別整理如下：

自然吉凶星性質

1. 自然吉星：木星、金星、配置佳的水星、第一上弦月至第三下弦月

2. 自然凶星：土星、火星、太陽、配置差的水星、第三下弦月至第一上弦

月、北交點、南交點

宮位類別
1. **始宮（一、四、七、十），吉宮**
2. **三方宮（一、五、九），吉宮**
3. **成長宮（三、六、十、十一），凶宮，十宮除外**
4. **困難宮（六、八、十二），凶宮**

接下來的重點，將條列出根據上升星座而來的功能性吉凶星的判斷準則：

【原則一】

（一）自然吉星若作為始宮（四、七、十宮）的宮主星，則會暫時隱去它們的自然吉象。

（二）自然凶星若作為始宮（四、七、十宮）的宮主星，則會暫時隱去它們的自然凶象。

1. 始宮主星對行星的原本性質，會產生中性的影響，即自然吉星暫時喪失提供吉祥的效果；而自然凶星也暫時喪失傷害的能力。
2. 應注意始宮主星並沒有將自然吉星轉換成凶星，若其產生凶象，係因其他條件所致，如入弱宮、逢焦傷、受凶星會合或相映等等；相對的，始宮主星也沒有將自然凶星轉換為吉星，若其產生吉象，係因入廟旺宮，受吉星會合或相映等等。

（三）即使原來是自然凶星，任何主管三方宮（一、五、九宮）的宮主星，都能提供吉祥的結果；但若同時主管困難宮（六、八、十二宮），則吉象會打折。上升星座主星（即第一宮主星），兼具始宮及三方宮主星，必然為吉星，不論其自然吉凶性質如何。

（四）主管成長宮（三、六、十一宮）的宮主星，必然是凶的，即使原本是
自然吉星。但隨著年歲增長，若及時努力，會促進改善。

（五）帕拉薩拉將主管第二、八和十二宮的宮主星列為中性性質，尚需根據
落宮及會合情形而定。一般而言，視其為凶性，但功能為中性，端看主管的
另一宮吉凶而定。第八宮主星傾向凶性，但不適用於太陽及月亮；第二、
八、十二宮的宮主星，較為敏感，易受影響。

（六）任何主管困難宮（六、八、十二宮）的宮主星，都會帶來負面影響，
即使原本是自然吉星；但若同時又主管三方宮（一、五、九宮），則可減其
凶性。

【原則二】

在其他條件相同的情況下，行星力量大小評估：

1. 始宮分類：十宮主星 > 七宮主星 > 四宮主星 > 一宮主星
2. 三方宮分類：九宮主星 > 五宮主星 > 一宮主星
3. 成長宮分類：十一宮主星 > 六宮主星 > 三宮主星
4. 中性行星分類：八宮主星 > 十二宮主星 > 二宮主星
5. 困難宮分類：八宮主星 > 十二宮主星 > 六宮主星

【原則三】

**當行星同時是始宮及三方宮的宮主星，就會變得特別有用，稱為「貴格徵
象星」（Raja-Yoga Karaka），最為吉利。** 如又入廟、旺，且逢自然吉星相
映，易顯現所在宮位或主管宮位事項的興旺。

1. 金牛座上升，土星主管三方宮第九宮摩羯座，同時主管始宮十宮水瓶座。
2. 雙子座上升，水星主管三方宮第一宮雙子座，同時主管始宮四宮處女座。
3. 巨蟹座上升，火星主管三方宮第五宮天蠍座，同時主管始宮十宮白羊座。

4. 獅子座上升，火星主管始宮第四宮天蠍座，同時主管三方宮九宮白羊座。

5. 處女座上升，水星主管三方宮第一宮處女座，同時主管始宮十宮雙子座。

6. 天秤座上升，土星主管始宮第四宮摩羯座，同時主管三方宮五宮水瓶座。

7. 人馬座上升，木星主管三方宮第一宮人馬座，同時主管始宮四宮雙魚座。

8. 摩羯座上升，金星主管三方宮第五宮金牛座，同時主管始宮十宮天秤座。

9. 水瓶座上升，金星主管始宮第四宮金牛座，同時主管三方宮九宮天秤座。

10. 雙魚座上升，木星主管三方宮第一宮雙魚座，同時主管始宮十宮人馬座。

【原則四】

（一）所有行星當中，除了太陽和月亮各主管一個星座外，火星、水星、木星、金星、土星皆各主管兩個星座。

上述後五個行星的功能性吉凶性質，必須同時考量兩個宮位的意義。行星若同時為吉宮和凶宮的宮主星，那麼其影響會是混雜的；即行星在上升星座確立後，吉凶性將有所不同，須予以釐清；這種情形對吉宮的管轄事項有利，對凶宮的管轄事項不利。

如上升處女座，土星為第五宮摩羯座及第六宮水瓶座的宮主星；若其他條件不變，那麼土星有利於孩子、創造力、聰明和投機獲益等五宮事項，但不利於健康或敵意等六宮事項。

（二）當行星主管兩個宮位，一吉一凶時，較強的宮位將決定該行星的全面效應，主要為有益或有害。

（三）必須考量行星主管的兩個星座，何者為三方旺宮，其所在宮位的管轄事項將較為突顯。

1. 如上升雙子座，土星為第八宮摩羯座及第九宮水瓶座的宮主星。由於水瓶座為三方旺宮，故第九宮的管轄事項將較為突顯；它的全面效應傾向：正面（九宮）大於負面（八宮）。

2. 又如上升處女座,土星為第五宮摩羯座及第六宮水瓶座的宮主星。由於水瓶座為土星的三方旺宮,故主管的第六宮較為突顯;它的全面效應傾向負面(六宮)大於正面(五宮)。

(四)任何行星主管某宮及第十二宮時,當某宮吉,則行星的全面性效應較吉;某宮凶,則其全面效應較凶。

1. 如上升雙子座,金星為第五宮天秤座及第十二宮金牛座的宮主星。十二宮外的另一宮為第五宮吉宮,此時金星的全面性效應較吉,傾向以五宮管轄事項的吉象為主。

2. 如上升雙魚座,土星為第十一宮摩羯座及第十二宮水瓶座的宮主星。十二宮外的另一宮為第十一宮凶宮,此時土星的全面性效應較凶,傾向以第十一宮管轄事項的凶象為主。

(五)第九宮是所有宮位中最吉祥的幸運之宮;第十二宮是消耗損失,第八宮為九宮之十二,代表幸運的損失。就世俗層面而言,第八宮主星的功能雖被帕拉薩拉列為中性,但本質仍是邪惡的。所以當它同時主管另一宮時,應仔細評估其特性。

1. 當第八宮主星也是上升星座主星時,屬功能吉星。

(1) 如上升白羊座,火星是第八宮天蠍座,同時也是上升白羊座的主星。因白羊座為火星的三方旺宮,且上升星座主星屬三方宮兼始宮,故能賦予吉祥。但不宜配置不佳,又受其他凶星刑剋。

(2) 如上升天秤座,金星是第八宮金牛座宮主星,同時為上升天秤座的主星,亦同。

2. 當第八宮主星同時管轄第三、六、十一宮等成長宮時,則屬功能凶星。

(1) 如金星為上升金牛座主星,木星同時管轄第八宮人馬座,以及第十一宮雙魚座。

(2) 上升處女座,火星同時管轄第八宮白羊座,以及第三宮天蠍座。

（3）上升天蠍座，水星同時管轄第八宮雙子座，以及第三宮處女座。

（4）上升雙魚座，金星同時管轄第八宮天秤座，以及第三宮金牛座。

3. 當第八宮主星同時也主管三方宮，屬功能吉星。

除第 1 點所述情況，尚有：

（1）上升水瓶座，水星同時主管第八宮處女座，以及第五宮雙子座。

（2）上升獅子座，木星同時主管第八宮雙魚座，以及第五宮人馬座。

（3）上升獅子座，土星同時主管第四宮摩羯座，以及第五宮水瓶座。

【原則五】

當行星主管某特定宮位時，該行星就賦予某特定宮位管轄事項的意義。

如第十一宮主星雖然一般歸屬功能凶星，賦予利己主義或衝動的意義，但也管轄收獲，因此，如配置佳，將有利物質取得，能在團體中與人合作、建立友誼、擴大市場資訊、大有利得，惟健康宜防。

掌握上述五個原則，即能掌握行星的功能吉凶性質，但須切記，評估行星的全部吉凶效應，非僅如第二節與第三節所談的自然吉凶和功能吉凶性質而已，尚需考量行星所在星座、宮位、與其他行星同宮會合或相映，或行星的狀態是否逢焦傷、逆行、行星戰爭、行星包圍等狀況，才能充分掌握行星的力量，推演出主管事項的吉凶。

當上升星座完成定位，導引出各個行星的功能吉凶狀況後，對行星組合的判斷則會產生一定作用，此即彙通印度占星學論斷的金鑰，請讀者務必掌握其要義。

以張國榮的命盤（P192）為例，說明諸行星的功能吉凶性質（立命於天蠍座 12°8'）：

1. 太陽：自然凶星，主管始宮第十宮獅子座，故屬功能吉星。

2. 月亮：自然吉星（他的農曆生日為八月八日，屬第一個四分月至滿月），主管三方宮第九宮獅子座，故屬功能吉星。

3. 火星：自然凶星，同時主管上升星座天蠍座及第六宮白羊座。因第一宮為始宮及三方宮，第六宮為成長宮，白羊座為火星的三方旺宮，兩相比較，屬功能中性。

4. 水星：自然吉星，同時主管第八宮雙子座，中性，和第十一宮處女座成長宮；故此時的水星屬功能凶星。

5. 木星：自然吉星，同時主管第二宮人馬座，中性，和第五宮雙魚座三方宮；故此時的木星屬功能吉星。

6. 金星：自然吉星，同時主管第七宮金牛座，始宮，為功能性凶星，和第十二宮天秤座，中性；故此時的金星屬功能凶星。

7. 土星：自然凶星，同時主管第三宮摩羯座，成長宮，為功能凶星，和第四宮水瓶座始宮，為功能吉星。但因水瓶座為土星的三方旺宮，第四宮較能突顯；故此時的土星功能，吉星比功能中性偏多。

8. 上升星座天蠍座，並無貴格徵象星行星。

9. 死亡殺手宮：第二宮人馬座的主星木星和第七宮金牛座的主星金星，是死亡殺手行星。

第四節　行星的相映

東西方占星學都以行星間的關係、行星所在星座、行星所在宮位等關係，來判斷命主的人生，尤以行星間的關係最為關鍵——它會產生質變，呈現明顯的吉凶效應。當 A、B 兩個行星遇到下列情形時，即表示它們之間有某種關係。

1. A 和 B 會合在同一星座（距離越小，關係越緊密）。

2. A 對 B，或 B 對 A，或 A、B 兩者同時以特定的方式相映。

3. A 和 B 以星座互容（即 A 在 B 主管的星座，B 在 A 主管的星座）。

西方系統以「相位」（Aspect）來命名這種關係；而印度占星學則是以

「相映」（**Drishtis**）來命名。兩者的觀念類似，但使用方式不盡相同。先將東、西方系統有關相位理論的概念整理如下，再比較其相似及差異性。

系統 特色	印度占星學	西方占星學	
		傳統	現代
比較	1. 以「整個星座宮位制」（即宮位）論相映。除行星間論相映，行星對宮位，也可論相映，即使是空宮。 2. 所有行星皆相映至對宮；而火星、木星、土星、南北交點，各有特定的相映宮位。 3. 互容（Sambaudha）的觀念。相映分成「全部相映」、「部分相映」、「相互相映」以及「單方相映」。 4. 相映功能的詮釋，以相關行星的吉凶來論。 5. 無容許度的觀念。但受西方系統的影響，強調距離越小，關係越緊密。 6. 相映計算依照黃道星座順序的方向計算，不同於西方的系統。	1. 希臘化時期，以「整個星座宮位制」論相位；但中世紀後，改採容許度較嚴謹的方式論述相位。 2. 主要以主相位合相 ☌、四分相 □、三分相 △、對分相 ☍，而克卜勒的次要相位並不普及。 3. 中世紀後，改用容納、互容、入相位與離相位、光線傳遞和光線集中、圍攻、挫敗、禁止、反挫（Refranation）等類似相位觀念的特殊用法。 4. 相位功能的詮釋，是以形成相位的行星為主角，相位為配角。 5. 以行星本身來論容許度。 6. 任何行星皆可以順、逆方向計算相位。但希臘化時期則會強調「左旋」、「右旋」意義的不同。	1. 任何行星和特殊點、敏感點，在特殊容許度內，皆可互成相位，並不考量行星所在星座。 2. 主相位和次要相位並行。 3. 不復見中世紀類似相位觀念的特殊用法，但有「中點理論」的特殊用法及「平行相位」的應用；更重要的是相位形態的強調。 4. 以相位的調和及不調和論吉凶，即以相位為主，行星為輔。 5. 以相位論容許度。 6. 任何行星、特殊點、敏感點，皆可以順、逆方向計算相位。

〈表 4-3〉

有關西方占星學的相位觀念及特色，不擬在此說明。接下來僅就印度占星學的相映內容詳述之：

一、印度占星學承襲希臘占星學，以「整個星座宮位制」（即宮位）來論「相映」。任何落入同星座的行星，都稱作「會合」。如金星落入白羊座25°3'，火星落入白羊座 2°3'，由於兩星位於同一星座，因此，金星和火星的關係，即為「會合」狀態。要注意的是：若會合行星的距離越近，彼此之間的影響便越緊密；若該行星與太陽會合在 8°內，則稱作「逢焦傷」（下節將會討論），該行星的力量會減弱。行星的會合並沒有明顯的容許度觀念。我們以張國榮的命盤〈圖 4-3〉說明之：

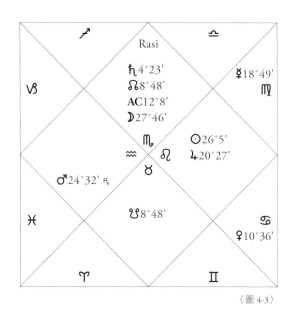

〈圖 4-3〉

1. 上升點與命宮中的其他三星：土星 ♄ 天蠍座 ♏4°23'、北交點 ☊ 天蠍座 ♏8°48'、月亮 ☽ 天蠍座 ♏27°46'，屬「會合」狀態。其中，又以土星 ♄ 和北交點 ☊ 形成緊密會合；尤其上升點位於天蠍座 ♏12°8'，與北交點 ☊ 僅距離 3°48'。

2. 十宮事業宮內，木星 ♃ 位於獅子座 ♌20°27'、太陽 ☉ 位於獅子座 ♌26°5'，兩星屬「會合」狀態；然距離僅 5°38'，因此木星逢太陽焦傷。

二、印度占星學規定的行星相映宮位如〈表4-4〉：

1. 太陽、月亮、水星、金星相映至對宮，即所在位置起算的第七宮。以〈圖
   4-4〉為例，假設太陽 ☉ 位於金牛座 ♉，相映至天蠍座 ♏；月亮 ☽ 位於
   雙魚座 ♓，相映至處女座 ♍；水星 ☿ 位於摩羯座 ♑，相映至巨蟹座 ♋；
   金星 ♀ 位於獅子座 ♌，相映至水瓶座 ♒。

2. 火星相映至其所在位置起算的第四、七、八宮。以〈圖4-5〉為例，假設
   火星 ♂ 位於獅子座 ♌，則分別相映至天蠍座 ♏、水瓶座 ♒、雙魚座 ♓。

行星	相映至行星起算的宮位
太陽、月亮、水星、金星	七宮
火星	四、七、八宮
木星、北交點、南交點	五、七、九宮
土星	三、七、十宮

〈表4-4〉

太陽、月亮、水星和金星的相映

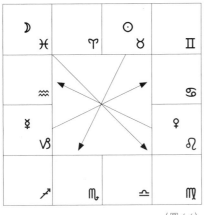

〈圖4-4〉

火星的相映

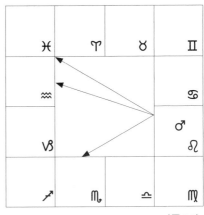

〈圖4-5〉

193

木星、北交點和南交點的相映

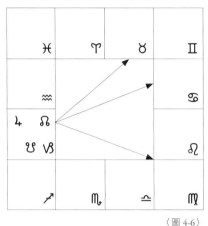

土星的相映

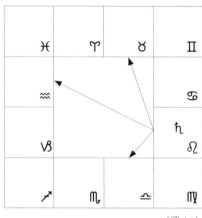

3. 木星、北交點或南交點皆相映至其個別所在位置起算的第五、七、九宮。以〈圖 4-6〉為例，假設木星 ♃、北交點 ☊ 或南交點 ☋ 落入摩羯座 ♑，則分別相映至金牛座 ♉、巨蟹座 ♋ 和處女座 ♍。

4. 土星相映至其所在位置起算的第三、七、十宮。以〈圖 4-7〉為例，假設土星 ♄ 位於獅子座 ♌，則分別相映至天秤座 ♎、水瓶座 ♒ 和金牛座 ♉。

　　上述雖以行星所在星座舉例，但因為採用「整個星座宮位制」，因此能對照以其所在後天宮起算。

　　《BPHS》一書中並未說明行星的相映為何依循上述規定。印度占星學者維爾馬（O. P. Verma）所著《Laghu Parasari》的第二十三頁中，依據外行星（土星、木星、火星）的本質，解說其相映原理。本書將相關資料整理如下，以期讀者了解整個相映系統的來由：

1. 太陽、月亮、水星、金星皆為內行星，只相映至對宮，即第七宮。

2. 土星、木星、火星為外行星，皆有三個相映宮位；北交點、南交點皆與業力有關，故與木星同。

　　（1）土星：代表勞碌、手工、艱辛、刻苦耐勞，故相映至第三宮的勇

氣、手工，以及第十宮的職業、持續努力等成長宮，表示成長中的困難；但第六、十一宮也是成長宮，為何不被土星相映？由以下第4點的第（2）、（3）點敘述，即可得知。

（2）木星：代表幸運、宗教，也有業力之意；第五宮代表子女、前世行為佳；第九宮代表宗教、正義、道德，故木星相映至第五和九宮。

（3）火星：代表戰爭、死亡；第四宮代表墳墓，第八宮代表死亡，故火星相映至第四、八宮，代表刑剋、生命威脅。

（4）南北交點：同木星，與前世業力有關，故也相映至第五和九宮。

※ 以上這些外行星也都同內行星，個別相映至第七宮。

3. 第一宮和第七宮互相對映，最為普遍。

4. 除上述的第一、三、四、五、七、八、九、十宮外，第二、六、十一、十二宮，皆無行星相映之。

（1）第二、十二宮在希臘占星學的整個星座宮位制中，屬「不合意」（Aversion）關係。以行星所在位置作為假設的上升星座，與其起算的第二宮和第十二宮，都無注視（Look at）關係。

（2）第六宮也屬「不合意」，是「敵人」之意，懲罰或威脅，故所有行星都不會與之相映。

（3）第十一宮為成長宮。第十一宮的宮主星是所有成長宮主星中，最具力量者；故行星相映至第十一宮，類似從宇宙物質界中移除，因此，所有行星都不願相映至第十一宮。

再次以張國榮命盤（P192）為例，說明所有行星的相映狀況：

1. 太陽 ☉：位於第十宮，相映至由其起算的第七宮，即本命的第四宮。

2. 月亮 ☽：位於第一宮，相映至由其起算的第七宮，即本命的第七宮。

3. 水星 ☿：位於第十一宮，相映至由其起算的第七宮，即本命的第五宮。

4. 金星 ♀：位於第九宮，相映至由其起算的第七宮，即本命的第三宮。

5. 火星 ♂：位於第四宮，相映至由其起算的第四、七、八宮，即本命的第七、十、十一宮。

6. 木星 ♃：位於第十宮，相映至由其起算的第五、七、九宮，即本命的第二、四、六宮。

7. 土星 ♄：位於第一宮，相映至由其起算的第三、七、十宮，即本命的第三、七、十宮。

8. 北交點 ☊：位於第一宮，相映至由其起算的第五、七、九宮，即本命的第五、七、九宮。

9. 南交點 ☋：位於第七宮，相映至由其起算的第五、七、九宮，即本命的第十一、一、三宮。

三、特定行星對行星的相映，是指該特定行星相映至的宮位內有行星，即連帶受其相映。這點不同於西方系統，後者是以該特定行星所在星座，與其他行星或特殊點、敏感點落入的星座，彼此間形成相位關係。因此，在印度占星學中，即使是空宮，特定行星的特定相映亦可形成。

　　例如張國榮命盤中的第二宮內有行星，木星 ♃ 位於第十宮，仍可相映至本命的第二宮。此外，第六宮內有行星，木星 ♃ 位於第十宮，仍可相映至本命的第六宮。

四、行星與行星間的相映，可分為「相互相映」和「單方相映」。

1. 相互相映，即兩行星互相相映對方。以張國榮的命盤（P192）為例：

（1）太陽 ☉：位於第十宮，相映至第四宮的火星 ♂；而火星 ♂ 位於第四宮，也相映至第十宮的太陽 ☉。

（2）木星 ♃：位於第十宮，相映至第四宮的火星 ♂；而火星 ♂ 位於第四宮，也相映至第十宮的木星 ♃。

（3）土星 ♄：位於第一宮，相映至第七宮的南交點 ☋；而南交點 ☋ 位於第七宮，也相映至第一宮的土星 ♄。

（4）月亮 ☽：位於第一宮，相映至第七宮的南交點 ☋；而南交點 ☋ 位於第七宮，也相映至第一宮的月亮 ☽。

2. 單方相映，即 A 對 B 相映，但 B 對 A 並無相映。

（1）土星 ♄：位於第一宮，相映至第十宮的太陽 ☉、木星 ♄；但太陽 ☉、木星 ♃ 對土星 ♄ 並無相映。

（2）火星 ♂：位於第四宮，相映至第七宮的南交點 ☋；但南交點 ☋ 對火星 ♂ 並無相映。

（3）火星 ♂：位於第四宮，相映至第八宮的水星 ☿；但水星 ☿ 對火星 ♂ 並無相映。

（4）北交點 ☊：位於第一宮，相映至第九宮的金星 ♀；但金星 ♀ 對北交點 ☊ 並無相映。

（5）南交點 ☋：位於第七宮，相映至第十一宮的水星 ☿；但水星 ☿ 對南交點 ☋ 並無相映。

五、印度占星學的古代文獻中，也設有「部分相映」（Partial Aspects），意即除上述第二、三、四點的相映為「全相映」（Full Aspects）外，尚有：

1. 所有行星相映至由其起算的第三宮和第十宮，給予 25% 的效應（除土星外）。

2. 所有行星相映至由其起算的第四宮和第八宮，給予 75% 的效應（除火星外）。

3. 所有行星相映至由其起算的第五宮和第九宮，給予 50% 的效應（除木星、南北交點）。

4. 第五點在實務上甚少被採用。

六、特定行星所相映至的宮位，是按照黃道星座的順序計算，並無逆向計算相同宮位數的作法。這點與西方系統的現代相位計算方式相當不同。

七、印度占星學對於相映功能的詮釋，以相關行星的吉凶性質來論。這點也不同於西方現代占星學，後者是以相位吉凶為主，行星為輔的方式論述。所

謂相關行星的吉凶性質，必須充分考量所有的狀況，才能真正分辨。

八、印度占星學強調行星彼此互換星座，梵文稱為「Sambandha」，意思是完整的聯結。例如木星落入白羊座，而火星落入人馬座，意即木星位於火星主管的星座，火星位於木星主管的星座，這個觀念與西方古典占星學的「互容」相同，但印度占星學採用的名詞，原指「相互完全相映」，而衍生為「星座互容」。

以上八點所說明的印度占星學「相映」觀念，是主流理論帕拉薩拉的觀念。其他支流如賈密尼的相映觀念，則是以星座間的關係來論相映，在此則不擬討論。

第五節　行星的力量

印度占星學的判斷法則，與西方古典占星學的判斷法則相當類似，即欲推論命主生活某個事項，以管轄事項的宮位為主，觀察它與其他宮位的互相關係。如欲論子女，以第五宮為主，看宮內有無行星，第五宮有無來自其他行星的吉凶相映，宮主星飛臨何宮，該宮內有無吉凶星的會合，以及第五宮主星有無來自其他行星的吉凶相映，再考慮第五宮徵象星木星的狀況；而其中的關鍵，就是行星的力量，因此，確切掌握其原理，是深入印度占星學殿堂的不二法門。

印度占星學先賢以相當細膩的方式，演繹行星在天空運行的種種狀況，並賦予聯想，衍生出六種主要的力量，由於內容相當繁瑣，將留待第七節介紹。本節先作暖身，針對務必了解的部分作解說，如此循序漸進，將有助讀者全面理解。切記，絕不能輕忽本節內容。

一、旺宮度數、弱宮度數、主管星座（自己的星座）、三方旺宮

行星在黃道十二星座上的特定位置，東西方占星家皆賦予其特定的力量。印度占星學中的行星力量，分類如下：

行星	旺宮度數	弱宮度數	三方旺宮	主管星座	
☉	♈ 10°	♎ 10°	♌ 0°-20°	♌ 20°-30°	
☽	♉ 3°	♏ 3°	♉ 3°-30°	♋ 0°-30°	
♂	♑ 28°	♋ 28°	♈ 0°-12°	♈ 12°-30°	♏ 0°-30°
☿	♍ 15°	♓ 15°	♍ 16°-20°	♍ 20°-30°	♊ 0°-30°
♃	♋ 5°	♑ 5°	♐ 0°-5°	♐ 5°-30°	♓ 0°-30°
♀	♓ 27°	♍ 27°	♎ 0°-20°	♎ 20°-30°	♉ 0°-30°
♄	♎ 20°	♈ 20°	♒ 0°-20°	♒ 20°-30°	♑ 0°-30°
☊	♉				
☋	♏				

〈表 4-5〉

（一）行星如落入旺宮的旺宮度數前後，仍具有旺的力量，但不如旺宮度數強。同樣的，行星如落入弱宮的弱宮度數前後，力量仍弱，但不如弱宮度數來得弱。

印度占星學強調行星落入旺宮、弱宮，認為其影響力比落入廟宮、陷宮來得大。這個看法不同於西方占星學的觀點，而且，印度占星學並無陷宮之說，即行星位於主管星座的對宮，對此並無特殊看法。如火星落入白羊座，為自己主管的星座，為廟；但火星落入白羊座的對宮天秤座，不稱為陷，這點必須注意。

（二）須考量行星位於所謂的「三方旺宮」，這是行星主管星座的一部分。印度占星先賢發現，行星位於此區域最能發揮其功能。例如金星主管天秤座及金牛座兩個星座，金星落入天秤座 0° 至 20° 區域，能發揮的作用最佳。

行星力量介於旺宮和主管星座間的「三方旺宮」觀念，常被使用。例如本章第三節談述行星的功能性吉凶性質時，「三方旺宮」的觀念，便扮演著相當重要的角色。

（三）北交點和南交點到底有沒有這種力量分類，一直頗具爭議，且各家看法不一。目前大多採用印度占星先賢帕拉薩拉的說法，以金牛座作為北交點的旺宮，天蠍座作為南交點的旺宮。除此之外，並無其他分類。附和這種看法的人認為，月亮交點與月亮運行的軌道相關，既然月亮的旺宮為金牛座，那麼北交點和南交點的旺宮，也應分別位於金牛—天蠍這條軸線上。

二、友誼與敵意（永久與暫時）

印度占星學認為，行星間有所謂的友誼、中立、敵意關係。這種認定有助於分辨吉凶、力道，以及順利、挫折這種關係；且又分為自然的（或稱永久的）以及暫時的。

所謂永久的友誼、中立、敵意的行星間關係，可參見〈表 4-6〉。本書以杜格（S. K. Duggel）與尼賈・塔尼賈（Neerja Taneja）合著的《Planetary Streughs: Calculation & Application》內容為主，原則上分為兩部分：

1. 太陽、月亮、火星、木星為永久的友誼，均主管火象及水象星座。

2. 水星、金星、土星為永久的友誼，均主管風象及土象星座。

由於水星靠近太陽，將之定為太陽的「中立行星」；而太陽則成為水星的「友誼行星」。

行星 關係	☉	☽	♂	☿	♃	♀	♄	☊	☋
友誼	☽ ♂ ♃	☉ ☿	☉ ☽ ♃ ☋	☉ ♀	☉ ☽ ♂ ☋	☿ ♄ ☊	☿ ♀ ☊ ☋	♀ ♄	♂

中立	☿	♂ ♃ ♀ ♄	♀ ♄	♂ ♃ ♄ ☊ ☋	♄ ☋	♂ ♃	♃	☿ ♃	☿ ♃
敵意	♀ ♄ ☊ ☋	☊ ☋	☿ ☊	☽	☿ ♀	☉ ☽	☉ ☽ ♂ ☋	☉ ☽ ♂ ☋	☉ ☽ ♀ ♄ ☊

〈表 4-6〉

在進一步說明〈表 4-6〉前，先解釋行星的友誼與敵意的原由，可參見〈表 4-7〉：

	旺宮星座	三方旺宮	三方旺宮起算的星座排序					三方旺宮起算的其餘星座					
			三	六	七	十	十一	二	四	五	八	九	十二
☉	♈	♌	♎	♑	♒	♉	♊	♍	♏	♐	♓	♈	♋
	♂	☉	♀	♄	♄	♀	☿	☿	♂	♃	♃	♂	☽
☽	♉	♉	♋	♎	♏	♒	♓	♊	♌	♍	♐	♑	♈
	♀	♀	☽	♀	♂	♄	♃	☿	☉	☿	♃	♄	♂
♂	♑	♈	♊	♍	♎	♑	♒	♉	♋	♌	♏	♐	♓
	♄	♂	☿	☿	♀	♄	♄	♀	☽	☉	♂	♃	♃
☿	♍	♍	♏	♒	♓	♊	♋	♎	♐	♑	♈	♉	♌
	☿	☿	♂	♄	♃	☿	☽	♀	♃	♄	♂	♀	☉
♃	♋	♐	♒	♉	♊	♍	♎	♑	♓	♈	♋	♌	♏
	☽	♃	♄	♀	☿	☿	♀	♄	♃	♂	☽	☉	♂
♀	♓	♎	♐	♊	♈	♋	♌	♏	♑	♒	♉	♊	♍
	♃	♀	♃	♃	♂	☽	☉	♂	♄	♄	♀	☿	☿
♄	♎	♒	♈	♋	♌	♏	♐	♓	♉	♊	♏	♎	♑
	♀	♄	♂	☽	☉	♂	♃	♃	♀	☿	☿	♀	♄

〈表 4-7〉

根據〈表 4-7〉，可看出敵意與友誼行星，並以此來作說明：

A. **由任何行星的三方旺宮星座起算的第三、六、十、十一和七宮，都是具敵意的星座，其星座主星為該行星的敵意行星；其餘星座則為友誼星座，其星座主星便為該行星的友誼行星。另外，在推演的過程中，如果涉及該行星本身的星座，則不視為友誼或敵意星座。印度占星學將後天宮的第三、六、十宮、十一宮歸類為「成長宮」，意謂須歷經艱辛努力，並隨著年歲與成長，才會有所成果。另外，第七宮是對立宮，對立宮的宮主星便隱含著敵意。**

B. 由於除太陽、月亮分別主管單一星座（獅子座和巨蟹座），其他五顆行星包括火星、水星、木星、金星、土星，都各自主管兩個星座，因此，有可能同時為友誼和敵意行星。當有這種狀況發生時，就歸為中立關係。另外，當敵意星座也同時為旺宮星座時，其主星也歸為中立行星。

　　根據上述 A、B 原則，可導出任何行星的**敵意、中立、友誼**等三種性質的行星。

（一）太陽的三方旺宮星座為獅子座，由它起算為第三宮天秤座（金星主管）、第六宮摩羯座（土星主管）、第七宮水瓶座（土星主管）、第十宮金牛座（金星主管）、第十一宮雙子座（水星主管）。因此，金星、土星、水星為敵意行星；但水星主管的處女座，也為友誼星座，故而得出水星為中立行星。而火星主管的天蠍座為第四宮，木星主管的人馬座為第五宮、雙魚座為第八宮，月亮主管的巨蟹座為第十二宮，皆為太陽的友誼星座，故火星、木星、月亮為太陽的友誼行星。

（二）月亮的三方旺宮星座為金牛座，由它起算為第三宮巨蟹座（月亮主管）、第六宮天秤座（金星主管）、第七宮天蠍座（火星主管）、第十宮摩羯座（土星主管）、第十一宮雙魚座（木星主管），除月亮為自身，不計友誼或敵意，金星、火星、土星、木星皆屬敵意；但因為這些行星主管旺宮金

牛座（金星主管）、第十二宮白羊座（火星主管）、第九宮摩羯座（土星主管）、第八宮人馬座（木星主管），所以金星、火星、土星、木星為中立行星。另外，第二宮雙子座（水星主管）、第五宮處女座（水星主管）和第四宮獅子座（太陽主管）為友誼星座，所以水星、太陽為月亮的友誼行星。由此可知，**月亮並無敵意行星**。

（三）火星的三方旺宮星座為白羊座，由它起算為第三宮雙子座（水星主管）、第六宮處女座（水星主管）、第七宮天秤座（金星主管）、第十宮摩羯座（土星主管）、第十一宮水瓶座（土星主管）。顯然，金星為火星唯一的敵意行星。土星主管的兩個星座：摩羯座、水瓶座，雖是敵意星座，但其中摩羯座為火星的旺宮星座，故土星不列為火星的敵意行星。金星因主管的第二宮金牛座為友誼星座，故併為中立行星。其他包括第四宮巨蟹座（月亮主管）、第五宮獅子座（太陽主管）、第九宮人馬座（木星主管）、第十二宮雙魚座（木星主管），皆為友誼星座，故月亮、太陽、木星均為火星的友誼行星。

（四）水星的三方旺宮星座為處女座，由它起算為第三宮天蠍座（火星主管）、第六宮水瓶座（土星主管）、第七宮雙魚座（土星主管）、第十一宮巨蟹座（月亮主管），除月亮為水星唯一的敵意行星外，其他如火星，也主管第八宮白羊座，土星主管第五宮摩羯座，木星主管第四宮人馬座，皆為友誼星座，故火星、土星、木星三者併為中立行星。另外，第二宮天秤座（金星主管）及第九宮金牛座（金星主管）、第十二宮獅子座（太陽主管），均為純粹的友誼星座，故金星、太陽為水星的友誼行星。

（五）木星的三方旺宮星座為人馬座，由它起算為第三宮水瓶座（土星主管）、第六宮金牛座（金星主管）、第七宮雙子座（水星主管）、第十宮處女座（水星主管）、第十一宮天秤座（金星主管）。顯然，水星、金星為木

星純粹的敵意行星；土星因主管第二宮摩羯座，為友誼星座，故土星併為中立行星。其他如火星，主管第五宮白羊座及第十二宮天蠍座，月亮主管第八宮巨蟹座，太陽主管第九宮獅子座，皆為友誼星座，故火星、月亮、太陽皆為木星的友誼行星。

（六）金星的三方旺宮星座為天秤座，由它起算為第三宮人馬座（木星主管）、第六宮雙魚座（木星主管）、第七宮白羊座（火星主管）、第十宮巨蟹座（月亮主管）、第十一宮獅子座（太陽主管），除月亮、太陽為純粹的敵意行星外，雙魚座因是金星的旺宮，故木星變成中立行星；火星主管第二宮天蠍座友誼星座，因此火星也併為中立行星。其他如土星，主管第四宮摩羯座及第五宮水瓶座，水星主管第九宮雙子座及第十二宮處女座，皆為金星的友誼星座，故水星、土星為金星的友誼行星。

（七）土星的三方旺宮星座為水瓶座，由它起算為第三宮白羊座（火星主管）、第六宮巨蟹座（月亮主管）、第七宮獅子座（太陽主管）、第十宮天蠍座（火星主管）、第十一宮人馬座（木星主管），皆為敵意星座；但其中木星也主管第二宮友誼星座，故除了它是中立行星，其他包括火星、月亮、太陽，皆為土星純粹的敵意行星。而金星主管第四宮金牛座及第九宮天秤座，水星主管第五宮雙子座及第八宮處女座等友誼星座，故水星、金星均為土星的友誼行星。

（八）〈表4-6〉除了北交點、南交點跟其他行星間的友誼與敵意尚不明確外，其他七個行星間的敵對關係，已能闡明。

　　以上八點提及的狀態，一般稱作「永久的友誼」與「永久的敵意」；此外，尚有「暫時的友誼」與「暫時的敵意」。所謂暫時的敵友關係，是**以每個行星的所在宮位起算，位於它的第二、三、四、十、十一、十二宮的行**

星，具有「**暫時的友誼**」關係；**相對的，位於它的第一、五、六、七、八、九宮的行星，則具有「暫時的敵意」**關係。前者距離該行星較近，因而比喻為友誼關係；後者距離該行星較遠，遂比喻為敵意關係。當永久的敵友關係和暫時的敵友關係互相組合，就有五種分類，參考如下：

1. 永久的友誼 + 暫時的友誼 = 知己朋友

2. 永久的中立 + 暫時的友誼 = 友誼

3. 永久的友誼 + 暫時的敵意 = 中立

   永久的敵意 + 暫時的友誼 = 中立

4. 永久的中立 + 暫時的敵意 = 敵意

5. 永久的敵意 + 暫時的敵意 = 嚴酷敵意

以張國榮的命盤（P192）說明這五種關係，以太陽 ☉ 為例。太陽位於第十宮：

1. 月亮 ☽：位於本命第一宮，亦即由太陽 ☉ 起算的第四宮，具有暫時的友誼；因月亮也是太陽的永久友誼，故月亮為太陽的知己朋友。

2. 火星 ♂：位於本命第四宮，亦即由太陽 ☉ 起算的第七宮，具有暫時的敵意；因火星也是太陽的永久友誼，故火星為太陽的中立。

3. 水星 ☿：位於本命第十一宮，亦即由太陽 ☉ 起算的第二宮，具有暫時的友誼；水星是太陽的永久中立，故水星為太陽的友誼。

4. 木星 ♃：位於本命第一宮，亦即由太陽 ☉ 起算的第一宮，具有暫時的敵意；木星是太陽的永久友誼，故木星為太陽的中立。

5. 金星 ♀：位於本命第九宮，亦即由太陽 ☉ 起算的第十二宮，具有暫時的友誼；金星是太陽的永久敵意，故金星為太陽的中立。

6. 土星 ♄：位於本命第一宮，亦即由太陽 ☉ 起算的第四宮，具有暫時的友誼；土星是太陽的永久敵意，故土星為太陽的中立。

7. 北交點 ☊：位於本命第一宮，亦即由太陽 ☉ 起算的第四宮，具有暫時的友誼；北交點是太陽的永久敵意，故北交點為太陽的中立。

8. 南交點 ☋：位於本命第七宮，亦即由太陽 ☉ 起算的第十宮，具有暫時的友誼；南交點是太陽的永久敵意，故南交點為太陽的中立。

※ 其他行星的五種關係，依此推論，即可得知。

上述行星間的五種關係，在計算行星的位置力量時，也要考量七種分盤；若無透過電腦處理，會相當費時。一般而言，很少有印度占星家會作如此仔細的手算論命，一是因為繁複，二是因為行星間的敵友關係並非判斷的重要關鍵。

美國著名印度占星學者詹姆士・布拉赫（James T. Braha）在其著作《The Art and Practice of Ancient Hindu Astrology》中，以較為客觀的實證經驗說明：行星的友誼與敵意並不會抵消行星原本的性質。例如儘管金星和土星為永久的友誼關係，然而當它們緊密會合時，金星主管的愛情關係，仍會受到土星沮喪、悲觀的特性影響。

另外，行星間的永久關係，也會導致**行星在友誼行星主管的星座中受到歡迎，稱為「友誼星座」；相對的，行星在敵意行星主管的星座中不受歡迎，稱為「敵意星座」；除此之外的狀況，稱為「中立星座」**。

行星在友誼星座一覽圖

♓ ☉♂	♈ ♃☋☉	♉ ☊☿♄	♊ ♄☽♀
♒ ♀☊			♋ ♃♂☉
♑ ♀☊			♌ ♃☽♂☿
♐ ♂☉	♏ ♃☋☉	♎ ☊☿♄	♍ ☽♄♀

〈圖 4-8〉

行星在敵意星座一覽圖

♓	♈ ♄☊	♉ ♃☋☉	♊ ♃♂
♒ ☉☋			♋ ♃♀☿☊
♑ ☉☋			♌ ♀♄☊
♐	♏ ♄☊	♎ ♃☉☋	♍ ♃♂

〈圖 4-9〉

根據〈圖 4-8〉來看，太陽 ☉ 的友誼行星為月亮 ☽、火星 ♂、木星 ♃，故太陽的友誼星座分別為巨蟹座 ♋、白羊座 ♈、天蠍座 ♏、人馬座 ♐、雙魚座 ♓；而其他行星則依此類推。

根據〈圖 4-9〉來看，太陽 ☉ 的敵意行星為金星 ♀、土星 ♄、北交點 ☊ 和南交點 ☋（後兩者暫不論），故太陽的敵意星座分別為金牛座 ♉、天秤座 ♎、水瓶座 ♒、摩羯座 ♑。

三、行星的狀態

廣義的行星狀態是指行星在命盤中的所有狀況，包括行星本身的基本狀況，例如位於黃道星座的旺弱、後天宮的位置，是否逢焦傷？逆行或停滯？有無來自其他行星的會合、相映、包圍？行星間的關係等等。但這裡所要探討的是狹義的行星狀態，亦即行星位於每個星座的初、中、末端，以此類比人生階段來論述其力量。這種行星狀態，梵文稱為「Graha Avasthas」，共分五種，請參考下表：

	奇數星座 ♈ ♊ ♌ ♎ ♐ ♒	偶數星座 ♉ ♋ ♍ ♏ ♑ ♓
嬰兒狀態（Bala）	0°-6°	30°-24°
兒童狀態（Kumara）	6°-12°	24°-18°
青壯狀態（Yuva）	12°-18°	18°-12°
老年狀態（Vriddha）	18°-24°	12°-6°
死亡狀態（Mrita）	24°-30°	6°-0°

〈表 4-8〉

行星位於奇數星座，是按照 0° 起算，分成五種狀態；位於偶數星座，則從末端逆算起。儘管印度占星學非常細膩的強調這種星座內的各種狀態，但在計算「行星的六種力量」時，並未將之納入。因此在實務上，通常僅會注意**位於星座前端 3° 內和末端 3° 內的行星，其能量較小，宜吉星扶持，忌凶星刑剋。**

以張國榮的命盤（P192）為例，月亮 ☽ 位於天蠍座 ♏ 27°46'。由於天蠍座是偶數星座，參見〈表4-8〉，月亮處於嬰兒狀態，能量較弱；就實務觀點來看，處於星座末端 3° 內。由此即可推斷，當事人容易感傷，內在世界易感挫敗。

四、行星逢太陽焦傷

梵文「Astangatha」，即行星逢太陽焦傷，是指行星接近太陽，在一定度數內無法被看見，因而影響力驟降，就像沒有能量一樣。印度占星古典文獻針對個別行星，定有個別度數的焦傷範圍，且又因行星在順逆時，產生個別的差異如〈表4-9〉。

	順行時 逢焦傷度數	逆行時 逢焦傷度數
☿	14°	12°
♀	10°	8°
♂	17°	17°
♃	11°	11°
♄	15°	15°

〈表 4-9〉

由〈表 4-9〉可以得知，水星順行時，當它位於太陽的兩側距離 14° 內，即逢焦傷；而逆行時，若位於太陽兩側 12° 內，亦同逢焦傷。而其他行星依此類推。

古巴比倫人在觀察諸行星與太陽會合周期的視運動過程時，發現行星與太陽偕升或偕降之中，常出現行星脫離強烈陽光而被看見的情況，因而將之視為吉祥的徵兆。相對的，與太陽太過接近的會合，行星會隱藏不見，即逢太陽焦傷，則被視為凶兆。因為行星是神，如果無法被看見，神威便減弱。

西元十七世紀時，英國威廉・里利（William Lilly）出版的《Christian Astrology》定「焦傷」度數為 ±8.5°；介於 ±8.5° 與 ±17° 間，為「在太陽光束下」（Under Sunbeam）；而在 ±17° 內，為「在太陽核心」（Cazimi）。**前兩者行星能量甚弱，逢焦傷傷害程度大於在太陽光束下；但在太陽核心，反倒為吉**，這跟印度占星學的說法截然不同。應注意的是，現代西方占星學根本不提行星逢焦傷的觀念。

現代印度占星學可能受到西方古典系統的影響，行星逢焦傷的距離度數，不再為古典文獻記載的方式，**實務上一律採用 ±8.5° 內，越緊密，刑傷越大**。

行星逢焦傷，它的射線整個被掩蓋（類似日蝕或月蝕），導致看不見該行星，其影響力降低甚或消失。印度占星先賢認為，逢焦傷的行星變得非常弱，其主管宮位的管轄事項，易呈現負面影響。例如水星逢焦傷，水星代表理解、反應、學習；若主管第二宮財帛宮，命主的理財能力就易見瑕疵，以致虧損，留不住錢財。

詮釋行星逢焦傷，應記住這項法則：**逢焦傷行星主管宮位的外顯事項，包括相關宮位主管的身體部位，常會出現不適；但若主管宮位屬內在事項，例如心靈、精神功能，通常不受損傷。這是因為行星接觸到代表靈魂的太陽，因此，能使其內在變得明亮、光輝**。例如水星逢太陽焦傷，命主內在其實很聰明、有智慧，但表現在外卻有些笨拙。當然，我們應當明白，行星主管宮位的外在事項，因人而異，不能以偏概全。

自然吉星逢焦傷，會減弱其吉象；自然凶星逢焦傷，則增添凶象。然逢焦傷的行星如位於自己的星座、入旺宮或三方旺宮、友誼星座，當然會比入陷、入弱宮或敵意星座來得好些；自然吉星仍有吉象，而自然凶星則不至於那麼凶。

然而，**當太陽為繁榮、興盛、成功的主星時，即太陽位於第十宮或主管第十宮時，這個詮釋法則應予以修正**。哈特博士（Hart Defouw）和羅伯特博士（Robert Svoboda）合著的《Light of Life: An Introduction to the Astrology of India》，就特別指出這項例外。

以張國榮的命盤（P192）為例，他的木星 ♃ 位於獅子座 ♌ 20°27'，而太陽 ☉ 位於獅子座 ♌ 26°5'，兩者距離 5°38'，符合逢焦傷的條件，意即木星逢太陽焦傷。如按照一般的詮釋，木星主管的第二宮人馬座 ♐（口才、家庭、財運），以及第五宮的雙魚座 ♓（藝術才華、子女、智能），都會受傷害；但因為木星為三方宮（第五宮）及中性宮（第二宮）的主星，且又入始宮（第十宮），因此其力量增強。而太陽為第十宮獅子座 ♌ 的主星，代表

繁榮、興盛、成功。木星雖逢太陽焦傷，但符合哈特和羅伯特兩位博士所提出的重要例外原則。張國榮的歌唱、電影等藝術才華表現甚為成功，不但備受國際矚目，也累積不少個人財富；只不過命宮見土星 ♄ 及月亮 ☽、北交點 ☊，故患有憂鬱症，個性難以開朗。

五、行星逆行與停滯

印度占星學相當重視行星的「逆行」（Retrogression）現象。由於這是天體異象之一，故觀察得非常仔細。梵文「Cheshta」，即意指「逆行」。**就地心系統而言，除太陽、月亮外，所有行星其相對視運動，都會有逆行現象。**印度占星學觀察這種天文現象，與特殊的徵象意涵作聯想，認為當行星逆行時，與太陽的某種距離，有各自的力量，稱作「Cheshta Bala」，並將之分成八種不同的移行，各賦予不同數值的力量，相較於西方占星學的相同項目來得更細膩。在此不擬盡述。

有關行星逆行的效應，根據印度占星學的古典文獻，大多記載為吉象；相對於行星逢焦傷，無法被看見，被類比為離地球很遠。而行星逆行就好像再度返回般，被類比為離地球很近，反而具有力量。這個觀念與西方古典占星學將行星逆行一律視為凶象的觀念大異其趣。逆行的行星都被視為業力行星，帶有前世的因果關連。本章一開始即已說明，行星是業力工具，當它逆行時，更是特別有力的業力之星。自然吉星逆行時，有能力帶來吉象；自然凶星逆行時，也有能力帶來凶象。但要注意的是，這裡的說法是指「有能力」，行星逆行不必然等同於吉象，也正因為如此，行星逆行效應常被誤解甚深。

曼崔斯瓦拉（Mantreswara）撰寫的印度占星學重要古籍《Phala Deepika》，曾記載「入弱且逆行的行星，等同入旺宮」。這裡的陳述，應是片面解讀逆行行星為吉象的主因；然而，其實應該如此解讀：**三方宮吉宮主星入弱宮且逆行時，則仍有能力帶來吉象。**不過，理論歸理論，實務歸實務，詹姆士‧布拉赫在其著作《The Art and Practice of Ancient Hindu

Astrology》中，便單純就經驗來談，因此值得引錄，本書整理如下：

1. **即使在計算六種力量，考慮逆行的力量是強的，逆行行星仍不如順行行星的力量強。**

2. **逆行行星具有一些額外的力量，因為當它逆行時會較接近地球，使得行星逆行的能量，撼動到命主整個生命的個人覺醒和思想過程，因而具有基本的優勢力量。**

3. **逆行行星確實會影響該行星的基本能量。**

4. **逆行行星的能量，是命主意識和內在過程的張力，會產生一種明確的心理面；至於外在和呈現水準，並不如古典文獻所敘述的那麼誇張。**

5. **行星逆行不會導致傷害，因為行星並非受剋，因此只是象徵較內省化。**

　　另外，前文談及行星移行時，會有「停滯情況」（Stationary），梵文為「Stambana」；在計算「移行的力量」時雖有計入，但一般印度占星學書籍並未刻意突顯停滯現象。詹姆士·布拉赫從案例研究發現，停滯的行星確有令人驚奇之處，所謂的「停滯」分成兩種：

1. **停滯後逆行：當行星由順行轉為逆行前，會先慢下來數天或數星期，而在逆行前會完全停下，然後再逆行。**

2. **停滯後順行：當行星逆行數星期或數月後，會再慢下來，完全停下後，接著重新順行。**

　　上述兩種情況，所要強調的是停滯現象，此時行星特別令人注目。一般電腦程式並未列出停滯時間，必須查星曆表是否註記「D」字樣，即是停滯。另外，應注意「D」日前後行星的移行，才能確定是否完全停滯。

【案例一】

約翰‧甘迺迪（John F. Kennedy）

1917 年 05 月 29 日 15:00

美國‧布魯克萊恩 42N19, 71W12

〈圖 4-10〉

1. 約翰‧甘迺迪出生當天，水星 ☿ 正好是完全停滯。

2. 立命處女座 ♍，命主星為水星 ☿ 完全停滯，其力量甚強；賦予自信、反應佳、辯才無礙、能力倍受肯定。

3. 水星 ☿ 正好也是第十宮雙子座 ♊ 的主星，故也賦予輝煌的生涯、社會地位、名望、尊崇。

4. 約翰‧甘乃迪的演講充滿智慧，一直深印在美國民眾的心中。

5. 水星 ☿ 嚴重受剋。水星與自然凶星火星 ♂，會合在凶宮第八宮（死亡），且受土星 ♄ 入弱巨蟹座 ♋ 的相映；火星又為第八宮白羊座 ♈ 及第三宮天蠍座 ♏ 的主星，皆是死亡宮。要不是水星停滯，否則同時受到凶星的會合、刑剋，根本無法承受。

再以張國榮的命盤（P192）來看行星逆行。盤中只有火星 ♂ 位於水瓶座 ♒ 24°32'，逆行。火星適為上升星座，天蠍座 ♏ 及第六宮白羊座 ♈ 的主星

飛臨第四宮。詹姆士・布拉赫在書中指出：當上升星座主星逆行時，命主個性較為內向或內省，一生中會有段時期較難獲得認同；當上升星座主星或第十宮主星受刑傷，命主較慢展現其能力或外在力量。張國榮本人有些害羞，雖出道甚早，卻到 1980 年代才逐漸嶄露頭角。火星為第六宮主星，較不利疾病治療；且火星位於第四宮，主管胃，因此他一直為胃食道逆流（胃酸過多）所苦，亦有跡可循。

六、行星戰爭

所謂的「行星戰爭」（Planetary War），是指兩行星的黃道經度會合在 1° 內時，即處於「行星戰爭」狀態，梵文稱為「Graha Yudha」。在古典文獻中，稱位於較高緯度（Latitude，又稱黃道緯度）的行星為勝利者，力量會增強；相對的，位於較低緯度的行星為失敗者，能量會降低。一般星曆表並未標示行星的黃道緯度，較完整的星曆表才會標示，甚為麻煩，因而當現代印度占星學在定義行星戰爭時，完全採用行星的黃道經度，認為較少經度的行星為勝利者。例如火星位於金牛座 8°7'，水星位於金牛座 7°13'，兩者於 1° 內會合；由於水星的黃道經度較少，因此成為勝利者，而火星則為失敗者。

同時還需要注意，行星戰爭並不適用於太陽，因行星逢太陽焦傷，無力再戰爭。另外，南北交點也同樣不適用於行星戰爭法則，因為它們是陰影行星。有些書籍未提及行星戰爭法則，是因為其影響力不大。張國榮的命盤中，並無行星戰爭的現象。

七、圍攻

所謂的「圍攻」，是指某行星所在宮位的兩側，各有凶星（土星、火星、太陽、北交點、南交點）的存在，即稱該行星遇凶星圍攻；相對的，若兩側各有吉星（月亮、水星、木星、金星），則稱該行星受吉星包圍。前者為凶，後者為吉。

〈圖4-11〉的月亮 ☽ 位於命宮，受到第十二宮的火星 ♂ 及第二宮的土星 ♄ 圍攻，月亮 ☽ 及命宮的能量必然受損；而水星 ☿ 位於第六宮，受第七宮的金星 ♀ 及第五宮的木星 ♃ 包圍，水星 ☿ 及第六宮的能量會增強。

圍攻雖非相映，卻類似相映，且等同其效果，向來備受重視，故須注意。西方古典占星學也有圍攻觀念，但強調在同星座內；而印度占星學，則以鄰宮為主，實務上也採西方用法。以

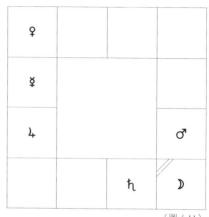

〈圖4-11〉

張國榮的命盤（P192）為例，他的太陽 ☉ 會合木星 ♃，位於第十宮，受到第九宮的金星 ♀（吉星）及第十一宮的水星 ☿（吉星）包圍，太陽 ☉、木星 ♃ 及第十宮，吉象增強。

八、其他：行星飛臨宮位的力量

行星的力量除上述的各點說明以外，尚需注意以下兩點：

（一）宮位位置（House Placement）

1. 行星位於三方宮（五、九宮），力量增強。

2. 行星位於困難宮（六、八、十二宮），力量會被毀壞。

3. 行星位於始宮（一、四、七、十宮），具有力量。

例如張國榮命盤的金星 ♀ 位於第九宮（三方宮），金星的能量增強；木星 ♃ 和太陽 ☉ 會合在始宮（十宮），其能量具影響力；同樣的，木星 ♃、北交點 ☊、月亮 ☽ 位於第一宮（始宮），也具有影響力；而南交點 ☋ 位於始宮（七宮），亦同論。

（二）**Vargottama**

當行星在本命盤 D₁ 和分宮盤 D₉ 皆位於同一星座內，該行星稱為「Vargottama」，等同入於旺宮。印度占星學很重視 D₉ 分宮盤，論述本命盤時，常將 D₉ 隨附在側。行星成為「Vargottama」後，力量就會增強。

張國榮本命盤中的諸行星，和其 D₉ 盤相對的諸行星，無一位於相同星座，故就 D₉ 而言，沒有「Vargottama」的行星。

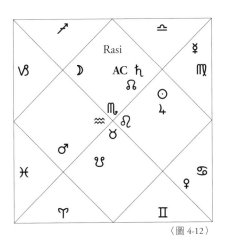

〈圖 4-12〉

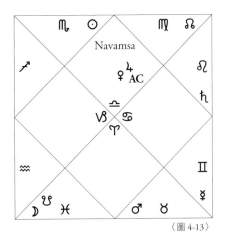

〈圖 4-13〉

D₁ Rasi	
☉	♌
☽	♏
♂	♒
☿	♍
♃	♌
♀	♋
♄	♏

〈表 4-10〉

D₉ Navamsa	
☉	♏
☽	♓
♂	♉
☿	♊
♃	♎
♀	♎
♄	♌

〈表 4-11〉

第六節　行星的六種力量

　　印度占星學中，有一套計算行星或宮位力量的方法，提供洞察行星或宮位狀態的數值，並加以評比。這套方法有助解盤者充分了解天宮圖中各要素的優劣，從而快速判斷其所代表的人生領域或事項的吉凶。行星計算力量的方法，梵文為「Shad Bala」；上節所介紹的行星力量，大多涵蓋在內。

　　「行星的六種力量」根據命主出生時，所對應的「行星在天空的狀態」賦予數值，然後加總計算。所謂「行星在天空的狀態」，是指與行星相關的天文現象在占星學上的象徵意義。印度占星學的先賢透過細膩的觀察，整理出影響行星力量的六大因素，分別為：

一、**位置的力量（Sthana Bala）**：強調行星在黃道位置的力量。這種力量，又根據黃道位置的不同情況分為五種：

1. 旺宮度數的力量（Uchcha Bala）

2. 七個分盤（D₁、D₂、D₃、D₇、D₉、D₁₂、D₃₀）的力量（Sapta vargiya Bala）

3. D₁ 至 D₉ 奇數、偶數星座的力量（Oja-Yugma Bala）

4. 特定宮位、始宮、續宮、果宮的力量（Kendra Bala）

5. 星座區間的力量（Drekkana Bala）

二、**方向的力量（Dig Bala）**：強調行星在後天宮位所指示方向的力量，如右頁的〈圖 4-14〉。

三、**暫時的力量（Kaala Bala）**：根據命主出生時的年、月、日、時等因素分成九類，個別計算。

1. 晝與夜的力量（Nathonnata Bala 或 Divaratri Bala）

2. 月相的力量（Paksha Bala，約每兩星期）

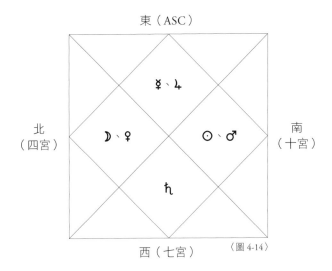

〈圖 4-14〉

3. 出生時間三段的力量（Tribhaaga Bala）

4. 年主星的力量（Varsha Bala 或 Abda Bala）

5. 月主星的力量（Maasa Bala）

6. 星期主星的力量（Vaara Bala 或 Dina Bala）

7. 時間主星的力量（Hora Bala）

8. 赤緯的力量（Ayana Bala）

9. 行星戰鬥的力量（Yuddha Bala）

四、移行的力量（Chesta Bala）：就行星在天空中移行的現象，例如移行比平均速度快或慢、順行或逆行，賦予特定的力量。

五、固有或自然的力量（Naisargik Bala）：根據七個行星原本的亮度，設定其個別力量。

六、源自其他行星相映的力量（Drig Bala）：強調行星受來自其他行星的

「相映」，可能產生的正負力量的加總。

　　由於「行星的六種力量」計算與詮釋內容太過龐雜，在此不擬深入討論；有興趣的讀者可參考本章第五節提到的《Planetary Strengths: Calculation & Application》一書，即有介紹六大項的概念及細項意義的計算，是最值得參考的專書之一。優質完備的印度占星軟體都會列出六大項的數值結果，在此僅簡單列出，不加說明，供讀者參考。

張國榮命盤中七個「行星的六種力量」電腦計算結果

The "Six Strengths"of the Planets (Shad Balas)							
Sthana Bala	☉	☽	♂	☿	♃	♀	♄
Ocha	14.64	8.26	51.16	58.73	44.85	25.47	55.21
Saptavargala	97.50	116.25	99.38	138.75	90.00	78.75	69.38
Ojayugmarasya	15.00	30.00	15.00	15.00	30.00	15.00	15.00
Kendra	60.00	60.00	60.00	30.00	60.00	15.00	60.00
Drekkana	0.00	15.00	0.00	15.00	0.00	0.00	0.00
Total	**187.14**	**229.51**	**225.54**	**257.48**	**224.85**	**134.22**	**199.59**
Dig Bala	55.40	35.16	4.08	42.18	32.72	10.56	2.63
Kaala Bala							
Nathonnatha	59.17	0.83	0.83	60.00	59.17	59.17	0.83
Paksha	29.44	61.12	29.44	29.44	30.56	30.56	29.44
Thribhaaga	60.00	0.00	0.00	0.00	60.00	0.00	0.00
Abdadhipati	0.00	0.00	0.00	0.00	0.00	15.00	0.00
Masadhipati	0.00	0.00	0.00	30.00	0.00	0.00	0.00
Varadhipati	0.00	0.00	0.00	45.00	0.00	0.00	0.00
Hora	60.00	0.00	0.00	0.00	0.00	0.00	0.00
Ayana	70.72	59.35	23.86	36.07	38.15	54.53	55.02
Yuddha	0.00	0.00	0.00	0.00	0.00	0.00	0.00
Total	**279.33**	**121.30**	**54.13**	**200.51**	**187.88**	**159.26**	**85.29**

	$\odot$	D	σ	ξ	4	φ	$\hbar$
Cheshta Bala	0.00	0.00	58.19	49.72	3.16	35.59	21.87
Naisargika Bala	60.00	51.43	17.14	25.70	34.28	42.85	8.57
Drig Bala	-9.95	-6.83	8.63	-1.29	-8.80	-1.59	1.48
Grand Total	571.92	430.57	367.71	574.30	474.09	380.89	319.43
Rupas	9.53	7.18	6.13	9.57	7.90	6.35	5.32
Strength	**1.47**	**1.20**	**1.23**	**1.37**	**1.22**	**1.15**	**1.06**

〈表 4-12〉

第七節　行星的原理與特性

　　印度占星學的行星原理與特性，與西方古典占星學有甚多雷同之處，但仍存在著些許差異，例如印度神話關於行星的寓意，會突顯吠陀的特色，這點在本章第二節「行星的自然吉凶性質」中已簡單介紹過。東西方占星學都將行星視為天宮圖最重要的要素，如同中國《易經》的八卦演繹，因其特性而有不同的運用方式。印度占星學相當強調藉由宗教儀式來改運或消災解厄，例如譚崔、真言念咒（梵文發音或片語）、配戴寶石戒指、服飾、吃食等等，在古典文獻中也不乏記載。

　　另外，印度占星學也如同西方古典占星學，發展出擇日、卜卦、時事、阿育吠陀等特殊主題占星學；在不同的領域中，行星也演繹出不同的特性，內容相當浩繁。本書僅就其較實用的「一般」特性，作扼要說明。

1. **方向**：可作為發展方向的參考。例如命主的月亮強而有力，是命盤中最重要的行星，可建議命主朝西北方發展，或是去旅行；又例如進行譚崔時，應面向西北方吸取能量，有助改運或消災解厄。

2. **色彩**：印度人相信色彩可增加福氣，舉凡衣飾顏色、寶石、汽車、家中

牆壁（以主人為主），都會聽從占星家的意見來作處理。而在進行改運時，也常針對所需矯正（Remedy）的行星，以顏色作補強；以木星為例，會建議當事人盡量穿戴黃色系列。

3. **金屬**：每個行星都有主管的金屬，常會搭配寶石，作為其框架。例如欲戴太陽的寶石（紅寶石）時，會將之鑲在銅框裡，因為太陽主管銅；不過，也有人認為，太陽主管黃金。

4. **寶石**：印度人戴寶石戒指或耳環、臍環、手鍊、腳鍊的情況，時有所見，最主要是用來補運或改運。例如本命的太陽力量弱，如欲改善，就要戴紅寶石，並鑲在銅框裡；若又相信手相，就會進一步戴在太陽丘，即無名指處。

5. **花草、6. 樹木、7. 食物**：常見於吠陀和譚崔的宗教儀式中，用以解除或緩解命主不良的前世業力。例如命主的土星狀況不佳，為了消弭其負面影響，會在儀式中擺設紫羅蘭或藍紫色系的植物，或是芝麻種子、花生、大豆、黑麥等土星管轄的花、樹或食物。

8. **衣飾**：根據與上升星座，或與上升星座主星相關的行星，來判斷命主的穿著。例如當土星位於上升星座時，命主的穿著可能較為保守，若刑剋嚴重，可能導致衣著襤褸。

9. **味覺**：是印度阿育吠陀醫學中，重要的診斷項目之一。

10. **脈輪**：印度瑜伽的三脈七輪中，七輪分別對應不同的行星，同時也相當巧妙的對應著行星的旺宮原理。例如水星對應喉輪，主發聲、講話，旺於處女。詳細原理這裡不擬說明，有興趣的讀者可參閱大衛‧弗勞利的著作《The Astrology of Seers》第三部第三章。

11. **幾何形式**：密教中的曼陀羅一直都相當神祕，具有增強身心的功能。曼陀羅有各種幾何形式的圖案，因此命主配戴的護身符、耳環等等，都必須配合行星對應的幾何形式。

12. **說服方法**：命主待人處事的態度，會以天宮圖中最強的行星表現出來。例如若是命盤中火星力量最強，命主個性可能較強勢，與人談判時較不

容易妥協。

13. 距離、14. 內閣、15. 種姓：屬卜卦占星學的應用範圍。

此外，還需要注意行星的陰陽性。**例如太陽、火星、木星為陽性行星；月亮、金星、北交點為陰性行星；水星、土星和南交點為中性行星；主要用來判定命主子女及手足的性別。**就男命而言，以命盤中妻子的代表因子相關行星來分析；而在印度占星學中，當論及同性戀時，常搭配水星、土星和南交點等中性行星來作討論。上述內容將彙整於接下來的「行星的原理與特性」表格，讀者只需按表索驥，即可輕易掌握各行星的原理與特性。

行星的原理與特性

太陽	陰陽性質：陽性	開運寶石：紅寶石、石榴石
	要素：火　**Dasa**：六年	自然吉凶：一般凶星

旺宮度數：白羊座 10°	主管星宿：Krittika、Uttara Phalguni、Uttara Ashadha
弱宮度數：天秤座 10'	友誼行星：☽、♂、♃
主管星座：獅子座 20°-30°	中立行星：☿
三方星座：獅子座 0°-20°	敵意行星：♀、♄、☊、☋

方向：東方	衣飾：粗鄙或薄
色彩：暗紅色、橘色	味覺：苦味
金屬：銅、黃金	脈輪：眉心輪（第三隻眼）
寶石：紅寶石	幾何形式：四邊形
花草：紅蓮、顯眼而大的黃色花朵、 　　　芳香草本植物、迷迭香、番紅花	說服方法：懲罰
	內閣：國王
樹木：強而巨大的樹木、山上的樹木、昂貴木材、 　　　松樹、柑橘樹、香柏、扁桃、荳蔻樹	種姓：剎帝利
食物：小麥、胡椒、美酒、利口酒、小豆蔻	
地點：寺廟、教堂、公開場所、官邸、宮殿、 　　　豪華建築或大廈、政府機構、大廳、 　　　塔、宏偉建築	

外觀：毛髮短、眼睛靈活、若受剋則視力不佳、體格方形、比例均稱
職業：政府官員、委任代理人、皇室、主管階級、林務官員、木材貿易商、 　　　調查員、設計師、縣長、珠寶商、攝影師、創作者、促進者

疾病：發燒過度、發炎、眼睛疾病、牙痛、頭臉神經痛、心臟疾病、骨折

位於下列行星主管二十七星宿可能的身體狀況

☉：爆發發炎、易怒	♀：頻尿（發炎）、膀胱炎、 　　搔癢（女陰）
☽：情緒易變、厭世、悲觀	♄：低血壓
♂：貧血、低血壓、衰弱、眩暈、溢血	☊：心理創傷、愚笨、健忘症
☿：頭、臉部神經痛、偏頭痛	☋：低血壓、心絞痛、胸悶
♃：黃疸、肝膽或膀胱疾病、高血壓	

行星的自然性質

宮位徵象：第九、十宮　　**親戚**：父親　　**身體部位**：頭

自然徵象：父親、自我、靈魂、獨特性、尊榮、地位、權力、野心、自信、
生命力、尊貴、政府、職業才能、眼睛、視力、心臟、黃金、銅、
主權、皇族、威嚴、名望、政治家、權威人物

相映宮位：第七宮　　**星期**：日

---

1. 太陽強烈的熱，在印度迴歸型氣候易帶來疾病、破壞，故印度占星學將之視為凶星。

2. 太陽前後 8.5° 內的行星，稱為逢焦傷，該行星力量明顯減弱。

3. 太陽主管命主的信心、權力、權威和社會地位、職業和世俗活動，幾與西方系統一致。

4. 太陽主管靈魂，稱為「Atmakaraka」，即靈魂指示者，故太陽的狀況將顯示命主的基本特性，正面的太陽賦予光輝的能量，負面的太陽則高傲、魯莽、專制、古怪。

5. 太陽位於第十宮，最能發揮力量；第十宮是太陽「方向的力量」，賦予權力、尊榮。

6. 太陽位於成長宮（三、六、十、十一宮），也可產生極佳效果。

7. 太陽位於白羊座為旺宮，尤其是白羊座 10°，能量最強；位於獅子座，自己主管的星座，亦佳。相對的，位於天秤座為弱宮，尤其是天秤座 10°，能量最弱。

8. 太陽若受吉星木星、金星、月亮，或吉的水星相映，其負面意義會改善，帶來較佳結果。

9. 太陽若配置不佳，又受凶星刑剋，會導致命主在四十五歲遭逢不幸。

10. 太陽若受火星（作為六、八、十二宮等凶宮主星）刑剋，於火星大運（Dasa）期間，會有嚴重意外。

11. 太陽、土星、北交點、南交點、第十二宮主星，皆稱為「分離行星」，如這些行星相映或會合特定宮，或其宮主星、徵象星，則該宮事項易見分離。例如落入第七宮會離婚，落入第十宮則會離職或貶落。

12. 太陽若弱或受刑剋，命主的健康會受影響。

13. 太陽若強或未受刑剋，較無心臟疾病的問題。

月亮 ☾	陰陽性質：陰性	開運寶石：珍珠、月長石
	要素：水　Dasa：十年	自然吉凶：一般吉星

旺宮度數：金牛座 3°	主管星宿：Rohini、Hasta、Shravana
弱宮度數：天蠍座 3°	友誼行星：☉、☿
主管星座：巨蟹座 0°-30°	中立行星：♂、♃、♀、♄
三方星座：金牛座 3°-30°	敵意行星：☋、☊

方向：西北方	衣飾：新的
色彩：白色	味覺：鹹味
金屬：青銅合金	脈輪：眉心輪（第三隻眼）
寶石：珍珠	幾何形式：圓形
花草：百合花、夜間盛開而多汁液的花	說服方法：引誘
樹木：多汁液或多油的樹	內閣：皇后
食物：稻米、西瓜、椰子、水果、蔬菜、胡瓜、牛乳、穀物	種姓：吠舍
地點：有水的地方、水族館、沙灘、碼頭、河川、海洋、水井、泉水、船泊、公開場所、旅館、汽車旅館、巢、釀酒廠	

外觀：臉圓或身材圓形、黏液質特性、眼神柔和、機智、短而捲的頭髮

職業：旅遊業、農業、小販、製鹽、機械工程師、水手、海軍、與水有關的工作者、航運業、製乳業、石油業、漁業、釀酒業、護理之家、化學、旅館業

疾病：昏睡、無生氣、肺病、嘴痛、食無味、相關血液疾病、消化不良、水腫、精神失調

位於下列行星主管二十七星宿可能的身體狀況

☉：情緒起伏大	♀：身體嬌弱、對疾病較無抵抗力
☾：無憂無慮、愉快、身體強壯	♄：心因性疾病、悲觀厭世、憂鬱症
♂：皮膚病、血尿	☊：恐懼病、膽小、羞怯
☿：過度憂慮健康、高度幻想力	☋：暴燥易怒、激進卻膽怯、色屬內荏
♃：身體強壯	

行星的自然性質

宮位徵象：第四宮　　　**親戚**：母親　　　**身體部位**：臉、胸部

自然徵象：母親、女性、心思、普通常識、記憶、情緒波動、不穩定、
喜怒無常、敏感、溫柔、牛乳、穀物、液體、撫育、肥沃、烹飪、
護理、辦伙食之人、視力、胸部、大腦、珍珠、銀、月經周期

相映宮位：第七宮　　　**星期**：一

1. 月亮是印度占星學中最重要的行星，其重要性等同、甚至大於上升點。印度占星學特有的身宮盤，即以月亮落宮當作第一宮，再起十二宮。

2. 月亮反射太陽光，主管命主的心靈、情緒、幸福，著重在生命的安心與慰藉，不似西方系統以太陽為尊，強調意志力、權威、能力或權力。

3. 月亮管轄母親、女性、情感和大眾，也管轄成長，所以當月亮受剋，命主早年健康不佳。月亮也管轄記憶、心靈、祥和、智識。

4. 月亮的落宮賦予命主生命的主要面向，為自然、寬鬆的所在；在印度占星學中，月亮所在宮位前後最好有行星，當然以吉星為佳，即使凶星也比無星好，否則月亮被孤立，心緒受干擾，運氣會較差，難被肯定及獲得名望。

5. 月亮的較亮及較暗，在印度占星學中相當重要，前者視為吉，後者視為凶。尤其滿月最亮，其吉祥等同木星，其所在宮位，可獲得吉祥效應；與西方觀點差異甚遠，因西方系統認為，滿月為太陽對分月亮。

6. 月亮位於金牛座為旺宮，尤其是金牛座 3°，能量發揮最佳；而位於天蠍座為弱宮，尤其天蠍座 3°；位於巨蟹座為自己的星座，亦佳。

7. 月亮滿月位於始宮，且受木星或金星有力相映，即使出身貧窮，也能夠出人頭地。

8. 月亮受困難宮（六、八、十二宮）主星刑剋，命主較無能力克服困難，易呈現憂鬱。

9. 月亮若弱，命主善變、情緒不穩定、心思雜亂、慌張不安。

10. 月亮正面，賦予命主責任感、富想像力，可成為思想家。

11. 月亮在水瓶座及摩羯座，較不自在。

12. 月亮受火星、土星圍攻，呼吸困難。

13. 月亮弱且受刑剋，母親會有長期慢性疾病。

14. 月亮弱，位於八宮水象星座，恐有溺水之象；若與南交點會合，易見直腸病變、痔瘡。

15. 月亮位於第十二宮弱，左眼視力恐不佳。

16. 月亮於出生時受凶星刑剋，命主母親生產困難；再逢火星或南交點刑剋，會開刀。

火星 ♂	陰陽性質：陽性	開運寶石：珊瑚、雞血石、紅玉
	要素：火　Dasa：七年	自然吉凶：次凶凶星

旺宮度數：摩羯座 28°	主管星宿：Mrigasira、Chitra、Dhanishtha
弱宮度數：巨蟹座 28°	友誼行星：☉、☽、♃、☋
主管星座：白羊座 12°-30°	中立行星：♀、♄
天蠍座 0°-30°	敵意行星：☿、☊
三方星座：白羊座 0°-12°	

方向：南方	**衣飾**：五顏六色
色彩：鮮紅色	**味覺**：辛辣
金屬：銅	**脈輪**：臍輪
寶石：珊瑚	**幾何形式**：沙漏形
花草：紅色的花、多刺植物、尖銳蕁麻、 　　　　常春藤、辛辣的植物	**說服方法**：懲罰
樹木：強壯多刺的樹、橡樹	**內閣**：總司令
食物：扁豆、茶、咖啡、烈酒、芥茉、 　　　　香味濃或刺激性食物	**種姓**：剎帝利
地點：近火的地方、廚房、機房、電力設備區、 　　　　燃燒區域、屠殺地點、戰場、屠宰場、 　　　　實驗室、體力鍛鍊所、拳擊場、運動場、 　　　　摔角場、足球場、藍領工人聚集處	

外觀：中等身材、高大、面有怒容、瘦弱、浮躁、脾氣大

職業：軍人、警察、外科醫生、手工器械、軍火商、化學家、地質學家、
　　　　工程機械學家、監獄工作者、廚師、獵人、馬戲團人員、理髮師、
　　　　金屬交易商、屠夫、職業運動員、消防人員、鐵匠、麵包烘焙師

疾病：發燒過度、發炎嚴重、肝部、皮膚紅腫、潰瘍、創傷、開刀、
　　　　所有激烈尖銳疼痛、血壓高、癬

位於下列行星主管二十七星宿可能的身體狀況

☉：貧血症	☿：精神錯亂	♄：自殺傾向、性變態或墮落
☽：皮膚病	♃：身體強壯	☊：自殺傾向
♂：身體強壯	♀：淋病、菜花	☋：暴躁易怒、高血壓

行星的自然性質

宮位徵象：第三宮　　**親戚**：兄弟姊妹　　**身體部位**：胸部

自然徵象：兄弟姊妹、勇氣、膽量、英雄行徑、運動、機械或技術能力、
工程師、設計師、外科手術、機械學、軍人、軍事、政治家、戰爭、
將軍、總司令、火災意外、暴力、割傷、燒傷、挫傷、野心、動機、
希望、體力、充滿力量、脾氣、爭論、戰鬥、武器、槍、炸藥、能量、
激進、熱情、肌肉系統、紅珊瑚、邪惡、報復、恨怨

相映宮位：第四、七、八宮　　**星期**：二

1. 火星是凶星，有能力傷害會合或相映的行星或宮位；激進、暴力、強迫、意外、不帶情感的方式；然而也賦予能量、驅力、魄力，意志凌駕在他人之上。

2. 火星主管勇氣、膽量和所有軍事功能；極佳的火星配置，有利於軍警、將軍及總司令。

3. 火星主管熱情、熱心、希望，與性欲、性活動有關，也與機械操作、技術能力有關，包括外科手術、化學等等。

4. 火星為陽性，屬乾及熱，位於第十宮最佳，有「方向的力量」。

5. 火星位於摩羯座為旺宮，尤其是 28°；相對的，若位於巨蟹座為弱宮，尤其 28° 最弱。白羊座、天蠍座為其主管星座。

6. 入弱宮的火星，相映至上升點，命主會害羞和頑固。

7. 火星和金星會合或彼此相映，命主性欲強；若位於固定星座，更會被強化。

8. 火星位於第一、二、四、七、八或十二宮，即印度占星學中著名的「Kuja Dosha」，易導致配偶早逝、分離、婚姻失調。

9. 火星位於女命第八宮，易導致寡居。

水星 ☿	陰陽性質：中性	開運寶石：翡翠、透輝石
	要素：地　Dasa：十七年	自然吉凶：一般吉星

旺宮度數：處女座 15°	主管星宿：Ashlesha、Jyeshta、Revati
弱宮度數：雙魚座 15°	友誼行星：⊙、♀
主管星座：處女座 20°-30°	中立行星：♂、♃、♄、☊、☋
雙子座 0°-30°	敵意行星：☽
三方星座：處女座 16°-20°	

方向：北方	衣飾：清淨純色
色彩：綠色	味覺：混合、不同
金屬：黃銅	脈輪：喉輪
寶石：翡翠	幾何形式：三角形
花草：野花	說服方法：外交手腕
樹木：不結果實的樹、防風草	內閣：王子
食物：綠豆芽、根部、胡蘿蔔、蔬菜 　　　接枝雜交水果	種姓：吠舍
地點：生意場所、車站、轉運站、郵局、電信局、 　　　會計處、遊戲場所、書局、圖書館、出版社、 　　　報社、派報處、機場、會議廳、學校	

外觀：談吐有禮、機智、幽默、看起來年輕
職業：商人、企業家、運輸、船舶、會計員、駕駛、文具商、教師、旅行家、 　　　占星家、出版業、郵差、編輯、影印業者、教育專家、顧問、廣告業、 　　　書商、數學家、仲裁者、作家

疾病：皮膚、神經系統疾病、腦部及發聲問題、虛弱、傷寒症、發汗過多、
　　　口吃

位於下列行星主管二十七星宿可能的身體狀況

⊙：頭、臉部的神經痛	♀：白斑病變
☽：高度想像力、憂慮型	♄：精神錯亂
♂：頭痛、肌肉發達、精神錯亂	☊：膽小、自卑情結
☿：自信、甚為強大的心靈能力	☋：精神錯亂
♃：體力甚佳	

行星的自然性質

宮位徵象：第十宮　　　**親戚：**舅舅　　　**身體部位：**臀部

自然徵象：智識、教育、學習、教導、口語、詩歌、信心、溝通、寫作、繪畫、
書本、報紙出版、分析能力、商業、交易、生意、幽默、機智、
占星學、數學、神經系統、肺、支氣管、腸、神經系統失調、
腦部病變、短期旅行、作家、占星家、學者、秘書

相映宮位：第七宮　　　**星期：**三

---

1. 水星是聰明和溝通的行星，基本上是中性行星、適應的行星；當它受吉星會合或相映，即成吉星。在分析水星前，務必詳細評估它的狀況。如水星會合火星，會被蒸發，且會變成凶星；而火星收到水星的能量，會增強其力量。

2. 水星管轄智識、語言、教育和所有心理事務，有助作家、演講者、教師的養成；主管交易、商業流通，在生意人的命盤中，常見有力的水星。

3. 水星也主管神經系統和信心。若水星配置不佳或受剋，命主易神經質或神經失調，過於興奮、狂想、沒有安全感。

4. 水星位於第一宮最佳，獲得「方向的力量」，尤其是位於處女座 0°-15°。

5. 水星位於處女座入旺宮，尤以 15° 表現最佳；若位於雙魚座入弱宮，尤以 15° 力量最弱；位於處女座和雙子座，則為自己主管的星座。

6. 水星位於上升點，會合六宮主星，若受剋，可能為啞巴。

7. 水星、月亮位於第三或十一宮，受刑剋，耳朵有毛病。

8. 水星受刑剋，肺部或支氣管功能較弱。

9. 水星位於第六、八、十二宮，會合南交點，可能會有神經失調的問題。

10. 水星位於處女座第十宮，即上升人馬座，第七宮雙子座，易見妻賢助命主事業繁榮。

11. 水星位於太陽之前（與經度非常緊密），命主將會是名學者，但無法擁有太多金錢資產。

12. 水星和木星互容，位於始宮，命主為成功的雜誌編輯或作家。

13. 若水星入弱，受土星嚴重刑剋，命主可能較愚笨或語言表達能力較弱。

木星 ♃	陰陽性質：陽性	開運寶石：黃玉、黃水晶、琥珀
	要素：地　　Dasa：十六年	自然吉凶：最吉吉星

旺宮度數：巨蟹座 5°	主管星宿：Punarvasu、Vishakha、Purva Bhadra
弱宮度數：摩羯座 5°	友誼行星：☉、☽、♂、☊
主管星座：人馬座 5°-30°	中立行星：♄、☋
雙魚座 0°-30°	敵意行星：☿、♀
三方星座：人馬座 0°-5°	

方向：東北方	衣飾：普通、平均水準
色彩：黃色	味覺：甜味
金屬：黃金	脈輪：生殖輪
寶石：黃玉、黃水晶	幾何形式：橢圓形
花草：茉莉花、薄荷	說服方法：良好的諮詢
樹木：生長果實之樹、果樹、橄欖樹	內閣：顧問
食物：孟加拉綠豆、脂肪多食物、牛油、奶油、 乳酪、南瓜、壓榨果汁、甘蔗、甜酒	種姓：婆羅門
地點：藏寶處、銀行、金庫、法院、聲譽佳的大學、 祭壇、大規模慶典處、政黨辦公室、慈善機構、 高等金融機構、股票、期貨交易所、修道院、 寺院、教堂	

外觀：結實的身體、肥胖、脾氣平和、鎮定、頭髮黃

職業：值得尊敬的地位、銀行金融業、慈善事業、法官、律師、大學教授、
　　　上師、學者、食品商、哲學家、閣員、牧師、議員、顧問、神職人員

疾病：淋巴腺系統疾病、循環過盛、肝病、耳部、糖尿病、黃疸、眩暈

位於下列行星主管二十七星宿可能的身體狀況

☉：喪失食欲、傳染性的發炎		♀：眼花、黃疸、性能力減弱	
☽：身體強壯		♄：慢性病	
♂：疝氣痛、膽結石		☊：疝氣、痢疾、缺氧	
☿：胃氣脹、痔瘡、腫瘤		☋：肝病、肝炎	
♃：健康良好			

行星的自然性質

宮位徵象：第二、五、七宮　　　親戚：孩子、女命丈夫　　　身體部位：下腹部

自然徵象：金錢、財富、財產、幸運、吉祥、機會、宗教、哲學、孩子、
　　　　　長期旅行、信仰、奉獻、精神、慈悲、真誠、道德、外國人、
　　　　　外國事務、靜坐冥想、占星學、法律、法律事務、肝、過敏症、
　　　　　臀部、樂觀主意、投機、賭博、解決、精神導師、宗教、上師、
　　　　　前世業力

相映宮位：第五、七、九宮　　　星期：四

---

1. 木星是幸運和吉祥的行星，也是擴充、樂觀的能量；代表機會多、財產富足和金錢。印度人相信，這是因為命主前世努力，而今世應得的。

2. 木星會帶給它所臨宮位、會合行星、相映宮位或行星甚大的利益。

3. 木星的特性，與宗教、哲學及精神性事務有關；但較傾向傳統信仰、教義、虔誠奉獻，而非苦行禁欲、神祕或祕傳方式。

4. 木星和土星是人類肉眼能見最遠的行星，賦予人類較深層的進化；當木星、土星會合或互映，將具有極大的精神力量。

5. 木星為陽性，最大吉星；位於巨蟹座入旺宮，尤以 5° 能量最強；位於摩羯座則為弱宮，尤以 5° 最弱；位於人馬座及雙魚座，為自己主管的星座。

6. 木星位於第一宮最佳，可獲得「方向的力量」。

7. 木星位於第十一宮（獨自），未受凶星刑剋，顯示得到上帝的恩寵，財運極佳。

8. 木星會合金星或互映，顯示命主善良。

9. 木星會合北交點或南交點，命主會揶揄宗教。

10. 命盤中的木星強，但水星不強，意謂命主雖聰明，但可能不擅説話；若水星也強，那麼命主可從事與智力相關的活動，而且相當有智慧。

11. 木星位於第五或九宮，賦予命主直覺的能力。

12. 木星相映水星，命主的教育過程順暢，且得到讚許。

金星 ♀	陰陽性質：陰性	開運寶石：鑽石、白玉
	要素：水　Dasa：二十年	自然吉凶：次吉吉星

旺宮度數：雙魚座 27°	主管星宿：Bharani、Purva Phalguni、
弱宮度數：處女座 27°	Purva Ashadha
主管星座：天秤座 20°-30°	友誼行星：☿、ħ、☊、☋
金牛座 0°-30°	中立行星：♂、♃
三方星座：天秤座 0°-20°	敵意行星：☿、♀

方向：東南方	**衣飾**：耐久、修飾、美麗
色彩：白色附帶五顏六色	**味覺**：酸味
金屬：銀	**脈輪**：心輪
寶石：鑽石	**幾何形式**：八角形
花草：白蓮花、棉花、絲、芳香的花	**說服方法**：良好的諮詢
樹木：開花的樹、石榴樹、醋栗樹、檀樹	**內閣**：公主
食物：豆類、進口蔬菜、水果、天然甜果汁、 甜味佐料、白糖、冰糖、蜜餞	**種姓**：婆羅門
地點：娛樂場所、戲院、餐廳、臥房、妓院、 裝修華麗之處、藝術畫廊、俱樂部、 音樂會所、美容沙龍、流行服飾店、 高雅商店、舞廳、交響樂演奏廳	

外觀：俊美、美麗、性感、卷髮、身材較短、眼睛迷人、皮膚白

職業：藝術家、戲劇作家、音樂家、詩人、流行服裝製作人（設計師）、畫家、 車商、香水製造商、鑽石交易商

疾病：生殖器官疾病、尿道疾病、性墮落、身體無光澤

位於下列行星主管二十七星宿可能的身體狀況

☉：視力不佳、眼睛疾病　　　　　　♀：身體健康

☽：陰道發炎　　　　　　　　　　　ħ：性器官疾病

♂：性濫交或墮落　　　　　　　　　☊：色情狂、淫亂

☿：頻尿、尿道發炎、皮膚色素病變　☋：白帶、遺精

♃：性能力減弱、眼花撩亂

行星的自然性質

宮位徵象：第七宮　　**親戚**：男命配偶　　**身體部位**：骨盆、性器官

自然徵象：婚姻、愛情、戀愛、舒服享受、奢侈、鑽石、財富、財產、幸福、
美麗、汽車運輸工作、性感、性愉快、熱愛、演員、藝術家、
生殖系統、精液、性病、子宮卵巢疾病、催眠

相映宮位：第七宮　　**星期**：五

1. 金星為愛情的行星、吉星，能增強所在宮位，與之相映的行星和宮位，或與之會合的行星，就像木星一樣，若力量強且配置佳，將賦予金錢、舒適以及吉祥。

2. 金星主管戀愛、婚姻生活，特別是幸福；受剋的金星會傷害甜蜜、溫柔；它是美麗、性感和熱情的，只要配置佳，可能具魅力、性感、美麗，能吸引異性；具藝術美感，懂得欣賞美，因金星為審美的行星。

3. 金星在東、西方系統的定義，差異不大。印度強調命主的舒適度、奢侈、交通工具和幸福；最重要的還是戀愛、愛情、配偶、婚姻。

4. 金星主管生殖系統，若配置差或受凶星刑剋，常導致性病、性方面失調。

5. 金星的星性為陰性，水元素，位於第四宮最佳，能得到「方向的力量」。

6. 金星位於雙魚座，為旺宮，尤以 27° 的能量最易發揮；位於處女座，為弱宮，尤以 27° 能量最低；位於天秤座及金牛座，為自己主管的星座。

7. 金星位於始宮（一、四、七、十宮），命主寬容、仁慈。

8. 金星若呈負面徵象，易使命主淫蕩、無道德感、性泛濫、產生不倫之愛。

9. 金星受火星影響，易燃性愛熱情、性欲旺盛、性交頻繁。

10. 金星若配置佳且有力，命主吉運連連，事業穩定成功。

11. 金星弱且受火星或土星刑剋，易使命主妻子壽命減短或婚姻生活失調，且家庭易受干擾。

土星 ♄	陰陽性質：中性	開運寶石：藍寶石、紫水晶
	要素：風　　Dasa：十九年	自然吉凶：最凶凶星

旺宮度數：天秤座 20°	主管星宿：Pushya、Anuradha、Uttara Bhadra
弱宮度數：白羊座 20°	友誼行星：☿、♀、☊
主管星座：水瓶座 20°-30°	中立行星：♃
摩羯座 0°-30°	敵意行星：☉、☽、☋、♂
三方星座：水瓶座 0°-20°	

方向：西方	衣飾：老舊、破爛
色彩：黑色、靛色、藍色、藍紫色	味覺：收斂性
金屬：鐵	脈輪：海底輪
寶石：藍寶石、青玉	幾何形式：方格窗形
花草：紫羅蘭、紫花苜蓿	說服方法：外交手腕、權謀
樹木：無用或醜的樹	內閣：侍從
食物：難以消化的食物、豆莢、花生、 　　　豌豆、大豆、暗色食物、黑麥、 　　　醃肉、鹽、發酵食物	種姓：首陀羅
地點：骯髒之地、貧民區、陋巷、垃圾掩埋場、地下室、地板下、礦區、墳地、 　　　難接近的地方、隱密處、避難所、廢墟、被遺忘之孤獨地方	

外觀：高而瘦弱、營養不良、眼睛濁黃而大、嚴肅、悲觀

職業：侍從、僕役、藍領階級、勞力工作者、鐵工廠、磚工廠、鞋襪修補、
　　　木匠、石匠、鐵匠、挖掘工、農業工具製造商、負擔責任、墓地工作者、
　　　與處罰有關的工作、劊子手、礦工、苦行者

疾病：關節炎、憔悴、中風、殘廢畸形、身體冷、神經失調、所有慢性疾病、
　　　牙痛

位於下列行星主管二十七星宿可能的身體狀況

☉：眼睛疾病、抑鬱、肺結核、傳染性發燒　　♀：性器官疾病、粉刺

☽：月經失調、憂鬱症、害怕未來　　　　　　♄：身體健康

♂：血壓疾病、猛爆性發炎、燙傷、腫瘤　　　☊：極為不樂觀、
　　　　　　　　　　　　　　　　　　　　　　　未能診斷出的疾病

☿：記憶力不佳、缺乏自信、神經失調、
　　喪志　　　　　　　　　　　　　　　　　☋：脫水（腸）、盲腸炎

♃：懶惰、黃疸

行星的自然性質

宮位徵象：第八宮　　**親戚**：部屬　　**身體部位**：大腿

自然徵象：壽命、死亡、不幸、反對、悲傷、限制、否認、延遲、訓誡、責任、
意外、慢性疾病、權威人物、老者、領導力、經驗累積的智慧、
謙卑、誠實、真誠、不迷戀、禁欲、組織、結構、形式、中風、
氣喘、風濕、關節炎、失竊、盜賊、牙齒、骨頭、採礦、建築工程、
沉悶的工作、砌磚、煤、不動產交易商、僧侶、苦行者、隱士

相映宮位：第三、七、十宮　　**星期**：六

1. 土星是限制、延遲、否認、破壞的行星，對著重事件預測的印度占星學而言，是頗令人畏懼、憂慮的行星；它的凶性會傷害所在宮位及相映的宮位，也會損傷任何會合或相映的行星，並且以命定或因果業力的方式來呈現。

2. 土星主管紀律、責任，是印度占星學使用的兩大外行星之一；具深層進化意識、配置良好或受吉星相映的土星，有助命主尋求完美，因土星賦予耐心、謙卑、奉獻、不迷戀世俗的願望和愉悦，利於精神練習，例如瑜伽。

3. 土星在印度占星古典文獻中，被稱具領導力，其實是得自經驗累積的智慧，不同於木星或其他行星，但總賦予管理和領導他人的能力。

4. 土星管轄壽命、死亡；當土星配置佳，八宮無重大凶象，命主長壽。

5. 土星的星性為陽性，冷、乾、風元素，是冷漠、破壞、較年老的行星；當與上升星座或上升主星相關時，易呈現風霜年華，外觀顯老、無趣。

6. 土星位於第七宮，可獲得「方向的力量」；能量增強，但破壞性亦增強。

7. 土星位於天秤座入旺宮，尤以 20°，能量最易發揮；相對的，位於白羊座入弱宮，尤以 20°，最弱；位於水瓶座及摩羯座，為自己主管的星座。

8. 土星刑剋水星，導致害怕、恐懼、耳病、支氣管炎。

9. 土星是最穩定的行星，若入廟或旺，會使命主堅定、努力和艱辛。

10. 土星入弱、配置差、與火星或北交點相關，會使命主有犯罪傾向、墮落、心態可議。

11. 土星位於第十二宮，命主嗜睡；若又入弱宮白羊座，易有無謂的浪費，與家人摩擦爭吵。

12. 土星配置不佳，相映至上升星座（或上升主星），命主令人憎惡、動作緩慢。

北交點 ☊	陰陽性質：陰性	開運寶石：桂榴石、瑪瑙
	要素：無　**Dasa**：十八年	自然吉凶：凶星

主管星宿：Ardra、Swati、Shatabhisha	中立行星：☿、♃
友誼行星：♀、♄	敵意行星：☉、☽、♂、☋

金屬：鉛	種姓：種姓外、賤民
寶石：石英礦	

外觀：膚色黑、身材高、看起來粗暴、面有怒容
職業：投機客、捕蛇人、處理屍體、下水道工程、皮革業

疾病：傳染病、歇斯底里、精神錯亂、癲癇、慢性皮膚病、中毒

行星的自然性質
自然徵象：貪婪、巨大的世俗利益、慣性、不活躍、愚鈍、懶惰、盜賊、無知、寡居、黑暗、溺斃、低種姓、異端邪說、造謠中傷、偽善者、卑鄙、誣陷、謬誤、狠毒、受輕蔑、中毒、傳染病
相映宮位：第五、七、九宮

1. 在印度占星學中，北交點被視為等同土星的凶星，這與西方系統的觀點完全不同。

2. 北交點強調世俗利益、貪得無厭、無所不用其極、對豐盛物質的欲望、道德感弱。

3. 北交點與任何行星會合，讓行星也視同蝕，其能量也受干擾、否定；若該行星弱，配置不佳，所受傷害更大，越緊密越甚。

4. 北交點主管精神錯亂、神經失調、外邪入侵、著魔、靈異等心因性和神經系統疾病；尤其當它刑剋月亮和其他代表心靈的因子，如水星、第四宮時，更易突顯。

5. 北交點管轄集體共業，如大災難的集體死亡、地震、飛機失事、大水災、恐怖攻擊、戰爭。

6. 由於北交點與集體共業有關，若配置佳，能體悟大眾趨勢流行，有助建立威信、權力；但北交點仍隱藏副作用，須知「水能載舟，水能覆舟」。

7. 北交點位於第九、十宮，該宮主星若又強（即定位星強），北交點能發揮得很好，賦予命主名望、地位、威信；若位於第一宮，力量強，也可能有相似效果，但都屬世俗名利，內心卻騷亂不靜。

8. 北交點在古典文獻記載中，金牛座為其旺宮。

9. 北交點刑剋月亮，或上升主星，又位於水象星座，會有濕疹。

10. 北交點會合月亮、水星，命主易呈現灰色思想，或疑神疑鬼。

11. 南、北交點位於第六宮／第十二宮的軸線上，在其「主要期間／次要期間」之一，命主易精神錯亂（與凶星刑剋）。

12. 南、北交點位於第二宮，水象星座，受火星或土星刑剋，命主易成醉漢。

13. 北交點會合月亮，受刑剋，命主易精神錯亂或人格分裂。

14. 南、北交點通常給人負面印象，但若位於始宮，與三方宮主星會合，或在三方宮，與始宮主星會合，將變成「貴格徵象星」，賦予吉祥。

15. 南、北交點會合三方宮主星，且位於第九或十宮，或會合它們的主星，會帶來吉祥。

16. 太陽或月亮都不喜跟南、北交點太緊密會合。

南交點 ☋	陰陽性質：中性	開運寶石：貓眼石、金綠玉
	要素：風　　Dasa：七年	自然吉凶：凶星

主管星宿：Ashwini、Magha、Mula	中立行星：☿、♃
友誼行星：♂	敵意行星：☉、☽、♀、♄、☊

金屬：鉛	種姓：種姓外、賤民
寶石：貓眼石、金綠寶石	

外觀：高大、易激動

職業：皮革業、殯葬業、屠宰業、在骯髒污穢處工作

疾病：傳染病、歇斯底里、精神錯亂、癲癇、中邪、鬼上身、中毒、
慢性皮膚病、難以治癒之病

行星的自然性質

自然徵象：不迷戀世俗、禁慾苦行、自然療法、甘露、養生、節制、心靈能力、
解脫（精神、心靈）、鬼魅、貓眼石、全綠寶石、神祕主義、脅迫、
無意識行為、害怕恐懼、惡夢、精神狂亂、惡習、沉溺、中毒、幻想、
欺騙、骯髒、醜聞、寄生蟲、盜竊、兇手、入監服刑、口吃、痙攣、
未診斷出和未能治癒的疾病、巫術、癌症

相映宮位：第五、七、九宮

1. 在印度占星學中，南交點被視為等同火星的凶星。

2. 南交點乃白道（月亮運行軌道）的下降點，意謂收縮、內省；不似北交點的
上升點，意謂擴展、外放，因此凶象較小於北交點。

3. 南交點與任何行星會合，讓行星視同「蝕」，能量受干擾、否定。若該行星弱，
配置不佳，所受傷害更大，若越緊密越甚。

4. 南交點主管懷疑、妨礙、憤怒、野心、意志，但著重個人，不似北交點與大
眾有關；即南交點抓住個人收縮、內省的能量，較孤立、疏遠、難解除，反
而有利個人修行、苦行。

5. 從正面角度來看，南交點能帶來極大集中力，易體悟、獨立、超越外在誘惑；
具心靈與精神洞見，有利瑜伽和精神生活的鍛鍊，最終得以解脫。

6. 南交點會合水星，有助了解較抽象或機敏的事務，如占星學、命理學等玄虛
領域。

7. 南交點會合的行星，若位於自己主管的星座或入旺宮，該行星可獲相當力量，

此時不受第 3 點的影響。若金星位於第二宮天秤座，與南交點會合，命主將有財富；北交點亦有類似功能，但不如南交點強。

8. 南交點依其配置佳或不佳，賦予突然和未預期的吉或凶。

9. 南交點位於第十二宮，受木星相映，命主能獲得精神解脫。

10. 南交點會合月亮，賦予命主權力渴望、專制、冷酷、不留情。

11. 在印度古典文獻中，南交點位於天蠍座為旺。

12. 南交點位於上升星座，健康易出問題，雖非嚴重疾病，但仍需按時服藥。

13. 南交點位於第十一宮（六宮之六），易有疾病。

第五章

天宮圖的要素 III：宮位

十二宮管轄人生事項的各種領域，也是預測事件的核心。宮位的梵文為「Bhava」，就字面來翻譯，頗為困難，但是可以這樣體會：它不僅敘述人生事項的世俗事務，也涵蓋其中的實質狀態；即它的意義是全面性的狀況，有血有肉的，同時含括實質及心靈的層面。

天宮圖的後天十二宮，代表命主存在的外在條件與心靈內在的互相影響；但我們應當知道，內在條件未必與外在條件成正相關，例如富有不必然會快樂，貧窮也不必然會不幸。

由於印度人著重精神，相信因果業力及輪迴，所以，印度占星學的十二宮吉凶，也就由行星在十二宮交織成命主的生命圖案，隱約呈現出來，此即命主累世業力的結果；占星家再根據這項利與不利的訊息，告誡命主應如何處理，才得以解脫。印度占星學十二宮的管轄事項，與西方古典占星學的定義大致相同，都是從星座的同族觀念衍生出來，略述如下：

星座	同族宮	基本概念
白羊座	一宮	頭、自我、個性
金牛座	二宮	聚集、維持個人的資源
雙子座	三宮	好奇、研究
巨蟹座	四宮	母親、家、情緒
獅子座	五宮	靈魂本質、創作才能
處女座	六宮	健康、疾病、工作、服務

天秤座	七宮	婚姻、合夥、人際關係
天蠍座	八宮	性、死亡、神祕、邪惡、隱藏的一面
人馬座	九宮	宗教、哲學或倫理道德
摩羯座	十宮	社會地位、物質成就、名望
水瓶座	十一宮	抱負、渴望、目標、願景、友誼
雙魚座	十二宮	無意識、隱晦、災難

〈表 5-1〉

儘管上述的基本概念適用於印度占星學中，但有關宮位的詳細管轄事項，因東西方文化的發展路線不同，仍有些許不同；熟稔西方占星學的人必須謹慎區別，才不致誤用。

為了充分了解印度占星學中十二宮的內涵，第一節將說明「人生四大目的與十二宮的分類」，請務必掌握這些宮位的基本概念；在第二節會先以天文觀念推演十二宮的意義，再就宮位的數字衍生主宮，進一步延伸宮位的內涵，而印度占星學處理這項技法的內容比西方占星學來得細膩，由於衍生宮頗為重要，下一章將有更完整的闡釋；第三節為宮位徵象星，任何後天宮位都有自然徵象星，任何議題的判斷，都必須參酌它；第四節將詳列十二宮的各宮意義。上述這些議題，都是印度占星學判斷所需的核心內容，讀者應充分理解，以備不時之需。

第一節　宮位的各種分類

有關宮位的分類，約有下列數種：人生四大目的與宮位的關聯、始宮與三方宮、困難宮、成長宮、死亡殺手宮，以上的分類將在本章中個別講解。

一、人生四大目的與宮位的關聯

我們在第一章提到，印度哲學相當強調**人生四大目的，即法、利、欲、解脫**，其與後天十二宮的關係如下：

四大目的	後天宮位
法	一、五、九宮
利	二、六、十宮
欲	三、七、十一宮
解脫	四、八、十二宮

〈表 5-2〉

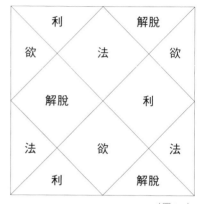

〈圖 5-1〉

法、利、欲、解脫之間是矛盾的，但如果在法的指導下，追求利、欲則是神聖的；而當有所成就時，拋棄一切步上解脫之路，更是超凡的印度子民。在印度教的薰陶訓誨下，認為**理想的人生有四個時期：「梵行期」，受上師啟迪研習大法；「家居期」，可以在大法的指導下，努力追求功成利就，累積財富；「林棲期」，追求心靈、精神的成長，亦即逐漸解脫；而晚年「遁世期」，就完全放下世俗名利，追求真正的解脫。**

（一）法：一、五、九宮

「法」在印度，是指「道德、公正」之道、法則，意謂一切行為都應遵循吠陀聖典，吟誦銘記、嚴守禁忌；一生當中，應據以正確的途徑、正確的知識作為堅定的基礎。

印度人相信，若我們能遵崇法的正義，法即能保護我們，在業、輪迴的機制下，現世生活將因過去累世堅持法的正義，而擁有良好的教育與創作才

華，甚至擁有受高等教育的機會；
也會在現世中誕下好的子嗣，並因
他們的孝順而獲得幸福（由第五宮
管轄）；此外也會具備宗教道德，
獲得上師的指引或啟迪，通曉深奧
的高等學問（由第九宮管轄）；命
主遵循法，個人人格受到推崇，身
體健康、自信、思想正確（由第一
宮管轄）。第一、五、九宮在印度
占星學中的觀念，會將它們與「法」
作聯結，同時涉及「前世業力」。

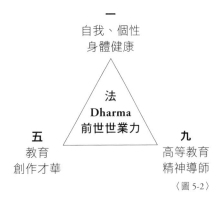

〈圖 5-2〉

（二）利：二、六、十宮

「利」是獲取知識和地上財富的
行為，目標取向，對幸福的追求；
其中金錢、財產富裕的累積，是由
第二宮管轄；而第六宮為服務競爭、
付出勞力、鬥爭的對手、負債（即
以他人的錢來生活。第六宮是第七
宮之第十二宮，第七宮代表他人，
而第十二宮為消耗，也就是他人的

〈圖 5-3〉

消耗，所以第六宮解釋成：「當我們獲得借貸，是他人之錢喪失，流到我手
上」）、工作；另外，事業、職業、社會地位等等，均歸第十宮管轄，都是
事物或事務擁有的結果，攸關目標、目的。

（三）欲：三、七、十一宮

「欲」指各種欲望，能帶給人歡愉，特別是能滿足五官感受、喜愛、期

求、愛情或一般感情、享受、歡愉，特別是性交、官能享受……

生命中的渴望、自力更生、勇於進取，是為了成功。兄弟姊妹之間的關係，歸第三宮管轄；配偶與性的歡愉，合夥、訂定契約，歸第七宮管轄；與志趣相同的人聚會、市場的擴充，以及持續聯絡的性質，例如長久的友誼，歸第十一宮管轄。

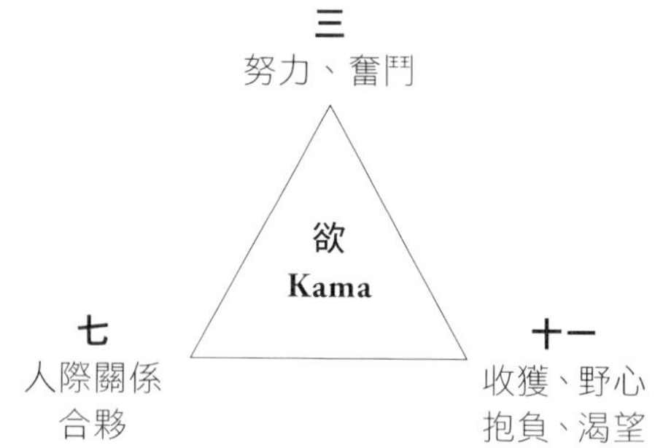

〈圖 5-4〉

第三、七、十一宮都顯示個人的動機、努力、抱負，與他人互相關係的渴望，這些都是「欲」的關鍵字。

（四）解脫：四、八、十二宮

「解脫」，就是從世俗中解放，不再受業、輪迴的束縛。印度宗教與各種思想流派，除順世論外，幾乎都認為「人的最終目的，是追求超越輪迴，達到解脫」；為追求永恆和解脫，深入探討大宇宙（宇宙靈魂）和小宇宙（個體靈魂）的統一，此即「梵我不二」哲學。

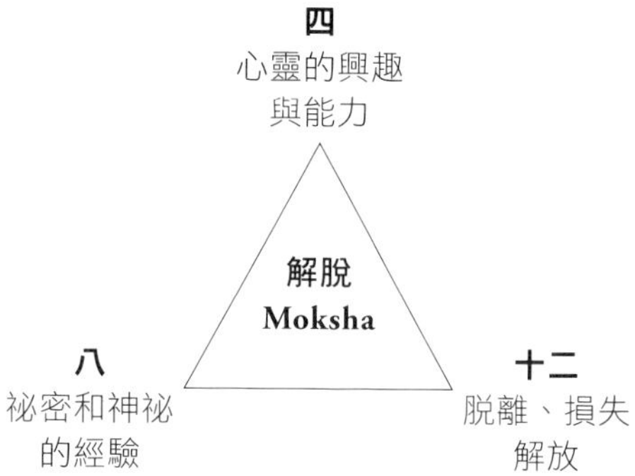

〈圖 5-5〉

第四、八、十二宮都屬於神祕的宮位，這些宮位都與「從業力束縛中釋放靈魂」有關，但卻鮮少被恰當的理解。第四宮與獲得家庭生活最終安全與幸福有關；第八宮聯結到神祕世界、內在無明煩惱，可能導致事件無法被控制，而讓自我碾碎；第十二宮與靜坐冥想相關，在這當中覺得無上喜悅，因而放棄所有對於世俗的迷戀。

我們從「利」和「欲」的組合，體會到攸關世俗名利的具體化實現；而「法」和「解脫」組合，則是從精神層次和宗教來尋求心靈的真正成長。

二、始宮與三方宮

（一）儘管僅以始宮名稱列出，然事實上，含有類似古希臘後天宮的三種分類：

〈圖 5-6〉

1. 始宮為第一、四、七、十宮，可類比啟動星座，較易呈現敏捷、活潑、決斷力、有見識，賦予才能與成就，一般較外向或具創造力，利於開創。其中第十宮最強，其次為第七宮，再來是第四宮，最後為第一宮。

2. 續宮（Panapara）為第二、五、八及十一宮，可類比固定星座，代表資源的累積、穩定的發展和儲備，但不利於開創或新發展。其中第五宮最強，第十一宮次之，再來是第二宮，最後為第八宮。

3. 果宮（Apoklima）為第三、六、九及十二宮，可類比變動星座，代表心靈的敏感和適應力，賦予較高的心智能力，但也傾向不穩定及無安全感，可能導致精神問題和神經失調。其中第九宮最強，其次為第三宮，再來是第六宮，最後為第十二宮。

始宮的行星較多，在其他條件均配合為佳的情況下，命主較易成功。需要注意的是，這種說法通常僅是初步概念，仍應充分考慮行星的性質和所在星座；如果命主具有許多始宮行星，均落入固定星座，那麼命主基本上仍具有堅持的特質，例如穩定、持續、耐久，但有能力開創。

印度占星學的行星組合論斷，曾針對行星位於始宮、續宮、果宮所形成行星組合的特殊意義來描述。這點將留待論斷行星組合時再詳述。

（二）三方宮

　　三方宮為第一、五、九宮，是後天宮中相當吉祥的宮位，也與「法」有關，如前述「人生四大目的與宮位的關聯」中第（一）點說明：三方宮的宮主星非常吉祥，它們的互相組合，常是行星組合論斷的重要形態。這點同樣留待後文再談。由於三方宮與「法」有關，印度占星學就將第五和九宮視為前世業力之源由。

三、困難宮

　　困難宮為第三、六、八、十二宮，其主要意義與困難、災厄、疾病、不幸等有關，為印度占星學中的邪惡宮，亦即凶宮；象徵害怕、疾病、損失、恐亡，所以如果行星位於這些宮位，那麼力量就會變弱，容易產生問題。其中，第三宮較為輕微，其次為第六宮，再來是第八宮，最嚴重的是第十二宮；第六宮管轄疾病或敵人，第八宮為疾病、受傷、損失或死亡，第十二宮導致損失和悲傷，被驅離出種姓，流浪在外。

〈圖 5-7〉

　　一般而言，凶星落入第六宮仍有能力克敵制勝，但會導致疾病；吉星落入第六宮，有智慧，但也會導致疾病。如果火星位於第八宮，會突然死亡或遭逢損失；土星位於第八宮，會增強壽命，但可能帶疾延年，且無財產。吉星位於第十二宮，會賦予命主精神啟蒙，再生生命佳。行星位於後天十二宮的意涵，將留待後文詳述之。

　　須注意的是，也有學者僅強調第六、八、十二宮為困難宮，並不將第三宮包括在內，這點與西方古典占星學視「第六、八、十二宮為凶宮」的說法，幾乎雷同。

四、成長宮

成長宮為第三、六、十和十一宮，意謂隨年歲而逐漸成長或改進，其中以第十和十一宮最佳，特別是第十宮，因為同時也是始宮；而第三宮最弱。這些宮位指示命主及時努力，隨著年歲增長會有正面效果。

〈圖 5-8〉

一般而言，凶星在成長宮會賦予該宮好結果，吉星雖提供吉象，但效果並非最大。而這些宮位的宮主星，除第十宮，其他常為不吉，因本質是衝動的，可能會帶來傷害。

五、死亡殺手宮

梵文為「Marakas」，意謂著殺手。印度占星學常強調，在分析天宮圖之前，應先估量命主的壽命有多長，其餘的分析才有意義。**在分析壽命長度時，很重視兩個殺手宮位，即第二及七宮，因此，會以這兩個宮位作為「死亡殺手宮」；**其原因是：第八宮代表壽命，而第七宮為第八宮之第十二宮，第十二宮代表損失、消耗，第八宮的消耗代表「壽命的消耗」。另一個壽命宮為第三宮（即第

〈圖 5-9〉

八宮之第八宮）；而第二宮為第三宮之第十二宮，故第二宮也代表「壽命的消耗」。

第二節　宮位原理的推演

　　印度占星學的宮位原理，是由印度占星先賢直接辨認和個人實證所導出的。這些累積了幾世紀的經驗，除星座之同族宮的觀念外，還有從天文觀念及宮位數字所衍生的模式。

一、推演自天文觀念

　　就天宮圖而言，第一到四宮是基本宮，第五到八宮是發展宮，第九到十二宮為累積宮。印度占星學的書籍稱**「地平線上的行星，力量較強」**，即位於「上升點—下降點」（ASC-DSC）這條軸線（地平線）上的行星，因為看得見，所以比地平線下的行星更為具體，其活動或活力易被聯想。

　　另外，**始宮尖軸的行星，力量也較強**，主因為上升點、天頂、下降點、天底是較顯著的支配區，為每日太陽視運動的重要轉折點。例如上升點是太陽從黑夜走向黎明之處，代表出生。正如嬰兒出生時，須確認他微小身體的存在，扮演該存在的特性，即人的個性特質。所以，第一宮起始上升點，主管

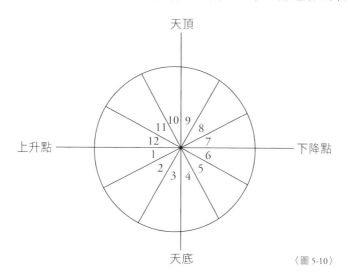

〈圖 5-10〉

命主的身體、個性、健康、幼年時期。

太陽位於天頂，第十宮達到當日視運動的最高點，象徵命主的活動受人注目，特別是事業、地位。第十宮的活動是公開的——因為在太陽的亮光照耀下；相對的，天頂的對沖點——天底，是黑夜、看不見的、隱私的，為第四宮「家」的典型意涵，具有隱私、祕密、不公開的特性。

當太陽來到下降點，也就是西降點，正是太陽下山，代表了太陽的死亡。西降點是第七宮的起始，第七宮為死亡殺手宮之一。

太陽位於上升點總是令人印象深刻，因其為黑夜與白晝的分界點是明顯不同的；黑夜陰暗過去了，白天朝氣來臨。但是，經過一、兩小時後，太陽便不再那麼突顯；相對的也就隱含損失之意，這就是第十二宮的衍生意義。

另一個損失宮為第八宮，因為太陽位於下降點，代表太陽的死亡；而太陽落入第八宮，正當太陽下山前的一、兩小時之際，可類比為瀕臨死亡、身心惶恐，因即將消失不見而削弱威力。由於第八宮代表「生命即將結束」的迫切認知，所以代表「壽命的持續多久」。

第七宮的下降點，雖然代表太陽的死亡，卻是安頓之所，接受命運的安排，準備死亡，所以第七宮較第八宮為優，不再惶恐不安。

第六宮為太陽下山後進入的第一個宮位，看不見也代表損失，但不似第八宮那麼凶。因為人即將死亡，會害怕驚惶；而死亡後，反而逐漸朝新生命邁進（印度人相信輪迴再生），而且進入黑暗後，反而習慣於無光。第六宮的「變成習慣」，是它為成長宮之一的原因。

第八宮和第六宮，分別位於下降點的上一個與下一個宮位；而第十二宮則位於上升點之上，傾向產生無望的結果，都隱含凶象。第二宮則是蓄勢待發，準備脫離黑暗，迎向陽光，寄託光明即將到來，一般而言，多歸為吉宮。而第十一宮也正朝向天頂，意謂目標與野心。由於第二宮欲脫離黑暗，同樣意謂事情即將結束，所以也是死亡殺手宮位之一；但與第八宮相較，兩者意涵仍有所不同，因為第八宮是從光明走向黑暗，而第二宮則是從黑暗走向光明。

以上僅就太陽說明。其他行星同樣也具備**「上升到上中天、下降到下中天」的過程**，其意義都可類比上述說法，即其他行星位於第十二、八、六宮，大多會帶來凶象。

二、宮位的數字衍生宮意涵

印度占星學的一項獨特原理，就是「宮位的關聯」，梵文稱「Bhavat Bhavam」，意義是「從宮位到宮位」（From House to House）；依據這項原理，從一個特定宮位衍生的相同數字之宮位，將擁有類似的效果。例如第十宮為權力宮，代表聲譽、社會地位和政治影響力。從第十宮（當作上升星座）起算的第十宮，即本命的第七宮，因此第七宮也具有類似十宮的權力、聲譽的性質。

第九宮主管優雅、幸運、福氣。從第九宮（當作上升星座）起算的第九宮，即本命的第五宮，同樣也具有第九宮的特性。

第八宮主管死亡、破壞、壽命。從第八宮（當作上升星座）起算的第八宮，即本命的第三宮，也同樣具有第八宮的特性。就壽命而言，不僅要測試第八宮，也須測試第三宮；若兩者受剋，會比其中之一受剋還要來得更易呈現短命。

第六宮主管疾病、受傷、敵人。從第六宮（當作上升星座）起算的第六宮，即本命的第十一宮，也同樣具有第六宮的特性。當第六宮主星位於第十一宮，命主生病康復後，容易再接連生病。當上升點位於雙子座時，其第六宮為天蠍座，第十一宮為白羊座；第六宮及第十一宮的主星都為火星，此時的火星為傷害的代表因子。

第五宮主管孩子、創作才華、智能。從第五宮（當作上升星座）起算的第五宮，即本命的第九宮，也可類比孩子的狀態。

第四宮主管命主的情緒狀態、家、幸福。從第四宮（當作上升星座）起算的第四宮，即本命的第七宮，也同樣具備這些事務的性質。如果以第四宮論學歷，第四宮的主星飛臨第七宮（四宮之四），那麼命主將會拿到一個接著

一個的學歷。

除上述這些特定宮的特定數字衍生宮之外，還須注意由各個特定宮起算的第六、八、十二宮，均具備該特定宮的損壞之意。例如，第十二宮為損失宮，任何特定宮起算的第十二宮，都具有損失或結束之意。前面談到死亡殺手宮為第二和七宮，其原因就是：第八宮及其特定衍生宮（第八宮之第八宮）──第三宮，皆主壽命；壽命的損失或結束，即死亡，也就是第八宮之第十二宮為第七宮；而第三宮之第十二宮為第二宮，如此類推。此外，第七宮代表人際關係，第六宮為第七宮之第十二宮，因此，第六宮就產生了敵意；人際關係的喪失或結束，即為敵意，任何由特定宮起算的第六宮，就具有不祥的徵兆，例如第五宮的主星落入第十宮，第五宮本身起算的第六宮，正是第十宮。一般而言，任何行星位於第十宮始宮，具有吉祥的徵象；但當第五宮的主星落入第十宮，會產生不良的結果。

須注意的是，宮位主管事項的分類可分成兩種：人（具備生命），以及其他事物。例如第五宮主管的人為孩子，其他事物為智能、投機，第十宮為吉宮，印度占星學認為，除了孩子外，第五宮主管的其他事物，會因第五宮主星落入第十宮而產生正面效應；但命主在孩子方面的生命領域，則可能有不利的現象發生，例如不易懷孕或孩子身心有問題。

印度占星學有個判斷法則：當某宮主星位於上升點起算的吉宮，同時為由它自己起算的凶宮，例如第六、八、十二宮，那麼，對於該宮主管的其他事物，起初會有干擾，之後則能夠修成正面的結果。然而，該宮主管的人，則傾向有永久的妨礙。

按照這個法則，命主的基本六親，符合這種狀況的有：

六親宮		六親宮主星飛臨吉宮，卻為六親宮起算的凶宮
三宮	年幼手足	十宮，三宮起算之八宮
四宮	母親	九宮，四宮起算之六宮
五宮	子女	十宮，五宮起算之六宮

六親宮		六親宮主星飛臨吉宮，卻為六親宮起算的凶宮
七宮	配偶	
九宮	父親	四宮，九宮起算之八宮
十一宮	年長手足朋友	四宮，十一宮起算之六宮

〈表 5-3〉

　　但這項法則並非沒有例外，假設當宮主星正好位於自己的星座，且相映至該宮時，便不適用。例如立命為巨蟹座，第五宮為天蠍座，主星火星飛臨第十宮白羊座自己的星座時，且火星相映至所在宮位起算的第八宮，亦即第五宮天蠍座時；此時的火星，反而對第五宮管轄的孩子有利，除非第五宮嚴重受剋。但當主命位於雙子座，第五宮為天秤座，其宮主星金星落入本命的第十宮雙魚座，吉宮且為旺宮；但因金星未相映至第五宮，因此仍可能無子嗣，或與孩子相處困難。

　　第三宮主星如果飛臨第八宮，正好是由第三宮起算的第六宮，等同雙重凶象，對年幼的手足不利。此外，第七宮主星飛臨第十二宮，正好是由第七宮起算的第六宮，對配偶不利。

　　理想的狀況是，特定宮的宮主星飛臨由上升星座起算的吉宮：第一、四、七、十宮，以及第五、九宮，又剛好為由特定宮起算的吉宮。例如第五宮主星飛臨本命的第九宮，正好是由第五宮起算的第五宮；又例如第九宮主星飛臨本命的第五宮，正好也是由第九宮起算的第九宮。

六親宮		六親宮主星飛臨吉宮，卻為六親宮起算之凶宮
一宮	命主	四、五、七、九、十宮
三宮	年幼手足	九宮，三宮起算之七宮
四宮	母親	七、十、一宮，四宮起算之四、七、十宮
五宮	子女	九、一宮，五宮起算之五、九宮
七宮	配偶	十、一、四宮，七宮起算之四、七、十宮

九宮	父親	一、五宮，九宮起算之五、九宮
十一宮	年長手足朋友	五宮，十一宮起算之七宮

〈表 5-4〉

第三節　宮位徵象星

　　印度占星學論述宮位時，除強調該宮宮內行星及宮主星外，也相當注重宮位本身性質對應的行星，稱之為「宮位徵象星」（Karaka）。它有點類似西方古典占星學中的「行星自然性質」，只不過，印度占星學強調與宮位之間的關聯；例如第一宮管轄自我，太陽即是「自我」的代表，因而將太陽歸之於第一宮的徵象星；又例如第二宮管轄財富，木星為財富的自然代表因子，故木星為第二宮的徵象星。

　　所有命盤中，宮位的徵象星都是相同的。由於印度占星學使用徵象星，進行預測時便增添另一層考量；又因為宮位的管轄事項相當多元，因此，有些宮位的徵象星不只一個。各宮的宮位徵象星整理如下：

宮位	徵象星	徵象事項	宮位	徵象星	徵象事項
一	☉	活力、年紀、靈魂	四	☿	教育學歷、學習
	☽	身體		♀	交通工具
二	♃	財富		♂	土地、不動產
	☿	語言	五	♃	孩子（尤其是男孩）
	♀	家人		☿	智商、聰明
三	♂	年輕手足、勇氣	六	♄	疾病
	♄	不幸、壽命		♂	敵人
四	☽	母親	七	♀	妻子

宮位	徵象星	徵象事項	宮位	徵象星	徵象事項
七	♃	丈夫	十	♃	幸運
	♂	性能力	十一	♃	收獲、較年長手足
八	♄	壽命		♄	悲傷
九	☉	父親		♂	監禁
	♃	精神導師、教師	十二	♀	物欲
十	☉	權力、地位、政府		☋	解脫
	☿	商業		☊	驅逐、流浪

〈表 5-5〉

在進一步了解宮位徵象星之前，應先了解行星具備「自然徵象」和「六親徵象」，請參見下表：

行星	自然徵象	六親徵象
☉	自我、靈魂、右眼	白天盤的父親、夜間盤的叔伯
☽	心思、情緒、左眼	夜間盤的母親、白天盤的舅姨
♂	暴力、殘忍	較年長的手足
☿	研究、學習、語言	領養的兒子
♃	知識、宗教、道德	較年長的手足
♀	精液、婚姻	白天盤的母親、夜間盤的舅姨
♄	悲傷	白天盤的叔伯、夜間盤的父親
☊	渴望、物欲	祖父
☋	解脫、靈修	外祖父

〈表 5-6〉

宮位徵象星的概念，是以行星的自然性質與宮位管轄的項目性質（將於第四節討論）來比擬；不同於星座／宮位同族性的對應，是以星座主星作為特定宮的徵象星。例如第三宮的徵象星是火星，與主管第三宮的冒險、勇敢有關，而非由雙子／第三宮的星座主星水星來取象。

另外，行星不僅是單一宮位的徵象星，還有可能兼管數個宮位。例如太陽為第一、九、十宮的徵象星；木星為第二、五、七、十、十一宮的徵象星；火星為第三、六宮的徵象星；土星為第六、八、十二宮的徵象星。這樣有助我們分辨行星的吉凶性質。

印度占星先賢帕拉薩拉在《BPHS》一書第三十二章中，相當詳盡的討論了徵象星的內容；更在第七章中以徵象星當作上升點，衍生出十二宮。根據這項法則，占星家可進一步推演六親的個別事項，即以六親的個別徵象星代表作為上升點，然後起算十二宮。

帕拉薩拉著述的《BPHS》是印度占星學的重要經典，該書相當重視徵象星的概念與用法，一般印度占星學書籍無不引用。當判斷某宮事項時，該宮相關的徵象星也必須考量在內。例如，想了解母親（第四宮）的狀態，除了須討論第四宮及第四宮主星的所有狀況，還須思考月亮的吉凶，並以月亮作為上升點，起算十二宮，用以檢視母親的其他事項。

學習印度占星學，必須牢牢記住這些宮位的徵象星，而研讀印度占星學的經典文獻，有助於悟解行星在宮位中的特殊陳述。例如印度許多聖人描述，當太陽落入第十二宮，意謂命主將充滿罪惡，然而，其實並非太陽，也並非第十二宮跟道德或行為舉止有關；適當的解釋應該是：太陽為第九宮的徵象星，而第九宮為宗教宮，因此，當它落入邪惡的第十二宮時，會傷害命主的宗教本性，因而產生罪惡傾向。由此可知，若不能了解宮位徵象星，對於許多經典的描述，可能就會不知其所以然。

有關「宮位、徵象星的使用及判斷法則」，在此整理如下：

1. 有關宮位內有象徵人的徵象星在內，通常對此人不利。例如太陽位於第九宮，刑剋父親；火星位於第三宮，刑剋年輕手足；月亮位於第四宮，刑剋母親；木星位於第五宮，刑剋子女；金星位於第七宮，或木星位於第七宮，刑剋妻子或丈夫。還要注意的是，當此法則遇到第 5 點法則時，便不適用。

2. 有關宮位內有徵象星在內，除人以外，其餘皆為吉象。例如木星位於第二

宮或第十一宮，有利錢財收獲；土星位於第八宮，有利壽命，但必須不受凶星相映，且不入弱、不遭凶星圍攻、不遭太陽焦傷。依第 1、2 點原則推論如下：

   （1）木星位於第二宮，且作為第二宮主星（即使會合火星），會有財富。

   （2）木星位於第九宮，且作為第九宮主星位於始宮（一、四、七、十宮），這是「貴格」，會帶來許多幸運。

   （3）木星位於第十一宮，第十一宮主星落入第二宮，且第二宮主星位於始宮，會帶來鉅富。

   （4）土星位於第十二宮（與火星、北交點會合），會以不當手段謀利。

   （5）火星位於第三宮，受吉星相映，手足較多，但有刑剋；而命主的勇氣、膽量足。

3. 本命第十二宮內有行星，有關該行星的徵象宮位將屬吉，因為第十二宮代表這一生的歸結；但須注意不宜入弱，不受刑剋，不遭夾封，不逢焦傷，方能作此論。若有上述凶象之一，反而更凶（仍需全面檢討，方可下結論，因為任何行星飛臨第十二宮，均不利世俗名利）。

4. 無論何時，當宮主星與該宮徵象星位於始宮、三方宮等吉宮會合，能強化該後天宮活力，必然為吉；但仍須兩個行星為友誼行星，才能充分確認；若位於第九、十、十一、十二宮，更佳。

5. 徵象星位於徵象宮位內，若有下列情形，則為吉：

   （1）徵象星正好是該宮的宮主星。

   （2）徵象星入旺宮、自己主管的星座，逢吉星會合或相映。

   （3）徵象星的定位星位[1]於由徵象星起算的始宮內。

   （4）徵象星的定位星會合吉星，且不受凶星刑剋。

6. 徵象星位於徵象宮位內，若有下列情形，則為不吉：

   （1）徵象星逢凶星會合或相映的刑剋。

---

1 作者註：定位星是某行星所在宮位的星座主星，如木星位於三宮巨蟹座，此巨蟹座的主星月亮，即為木星的定位星。

（2）徵象星的定位星逢凶星會合，或相映，或入弱宮。

（3）徵象星的定位星位於六宮、八宮、十二宮，且無入旺宮，或入自己
主管的星座。

7. 徵象星位於徵象宮位內，應注意第 1、5、6 點原則；當徵象星相映至它的
徵象宮位，不凶，反而增強吉象。

以張國榮的命盤〈圖 5-11〉為例，說明徵象星的應用：

1. 太陽 ☉：以人來比喻，
太陽是父親的徵象星，也
是榮耀、名望、社會地
位的徵象星，尤其是入
廟，位於自己主管的星座
獅子座 ♌，同時位於第
十宮，有利於聲名。張
國榮的父親是香港知名裁
縫師，常為好萊塢電影
製作服裝，美國知名影星
馬龍・白蘭度，即為其客
戶之一。由於土星 ♄ 位
於第一宮，同時火星 ♂

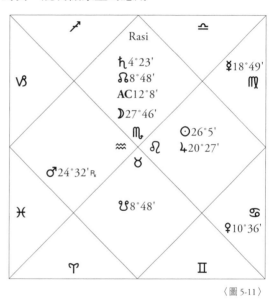

〈圖 5-11〉

位於第四宮，兩者均相映刑剋太陽 ☉，因此，張國榮自小便與父母分居，
與父親感情疏離；幸好太陽 ☉ 逢木星 ♃ 會合，代表幸運，且受到位於第
九宮巨蟹座 ♋ 的吉星金星 ♀，及入廟於第十一宮處女座 ♍ 的水星 ☿ 包
圍，雖然擁有聲望且令人敬仰，但過程十分艱辛。

2. 月亮 ☽：以人作比喻，月亮是母親的徵象星，位於第一宮天蠍座 ♏，入
弱；而月亮也是身體的徵象星，第一宮內的土星 ♄、北交點 ☊ 分別刑剋
月亮 ☽，且月亮 ☽ 也受到第七宮南交點 ☋ 的相映刑剋，因此母親與父親

感情不睦，他與母親也不甚親近。

3. 火星 ♂：以人作比喻，火星是手足的徵象星，位於第四宮水瓶座 ♒，是土地不動產的徵象星。太陽 ☉ 入廟獅子座 ♌，會合最大吉星木星 ♃，在十宮相映，有利土地、不動產的購置累積。

4. 水星 ☿：較無特別的六親徵象星，除了領養的兒子以外。

5. 木星 ♃：以人作比喻，木星是兒子的徵象星；位於第十宮獅子座 ♌，則是幸運的徵象星。木星 ♃ 雖逢太陽 ☉ 焦傷，但因太陽 ☉ 入廟獅子座 ♌，反而繁榮興盛。雖然火星 ♂ 位於第四宮，與之相映，有些不快，然而吉星金星 ♀ 位於第九宮巨蟹座 ♋，且水星 ☿ 位於第十一宮處女座 ♍，入廟，木星得到金星 ♀、水星 ☿ 的包圍，更增添其幸運。此外，木星也是財帛的徵象星，為第二宮（代表財帛）人馬座 ♐ 及第五宮（代表才華）雙魚座 ♓ 的主星，飛臨第十宮，形成「富格」，同時又相映至第二宮，更增強其財運。

6. 金星 ♀：以人作比喻，金星是男命的配偶，位於第九宮巨蟹座 ♋。金星的定位星月亮 ☽，入弱於天蠍座 ♏，位於命宮，逢凶星土星 ♄、北交點 ☊、南交點 ☋ 的會合或相映刑剋。金星雖然位於吉宮第九宮，但也見北交點 ☊ 的相映，其為第七宮金牛座 ♉ 的主星；土星 ♄ 會合北交點 ☊，相映至第七宮，且宮內見南交點 ☋；火星 ♂ 位於第四宮，相映刑剋至第七宮。以上這些因素，顯然都不利正常婚姻。

7. 土星 ♄：以人作比喻，土星是僕人、部屬，位於第一宮天蠍座 ♏。土星位於第一宮內，逢北交點 ☊ 會合，及第七宮內的南交點 ☋ 相映刑剋，宮內見月亮 ☽ 入弱。他是家中十個兄弟姊妹中排行最小的。香港演藝圈常以「十仔」稱呼他，因父母不和，將他託付家中女僕照顧；命宮內的行星結構，帶來內心憂傷、壓抑、不快樂、沒有安全感。

接下來，我們將用不同的案例來說明宮位與徵象星：

【案例一】

A 男

1964 年 3 月 3 日 06:00

台北市

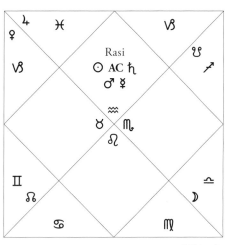

〈圖 5-12〉

1. 木星 ♃ 為第二宮財帛宮雙魚座 ♓ 的主星，同時也是財帛的徵象星。

2. 木星 ♃ 位於雙魚座 ♓，入自己主管的星座，財帛並非屬人的徵象。

3. 第十一宮人馬座 ♐ 的宮主星，亦為木星 ♃。

4. 參見「宮位、徵象星的使用及判斷法則」第 5 點第（2）項（P256）。

5. 木星 ♃ 位於雙魚座 ♓，未見任何凶星刑剋。

6. 命主原本任職記者，拜結交電子新貴，出入未上市股的買賣，幾乎無往不利；短短十年間，累積財富三、四億元，其徵象星木星 ♃（代表財富）甚強，無刑剋，且同時又是第二、十一宮主星。

【案例二】

A 女

1966 年 5 月 2 日 23:15

高雄市岡山區

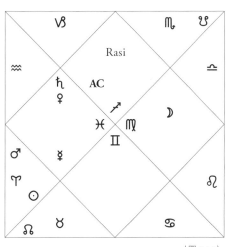

〈圖 5-13〉

1. 木星 ♃ 為女命丈夫的徵象，位於第七宮雙子座 ♊ 內，對丈夫不利。

2. 木星 ♃ 的定位星水星 ☿，雖位於木星所在宮位起算的始宮，

但水星入弱於雙魚座 ♓ 第四宮，宮內見一吉星金星 ♀，與一凶星土星 ♄ 會合；此外，南交點 ☋ 也位於第十二宮，相映至第四宮，刑剋；而水星 ☿ 也是第七宮雙子座 ♊ 的主星，故婚姻不利。

3. 第九宮父親，其主星太陽 ☉，也是父親的徵象星，飛臨第五宮，三方吉宮，且逢位於白羊座 ♈ 入廟的火星 ♂ 會合，有利父親發展。

4. 命主的父親是高階軍職人員。父親的官運在她出生後便扶搖直上；然而其婚姻卻傷痕累累，丈夫不負責任，一再劈腿──第七宮主星水星 ☿ 便是丈夫的代表因子。

【案例三】

B 女

1955 年 4 月 30 日 13:30

台中市

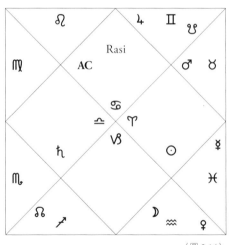

〈圖 5-14〉

1. 火星 ♂ 為年輕手足的徵象星，位於第十一宮金牛座 ♉，無力，相映至本命第二宮財帛宮。

2. 火星 ♂ 逢南交點 ☋ 及太陽 ☉ 的夾剋（凶星夾剋）。

3. 第三宮兄弟宮位於處女座 ♍，第三宮主星水星 ☿ 位於第九宮吉宮，但水星入弱於雙魚座 ♓，甚為無力。

4. B 女十分信任弟弟，聽其計畫合夥作生意，出面擔保向銀行貸款，且不過問。然而，想不到弟弟卻捲款逃逸，後來從親友得知，弟弟沉迷大家樂簽賭，虧空股東股款，B 女的生活因此陷入困境，不得已只能結束自己的事業以償債。

【案例四】

C 女

1962 年 9 月 22 日 18:15

台南市

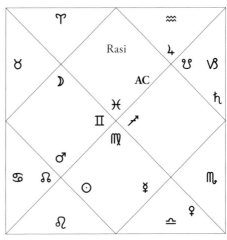

〈圖 5-15〉

1. 月亮 ☽ 為母親徵象星，位於它的徵象宮第四宮內。母親屬人，故對母親不利。

2. 月亮 ☽ 逢火星 ♂ 會合刑剋。

3. 月亮 ☽ 也逢位於第十二宮的木星 ♃ 吉相映。

4. C 女母親原為服侍她父親的傭人，日久生情而成為側室。

6. 月亮 ☽ 所在宮位宮主星水星 ☿ 位於處女座 ♍，入廟，落入第七宮，相映至命宮；命主母親與命主感情頗佳，相當關心命主。

【案例五】

D 女

1969 年 5 月 21 日 16:57

桃園市

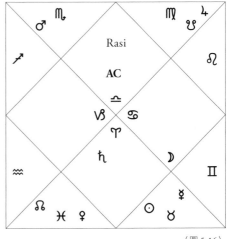

〈圖 5-16〉

1. 木星 ♃ 為丈夫的徵象星，位於本命第十二宮內，對於第二、五、十一、七宮，即財帛、子女、丈夫或偏財，似吉；但木星 ♃ 落入處女座 ♍，無力，且逢南北交點 ☊ ／ ☋ 軸線刑剋，反凶。

2. 第七宮夫妻宮內見凶星土星 ♄，

落入白羊座 ♈，入弱，甚無力。

3. D 女已婚，卻因夫妻年齡差距過大（土星 ♄ 位於第七宮），觀念差異頗大，時常爭執；於水星 ☿ 與北交點 ☊ 的「主要期間／次要期間」，即 1999 年 6 月 25 日後離婚。

【案例六】

E 女

1963 年 8 月 11 日

彰化縣二水鄉

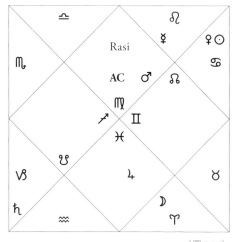

〈圖 5-17〉

1. 木星 ♃ 為丈夫的徵象星，位於第七宮雙魚座 ♓，落入自己的星座，似吉。

2. 然而，木星 ♃ 位於第七宮，受位於第五宮的土星 ♄ 刑剋（土星以自己所在起算相映至第三宮，即本命的第七宮）。

3. 火星 ♂ 位於上升星座，相映至第七宮，刑剋木星 ♃。

4. 木星 ♃ 相映至金星 ♀，而金星逢太陽 ☉ 焦傷，太陽為第十二宮主星。

5. E 女的先生頗有才情，因台灣建築業不景氣，遂赴大陸發展，不料卻在對岸包二奶。E 女快刀斬亂麻，結束夫妻關係，各自分離。

　　宮位的數字衍生宮位意涵之外，尚透過第一節提到的宮位分類來衍生。例如與法有關的宮位（一、五、九宮），第五宮會反映第一宮的某些意義，第九宮同樣也會反映第五宮的某些意義；較高的宮位含有較低宮位的變化印象。又例如與手足有關的宮位：第三、七、十一宮中，三宮為年幼手足、十一宮為年長手足。另外，第一、四、七、十宮同為始宮，一宮代表個人的

職業才能，而十宮則代表命主實際從事的職業。

此外，第一宮和第七宮是相對的，如同兩極性質的對立與吸引；第三宮代表意識心靈，第九宮則代表較高心靈的智慧；第十宮代表公開，第四宮則為隱私；第六宮代表疾病、健康，第十二宮則代表住院、醫院。上述這種對立、反射的作用，可能跟印度占星學行星總是相映至對宮有關。

接著，本書再舉幾個案例，說明衍生宮的應用：

【案例七】

約翰・甘迺迪

1917 年 5 月 29 日 15:00

美國・布魯克萊恩（Brookline）

71W7, 42N19

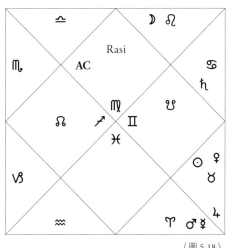

〈圖 5-18〉

1. 第三宮為兄弟宮的總稱，其主星火星 ♂ 落入第八宮白羊座 ♈，也就是自己主管的星座（三宮之六）；然而，卻逢北交點 ☊ 位於第四宮刑剋，以及第十一宮內的土星 ♄ 刑剋，故有手足夭折之徵。土星 ♄ 為十一宮之八（本命第六宮），水瓶座 ♒ 的主星。

2. 論較年長手足，以第十一宮首；宮內見土星 ♄ 自然凶星，對於較年長手足不利。約翰・甘迺迪上有一兄，空戰死亡。

3. 三宮之八（本命第十宮）位於雙子座 ♊，宮內見南交點 ☋ 凶星，且其主星水星 ☿ 會合火星 ♂，受土星 ♄ 及北交點 ☊ 刑剋；約翰・甘迺迪下有一妹為智能障礙，另一妹因飛機失事身亡，其他手足多不健康。他的第九宮甚強，金星 ♀ 落入自己主管的星座金牛座 ♉，逢木星 ♃ 會合；且金星 ♀、木星 ♃ 包圍太陽 ☉，以致能躍居一國元首，實受家族庇蔭之惠；木星

$\underline{4}$ 為第四宮主星，太陽 $\odot$ 為父親的徵象星，木星相映至上升點（命宮之所在）。

4. 本宮第八宮內見火星 $\mathring{\circ}$ 位於白羊座 Υ，落入自己主管的星座，卻逢土星 $\hbar$ 及北交點 Ω 的相映刑剋，以致意外死亡。

【案例八】

賈桂琳‧甘迺迪

1929 年 7 月 28 日 01:30:00,

Zone 5.00

CCT Saturday, Lahiri 22:52:1

美國‧紐約 72W23, 40N53

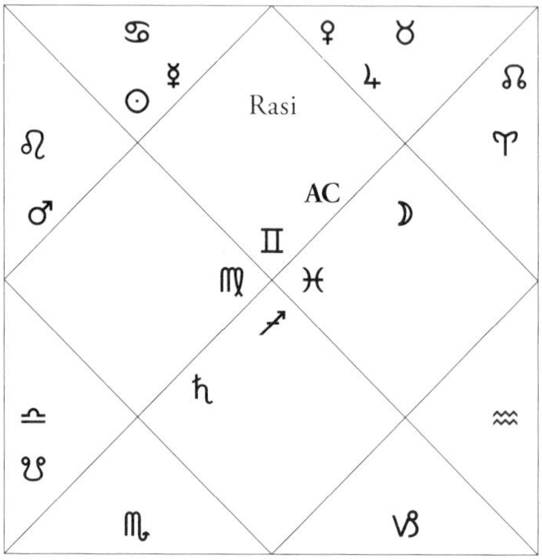

〈圖 5-19〉

1. 第七宮位於人馬座 $\nearrow$，其主星木星 $\underline{4}$ 落入本命第十二宮（七宮之六），不吉；幸有吉星金星 $\female$ 落入自己的主管星座蔭助，應無大礙。

2. 第七宮之八（本命第二宮）見自然凶星太陽 $\odot$，但其主星月亮 $\mathbb{D}$，逢火星 $\mathring{\circ}$ 位於本命第三宮映射刑剋，確實應驗丈夫意外死亡之徵象。

3. 本命第七宮內見自然凶星土星 $\hbar$，命主因丈夫而憂傷。**印度占星學最不喜火星 $\mathring{\circ}$ 或土星 $\hbar$ 落入第七宮，對女命而言，易見分離。**

【案例九】

李登輝

1923 年 1 月 15 日 04:30:00, Zone 8.00

CCT Sunday, Lahiri 22:46:54

新北市 121E30, 25N15

1. 第五宮（代表子女）位於雙魚
   座 ♓，宮內見火星 ♂ 為命主星
   （命主立命天蠍座 ♏），對孩
   子關心，卻較嚴格（火星為自
   然凶星）。

2. 第五宮主星木星 ♃ 位於第十二
   宮（五宮之八），不利男性子
   女的壽命；因為木星屬陽性行
   星，而本命第十二宮為三凶宮
   之一，因此，任何行星飛臨，
   均易受傷害，加上又為五宮之
   八，雙重不利。

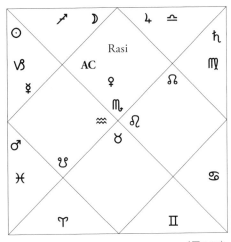

〈圖 5-20〉

3. 火星 ♂ 位於第五宮，又見凶星土星 ♄ 在本命十一宮映照，而南交點 ☋
   位於第四宮，都相映至第十二宮，更添不吉。

4. 木星 ♃ 也代表子女，尤其是代表兒子的徵象星。

【案例十】

毛澤東

1893 年 12 月 26 日 07:30:00,

Zone 8.00

CCT Tuesday, Lahiri 22:22:31

中國・湖南省 112E54, 27N48

1. 第五宮（代表子女）位於白羊
   座 ♈，宮內見木星 ♃，為上升
   星座人馬座 ♐ 的主星，應能福
   蔭子女。

2. 第五宮主星火星 ♂ 飛臨第十二

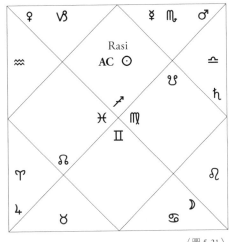

〈圖 5-21〉

宮（五宮之八），雖然落入天蠍座 ♏ 自己主管的星座，但對人仍屬不利；
且受到位於天秤座 ♎ 第十一宮的土星 ♄，以及位於上升星座人馬座 ♐
的太陽 ☉ 圍攻，更屬不利。

3. 土星 ♄ 位於第十一宮，相映至第五宮，刑剋第五宮及宮內的子女徵象
   星——木星 ♃；根據「宮位、徵象星的使用及判斷法則」第1點（P255），
   易刑剋子女。

4. 北交點 ☊ 也位於第四宮，相映至第十二宮內的水星 ☿ 及火星 ♂；水星 ☿
   為第十宮（五宮之六）處女座 ♏ 的主星。

【案例十一】

小野洋子

1933 年 2 月 18 日 20:00

日本・東京

1. 第七宮（代表夫妻）位於雙魚
   座 ♓，第七宮主星木星 ♃ 飛臨
   第十二宮（七宮之六）獅子座
   ♌，逢火星 ♂、南交點 ☋ 會合
   刑剋；而太陽 ☉ 及北交點 ☊
   也位於凶宮第六宮（代表敵人）
   相映，幾乎是諸凶併集。

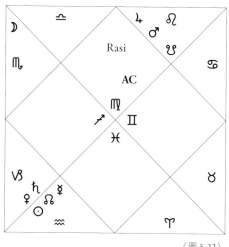

〈圖 5-22〉

2. 土星 ♄ 位於第五宮摩羯座 ♑，位於自己主管的星座，但也相映至第七
   宮；土星 ♄ 會合金星 ♀，也刑剋金星；而金星是第二宮（七宮之八）天
   秤座 ♎ 的主星。北交點 ☊ 位於第六宮，也相映至第二宮。

3. 本命第七宮衍生出的第六、八、十二宮，皆甚凶。

4. 小野洋子的丈夫為知名歌手約翰・藍儂，遇刺身亡。

【案例十二】

柯拉蓉・艾奎諾

1933 年 1 月 25 日 04:00:00,

Zone 8.00

CCT Tuesday, Lahiri 22:55:27

菲律賓・馬拉提（Malate）

120E59, 14N34

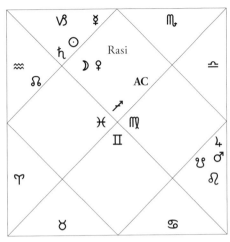

〈圖 5-23〉

1. 第七宮（代表夫妻）位於雙子座 ♊，第七宮的主星水星 ☿ 飛臨本命第二宮（七宮之八）摩羯座 ♑，逢自然凶星太陽 ☉ 及土星 ♄ 的會合刑剋；丈夫得罪當權者（由太陽代表），遭遇不測。

2. 第五宮（代表子女）位於白羊座 ♈，其主星火星 ♂，飛臨三方宮第九宮，為吉宮，且逢木星 ♃ 吉星會合，形成極佳的「貴格」；雖逢南北交點 ☋／☊ 軸線，但根據阿加瓦爾（G. S. Agarwal）的著作《Practical Vedic Astrology》第三十六頁所載，卻為大吉象：火星 ♂、木星 ♃ 均為三方宮主星，而木星 ♃ 又兼始宮主星（木星位於第九宮，為始宮一宮人馬座 ♐ 的主星）。

3. 柯拉蓉的丈夫被謀殺，她與兒子都曾貴為總統。

【案例十三】

威廉王子

1982 年 6 月 21 日 21:03:00, Zone 1.00

CCT Monday, Lahiri 23:36:26

英國・倫敦　0W10, 51N30

1. 第四宮（代表母親）位於白羊座 ♈，宮主星火星 ♂ 飛臨第九宮（四宮之

六）處女座 ♍，逢土星 ♄ 會合
刑剋，不利。

2. 月亮 ☽ 為母親的徵象星，位於
本命第六宮雙子座 ♊，逢太陽
☉ 及北交點 ☊ 自然凶星的包
圍；又見南交點 ☋ 位於第十二
宮相映刑剋；而第九宮內的土
星 ♄，也相映至第六宮內的月
亮 ☽。

3. 以上因素是構成母親意外死亡
的徵象。

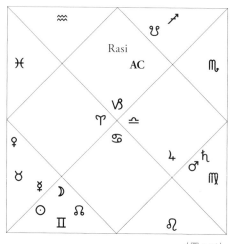

〈圖 5-24〉

【案例十四】

F 女

1981 年 4 月 10 日 06:37:00,

Zone 8.00

CCT Friday, Lahiri 23:35:28

苗栗　120E49, 24N33

1. 第四宮巨蟹座 ♋（代表家、母
親）宮內，見南北交點 ☋／☊
軸線，不吉。

2. 第四宮主星月亮 ☽ 位於本命
第十二宮（四宮之十二），逢
位於第十二宮凶宮的火星 ♂ 相
映刑剋；又土星 ♄ 位於本命第六宮，與之相映刑剋。

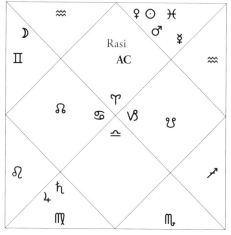

〈圖 5-25〉

3. 第六宮（即四宮之三，母系家族中較年輕的舅姨）見凶星土星 ♄ 會合木
星 ♃，相映至命主星火星 ♂；而火星本身也逢入弱於雙魚座 ♓ 的水星 ☿，

及太陽 ☉ 圍攻，不利；又見北交點 ☊ 位於第四宮相映刑剋，對命主甚為不利。

4. 命主於實歲八歲時，母親過世。因單親家庭之故，靠舅舅扶養，卻在國中時遭其強暴，自此開始逃家，自暴自棄。

【案例十五】

B 男

1973 年 3 月 10 日 20:00:00,

Zone 8.00 CCT Tuesday, Lahiri

23:29:41

桃園市 121E18, 24N59

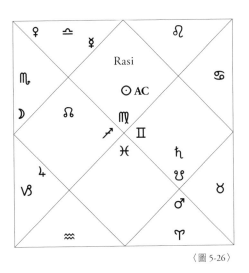

〈圖 5-26〉

Sun	Sun	09/10/2001
Sun	Moom	12/29/2001
Sun	Mars	06/30/2002
Sun	Rahu	11/05/2002
Sun	Jup	09/30/2003
Sun	Sat	07/18/2004
Sun	Merc	06/30/2005
Sun	Ketu	05/06/2006
Sun	Ven	09/11/2006

1. 第三宮位於天蠍座 ♏，宮內月亮 ☽ 入弱，對手足不利；第三宮主星火星 ♂ 落入本命第八宮（三宮之六），雖為自己主管的星座，然而手足屬生命體，因此仍屬不利；且三宮之八（本命第十宮）宮主星水星 ☿，也受火星 ♂、南交點 ☋ 刑剋。

2. 立命處女座，宮內見太陽 ☉，有領導能力，並具備行政管理能力；然而太陽 ☉ 為第十二宮獅子座 ♌ 的宮主星，隱含不幸、災禍，且太陽為自然凶星。

3. 命主星水星 ☿ 落入第二宮，會合金星 ♀，位於天秤座 ♎ 自己主管的星座。

水星也是第十宮事業宮雙子座
♊ 的宮主星，可因事業賺錢；
但因南交點 ☋ 位於第十宮，會
合土星 ♄，刑剋第二宮的財帛；
而土星又刑剋第十二宮不幸宮，
因此易因工作事業致使錢財或
個人命運不幸。

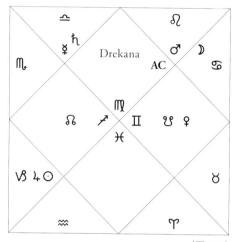

〈圖 5-27〉

4. 第三宮位於天蠍座 ♏，宮內見
月亮 ☽，入弱；宮主星火星 ♂
位於第八宮凶宮，自己主管的
星座白羊座 ♈，相映至第三宮。

火星 ♂ 為手足的徵象星（較年輕手足），看似無礙，但三宮之八（代表
手足死亡）為本命第十宮，見土星 ♄、南交點 ☋ 兩大凶星，不利手足
生命。

5. 因出生時間精確，再查 D₃；其 D₃ 在處女座 ♍，逢土星 ♄、火星 ♂ 圍
攻，甚為不吉；又 D₃ 的第三宮位於天蠍座 ♏，其主星火星 ♂ 落入第
十二宮獅子座 ♌，不吉。

6. 命主曾受某電子公司雇用，極受老闆賞識，甚早便被拉拔為公司主要幹
部。然而，老闆心術不正，設局讓他從事非法工作。原本命主並不知情，
後因東窗事發而想請辭，老闆卻以他知悉公司祕密為由，迫其屈服。命主
不從，暫避他處，老闆竟夥同黑道，綁架其弟逼說命主下落。結果其弟被
亂棒打死，他得知消息，遠渡大陸避禍。當時，正好值太陽 ☉ ／水星 ☿
期間，太陽 ☉ 為第十二宮主星，而水星 ☿ 為第十宮主星，同時也是 D₃ 命
宮上升星座主星，逢南交點 ☋ 刑剋。

第四節　十二宮管轄內容的基本性質

第一宮

（一）類比元素：火象

（二）徵象星：太陽（活力、年紀、靈魂）、月亮（身體）

（三）宮位分類：法、始宮、三方宮

（四）管轄事項：

人：命主、詢問者（卜卦）

事：個性、氣質、傾向、健康、壽命、體力、意志力、自我尊重、信心、有能力、受肯定、早歲時期、生命開始、體格、外觀、德行、戰勝敵人、脾氣

身體部位：頭、大腦、皮膚觸感、整個身體、膚色、臉的上半部

（五）衍生宮位：外祖父（四宮之十）、祖母（北印度：十宮之四，十宮管轄父親）

（六）宮位意義

1. 第一宮即「Lagna」，最為重要，亦是天宮圖中最屬於個人的部分，顯示「命主如何為外界所認知」，故代表了外觀、體型結構、人格、個性、脾氣、氣質、行為傾向，並衍生成命主的信心與沮喪、自重自愛與自暴自棄、健康與疾病。若第一宮嚴重受剋，易導致心理失調、心因性疾病；若第一宮強，命主有體力、信心，且意志力堅強。

2. 主管第一宮的行星顯示「命主個性的本質和行為傾向」。例如上升點位於天秤座，上升星座的主星為金星，命主可能具藝術才華、浪漫多情；若上升點位於摩羯座，上升星座的主星為土星，命主可能較嚴肅、艱苦自勵，若土星力量強，命主的組織能力甚強。

3. 第一宮為「法」，代表生的目的或正確的行為，是命運的一部分。印度

占星學強調「業」與「輪迴」概念，認為命主今世的命運，是前世累積的業力所致。

4. 第一宮為始宮兼具三方宮，為吉宮。第一宮主星飛臨的宮位，常是命主生命力及興趣所在。例如上升星座的主星飛入第十宮，那麼命主會注重名譽、聲望或事業心重；然而是否能有所成就，則須進一步考慮行星及宮位的力量，以及其他行星相映等綜合影響。例如火星、土星無法產生等同金星、木星的吉象；又例如水星位於處女座，產生的力量完全不同於水星位於雙魚座。

5. 第一宮可以比擬為白羊座，故主管頭部、大腦、臉部上半部、皮膚觸感、膚色、整個身體。因此，第一宮內的行星將會影響命主的外觀、體型結構，配合第 1 點的意義，如何為外界所認知。

6. 第一宮的徵象星為太陽，顯示健康、生命力及自我。當許多行星同時位於第一宮時，顯示命主的自我意識甚強。

7. 第一宮的梵文「Tanur Bhava」，意思是「身體之宮」；顯示整個身體的結構及健康、生命本能。當第一宮嚴重受剋時，即代表難產或是嬰兒猝死。由於第一宮也顯示先天的稟賦，因此，當第一宮及宮主星的力量弱時，常為疾病的主因；當第一宮主星飛臨第六、八、十二宮，並與凶星會合，健康必然受損；當第一宮主星有力量時，代表命主壽命長，且幼年階段較無危險。

8. 如果命主欲有所成就，第一宮及宮主星就必須要有力量，如此才能建立自我認同；對榮譽、名望，或受外界肯定的需求，也是必須的。

第二宮

（一）**類比元素**：土象

（二）**徵象星**：木星（財富）、水星（語言）、金星（家人）

（三）**宮位分類**：利、續宮、死亡殺手宮

（四）**管轄事項**：

　　人：詩人、雄辯家、命主的養育者

　　事：說謊傾向、想像力、說話、使用粗俗的語言、家庭、家內和諧、
　　　　食欲、早期學校教育、死亡

　　物：金錢、財富、流動資產、食物、飲料、衣飾

　　身體部位：右眼、舌頭、嘴、頸、喉嚨、臉、面頰、手指和腳趾的
　　　　指甲

（五）衍生宮位：母親的年長手足（四宮之十一）、配偶的壽命（七宮
　　之八）

（六）宮位意義

1. 第二宮梵文為「Dhana Bhava」，亦即「金錢宮」，是財富的主要指標，
　代表命主獲取錢財的努力程度以及流動資產。

2. 第二宮類比為喉嚨、舌頭。由於金牛座／第二宮的同族性，因而衍生為
　語言、說話能力，包含雄辯能力、口授教育；即年幼時，父母的口語教
　育，也因此，第二宮主管基本教育、早期教育。印度占星學經典即記載：
　第二宮配置佳，命主將精通經典；第二宮強，命主將會在許多領域或其
　選擇的工作場域，擁有豐富的知識。

3. 同樣的，由於第二宮可類比為喉嚨、舌頭，因此衍生為食欲、飲料、食
　物。如果第二宮受剋，那麼命主將是昏沉的醉漢；合參第 2 點，代表命
　主知識水平低，就經驗值而言，命主也容易過度使用藥物。

4. 第二宮乃命宮之後，代表命主隨即與家人產生關係，故第二宮主管家庭
　生活、家庭成員，或與命主養育者之間的關係。另外，第二宮猶如嬰兒
　出生後立即獲得的財富，例如衣飾、食物、飲料，若第二宮受剋，代表
　命主年幼時難有幸福感，甚至與父母分離。

5. 由於第二宮主管喉嚨，因此，如果第二宮主星有力，並與第五宮（創造
　力）主星會合，例如有力的金星（代表藝術），那麼表示命主具有歌唱
　的才華。

6. 第二宮為「利」，最典型的代表即為金錢財富。

7. 第二宮為續宮，代表資源以及金錢、財富的累積。第二宮及其宮主星強，即為富有的象徵。

8. 由於第二宮為第三宮的第十二宮（三宮之十二），代表壽命的消失，因此也主「死亡殺手」。

9. 第二宮的徵象星為木星，當第二宮或第二宮主星受木星有力的相映時，命主易得財。

10. 第二宮代表家庭生活、與家人的關係，因此，當受到分離行星如太陽、北交點或第十二宮主星相映，或這些行星的定位星刑剋時，命主自小便與家人分離。

第三宮

（一）**類比元素**：土象

（二）**徵象星**：火星（年輕的手足、勇氣）、土星（不幸、壽命）

（三）**宮位分類**：欲、果宮、成長宮、困難宮

（四）**管轄事項**：

> 人：較年輕的手足、音樂家、演員、舞者、製片家、戲劇導演、經理人
>
> 事：冒險精神、勇敢、膽量、能量、率先、害怕、精緻藝術、音樂、戲劇、跳舞、創作、溝通、短期旅行、願望
>
> 物：信函、新聞刊物
>
> 身體部位：右耳、手臂、肩膀、肺部、支氣管、胸部上半、胸腺、神經系統

（五）**衍生宮位**：年長手足的孩子（十一宮之五）

（六）**宮位意義**

1. 第三宮為「欲」，顯示願望須靠個人的努力、率先、創新、冒險犯難、勇敢、膽量、展現生命能量來實現；若嚴重受剋，代表命主是可怕之人。

2. 第三宮的徵象星火星，也代表英勇、不凡的技能；可由手來象徵，顯示

生命的基本能量、衝力和張力驅使著我們；揭示生命的熱情、行為的勇氣，以及無畏、輕率與衝動，具有意志力和野心，並投射在生命的力量上。

3. 第三宮對應雙子座，主管神經系統、手臂、手；當心、手共同合作，即產生技術和精緻藝術，例如音樂、舞蹈、戲劇；同時也衍生出相關人員，例如音樂家、舞者、劇場導演、演員、製片、雕刻家、雕塑家。

4. 第三宮對應雙子座，其主星水星自古即被認為是信息的傳遞者，主管短期旅行、溝通、信函、郵局、電信局、作品、新聞刊物。第三宮如果有力量，命主在文學領域或許有一定地位。

5. 第三宮對應雙子座，主管的身體部位除第 3 點所述外，還包括肺部、胸部上半部、胸腺、右耳；當與北交點或南交點會合，或是火星、第六宮主星落入第三宮，則可能導致第三宮主管身體部位的疾病與傷痛。

6. 由於第三宮位於第二宮之後，而第二宮代表家人和命主的財富，會與命主分享或分奪財富的多為兄弟姊妹，因此印度占星學認為，第三宮主管比命主年輕的手足。第三宮內行星即顯示：命主之後下一位出生手足的特別訊息；如果是凶星，且無力或遭刑剋，命主可能無較年輕手足；根據印度經典指出，在此情況下，易與手足失和或手足早亡。

7. 第三宮為果宮，會賦予較高的心智能力，再配合第 3 點手、心相連的說明，易見精緻藝術。

8. 第三宮為困難宮中較輕微者，也有人認為並非困難宮，但總言之，並非吉宮；其宮主星一般被視為凶星，但還不至於構成太大傷害（須視各種狀況而定）。

9. 第三宮也是成長宮，意即隨著年歲增長而逐漸改進；一般認為，吉星位於成長宮雖吉，但宮位能量並不特別強，因此吉象有限；但相對的，凶星落入第三宮，反佳，但不宜入弱，受其他凶星刑剋。

10. 第三宮是八宮之八，具有壽命之意，能賦予生命能量興奮或刺激。

11. 第三宮的梵文為「Sahaja」，乃「兄弟」之意。

第四宮

（一）**類比元素**：水象

（二）**徵象星**：月亮（母親）、水星（教育、學歷）、金星（交通工具）、火星（土地、不動產）

（三）**宮位分類**：解脫、始宮

（四）**管轄事項**：

人：母親、群眾

事：幸福與滿足、情緒、舒適享受、正規教育、生命、終點、心靈平靜、私人事務、群眾魅力、住家環境、個人隱私、埋葬、靜思

物：土地、房地產、租屋處、農莊、花園、水泉、栽種農作物、私人物品、涼亭、閣樓、寶藏、墳墓、汽車、船、飛機、馬車、不動產、遮蓬

身體部位：胸部下半部、心臟、胃的上半部、橫膈膜、動脈

（五）**衍生宮位**：配偶的事業（七宮之十）、子女的暗中麻煩（五宮之十二）

（六）**宮位意義**

1. 就天宮圖而言，第四宮是為天底，與天頂相對。天頂是大家看得見的，而天底是看不見的，意指個人隱私、私人事務、內在心靈感受、情緒、幸福、滿足、舒適享受、寧靜、家；進而衍生成住處、租屋處、埋在地下的寶藏、私人物品。天底位於地面下，所以與地面以及地面下之物類化，例如農莊、花園、農作物、井泉、埋葬、墳墓、涼亭、閣樓、土地、房地產、建築物、住家環境。

2. 第四宮代表「解脫」，加上屬於天底，故主靜思冥想、了悟生死、瑜伽等精神鍛鍊；宮內如有行星落入，命主對於精神生活或神祕體驗感興趣，攸關休息、放鬆。

3. 第四宮為始宮，宮內行星的力量會增強，對命主的職業也會有影響。在

印度占星學中，所有行星都相映至對宮，亦即第四宮內行星相映至第十宮（主管職業）；如果第四宮內行星多且力量強，命主易有成就，職業生涯輝煌，擁有社會地位與名望。

4. 第四宮對應巨蟹座，代表母性的光輝、命主的母親，進而衍生為命主內心根深蒂固的情感；而且天底的意象也與內在的心靈感受、情緒有關。如果第四宮嚴重受剋，那麼命主較早歲時，母親可能過世或身體欠佳，又或者命主的情緒不穩，甚至內在心理失調。

5. 第四宮的徵象星為月亮，亦指母親或命主尊崇為母親的女性。月亮主管情緒，是在黃道上移行最快速的一顆星，再加上幸福、舒適的意象，因此可聯想到汽車、船、飛機、大象等私人運輸工具（私人所擁有，公眾運輸工具則由第三宮代表）。

6. 第四宮為家、教養的所在，不同於第二宮的口語教導，須透過較正式的教育使心智逐漸成熟，因此又衍生為正規的學校教育、學歷。如果命宮的徵象較弱，但第四宮夠強，命主仍有學歷。

7. 一般而言，吉星主管始宮，會發生功能性的負面能量；而凶星主管始宮，反會發生正面的功能性能量，帶來吉利。

8. 行星位於始宮，具有力量，對命主會有顯著的影響，如同第 3 點所述。

9. 第四宮及第四宮主星月亮，如果受北交點刑剋，那麼命主易心生恐懼，或內心會有莫名的折磨。

10. 第四宮的梵文為「Sukha」，乃「舒適」及「幸福」之意。

第五宮

（一）類比元素：火象

（二）徵象星：木星（孩子，尤指男孩）、水星（智商、聰明）

（三）宮位分類：法、續宮、三方宮

（四）管轄事項：

　　　人：孩子

事：智能、聰明、第一次懷孕、投機、賭博、前景、記憶、娛樂、調
　　情、愛情、戀愛、創造力、遊戲、運動、股票交易、求婚、品
　　格、道德感、前世因果、價位、命運意識、宗教儀式、分辨能力

物：賭具、紙牌、迷宮、合夥人或妻子所得、賽馬

身體部位：肝臟、腹部、右心室、膽囊、脾臟、腸

（五）衍生宮位：排行在命主之後，第二年輕的手足（三宮之三），母親的
金錢（四宮之二）

（六）宮位意義

1. 第五宮是「法」，堅持過去累世正確的行為，因此主管前世因果、品格、
道德心、價值；亦即由於前世因，而有今世報，「Poorvapunya」（前世
修得的福報）的命運意識。

2. 第五宮是三方宮，為吉宮。第五宮主星飛臨的宮位，力量會增強，有利
於該宮。如果第五宮有力量，配合第 1 點，命主的能力佳，具有良好的
道德品性、正確的價值觀與悲憫之心，能給予他人好的建議。偉大聖人
及宗教家的命盤中，常見有力的五宮，因此能教化宗教心、道德觀，實
施真言念咒（Mantras）和精神技巧。

3. 第五宮對應獅子座、孩子心。傳統上主管孩子、與孩子之間的關係，也
包括懷孕。由於孩子為命主所生，因此，第五宮也可衍生為創造力、才
華、智能、心智的流動。

4. 第五宮最能顯示第一個孩子的狀況。

5. 第五宮的徵象星為木星，主管投機利得。由於第五宮內的行星相映至第
十一宮（利益、收獲），因此第五宮的財帛主要顯現在投機、賭博上，
衍生為股市交易、賽馬、賭具、迷宮、紙牌；再配合第 3 點，代表遊
戲、運動、娛樂等活動。

6. 第五宮內的行星意指命主的特殊能力或才能、源自前世的努力。如果第五
宮內行星受剋，或入弱無力，命主今世可能會濫用第五宮所象徵的事物，
因而出現問題；這是因為前世修為亂來所致。據研究，全球知名人物的

命盤，通常都有非常強的第五宮；由於他們前世的努力，以致今世可以享有回報。命主如果有強有力的「Poorvapunya」，在早歲階段即可感受到他的命運。

7. 第五宮主管愛情。就印度的國情而言，印度人民的婚姻，常在出生或早歲時，即由父母安排好，所以愛情意味來自配偶的愛情、調情。這與西方世界自由戀愛的風氣有所不同，因此，第五宮的愛情，所指示的內涵亦不相同。

8. 任何主管三方宮的行星都是吉的，能帶來最正面的能量。

9. 第五宮和第五宮的徵象星——木星，除非受到非常嚴重的刑剋，才會導致流產或早夭。

10. 第五宮的梵文為「Putra」，乃「兒子」或「孩子」之意。

第六宮

（一）**類比元素**：土象

（二）**徵象星**：火星（敵人）、土星（疾病）

（三）**宮位分類**：利、果宮、困難宮、成長宮

（四）**管轄事項**：

> 人：敵人、競爭者、仇人、嫉妒的人、部屬、承租人、辦伙食的人
>
> 事：疾病、健康、生病、每日工作、服務、工作細節、醫療行業、護理、起訴、被法庭判刑、不幸、受傷、負債、盜竊、中毒
>
> 物：自助餐、食物、寵物。
>
> 身體部位：腸、臍帶區域

（五）**衍生宮位**：母系舅姨（四宮之三）、配偶的暗中麻煩（七宮之十二）

（六）**宮位意義**

1. 第六宮對應於處女座，主管日常工作、服務、健康、疾病，也代表過度工作、阿諛、部屬、僕人、受雇者。吉星位於第六宮，命主具有服務精神、謙卑、較無敵意、努力付出、工作認真，但不見得會受到肯定，不

過尚能培養技術實力。

2. 第六宮為「利」，衍生宮為第七宮（他人）之第十二宮（喪失），代表他人的喪失；當我們獲得貸款，即代表他人金錢的喪失、負債之意；以服務、競爭、努力工作、戰戰兢兢的態度，帶來利。

3. 第六宮為困難宮，代表邪惡、傷害的宮位。如果宮內有行星，命主會受到傷害、衰敗。不過，**印度占星學界認為，凶宮落入第六宮，反會激起命主更多的競爭意識，易了解敵人，有能力打敗與之競爭或嫉妒的對手。**由於競爭，不免會被控訴、判刑，最終控告的人也不見得有利；這種情形雖有利打擊敵人，然而對於命主的健康，仍屬不利。

4. 第六宮為成長宮，命主會隨著年歲成長而促進改善。宮內有凶星，會帶來打擊對手的能力，但命主須及時努力、奮鬥，才能克服難關，並非靜待、不事生產。

5. 第六宮的徵象星為火星、土星，都是凶星。顯然，第六宮的本質屬於凶宮，火星易受傷，土星為疾病的代表，易突顯中毒、盜竊、不幸、悲傷等災難。

6. 任何困難宮的主星都具有凶性，會帶來負面的能量，並破壞它所飛臨的宮位。

7. 第六宮內的行星，會相映至第十二宮（精神啟蒙）。如果宮內行星多，命主會朝自我改善的養生之道、精神訓練、苦行努力，甚至禁欲修行；如果行星配置佳，有助精神進化。

8. 第六宮主管健康，如果宮內有受剋的吉星，容易產生該行星所主管的病症，例如：

水星：肺、腸（大小腸）、神經失調

月亮：胸、乳房、胃、大腦

木星：過敏、肝臟、膀胱、脾臟

金星：喉嚨、腎臟、生殖系統、甲狀腺

9. 第六宮的梵文為「Satru」，乃「敵人」之意。

第七宮

（一）**類比元素**：風象

（二）**徵象星**：木星（女命丈夫）、金星（男命妻子）、火星（性能力）

（三）**宮位分類**：欲、始宮、死亡殺手宮

（四）**管轄事項**：

> 人：配偶、合夥人
>
> 事：婚姻、買賣交易、合夥、法庭、居住國外、通姦、不貞、記憶喪失、失物復得、死亡、性交、性欲、訴訟、他人
>
> 物：性愛用品
>
> 身體部位：膀胱、輸尿管、腎臟

（五）**衍生宮位**：第二個孩子（五宮之三）

（六）**宮位意義**

1. 第七宮離第一宮最遠，第一宮代表「自我」，第七宮代表「他人」，由於第七宮也是第一宮的反映極點，因此代表「重要的他人」。除了自家血緣關係的家人、親戚外，命主最重要的他人，應屬配偶或生意上的夥伴、合夥人，所以衍生為婚姻、合夥關係。

2. 第七宮為「欲」，顯示與他人之間的相互渴望，包括肉體關係、性交、性欲、通姦、不貞的男女關係；正當的關係則為婚姻、合夥，顯示婚姻生活的品質以及配偶的狀況。

3. 第七宮為十宮之十，特別連結到事業的合夥人。又因為對應天秤座，代表與對方談判、交易買賣的商業活動。始宮屬於吉宮，宮內行星相映到第一宮，因此影響命主甚鉅；宜有吉星落入，例如金星、木星或漸增光的月亮來相映，否則寧可空宮。

4. 第七宮代表外國居住地。由於第一宮代表出生地，因此，離第一宮最遠的第七宮，便隱含外國居住地之意。印度占星先賢帕拉薩拉指出，當第一宮主星飛臨第七宮時，命主可能居住在國外。

5. 第七宮為第八宮（壽命）之第十二宮（消耗），因此亦主死亡，稱為「死亡殺手宮」，帶有凶性；又因為是他人的宮位，所以亦主訴訟或因他人而從事不被社會見容的行為，例如通姦。

6. 第七宮為「婚姻宮」，看男命之妻，須合參徵象星——金星，看女命之夫，則須合參徵象星——木星，來看出婚姻的狀況。印度占星師還兼看 D₉ 分宮圖，宮內行星有助了解命主對配偶的熱情程度，而性生活也會受到第七宮內行星直接的影響。

7. 第七宮對應天秤座，代表人際關係、喜愛與人交往，有利促進商業活動。如果宮內有個人行星，例如上升星座的主星、太陽、月亮、水星，命主具有商業才能。

8. 第七宮為始宮，根據印度占星學的判斷法則，第七宮的主星最好為自然凶星，易產生功能性吉星的作用，會帶來吉利之象；如果第七宮主星為自然吉星，那麼易因功能性凶星的作用，而無法形成好的結果。

9. 第七宮的梵文為「Jaya」，乃「配偶」之意。

第八宮

（一）類比元素：水象

（二）徵象星：土星（壽命）

（三）宮位分類：解脫、續宮、困難宮

（四）管轄事項：

人：無

事：壽命、死亡、遺囑、性能力、意外、不幸、破產、慢性疾病、神祕、陰謀、中毒、遭竊、臨死掙扎、憤怒、滅絕、暗殺、行刺、癌症、撤職、深層精神療法、失敗、駁斥、害怕、疲憊、悲嘆、入獄監禁、心理疾病、懲罰、醜聞、不名譽、稅務、受傷、黑巫術、苦役、淫蕩、性病、直覺、神祕體驗

物：遺產、保險利益、合夥人的金錢、贍養費、聯合財產

身體部位：生殖器官、直腸、肛門、攝護腺

（五）衍生宮位：手足的疾病（三宮之六）、子女的房屋（五宮之四）、配偶的錢財（七宮之二）

（六）宮位意義

1. 第八宮對應天蠍座，主管陰謀、稅務、保險利益、遺產或遺囑、神祕體驗、合夥人的金錢、死亡方式與經驗、深層精神等正負面項目；正面項目涵蓋獲益自他人財產、玄奧的神祕體驗、形而上，其餘則多為負面項目，涉及人性黑暗面、下層社會的邪惡本質、操控他人、墮落、陰晦，甚至扭曲的人性、怨恨、惡毒等貪、嗔、痴。

2. 第八宮代表「解脫」，主管內在心靈的神祕力量，有利深奧的思想研究或創新、哲學等較形而上的學問，也有助譚崔瑜伽的訓練、身心合一、敏銳的直覺。

3. 第八宮為困難宮、凶宮，代表破壞、不名譽、破產（比第六宮的負債更為嚴重）、慢性疾病（比第六宮的疾病更難治療，或為慢性疾病），最後導致意外、不幸、受傷，也涉及死亡。

4. 第八宮內的行星會受到傷害，而該行星主管的事項也會受破壞。

5. 第八宮的徵象星土星，為凶星，也顯示第八宮的凶性；土星為死亡、慢性疾病的代表因子。

6. 當第八宮的主星為是凶星時，會帶來負面的能量，而它所飛臨的宮位也會遭到破壞；除非該行星位於旺宮或受其他吉星的相映，情況才會較為緩和。

7. 第八宮的違法比第六宮還要嚴重，常涉及入獄監禁的長期性法律判刑，以及重創人生的醜聞、破產、頹敗、貶抑、恥辱；因此，當第八宮為空宮時，情況反而較佳，或是可以另尋異路功名，不在世俗名利上打轉。

8. 第八宮為七宮之二，代表合夥人的錢財，也廣泛包含保險利益、贍養費、配偶的錢財、遺產。因此，當有吉星入旺於第八宮，或受吉星相映時，儘管該吉星位於第八宮（如第 3 點所述，會產生傷害），然而，對

於上述的錢財利益以及與研究形而上的相關事務，卻非常有利。

9. 第八宮主管生殖系統、性能力及吸引力，但並非性歡愉（歸第十二宮所管），也非性熱情（歸第七宮所管）；如果第八宮嚴重受剋，會有性或生殖系統方面的疾病，例如梅毒。

10. 第八宮的梵文為「Mrityu」，乃「死亡」之意。

第九宮

（一）類比元素：火象

（二）徵象星：木星（教師、精神導師）、太陽（父親〔南印度用法〕）

（三）宮位分類：法、果宮、三方宮

（四）管轄事項：

> 人：精神心靈導師、父親、顧問、指導者
>
> 事：幸運、吉祥、智慧、宗教、道德、哲學、高等教育、知識、信心、真誠、長期旅行、敬奉神明、富裕、朝拜聖地、浸信禮、贖罪、慈悲、尊敬老者、純淨心靈、德行
>
> 物：宗教儀式用品、教具
>
> 身體部位：臀部

（五）衍生宮位：較年輕的妻舅、小姨子（七宮之三）、孫子（五宮之五）、弟媳或妹婿（三宮之七）

（六）宮位意義

1. 第九宮為「法」，堅信正確的行為會帶來幸運、吉祥，同時也代表前世業力的果報；今世得業報，過著優雅高尚、富裕成功的生活。此宮象徵法的最純淨意識，並且以更精神層面的方式敬奉神明；虔誠信仰、德行佳，具有慈悲施捨的心，接觸真實。**第九宮在印度占星學中，是最重要的宮位。**

2. 第九宮為三方宮、吉宮，代表好運、智慧、知識、高等教育，能得到好的導師教誨。任何行星位於第九宮，都能增強其力量，大加揮灑。如果

第九宮強旺，命主則具有宗教、哲學的精神傾向，至少對神明具有信心，行為舉止合乎法理。即使天宮圖中的其他宮位多為受剋，最終都仍能迎刃而解。

3. 第九宮的徵象星是木星，代表精神導師；意謂命主的精神導師、指導者，具有形而上和宗教哲學的思維，智慧高超，能引領命主走上正確的道路。印度人相當尊崇心靈導師。第九宮的另一個徵象星為太陽，亦即父親的原型；由於南印度較為貧困，一般家庭付不起精神導師的費用，因此命主的精神心靈都是由父親啟迪、訓練。第九宮也代表父親，由於全印度都特別崇信宗教，印度占星學也就將父親歸為第九宮管轄，但在北印度，仍以第十宮為主。

4. 第九宮對應人馬座，主管宗教、法律、道德、哲學、形而上思想、長期旅行。

5. 第九宮為三方宮、吉宮，因此，任何主管第九宮的行星都是功能性吉星，會帶來吉祥；它所飛臨的宮位也會有好的結果，除非該星入弱，且受到其他凶星的嚴重刑剋。

6. 關於長期旅行，非第九宮獨自主管，須同時合參第三宮（代表冒險精神）、第十二宮（代表未知的土地），至於第七宮，則表示居住在國外。

7. 第九宮攸關命主的心靈導師，與他們之間的關係。此外，第九宮所主管的高等教育及知識，屬於較深層的智慧，如果以今的標準來看，應屬大學以上的教育；而第二、四宮則主管一般教育。

8. 第九宮的梵文為「Bhagya」，代表「幸運」、「命運」、「繁榮」之意。

第十宮

（一）**類比元素**：土象

（二）**徵象星**：太陽（權力、名位、政府、父親〔北印度用法〕）、水星（商業）、木星（幸運）

（三）**宮位分類**：利、始宮、成長宮

（四）**管轄事項**：

　　　　人：政府官員、權威人物、企業主、老闆、單位主管、父親

　　　　事：職位、名望、聲譽、社會地位、受到肯定、權力、生涯、成就、王權、高貴、尊榮、威信、企業、政府機構、政治

　　　　物：職位證書

　　　　身體部位：膝、關節

（五）**衍生宮位**：手足的生死（三宮之八）、子女的工作或疾病（五宮之六）

（六）**宮位意義**

1. 第十宮為「利」，代表命主追求利益，與職業、社會成就有關；由於天頂位於天宮圖的最高點，因此代表「利」的最高峰，顯示名望、聲譽、尊榮、高貴、名位、受到肯定、享有權力，也可衍生為「擁有企業勝過被雇用」，以及經營有道、組織力強、贏得他人肯定等企業活動。

2. 第十宮對應摩羯座，主管企圖心、組織力、嚴謹實際，全為企業經營的基本要素；持之以恆，易有所成就；善盡社會責任、贏取尊敬，能夠擁有社會地位。

3. 第十宮是天宮圖中的最高點，因此代表能被大眾所看見，屬公眾的，包括政府機構或官員、政治家、王權、皇室；以公司而言，則代表企業主、老闆或單位主管。

4. 第十宮為始宮，且是最強的宮位。當有行星位於第十宮，能提升命主的生命目標及成就，或得到政府機構、官員、權威人物的協助，因而獲益；也會使命主想要被看見，獲得地位、頭銜、尊敬和認同，產生世俗化和政治性的利益或權力。命主無論怎麼做，都會受到注目，然而，如果表現太過頭，恐淪為過度成就取向。

5. 第十宮為成長宮，會隨著年歲增長，與時俱進；如果及時努力，成就當然更高。

6. 第十宮為始宮，當主星為自然凶星時，反而能發揮功能性吉星的作用；

反之，當第十宮主星為自然吉星時，將轉為功能性凶星，命主反而容易提不起勁。

7. 第十宮主管職業。不過，命主的適性職業、較易觸及的職業，或易有所成就的職業，仍需全面考量整個天宮圖，並非單一因素所能概述。

8. 第十宮主管父親（北印度用法），為四宮（母親）之七（夫妻）；以家庭而言，父親通常為家中的權威人物。不過，前文介紹宮位時，曾提及南印度多以第九宮來代表父親，這是從精神心靈的啟蒙著眼所致；然而，如果按照常理，第十宮主管父親應該較為合理。

9. 第十宮的徵象為太陽，代表權威、權力、王室、尊貴；而自古以來，水星即為商業活動的自然代表；木星則代表幸運，有助事業成長。

10. 第十宮的梵文為「Karma」，代表「生涯事業」之意。

第十一宮

（一）**類比元素**：風象

（二）**徵象星**：木星（收獲、較年長的手足）

（三）**宮位分類**：欲、續宮、成長宮

（四）**管轄事項**：

　　　人：年長的兄姊、朋友、社團

　　　事：收獲、希望、願景、目標與野心、失物復得、監禁釋放、嬉戲

　　　物：財富（大財）、公司利得、冒險投機的金錢、奢侈行頭

　　　身體部位：腿、腳踝

（五）**衍生宮位**：母親的壽命（四宮之八）、女婿或媳婦（五宮之七）、企業主的財富（十宮之二）

（六）**宮位意義**

1. 第十一宮對應水瓶座，儲存所獲得的以及所獲得的流出，也主管了朋友以及社團。

2. 第十一宮為「欲」，代表個人的抱負、目標與野心、履行；第十一宮位

於天頂附近,是「欲」的最高者:個人的希望、願景的實現,包括美麗的勳章、奢侈的行頭;第十一宮的願景是宏觀的;而第三宮的願景則僅是小願望。

3. 第十一宮為成長宮,會隨著年歲增長而有所進展。

4. 第十一宮的梵文名為「Ayaya」,意指「以任何方法獲得的利益」,不同於第二宮的正常所得;代表意外之財、以特別的方式獲得,亦即透過冒險投資或投機,偶發所得的大筆金錢,也包括公司股利的分配。印度占星學論財富時,咸認為第十一宮強旺,較能創造財富;第二宮強,則只是代表薪水高而已。億萬富翁的命盤中,常見第二宮主星飛臨第十一宮,或第十一宮主星飛臨第二宮;又或者兩者互容,但須力量強,且不受凶星刑剋。

5. 第十一宮為十二宮(消耗)之十二(結束),隱含消耗結束、收穫保留。當收穫充沛,花費剩餘就能儲存;然而,飽暖思淫欲,嬉戲於花叢,第十一宮亦為五宮(遊戲)之七(性交),一般而言,當金星位於第十一宮時,命主易多妻。

6. 第十一宮為六宮之六,代表經年累月的疾病或併發症,亦即「由疾病所引發的疾病」;同時也是十二宮(住院)之十二(住院),因此,在論斷疾病時,也須注意第十一宮,常代表長期慢性病。

7. 第十一宮主管較年長的兄姊,由同屬「欲」的最高宮位——第十一宮來代表。印度占星學界以此論手足,與西方系統不同。

8. 第十一宮為成長宮,其主星會產生功能性凶性的作用,但不如困難宮那麼凶,僅為些微的傷害。當凶星位於第十一宮,會帶來極佳的結果;然而,當吉星落入時,卻不見得能發揮最大的效益。

9. 第十一宮的徵象星是木星,意謂「財富、富裕、充足」。

第十二宮

（一）類比元素：水象

（二）徵象星：土星（悲傷）、火星（監禁）、金星（物欲）、南交點（解脫）、北交點（驅逐流浪）

（三）宮位分類：解脫、果宮、困難宮

（四）管轄事項：

　　人：祕密的敵人、外國人

　　事：損失、消耗、浪費、揮霍、性歡愉、睡覺、國外旅行、罪惡、遊蕩、遺失、住院、判罪入監、放棄、不幸、放逐、痛苦解脫、精神訓練、監獄、事情結束、移民、施捨

　　物：神祕法器

　　身體部位：左眼、腳、腳趾、左耳

（五）衍生宮位：配偶的工作或疾病（七宮之六）、較年輕手足的事業（三宮之十）

（六）宮位意義

1. 第十二宮對應雙魚座，主管宗教、靈異、內省、精神為重、犧牲、退縮、衍生痛苦的解脫、精神訓練及解放、避難所、成癮、酒精中毒、藥物過敏。

2. 第十二宮為「解脫」，是所有解脫宮中的最高境界：理想狀況下的個人解放，可透過精神訓練修練成，例如瑜伽。印度人認為，人們要脫離業力、輪迴，需要精神心靈的鍛鍊。

3. 第十二宮為困難宮，且為最凶宮；命主所有種類的損失、消耗、揮霍、衰弱、腐敗以及損失的方式，都可以由宮內星來呈現。例如木星位於第十二宮，如果配置佳，命主可能因為慈悲施捨而有所失去；如果配置差，那麼可能會因為誤信不實宗教而受騙。

4. 第十二宮為困難宮，其主星會帶來負面的能量，它所飛臨的宮位，也會

遭到破壞。

5. 第十二宮內的行星也會受到傷害，除非配置佳，例如入旺或位於自己主管的星座、受吉星相映。雖然配置佳有利於第十二宮的事務，但是該行星所主管的宮位事項，可能會有傷害。

6. 第十二宮為四宮（家）之九（長距離），因此代表遠方的土地，例如外國土地，含有移民、外國旅行之意。如果第十二宮徵象甚凶，在印度有可能意謂被驅逐於種姓外，四處遊蕩，過著悲悽的生活，受懲罰淪為賤民，形同放逐。這在歐美國家眼中，是相當不可思議的情事。

7. 第十二宮代表命主所有種類的損失或喪失，包括男人精液或女人體液的流出，因此也代表性歡愉。此外，在床上睡覺是意識的暫時喪失，而性高潮的情況也有點類似；不過，不同於第七宮的性熱情或性交，兩者在印度占星學中是有所區別的。

8. 第十二宮對應雙魚座，是黃道上最後一個星座，隱含邁向重生，再從第一個星座出發；象徵死後靈魂的目的，例如到達西方極樂世界或落入六道輪迴或地獄；死後的狀態，可能是痛苦的解脫，也可能受到懲罰。

9. 第十二宮為九宮（精神導師）之四（家），印度人為求解脫，常到精神導師家接受指導，所以第十二宮的解脫境界較高，隱含孤獨與分離。

10. 第十二宮的梵文為「Vyaya」，代表「損失」和「消耗」之意。

第六章

行星的八個吉點力量

由於印度占星學的特色為純屬事件預測，須判斷天宮圖所顯示之各宮位管轄人生領域的吉凶，以及力道的大小，因此，必須評估有關代表因子的力量大小，包括行星、宮位。

印度占星先賢創建了許多評估力量的方法，例如「行星的六種力量」（Shad Bala）、Bhava Bala、Vimshopak 等等。雖然這些方法都甚為實用且各具特色，卻都是以單一行星或單一宮位來探討。事實上，印度古代占星先賢早已考量到，單一片面的計算可能會有所失準。例如每個行星都跟其他行星、所在宮位或其他宮位有所關聯；也就是說，當所有徵象完全整合時，才能顯現出該行星的真正力量，所以才創建出了「**Ashtaka Varga**」：**行星的八個吉點力量**。

有關「行星的八個吉點力量」出自何處，現今已難考證，更何況，印度人並無完整歷史年代的記載，因此要追蹤起來，恐真不易。儘管如此，我們仍可從先賢流傳下來的典籍中，找到一些蛛絲馬跡。一般認為，最完整介紹這種方法的是帕拉薩拉所著的《BPHS》。

另一位印度占星先賢伐羅訶密希羅（Acharya Varahamihira，在世期間約為西元六世紀），曾較隨興地提到「行星的八個吉點力量」，但並未深入探究其細節；由此顯見，在伐羅訶密希羅之前，印度占星學界就已經發展出這項概念。

帕拉薩拉在書中曾具體解說「行星的八個吉點力量」的合理性。他說：「正如同行星位於不同宮位所做的效應評估，是從上升點和月亮起算的；因

此，我們當然也可以從其他行星的位置起算，評估其效應：將每個行星都當成參考點，如同上升點般起算數其宮位。因此，將七個行星和上升點（排除南北交點，因它們是陰影行星）的效應統合起來，就是完整的圖形。由於效應來自七個行星，加上上升點，便命名『行星的八個吉點力量』分析。」

「Ash」的梵文意思為「八」，「Ashtaka Varga」即顯示「行星的八個吉點力量」來源，也就是行星間彼此相關的能量。由於它的整體性較「行星的六種力量」強，因此，印度占星學界對其重視及評價程度，都高過後者；重要占星書籍均將其列為重要評估項目。當代印度占星學界最具聲望的雷歐先生，曾率領門下弟子作科學性統計研究報告，即發現其實用性極強，尤其當搭配應用在大運（Dasa）系統和過運時，頗為準驗。因此「行星的八個吉點力量」幾乎成為印度占星學論斷時的必備工具之一。

「行星的八個吉點力量」內容並不多，在此僅列出搭配「主要期間／次要期間」及過運時所用到的技法，讀者如有興趣深入其他內容，可找相關書籍來研究。

第一節　如何計算行星的八個吉點力量

「行星的八個吉點力量」概念，源自命主出生後所歷經的一段期間；其天宮圖中，本命行星如同過運行星般移動著。例如，假設命主出生時，太陽位於摩羯座，但經過半年後，太陽已移至巨蟹座，其他行星也同樣往後移動著。印度占星先賢設定，各行星從自己本命所在宮位移動，進程有吉有凶；而從其他六個行星和上升點起算，各自歷經十二宮，過程也一樣有吉有凶。每個行星相對於自己、其他六個行星和上升點，都各自歷經十二宮位的吉凶，不盡相同。本書接下來將於〈表6-1〉列出各個行星的個別狀況，並就太陽的情況詳細解說；讀者可藉以觸類旁通，推斷其他行星的個別狀況。

	☽	共 49 個吉點		♃	共 56 個吉點
6	☉	3 6 7 8 10 11	9	☉	1 2 3 4 7 8 9 10 11
6	☽	1 3 6 7 10 11	5	☽	2 5 7 9 11
7	♂	2 3 5 6 9 10 11	7	♂	1 2 4 7 8 10 11
8	☿	1 3 4 5 7 8 10 11	8	☿	1 2 4 5 6 9 10 11
7	♃	1 4 7 8 10 11 12	8	♃	1 2 3 4 7 8 10 11
7	♀	3 4 5 7 9 10 11	6	♀	2 5 6 9 10 11
4	♄	3 5 6 11	4	♄	3 5 6 12
4	ASC	3 6 10 11	9	ASC	1 2 4 5 6 7 9 10 11
	♂	共 39 個吉點		♀	共 52 個吉點
5	☉	3 5 6 10 11	3	☉	8 11 12
3	☽	3 6 11	9	☽	1 2 3 4 5 8 9 11 12
7	♂	1 2 4 7 8 10 11	6	♂	3 5 6 9 11 12
4	☿	3 5 6 11	5	☿	3 5 6 9 11
4	♃	6 10 11 12	5	♃	5 8 9 10 11
4	♀	6 8 11 12	9	♀	1 2 3 4 5 8 9 10 11
7	♄	1 4 7 8 9 10 11	7	♄	3 4 5 8 9 10 11
5	ASC	1 3 6 10 11	8	ASC	1 2 3 4 5 8 9 11
	☿	共 54 個吉點		♄	共 39 個吉點
5	☉	5 6 9 11 12	7	☉	1 2 4 7 8 10 11
6	☽	2 4 6 8 10 11	3	☽	3 6 11
8	♂	1 2 4 7 8 9 10 11	6	♂	3 5 6 10 11 12
8	☿	1 3 5 6 9 10 11 12	6	☿	6 8 9 10 11 12
4	♃	4 6 8 11 12	4	♃	5 6 11 12
8	♀	1 2 3 4 5 8 9 11	3	♀	6 11 12
8	♄	1 2 4 7 8 9 10 11	4	♄	3 5 6 11
7	ASC	1 2 4 6 8 10 11	6	ASC	1 3 4 6 10 11

〈表 6-1〉

「吉點」的梵文為「Bhindus」。其實，北印度與南印度的用法有些不同，但目前大致都以「Bhindus」作為吉點的同義詞。

上述七個行星，經由對自己、其他六個行星以及上升點，所個別得到的吉點，稱為「Bhinn Ashtaka Varga」，或簡稱「Ashtaka Varga」，顯示「個別行星的吉點」。

每個行星吸收自八個吉點力量，在「每個宮位所得到的總吉點」，稱為「Sarav Ashtaka Varga」或「Total Ashtaka Varga」。

行星的八個吉點力量在十二星座的完整圖形，稱為「Prathara Chakra」，亦即以單一行星從八個吉點力量，計算出十二星座每個星座吉點的表，又稱為「Prastaraka 表」。

狀況

〈圖 6-1〉為太陽對各個行星（含自己）和上升點，所歷經的十二宮吉點，本例假設 ☉♐、☽♑、♂♐、☿♐、♃♐、♀♒、♄♉、ASC♌。

〈表 6-2〉顯示太陽總共有四十八個吉點，配合〈圖 6-1〉參考。

	☉	共 48 個吉點							
8	☉	1	2	4	7	8	9	10	11
4	☽	3	6	10	11				
8	♂	1	2	4	7	8	9	10	11
7	☿	3	5	6	9	10	11		
4	♃	5	6	9	11				
3	♀	6	7	12					
8	♄	1	2	4	7	8	9	10	11
6	ASC	3	4	6	10	11	12		

〈表 6-2〉

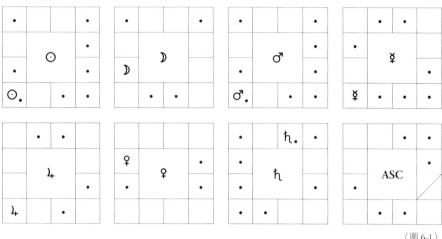

〈圖 6-1〉

1. 太陽 ☉ 從自己所在的人馬座 ♐ 起算，分別在一 ♐、二 ♑、四 ♓、七 ♊、八 ♋、九 ♌、十 ♍、十一 ♎ 宮，共得到八個吉點。

2. 太陽 ☉ 從月亮 ☽ 所在的摩羯座 ♑ 起算，分別在月亮 ☽ 起算的三 ♓、六 ♊、十 ♎、十一 ♏ 宮，共得到四個吉點。

3. 太陽 ☉ 從火星 ♂ 所在的人馬座 ♐ 起算，分別在火星 ♂ 起算的一 ♐、二 ♑、四 ♓、七 ♊、八 ♋、九 ♌、十 ♍、十一 ♎ 宮，共得到八個吉點。

4. 太陽 ☉ 從水星 ☿ 所在的人馬座 ♐ 起算，分別在水星 ☿ 起算的三 ♒、五 ♈、六 ♉、九 ♌、十 ♍、十一 ♎、十二 ♏ 宮，共得到七個吉點。

5. 太陽 ☉ 從木星 ♃ 所在的人馬座 ♐ 起算，分別在木星 ♃ 起算的五 ♈、六 ♉、九 ♌、十一 ♎ 宮，共得到四個吉點。

6. 太陽 ☉ 從金星 ♀ 所在的水瓶座 ♒ 起算，分別在金星 ♀ 起算的六 ♋、七 ♌、十二 ♑ 宮，共得到三個吉點。

7. 太陽 ☉ 從土星 ♄ 所在的金牛座 ♉ 起算，分別在土星 ♄ 起算的一 ♉、二 ♊、四 ♌、七 ♏、八 ♐、九 ♑、十 ♒、十一 ♓ 宮，共得到八個吉點。

8. 太陽 ☉ 從上升點所在的獅子座 ♌ 起算，分別在上升點起算的三 ♎、
四 ♏、六 ♑、十 ♉、十一 ♊、十二 ♋ 宮，共得到六個吉點。

其他的行星，包括月亮、火星、水星、木星、金星、土星的吉點來源及計
算方式，亦如上例的太陽；在此僅簡單列出於〈表 6-1〉，不再細述。

我們以張國榮的南印度形式命盤〈圖 6-2〉為例，逐一解說上述概念：

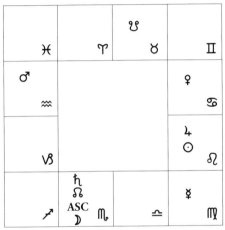

〈圖 6-2〉

一、個別行星的吉點

（一）太陽的個別行星吉點

1. 太陽 ☉ 從自己所在的第十宮獅子座 ♌ 起算的一 ♌、二 ♍、四 ♏、七
   ♒、八 ♓、九 ♈、十 ♉、十一 ♊ 宮，共得到八個吉點。

2. 太陽 ☉ 從月亮 ☽ 所在的第一宮天蠍座 ♏ 起算的三 ♑、六 ♈、十 ♌、
   十一 ♍ 宮，共得到四個吉點。

3. 太陽 ☉ 從火星 ♂ 所在的第四宮水瓶座 ♒ 起算的一 ♒、二 ♓、四 ♉、七
   ♌、八 ♍、九 ♎、十 ♏、十一 ♐ 宮，共得到八個吉點。

4. 太陽 ☉ 從水星 ☿ 所在的第十一宮處女座 ♍ 起算的三 ♏、五 ♑、六

♒、九 ♉、十 ♊、十一 ♋、十二 ♌ 宮，共得到七個吉點。

5. 太陽 ☉ 從木星 ♃ 所在的第十宮獅子座 ♌ 起算的五 ♐、六 ♑、九 ♈、十一 ♊ 宮，共得到四個吉點。

6. 太陽 ☉ 從金星 ♀ 所在的第九宮巨蟹座 ♋ 起算的六 ♐、七 ♑、十二 ♊ 宮，共得到三個吉點。

7. 太陽 ☉ 從土星 ♄ 所在的第一宮天蠍座 ♏ 起算的一 ♏、二 ♐、四 ♒、七 ♉、八 ♊、九 ♋、十 ♌、十一 ♍ 宮，共得到八個吉點。

太陽從七大行星（包括自己，南北交點不計）及上升點，共得到四十八個吉點；將太陽得到吉點的所在星座逐一加總，各個星座的吉點分述如下：

♈ 4	♉ 4	♊ 5	♋ 2
♌ 6	♍ 5	♎ 2	♏ 4
♐ 4	♑ 5	♒ 5	♓ 2

〈表 6-3〉

根據太陽的上述歷程，可以統合成右頁的「☉ Prastaraka 表」，表格解讀的相關說明，請參考如下：

1. 橫欄第一欄從白羊座起始，按照黃道順序，由左至右列出黃道十二星座。

2. 橫欄切分為三：後天宮（後天）、行星以及來自七大行星和上升點的八個座標（八）；分別填入本命盤的資料。

3. 分別就〈表 6-4〉的規定，以 ✔ 表示得到吉點的所在。

4. 橫欄的最後一欄，總計本案例太陽在各個星座所得到的吉點。

5. 在這表格中，最需注意太陽自己所在星座的吉點數。例如張國榮的太陽位於第十宮獅子座，得到六個吉點，力量甚強；關於論斷方法，後文再述。

☉ Prastaraka 表

八 行星 ＼ 後天 星座	白羊座 六宮	金牛座 七宮 ☋	雙子座 八宮	巨蟹座 九宮 ♀	獅子座 十宮 ♃ ☉	處女座 十一宮 ☿	天秤座 十二宮	天蠍座 一宮 ♄ ☋ ASC ☽	人馬座 二宮	摩羯座 三宮	水瓶座 四宮 ♂	雙魚座 五宮	總計
☉	✓	✓	✓		✓	✓		✓			✓	✓	8
☽	✓				✓	✓				✓			4
♂		✓			✓	✓	✓	✓	✓		✓	✓	8
☿		✓	✓	✓	✓			✓		✓	✓		7
♃	✓		✓						✓	✓			4
♀			✓						✓	✓			3
♄		✓	✓	✓	✓	✓		✓	✓		✓		8
ASC	✓				✓	✓	✓			✓	✓		6
總計	4	4	5	2	6	5	2	4	4	5	5	2	48

〈表 6-4〉

（二）月亮的個別行星吉點

1. 月亮 ☽ 從太陽 ☉ 所在的第十宮獅子座 ♌ 起算的三 ♎、六 ♑、七 ♒、八 ♓、十 ♉、十一 ♊ 宮，共得到六個吉點。

2. 月亮 ☽ 從自己所在的第一宮天蠍座 ♏ 起算的一 ♏、三 ♑、六 ♈、七 ♉、十 ♌、十一 ♍ 宮，共得到六個吉點。

3. 月亮 ☽ 從火星 ♂ 所在的第四宮水瓶座 ♒ 起算的二 ♓、三 ♈、五 ♊、六 ♋、九 ♎、十 ♏、十一 ♐ 宮，共得到七個吉點。

4. 月亮 ☽ 從水星 ☿ 所在的第十一宮處女座 ♍ 起算的一 ♍、三 ♏、四 ♐、五 ♑、七 ♓、八 ♈、十 ♊、十一 ♋ 宮，共得到八個吉點。

5. 月亮 ☽ 從木星 ♃ 所在的第十宮獅子座 ♌ 起算的一 ♌、四 ♏、七 ♒、八 ♓、十 ♉、十一 ♊、十二 ♋ 宮，共得到七個吉點。

6. 月亮 ☽ 從金星 ♀ 所在的第九宮巨蟹座 ♋ 起算的三 ♍、四 ♎、五 ♏、七 ♑、九 ♓、十 ♈、十一 ♉ 宮，共得到七個吉點。

7. 月亮 ☽ 從土星 ♄ 所在的第一宮天蠍座 ♏ 起算的三 ♑、五 ♓、六 ♈、十一 ♍ 宮，共得到四個吉點。

8. 月亮 ☽ 從上升點所在的天蠍座 ♏ 起算的三 ♑、六 ♈、十 ♌、十一 ♍ 宮，共得到四個吉點。

   其過程可由「☽ Prastaraka 表」顯示。

☽ Prastaraka 表

星座　　　後天行星八	白羊座六宮	金牛座七宮 ☊	雙子座八宮	巨蟹座九宮 ♀	獅子座十宮 ♃☉	處女座十一宮 ☿	天秤座十二宮	天蠍座一宮 ♄☋ ASC ☽	人馬座二宮	摩羯座三宮	水瓶座四宮 ♂	雙魚座五宮	總計
☉		✓	✓				✓			✓	✓	✓	6
☽	✓	✓			✓	✓		✓		✓			6
♂	✓		✓	✓			✓	✓	✓			✓	7
☿	✓		✓	✓		✓		✓	✓	✓		✓	8
♃		✓	✓	✓	✓			✓			✓	✓	7
♀	✓	✓				✓	✓	✓		✓		✓	7
♄	✓					✓				✓		✓	4
ASC	✓				✓	✓				✓			4
總計	6	4	4	3	3	5	3	5	2	6	2	6	49

〈表6-5〉

（三）火星的個別行星吉點

1. 火星 ♂ 從太陽 ☉ 所在的第十宮獅子座 ♌ 起算的三 ♎、五 ♐、六 ♑、十 ♉、十一 ♊ 宮，共得到五個吉點。

2. 火星 ♂ 從月亮 ☽ 所在的第一宮天蠍座 ♏ 起算的三 ♑、六 ♈、十一 ♍ 宮，共得到三個吉點。

3. 火星 ♂ 從自己所在的第四宮水瓶座 ♒ 起算的一 ♒、二 ♓、四 ♉、七 ♌、八 ♍、十 ♏、十一 ♐ 宮，共得到七個吉點。

4. 火星 ♂ 從水星 ☿ 所在的第十一宮處女座 ♍ 起算的三 ♏、五 ♑、六 ♒、十一 ♋ 宮，共得到四個吉點。

5. 火星 ♂ 從木星 ♃ 所在的第十宮獅子座 ♌ 起算的六 ♑、十 ♉、十一 ♊、十二 ♋ 宮，共得到四個吉點。

6. 火星 ♂ 從金星 ♀ 所在的第九宮巨蟹座 ♋ 起算的六 ♐、八 ♒、十一 ♉、十二 ♊ 宮，共得到四個吉點。

7. 火星 ♂ 從土星 ♄ 所在的第一宮天蠍座 ♏ 起算的一 ♏、四 ♒、七 ♉、八 ♊、九 ♋、十 ♌、十一 ♍ 宮，共得到七個吉點。

8. 火星 ♂ 從上升點所在的天蠍座 ♏ 起算的一 ♏、三 ♑、六 ♈、十 ♌、十一 ♍ 宮，共得到五個吉點。

♂ Prastaraka 表

星座 後天宮 行星八	白羊座 六宮	金牛座 七宮 ☊	雙子座 八宮	巨蟹座 九宮 ♀	獅子座 十宮 ♃⊙	處女座 十一宮 ☿	天秤座 十二宮	天蠍座 一宮 ♄☊ ASC ☽	人馬座 二宮	摩羯座 三宮	水瓶座 四宮 ♂	雙魚座 五宮	總計
⊙		✔	✔				✔		✔	✔			5
☽	✔					✔				✔			3
♂		✔			✔	✔		✔	✔		✔	✔	7
☿				✔				✔		✔	✔		4
♃		✔	✔	✔						✔			4
♀		✔	✔						✔		✔		4
♄		✔	✔	✔	✔	✔		✔			✔		7
ASC	✔				✔	✔		✔		✔			5
總計	2	5	4	3	3	4	1	4	3	5	4	1	39

〈表 6-6〉

（四）水星的個別行星吉點

1. 水星☿從太陽☉所在的第十宮獅子座♌起算的五♐、六♑、九♈、十一♊、十二♋宮，共得到五個吉點。
2. 水星☿從月亮☽所在的第一宮天蠍座♏起算的二♐、四♒、六♈、八♊、十♌、十一♍宮，共得到六個吉點。
3. 水星☿從火星♂所在的第四宮水瓶座♒起算的一♒、二♓、四♉、七♌、八♍、九♎、十♏、十一♐宮，共得到八個吉點。
4. 水星☿從自己所在的第十一宮處女座♍起算的一♍、三♏、五♑、六♒、九♉、十♊、十一♋、十二♌宮，共得到八個吉點。
5. 水星☿從木星♃所在的第十宮獅子座♌起算的六♑、八♓、十一♊、十二♋宮，共得到四個吉點。
6. 水星☿從金星♀所在的第九宮巨蟹座♋起算的一♋、二♌、三♍、四♎、五♏、八♒、九♓、十一♉宮，共得到八個吉點。
7. 水星☿從土星♄所在的第一宮天蠍座♏起算的一♏、二♐、四♒、七♉、八♊、九♋、十♌、十一♍宮，共得到八個吉點。
8. 水星☿從上升點所在的天蠍座♏起算的一♏、二♐、四♒、六♈、八♊、十♌、十一♍宮，共得到七個吉點。

☿ Prastaraka 表

星座 ＼ 行星	白羊座	金牛座	雙子座	巨蟹座	獅子座	處女座	天秤座	天蠍座	人馬座	摩羯座	水瓶座	雙魚座	總計
後天宮	六宮	七宮 ☋	八宮	九宮 ♀	十宮 ♃ ☉	十一宮 ☿	十二宮	一宮 ♄ ☋ ASC ☽	二宮	三宮	四宮 ♂	五宮	總計
☉	✓		✓	✓					✓	✓			5
☽	✓		✓		✓	✓			✓		✓		6
♂		✓			✓	✓	✓	✓	✓		✓	✓	8
☿		✓	✓	✓	✓	✓		✓		✓	✓		8
♃			✓	✓						✓		✓	4
♀		✓		✓	✓	✓	✓	✓			✓	✓	8
♄		✓	✓	✓	✓	✓		✓	✓		✓		8
ASC	✓		✓		✓	✓		✓	✓		✓		7
總計	3	4	6	5	6	6	2	5	5	3	6	3	54

〈表 6-7〉

（五）木星的個別行星吉點

1. 木星 ♃ 從太陽 ☉ 所在的第十宮獅子座 ♌ 起算的一 ♌、二 ♍、三 ♎、四 ♏、七 ♒、八 ♓、九 ♈、十 ♉、十一 ♊ 宮，共得到九個吉點。

2. 木星 ♃ 從月亮 ☽ 所在的第一宮天蠍座 ♏ 起算的二 ♐、五 ♓、七 ♉、九 ♋、十一 ♍ 宮，共得到五個吉點。

3. 木星 ♃ 從火星 ♂ 所在的第四宮水瓶座 ♒ 起算的一 ♒、二 ♓、四 ♉、七 ♌、八 ♍、十 ♏、十一 ♐ 宮，共得到七個吉點。

4. 木星 ♃ 從水星 ☿ 所在的第十一宮處女座 ♍ 起算的一 ♍、二 ♎、四 ♐、五 ♑、六 ♒、九 ♉、十 ♊、十一 ♋ 宮，共得到八個吉點。

5. 木星 ♃ 從自己所在的第十宮獅子座 ♌ 起算的一 ♌、二 ♍、三 ♎、四 ♏、七 ♒、八 ♓、十 ♉、十一 ♊ 宮，共得到八個吉點。

6. 木星 ♃ 從金星 ♀ 所在的第九宮巨蟹座 ♋ 起算的二 ♌、五 ♏、六 ♐、九 ♓、十 ♈、十一 ♉ 宮，共得到六個吉點。

7. 木星 ♃ 從土星 ♄ 所在的第一宮天蠍座 ♏ 起算的三 ♑、五 ♓、六 ♈、十二 ♎ 宮，共得到四個吉點。

8. 火星 ♂ 從上升點所在的天蠍座 ♏ 起算的一 ♏、二 ♐、四 ♒、五 ♓、六 ♈、七 ♉、九 ♋、十 ♌、十一 ♍ 宮，共得到九個吉點。

♃ **Prastaraka 表**

星座 後天 行星 八	白羊座 六宮	金牛座 七宮 ☋	雙子座 八宮	巨蟹座 九宮 ♀	獅子座 十宮 ☉	處女座 十一宮 ☿	天秤座 十二宮	天蠍座 一宮 ♄ ☊ ASC ☽	人馬座 二宮	摩羯座 三宮	水瓶座 四宮 ♂	雙魚座 五宮	總計
☉	✔	✔	✔		✔	✔	✔	✔			✔	✔	9
☽		✔		✔		✔			✔			✔	5
♂		✔			✔	✔		✔	✔		✔	✔	7
☿		✔	✔	✔		✔		✔		✔		✔	8
♃		✔	✔		✔	✔	✔	✔			✔	✔	8
♀	✔	✔			✔			✔	✔			✔	6
♄	✔						✔			✔		✔	4
ASC	✔	✔		✔	✔	✔		✔	✔		✔	✔	9
總計	4	7	3	3	5	6	4	5	5	2	5	7	56

〈表 6-8〉

（六）金星的個別行星吉點

1. 金星 ♀ 從太陽 ☉ 所在的第十宮獅子座 ♌ 起算的八 ♓、十一 ♈、十二 ♉ 宮，共得到三個吉點。

2. 金星 ♀ 從月亮 ☽ 所在的第一宮天蠍座 ♏ 起算的一 ♏、二 ♐、三 ♑、四 ♒、五 ♓、八 ♊、九 ♋、十一 ♍、十二 ♎ 宮，共得到九個吉點。

3. 金星 ♀ 從火星 ♂ 所在的第四宮天秤座 ♎ 起算的三 ♐、五 ♒、六 ♓、九 ♊、十一 ♌、十二 ♍ 宮，共得到六個吉點。

4. 金星 ♀ 從水星 ☿ 所在的第十一宮處女座 ♍ 起算的三 ♏、五 ♑、六 ♒、九 ♉、十一 ♋ 宮，共得到五個吉點。

5. 金星 ♀ 從木星 ♃ 所在的第十宮獅子座 ♌ 起算的五 ♐、八 ♓、九 ♈、十 ♉、十一 ♊ 宮，共得到五個吉點。

6. 金星 ♀ 從金星 ♀ 所在的第九宮巨蟹座 ♋ 起算的一 ♋、二 ♌、三 ♍、四 ♎、五 ♏、八 ♒、九 ♓、十 ♈、十一 ♉ 宮，共得到九個吉點。

7. 金星 ♀ 從土星 ♄ 所在的第一宮天蠍座 ♏ 起算的三 ♑、四 ♒、五 ♓、八 ♊、九 ♋、十 ♌、十一 ♍ 宮，共得到七個吉點。

8. 金星 ♀ 從上升點所在的天蠍座 ♏ 起算的一 ♏、二 ♐、三 ♑、四 ♒、五 ♓、八 ♊、九 ♋、十一 ♍ 宮，共得到八個吉點。

♀ Prastaraka 表

星座 / 後天宮　行星	白羊座 六宮	金牛座 七宮 ☊	雙子座 八宮	巨蟹座 九宮 ♀	獅子座 十宮 ♃ ☉	處女座 十一宮 ☿	天秤座 十二宮	天蠍座 一宮 ♄ ☋ ASC ☽	人馬座 二宮	摩羯座 三宮	水瓶座 四宮 ♂	雙魚座 五宮	總計
☉			✓	✓								✓	3
☽			✓	✓		✓	✓	✓	✓	✓	✓	✓	9
♂	✓		✓	✓		✓			✓	✓			6
☿		✓		✓				✓		✓	✓		5
♃	✓	✓	✓						✓			✓	5
♀	✓	✓		✓	✓	✓	✓	✓			✓	✓	9
♄			✓	✓	✓	✓				✓	✓	✓	7
ASC			✓	✓			✓	✓	✓	✓	✓	✓	8
總計	3	3	6	7	2	4	3	4	4	5	5	6	52

〈表 6-9〉

（七）土星的個別行星吉點

1. 土星 ♄ 從太陽 ☉ 所在的第十宮獅子座 ♌ 起算的一 ♌、二 ♍、四 ♏、七 ♒、八 ♓、十 ♉、十一 ♊ 宮，共得到七個吉點。

2. 土星 ♄ 從月亮 ☽ 所在的第一宮天蠍座 ♏ 起算的三 ♑、六 ♈、十一 ♍ 宮，共得到三個吉點。

3. 土星 ♄ 從火星 ♂ 所在的第四宮水瓶座 ♒ 起算的三 ♈、五 ♊、六 ♋、十 ♏、十一 ♐、十二 ♑ 宮，共得到六個吉點。

4. 土星 ♄ 從水星 ☿ 所在的第十一宮處女座 ♍ 起算的六 ♒、八 ♈、九 ♉、十 ♊、十一 ♋、十二 ♌ 宮，共得到六個吉點。

5. 土星 ♄ 從木星 ♃ 所在的第十宮獅子座 ♌ 起算的五 ♐、六 ♑、十一 ♊、十二 ♋ 宮，共得到四個吉點。

6. 土星 ♄ 從金星 ♀ 所在的第九宮巨蟹座 ♋ 起算的六 ♐、十一 ♉、十二 ♊ 宮，共得到三個吉點。

7. 土星 ♄ 從自己所在的第一宮天蠍座 ♏ 起算的三 ♑、五 ♓、六 ♈、十一 ♍ 宮，共得到四個吉點。

8. 土星 ♄ 從上升點所在的天蠍座 ♏ 起算的一 ♏、三 ♑、四 ♒、六 ♈、十 ♌、十一 ♍ 宮，共得到六個吉點。

♄ Prastaraka 表

星座 後天 行星 八	白羊座 六宮	金牛座 七宮 ☊	雙子座 八宮	巨蟹座 九宮 ♀	獅子座 十宮 ♃ ☉	處女座 十一宮 ☿	天秤座 十二宮	天蠍座 一宮 ♄ ☋ ASC ☽	人馬座 二宮	摩羯座 三宮	水瓶座 四宮 ♂	雙魚座 五宮	總計
☉		✓	✓		✓	✓		✓			✓	✓	7
☽	✓					✓				✓			3
♂	✓		✓	✓				✓	✓	✓			6
☿	✓	✓	✓	✓	✓						✓		6
♃			✓	✓					✓	✓			4
♀		✓	✓							✓			3
♄	✓					✓				✓		✓	4
ASC	✓				✓	✓		✓		✓	✓		6
總計	5	3	5	3	3	4	0	3	3	5	3	2	39

〈表 6-10〉

二、行星總吉點

　　將前述第（一）至（七）點，每個行星各自歷經星座的吉點予以加總，即可得到各星座（相對各後天宮位）的吉點，此即行星在每個星座（後天宮位）所得到的總吉點（Sarav Ashtaka Varga）。

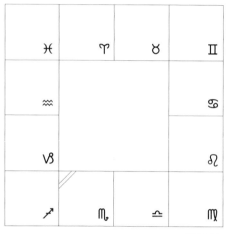

〈圖 6-3〉

		☉	☽	♂	☿	♃	♀	♄	總計
ASC	♏	4	⑤	4	5	5	4	③	**30**
2	♐	4	2	3	5	5	4	3	**26**
3	♑	5	6	5	3	2	5	5	**31**
4	♒	5	2	④	6	5	5	3	**30**
5	♓	2	6	1	3	7	6	2	**27**
6	♈	4	6	2	3	4	3	5	**27**
7	♉	4	4	5	4	7	3	3	**30**
8	♊	5	4	4	6	3	6	5	**33**
9	♋	2	3	3	5	3	⑦	3	**26**
10	♌	⑥	3	3	6	⑤	2	3	**28**
11	♍	5	5	4	⑥	6	4	4	**34**
12	♎	2	3	1	2	4	3	0	**15**
		48	**49**	**39**	**54**	**56**	**52**	**39**	**337**

〈表 6-11〉

1. 太陽 ☉ 在獅子座 ♌ 得到六個吉點，其總吉點得到二十八個。

2. 月亮 ☽ 在天蠍座 ♏ 得到五個吉點，其總吉點得到三十個。

3. 火星 ♂ 在水瓶座 ♒ 得到四個吉點，其總吉點得到三十個。

4. 水星 ☿ 在處女座 ♍ 得到六個吉點，其總吉點得到三十四個。

5. 木星 ♃ 在獅子座 ♌ 得到五個吉點，其總吉點得到二十八個。

6. 金星 ♀ 在巨蟹座 ♋ 得到七個吉點，其總吉點得到三十四個。

7. 土星 ♄ 在天蠍座 ♏ 得到三個吉點，其總吉點得到三十個。

8 Points Strengths (Ashtaka Varga)				
Planet	Own Chart	Sarva Chart	House	Sarva Chart
☉	6	28	1	30
☽	5	30	2	26
♂	4	30	3	31
☿	6	34	4	30
♃	5	28	5	27
♀	7	26	6	27
♄	3	30	7	30
			8	33
			9	26
			10	28
			11	34
			12	15

〈表 6-12〉

　　每個行星在其各自的「個別吉點」所在星座吉點，即電腦軟體中的「8 Points Strengths」；每個行星在「Own Chart」的數值，同樣具有重要意義。而每個行星統管的總吉點圖，就其所在星座對照後天宮位的數值，詳列出整張命盤後天宮的吉點，以利評估。

　　「行星的八個吉點力量」曾經歷過兩次「化約」（Reduction）：

1. Trikona Reduction：根據相關行星所在四大元素進行的。

2. Ekadhipatya Reduction：梵文「Ekadhipatya」的字義即星座主星，亦即第一次化約後，再就除太陽、月亮外的五個行星各主管的兩個星座，再進行化約。

　　這兩次化約的順序不能對調，由於都是用來探究壽命以及各後天宮位主管事項的一些細節，內容較艱澀，不擬深入說明計算及運用方法，僅討論「行星的八個吉點力量」的基本運用，足以作為後續行星組合、大運（Dasa）、流年等內容的輔助參考。

第二節　行星的八個吉點力量基本運用

　　「行星的八個吉點力量」是行星間相互在彼此起算宮位所得到的結果，共有八種來源。除了南北交點，每個行星最起碼應有五個以上的吉點，才具有「行星的八個吉點力量」。另外，十二個宮位共有三百三十七個吉點，每個宮位應要有二十八個（$337 \div 12 = 28.08$）以上的吉點才好。也就是說，行星本身應擁有五個個別行星的吉點；而其所在宮位，應至少擁有二十八個吉點，才具有正面的效應。吉點越多，力量就越大，越具有正面意義；相反的，當吉點越少（低於四個以下），或宮位少於二十七個時，其效應則以負面居多。

行星		宮位	
6-8	甚吉	31 以上	甚吉
5	吉	29-30	吉
4	平平	28	平平
3	凶	26-27	凶
0-2	甚凶	25 以下	甚凶

〈表6-13〉

「行星的八個吉點力量」實務應用要點：

（一）「行星的八個吉點力量」只是本命和大運論斷的重要輔助工具，不能喧賓奪主，凌駕天宮圖所顯示的內容。

（二）如果行星具備「強」的因素（例如入旺宮、位於自己的星座），但是其個別行星的吉點甚少，則這些強力因素的效應將會削弱。

（三）相對的，如果行星具備「弱」的因素（例如入弱宮、逢焦傷），但其個別行星的吉點大於（含）五個以上，該行星將不致因為力量太弱而產生太大凶象。

（四）總吉點提供每個宮位力量強弱，有別於「Bhava Bala 系統」的個別力量；它是八個吉點力量的彙總，因此評估起來較為精細。

1. 當上升點和第八宮的吉點都大於二十八個時，命主易有健康的身體；相反的，當兩個宮位的吉點都少於二十八個時，命主的身體較弱。

2. 第十一宮的吉點大於第十宮的吉點時，顯示命主較容易不勞而獲。另外，應注意相關主星及宮位的狀況，必須具備最起碼的個別吉點以及總吉點的條件。

3. 第十二宮的吉點大於第十一宮的吉點時，顯示命主的支出大於收入，但可能從國外事務或靜坐靈修中得到利益。

4. 第二宮的吉點大於第十二宮的吉點時，易累積財富，或較少支出、性娛樂活動少；如果第十一宮的吉點同時也大於第十二宮的吉點，財富累積將更快速。

5. 第六宮的吉點較多時，儘管命主勇於奮戰，但也容易導致生病。

（五）總吉點中，連續兩個宮位吉點的驟升或驟降，稱為量子躍遷（Quantum Jump）；當行星過運這些宮位時，易見突升或突降的命運軌跡。

（六）「主要期間／次要期間」主星過運吉點多的宮位，易呈吉象；相對的，如果過運到吉點少的宮位，則凶象居多。討論過運時，須配合「行星的八個吉點力量」。

（七）印度占星學界普遍認為，精確的預測結果在於能否敏銳掌握總吉點、整合大運（Dasa）和過運法。

※ 上述關於「行星的八個吉點力量」的應用要點，僅舉出必須注意之處；至於其他相關論點，非本章所能通盤涵蓋。有興趣深入了解「行星的八個吉點力量」的讀者，可參考維奈・阿迪雅（Vinay Aditya）的著作《Dots of Destiny: Applications of Ashtaka Varga》，以及梅塔（M. S. Mehta）所著的《Ashtakavarga: Concept & Application》，兩書均有較完整的論述。

（八）論政治

　　須再考量太陽的個別吉點，以及由其所在宮位起算的第十宮；還須分別討論從上升點和太陽起算的第十宮和第十一宮。第十宮代表地位，而第十一宮可視為因地位而帶來的財利或影響的內容。通常以太陽起算，帶有長輩、父蔭、貴人庇蔭之意。

1. 如果第十一宮吉點大於第十宮，對於命主的地位提升會有實質作用；差距越大，效果越強（當然，須擁有最起碼的吉點數，方能作此論）。

2. 如果第十宮吉點強（二十八個以上），但第十一宮弱，命主的生涯會在第十一宮相關主星期間出現停滯，甚至黯落貶低的情況。

3. 如果第十宮甚弱，但第十一宮甚強，那麼命主仍可透過財利提升地位。

（九）論財富

1. 如果第一、九、十、十一宮的吉點超過三十個，必然富有；相反的，第九、十、十一宮的吉點少於二十五個，必然貧窮。

2. 如果第十一宮的吉點比第十宮多，且第十二宮的吉點少於第十一宮，同時，第一宮的吉點大於第十二宮，命主必然富有。若第一、九、十、十一宮的吉點甚多，超過三十個，那麼命主相當富有。須注意的是第十二宮代表國外移民，如果命主移民他國謀生，則宜第十二宮強。

3. 如果第一、二、四、九、十、十一宮（上升點起算）加總超過一百六十四個吉點，那麼命主必然富有。在印度占星學中，一百六十四有「Vittaya」（財富）之意。

4. 如果第一宮主星和第四宮主星互有關聯，且第四宮吉點超過三十二個，那麼命主將是億萬富翁，擁有大量土地資產。

5. 如果第一和十一宮的吉點相同，且均超過三十個，則命主中年後應會奮鬥有成。

6. 如果行星個別的吉點為六到八個，且位居旺宮或自己主管的星座，同時位於三方宮或始宮，命主亦可能富有或有所成就，名望、地位高。

7. 如果木星的吉點超過五個，且與金星會合於始宮、三方宮，則命主可能富有。

8. 如果第四宮吉點超過三十個，且有吉星相映至四宮，則命主富有且頗能享受。

9. 如果土星的吉點超過三十點，且相映至第四宮，或其主星位於始宮，則命主將有大量資產。

10. 第十宮的吉點超過三十六個，且無其他凶星相映，則命主將因個人努力奮鬥，終能成功，獲有名利。

11. 當第十一宮吉點超過五十四個，無凶星會合或相映，必然不勞而獲。

12. 如果第一、九、十、十一宮吉點都少於二十五個，那麼命主必然貧窮。

13. 如果第六、八、十二宮的吉點加總超過七十六個，須防入不敷出。

第三節　案例解析

【案例一】

李登輝

1923 年 1 月 15 日 04:30:00,

Zone 8.00　CCT Sunday Lahiri 22:46:54

新北市 121E30, 25N15

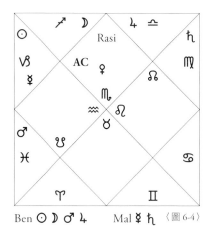

〈圖 6-4〉

8 Points Strengths (Ashtaka Varga)				
Planet	Own Chart	Sarva Chart	House	Sarva Chart
☉	3	30	1	32
☽	2	24	2	24
♂	5	27	3	30
☿	4	30	4	25
♃	5	29	5	27
♀	7	32	6	28
♄	4	34	7	27
			8	27
			9	25
			10	29
			11	34
			12	29

〈表 6-14〉

1. 李登輝的上升點內有三十二個吉點，且第十宮官祿含有二十九個吉點，第十一宮更有三十四個吉點。印度著名占星家雷歐先生所指導的占星研究機構「Bhoratiya Vidya Bhavan」，專門作印度占星學的實證分析；其中有關「行星的八個吉點力量」的專題研究，便曾得到結論：「檢視第十宮和

第十一宮的吉點，如果第十一宮吉點比第十宮多，晉升將甚高；高出幅度越多，晉升就越高。」李前總統的命盤，正符合此象；亦即前述第二節應用要點第（五）點的驟升情況——「量子躍遷」：第十宮的二十九個吉點，躍升至第十一宮的三十四個吉點。

2. 前述研究小組的梅塔，在《Ashtakavarga: Concept & Application》中也提到，若以太陽起算的第十及十一宮形成驟升情況，則易見貴人提拔，成為技術官僚。李登輝的太陽 ☉ 位於本命的第三宮摩羯座，含有三十個吉點。以太陽 ☉ 起算的第十宮（亦即本命的第十二宮），含有二十九個吉點；而第十一宮（本命的上升點）含有三十二個，也符合驟升的情況。

3. 他原本是一名農經專家，被蔣經國總統提拔，貴為行政院政務委員；後任台北市長、台灣省省長、副總統，成為台籍人士中最位高權重者。1988年年初，蔣經國總統突然逝世，他繼登大位，從此開創十二年的「李登輝時代」；過程雖然艱辛，但第三宮的太陽 ☉ 擁有三十個吉點，因此具備頑強的鬥志。

【案例二】

陳水扁

1950 年 10 月 12 日 07:06

台南市官田區

1. 第十宮的「行星的八個吉點力量」相當突出，具有四十三個吉點；從第九宮的二十八個吉點，突然驟升到第十宮的四十三個，躍升幅度甚大。

2. 上升點的吉點僅有二十個。

3. 太陽 ☉ 位於第十二宮，由它起算的第十宮，即本命的第九宮有二十八個吉點；由它起算的第十一宮，即本命的第十宮有四十三個吉點，突然驟升，且幅度甚大。

4. 第二宮位於天蠍座 ♏，宮內逢火星 ♂ 在自己主管的星座，且第二宮吉點有二十九個，在平均水準之上，講話易咄咄逼人。

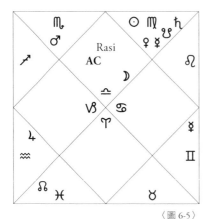

〈圖 6-5〉

8 Points Strengths (Ashtaka Varga)				
Planet	Own Chart	Sarva Chart	House	Sarva Chart
☉	4	24	1	20
☽	1	20	2	29
♂	4	29	3	34
☿	5	24	4	29
♃	7	27	5	27
♀	4	24	6	25
♄	2	24	7	21
			8	26
Sunrise	05:54:29		9	28
Sunset	17:32:15		10	43
			11	31
			12	24

〈表 6-15〉

5. 口才表達的徵象星水星 ☿，擁有五個吉點，且位於自己主管的星座處女座 ♍，離旺宮度數 15° 不遠。

6. 陳水扁以一介貧民，躍居一國至尊，上述的吉點分析，即可說明其徵象。第十宮受位於第六宮的凶星北交點 ☊ 刑剋，從政難順暢，競爭對手（第六宮）常橫梗其中。許多行星位於第十二宮，應屬修行之命，卻涉入名利紅塵。

【案例三】

連戰

1936 年 8 月 27 日 19:25

中國・陝西省西安市

1. 本命第十宮的吉點只有二十六個，不強。

2. 第四宮最強，三十六個吉點，且其主星（金牛座 ♉ 在第四宮）金星 ♀ 飛

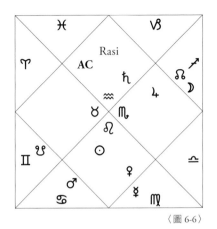

〈圖6-6〉

8 Points Strengths (Ashtaka Varga)				
Planet	Own Chart	Sarva Chart	House	Sarva Chart
☉	4	23	1	31
☽	7	28	2	23
♂	4	29	3	30
☿	6	28	4	36
♃	3	26	5	32
♀	3	23	6	29
♄	4	31	7	23
			8	28
			9	28
			10	26
			11	28
			12	23

〈表6-16〉

入第七宮，與上升點的主星土星 ♄ 相映，符合財富來自父母，亦即第二節第（九）點論財富的第 4 點。

3. 土星 ♄ 為上升點的主星，相映至第四宮的主星金星 ♀，且土星 ♄ 有三十一個吉點；符合第二節第（九）點論富財的第 9 點。

4. 第一宮有三十一個吉點，第二宮有二十三個吉點，第四宮有三十六個吉點，第九宮有二十八個吉點，第十宮有二十六個吉點，第十一宮有二十八個吉點，共計一百七十二個吉點，超過財富所需的一百六十四個。

5. 純就「行星的八個吉點力量」分析，連戰確實擁有大批土地，乃富豪之命，令人稱羨。第十宮有二十六個吉點，宮主星火星 ♂ 落入第六宮巨蟹座 ♋，入弱宮，且逢南交點 ☋ 和太陽 ☉ 凶星夾剋；難道就是他未能登頂峰的原因？從其本命各宮徵象來看，似乎頗為符合。此外，「主要期間／次要期間」是木星／木星（木星位於本命第十宮），仍然抵不住火星 ♂ 的凶象刑剋。

【案例四】

毛澤東

1893 年 12 月 26 日 07:30:00,

Zone 8.00 CCT Tuesday Lahiri 22:22:31

中國・湖南省 112E54, 27N48

1. 毛澤東的太陽 ☉ 位於命宮，逢木星 ♃ 在第五宮白羊座 ♈ 相映；太陽本身有五個吉點，而木星 ♃ 為上升星座的主星。

2. 火星 ♂ 在天蠍座 ♏，自己主管的星座；土星 ♄ 在天秤座 ♎ 第十一宮，入旺；且月亮 ☽ 在巨蟹座 ♋，自己主管的星座。

3. 第十宮的吉點有三十九個，最為突顯；然而第十宮內逢南交點 ☋，並受第四宮北交點 ☊ 的刑剋。

4. 雖然第十宮的主星水星 ☿ 落入第十二宮，但水星擁有六個吉點。

5. 毛澤東以八路軍打敗蔣介石腐敗的軍事集團，成為全中國大陸的統治者，其命盤中第十宮的吉點突顯，應是助力之一，而其他吉象，可參閱「大象與獅子的組合」的案例（P337）。

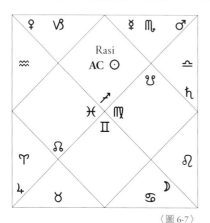

〈圖 6-7〉

8 Points Strengths (Ashtaka Varga)				
Planet	Own Chart	Sarva Chart	House	Sarva Chart
☉	5	28	1	28
☽	5	26	2	26
♂	2	24	3	31
☿	6	24	4	27
♃	3	24	5	24
♀	6	26	6	31
♄	4	29	7	21
			8	26
			9	31
			10	39
			11	29
			12	24

〈表 6-17〉

【案例五】

王永慶

1917 年 1 月 11 日 06:00

新北市新店區

1. 王永慶的「行星的八個吉點力量」最特殊之處即在於：第十宮有三十六個吉點，而第十一宮有三十九個吉點，乃持續揚升之勢，故一直能維持事業興旺，立於不墜之境。

2. 他的命盤中，成長宮——第三宮有三十個吉點，第六宮有三十六個吉點，第十宮有三十六個吉點，第十一宮有三十九個，都在水準以上，也是他不斷追求成長的動力。

3. 其他財富的徵象可參閱「富格」（P345），幾乎都涵蓋在內。

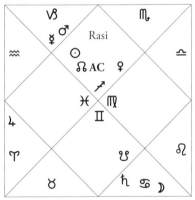

〈圖 6-8〉

8 Points Strengths(Ashtaka Varga)				
Planet	Own Chart	Sarva Chart	House	Sarva Chart
☉	4	25	1	25
☽	4	22	2	25
♂	3	25	3	30
☿	5	25	4	28
♃	5	24	5	24
♀	4	25	6	36
♄	1	22	7	19
			8	22
			9	23
			10	36
			11	39
			12	30

〈表 6-18〉

第七章

行星組合

　　所謂「Yogas」，就是「行星組合」（Planetary Union），取自印度的瑜伽哲學精神；其字義與英文的「Yoke」（軛、結合）相同，意即與上帝結合，藉由與祂緊密合體的方法，達到精神解脫。《奧義書》記載：「**如同鳥飛翔於空中，魚游於海中，皆未留下任何痕跡；同理，精神導師先知已橫越無形的道路，臨近上帝。**」

　　行星組合的狹義解釋為行星間的組合；但廣義的解釋，則擴及行星所落入的星座、宮位，以及宮主星等要素，然後產生一定的效應。簡潔有力地點出事件關鍵是印度占星學的重要特色，常為印度占星家的重要論斷利器，但西方系統則較少深入探討。

　　印度占星學曾隨佛教東傳至中國，結合中國的陰陽五行學說後，在唐宋時期發展成中國的「七政四餘占星學」，其所強調的星曜組合、形成的格局或型態，相當程度深烙著印度占星學行星組合的痕跡。例如，辰星居垣（水星位於處女座、雙子座），就如同「Bhada Yogas」說明水星入旺於處女座；只不過後者更強調，此時的水星必須位於上升點起算的始宮內。

　　行星組合的形成與天宮圖的基本要素息息相關，所以種類繁多，而古書典籍上的記載更是超過千種，令人目不暇給，要全部記牢實非易事。但因為它在論斷上具有特定的重要性，因此必須掌握其精髓，仔細練習，看出端倪，才能應用得宜。

　　拜現代電腦科技日益發展，有些功能完備的軟體能列出可能的行星組合。而統整了古傳印度占星學經典的內容後，我們可以發現，行星組合不外乎下

列幾種情形：

1. 僅涉及行星而已

2. 行星和宮位間的關係

3. 行星和星座間的關係

4. 上述行星、星座、宮位的關係

如果熟稔這些天宮圖基本要素間的相互關係，不需硬記也能運用自如。然而印度先賢的觀察更為細膩，再經由後世分門別類，賦予其特定的名稱，本章將介紹行星組合的基本分類。

第一節　偉大稟性的五種組合

「Pancha-Mahapurushas」，梵文的「Pancha」乃「五種」之意；「Maha」是「至大」之意；而「Purusha」為「宇宙原人」之意。將這些字組合起來，就是「偉大稟性的五種組合」。

當五個行星——水星、金星、火星、木星、土星之一，位於自己主管的星座或入旺宮，且位於天宮圖的始宮（一、四、七、十宮）或三方宮時，這種行星組合將各以五個行星之一來命名，分別為：

1. Ruchaka Yoga：Ruchaka，銳利鮮明、輝煌之意。

2. Bhadra Yoga：Bhadra，幸福吉祥之意。

3. Hamsa Yoga：Hamsa，天鵝、宇宙靈魂之意。

4. Malavya Yoga：Malavya，印度前中央地區國度「Malva」，隱含舒適、享受之意。

5. Shasha Yoga：Shasha，大兔或野兔，象徵害怕畏懼。

定義

1. Ruchaka Yoga：當火星入旺於摩羯座，或是在自己主管的星座——白羊座或天蠍座，且位於由上升點起算的始宮內或三方宮內。

2. Bhadra Yoga：當水星入旺於處女座，或是在自己主管的星座——雙子座或處女座，且位於由上升點起算的始宮內或三方宮內。

3. Hamsa Yoga：當木星入旺於巨蟹座，或是在自己主管的星座——人馬座或雙魚座，且位於由上升點起算的始宮內或三方宮內。

4. Malavya Yoga：當金星入旺於雙魚座，或是在自己主管的星座——金牛座或天秤座，且位於由上升點起算的始宮內或三方宮內。

5. Shasha Yoga：當土星入旺於天秤座，或是在自己主管的星座——摩羯座或水瓶座，且位於由上升點起算的始宮內或三方宮內。

效應

1. 命盤中有行星組合「Ruchaka Yoga」的命主：長相英俊，臉龐輪廓優雅，眉毛優美，髮黑，皮膚光亮微黑，腰及手腳細；個性大膽、勇敢，充滿活力、精力，喜歡從事冒險行為以贏得聲名、戰勝敵人；嚴格鍛鍊體魄、企圖心旺盛、辨識力強；可成為陸軍司令、警察首長或匪幫首領；然而易因火燒、受傷或手術開刀而留下疤痕。

2. 命盤中有行星組合「Bhadra Yoga」的命主：身體強健，胸肌發達，臂長且均勻，臉龐如獅子般威武，步伐如大象般莊嚴，額前美麗，頭髮黑捲，身體散發出如番紅花的香味；聲音甜美，令人印象深刻；具有學問及德行，精於瑜伽；心靈平靜、穩定，非常聰明，德行崇高，深謀遠慮；熟稔古典手抄文獻；能夠因為努力而享有財富，生活惬意、快樂，地位高，壽命長。

3. 命盤中有行星組合「Hamsa Yoga」的命主：皮膚光澤，臉頰豐滿，臉龐迷人、美麗，手掌紅潤，腳掌漂亮、可愛，眼睛如蜜般動人，聲音悅耳；喜歡水上活動；性貪、不知足；德行高、善待他人；具有正義感與雄辯

能力；重視物質享受，受眾人喜愛；渴求知識和罕見的手抄文獻；妻子容貌美麗。

4. 命盤中有行星組合「Malavya Yoga」的命主：具有優美的外貌、漂亮的嘴唇，腰細，身材佳；牙齒如貝，皮膚亮麗，臉頰豐滿，眼睛明亮；聲音有磁性；因個人努力而獲致學問、財富；聰明，有學識，精於文獻；特殊的婚姻關係。

5. 命盤中有行星組合「Shasha Yoga」的命主：中等身材，皮膚黝黑，腰細，齒長，腿美，步伐快，勇敢冷靜；常在叢林、山區、堡壘或其他獨特地方修行；眼睛流動，渴望被他人欣賞；可成為軍隊領導人或村鎮首長，有資格指出他人錯誤；特別沉迷於性愛，喜歡跟非他擁有的女性交往；精通冶金術和化學；易有慢性疾病。

評論

事實上，在一般天宮圖中常可見到「偉大稟性的五種組合」，但並非具有這種行星組合的命主，就一定如上所述形容的那麼優秀，仍須合參其他因素。例如是否有凶星會合或相映，以及行星的狀態、行星的八個吉點力量如何、在分盤中的情形、大運流年的「主要期間／次要期間」、是否值上述這些行星等等，都是判斷「偉大稟性的五種組合」的要點。

印度著名占星家查拉喀博士（Dr. K. S. Charak）在《Yogas in Astrology》中提到，與這種行星組合相關的行星，應具有水準以上的「行星的六種力量」，即「行星的六種力量」須佳，而其他行星組合亦同此論。因為「偉大稟性的五種組合」僅以單一行星建構，而最起碼需要具有「行星的六種力量」的其中四種，參考如下：

1. **位置的力量（Sthana Bala）**

2. **方向的力量（Dig Bala）**

3. **暫時的力量（Kaala Bala）**

4. **移行的力量（Chesta Bala）**

查拉喀博士的說法值得參考。他也認為，偉大稟性的各種組合中，只要行星的力量夠強，且不受其他凶星會合或相映刑剋，再加上行星的狀態佳，不待大運流年到來，命主即能享有前述的效應。

這種行星組合越多，命主地位將會越高，財富也累積越快；擁有學問、知識及智慧，能贏得眾人尊敬，易當首領，或具有相當崇高的聲望。

附帶一提，這種行星組合的分盤也必須具備力量，否則上述的效應便難以完全呈現。

【案例一】

施振榮

1944 年 12 月 18 日 16:00

彰化縣鹿港鎮

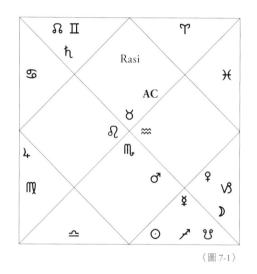

〈圖 7-1〉

1. 火星 ♂ 位於天蠍座 ♏，亦即自己所主管的星座；同時也位於由上升點起算的第七宮（始宮）。

2. 符合「Ruchaka Yoga」行星組合的條件。

3. 火星 ♂ 在印度占星學中，正是火、電子的主管行星。

4. 企圖心旺盛，辨識能力強，能贏得聲名，戰勝敵人。

5. 施振榮出身貧困家境，孤兒寡母歷經艱辛，之後自創知名電腦品牌——宏碁（Acer），終成國際知名大廠；但火星 ♂ 相映至上升點，因此也時時暗藏危機。

【案例二】

盧勝彥

1945 年 6 月 27 日 11:50

嘉義市

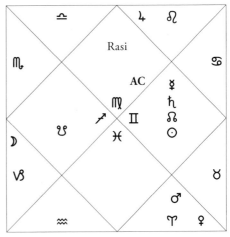

〈圖 7-2〉

1. 水星 ☿ 位於雙子座 ♊，亦即自己所主管的星座；同時也位於由上升點起算的第十宮（始宮）。

2. 符合「Bhadra Yoga」行星組合的條件。

3. 本案例中，水星 ☿ 逢多凶星——太陽 ☉、北交點 ☊ 和土星 ♄，於第十宮內會合。

4. 南交點 ☋ 在第四宮相映。

5. 盧勝彥乃台灣頗受非議的靈學大師，自封活佛，但行徑卻令人訝異；帶弟子出入舞廳，辯為入世之舉；以個人形貌自雕佛像，放置於南投雷藏寺供人膜拜。

【案例三】

林宏宗

1951 年 10 月 26 日 10:10

台南縣

1. 木星 ♃ 為自然吉星，位於第四宮雙魚座 ♓，乃由上升點起算的始宮。

2. 符合「Hamsa Yoga」行星組合的條件。

3. 木星 ♃ 相映至第八宮，其旺宮巨蟹座 ♋，以及第十宮處女座 ♍、第十二宮天蠍座 ♏，因而讓此三宮產生吉應。

4. 土星 ♄ 位於第十宮，相映至第十二、四、七宮；土星 ♄ 逢南交點 ☋ 會

合火星 ♂，並加上第十一宮的
圍攻。

5. 林宏宗原本為從事包板模工作
的鄉下孩子，爾後適逢台灣建
築界景氣大好之際，大膽投入
房地產業，累積大量土地與財
富，因而躋身社會名流。他擅
於精打細算，也當過立法委員，
政商兩得意，實拜木星 ♃ 位於
第四宮所賜，其相映事徵也甚
為明顯。但土星 ♄ 位於第十

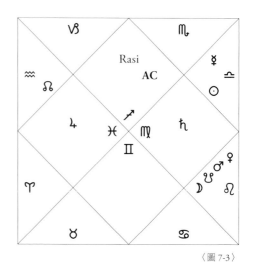

〈圖 7-3〉

宮，致使其事業日後低迷，遭逢困境，倒閉收場。

【案例四】

宋楚瑜

1942 年 4 月 30 日 10:15

中國・湖南省湘潭縣

1. 第十宮（始宮）位於雙魚座
♓，主管社會地位、名望、事
業、尊榮、政治、政府官員、
權威人物、權力、成就、王權
等等。

2. 第十宮內見自然吉星金星 ♀，
入旺，符合「Malavya Yoga」行
星組合的條件。相較其他政治

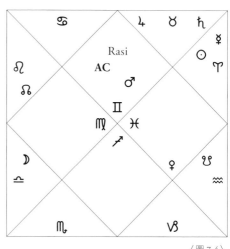

〈圖 7-4〉

人物，宋楚瑜的官場生涯可謂一帆風順；其政治敏感度強，在主流與非
主流的鬥爭中，背棄法統，向李登輝靠攏，一躍成為政壇的重要人物。

3. 須留意的是：他的金星 ♀ 位於第十宮，入旺；然而，同時受到第九宮的
   南交點 ☋，以及第十一宮的太陽 ☉ 這兩個凶星的圍攻，以致政治生涯潛
   藏危機。可謂水能載舟，亦能覆舟。

【案例五】

連戰

1936 年 8 月 27 日 19:25

中國・陝西省西安市

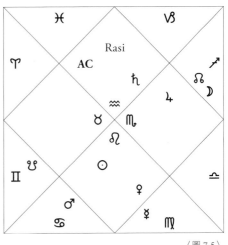

〈圖 7-5〉

1. 以第十宮的官祿來論（第十宮
   為始宮，乃吉宮）：

   （1）宮內見自然吉星木星 ♃。

   （2）該宮受吉宮第一宮水瓶座
   ♒ 的主宰星——土星 ♄ 相映。
   土星 ♄ 相映至由自己起算的第
   三、七、十宮，符合「Shasha
   Yoga」行星組合的條件。

   （3）該宮並無其他凶星位臨或相映。木星 ♃ 位於天蠍座 ♏，為其友誼星
   座，並非弱宮；同時，也未逢太陽 ☉ 焦傷。

2. 以第二宮的財帛來論：

   （1）第二宮內（雙魚座 ♓）並無行星，但宮主星木星 ♃ 飛臨第十宮（始
   宮），力量增強，且相映至本命的第二宮（木星 ♃ 相映至由自己起算的
   第五、七、九宮）。

   （2）木星 ♃ 也是第十一宮人馬座 ♐ 主宰星，大偏財宮（第十一宮）主星。

3. 連戰一生名利雙收，由印度占星學即可完全得到驗證。然而連戰的第十
   宮天蠍座 ♏ 的主星——火星 ♂，落入第六宮（凶宮），同時入弱（巨蟹
   座 ♋）；2000 年 1 月 29 日的同時，火星 ♂ 落入第六宮（與敵人有關），
   競選總統受挫。

第二節 大象與獅子的組合

　　「Gaja-kesari Yogas」，梵文中的「Gaja-kesari」包含兩個字詞——「Gaja」為大象，代表莊嚴；「kesari」為獅子，代表威猛。兩者相結合，自有其特殊能力，能駕馭大象與獅子，力量強且地位高，是重要的行星組合。

定義

　　所謂「大象與獅子的組合」，意指當木星落入由月亮起算的始宮（一、四、七、十宮）內。這只是標準說法，但由於定義過寬，因此容易誤導應採用古典印度占星學重要典籍的說法，才稱得上嚴謹，相關內容如下：

1. 《BPHS》：當木星位於由月亮或上升點起算的始宮內，同時有吉星相會或相映，未逢焦傷、非入弱，或沒有落入第六宮凶宮。

2. 《Jataka Parijata》（簡稱《JP》）：月亮受其他吉星（水星、木星和金星）相映，且參與這組行星組合的行星，既非無力，亦未逢焦傷，如此形成的行星組合，即為「大象與獅子的組合」。

效應

　　擁有「大象與獅子的組合」的命主，勤奮努力，握有權力，具道德感，富有、聰明、學者、出身佳，享有持續的聲望。

評論

　　由於木星位於由月亮起算的第一、四、七、十宮的排列組合，共有「木星會合月亮」、「木星位於由月亮起算的第四宮」、「木星位於由月亮起算的第七宮」、「木星位於由月亮起算的第十宮」四種變化；如果再將本命的宮位考量進來，其意義將各自不同。另外，從《BPHS》及《JP》的定義即知，也必須考慮月亮和木星的行星狀態，例如相關會合或相映的行星、星座，

法、利、欲及解脫等三方宮的特性，相關的「行星的八個吉點力量」或「六種力量」，都將使「大象與獅子的組合」呈現不同面貌，在此分述如下：

（一）木星和月亮在「大象與獅子的組合」中的可能相對位置

1. 月亮和木星會合在同一宮位，即木星位於由月亮起算的第一宮。它們的會合，應位於本命的第一、四、七、十宮或第九宮等吉宮，才會有吉祥的效應。

   （1）會合在本命的第一宮：長相佳，朋友多，妻子賢慧，孩子乖巧。如果符合上述要件，命主的身體健康，身分尊榮且令人印象深刻。這種組合令命主充滿吉象福氣。

   （2）會合在本命第四宮：等同王室成員或閣員，有學問，母親壽命長，家庭幸福，擁有漂亮的房子、豪華的汽車。

   （3）會合在本命第七宮：配偶助蔭多，擁有幸福婚姻；學識佳、技術熟練；優質貿易商，合夥生意佳，可藉由生意致富，人際關係良好。

   （4）會合在本命第十宮：學者；富有、高貴、受人尊敬；這種組合有利生涯規畫，地位高，擅於經營事業或從事政治活動，財力佳。

   （5）會合在本命第九宮：辨識能力佳，幸福、富有、知足；有利宗教、德行和福運。

2. 木星位於由月亮起算的第四宮：與家庭幸福、母親的疼愛照顧有關。

3. 木星位於由月亮起算的第七宮：身體健康；在家族中受到尊重；簡樸傾向，有助於婚姻幸福與和諧。

4. 木星位於由月亮起算的第十宮：有利職位晉升；在職場中受尊敬；行為高尚，理想主義者，付諸精神鍛鍊，努力賺取錢財。

（二）影響「大象與獅子的組合」的其他因素

1. 月亮和木星的狀態

「大象與獅子的組合」是頗受注目的行星組合，必須月亮、木星都具有

力量，效應才會突顯。如果木星和月亮入弱或無力，或者受凶星會合或相映，那麼這組行星組合將會失去光輝。月亮在巨蟹座，亦即自己主管的星座，入廟；而在金牛座，入旺。木星在人馬座、雙魚座，亦即自己主管的星座，入廟；而在巨蟹座，入旺。然而，依據「大象與獅子的組合」準則：木星和月亮須同時入旺，或位於自己主管的星座，上述幾種情形幾乎不可能發生。因為當月亮入旺於金牛座時，木星須入旺於巨蟹座，或位於自己主管的星座——人馬座和雙魚座，又同時得位於由月亮起算的始宮（一、四、七、十宮）內；這樣的組合絕不會出現。唯一的情形為兩者同時落入巨蟹座：月亮位於自己主管的星座，入廟；而木星位於巨蟹座，入旺。由此可知，木星只可能位於月亮的第一宮。所以，所謂月亮和木星都有力，並非指兩者同時入旺或位於自己主管的星座。這裡所強調的是，月亮和木星如果沒有同時位於巨蟹座，那麼也必須不受凶星刑剋或逢焦傷，同時，木星和月亮其中一方的力量必須強，才會有其基本效應。

2. 由上升點起算，看月亮、木星主管的宮位

上升星座	月亮主管宮位	木星主管宮位			上升星座	月亮主管宮位	木星主管宮位		
♈	♋ 4	♐ 9	♓ 12		♎	♋ 10	♐ 3	♓ 6	
♉	3	8	11		♏	9	2	5	
♊	2	7	10		♐	8	1	4	
♋	1	6	9		♑	7	12	3	
♌	12	5	8		♒	6	11	2	
♍	11	4	7		♓	5	10	1	

〈表 7-1〉

當月亮和木星各自主管吉宮始宮（一、四、七、十宮），或三方宮（一、五、九宮），其效應自然更加吉祥。其中，尤以主管第十宮最為有利，

而其他各宮則視其管轄事項來論其意義。在解釋這組行星組合時，須特別留意上述情形。

3. 由上升點起算，看月亮和木星各位於何宮

無論月亮和木星是否同宮，如果兩者位於吉宮（始宮及三方宮），那麼效應將更臻吉祥。

4. 其他行星會合或相映的影響

「大象與獅子的組合」會因其他行星會合或相映至月亮或木星，或同時至月亮和木星，尚有所修正。當然，如果吉星相映或會合，會增添其吉象；而凶星相映或會合，正如《BPHS》或《JP》所述，其效應恐不易呈現，甚至還可能帶來負面影響。

5. 涉及的星空

月亮和木星位於不同星座，當然會呈現不同的「大象與獅子的組合」效應。如果位於友誼星座較佳，位於敵意星座則稍損。

6. 法、利、欲和解脫等三方宮的影響

若「大象與獅子的組合」在三方宮內形成，將多少帶有三方宮的性質和意義；即月亮和木星主管或在「法三方宮」，道德將支配命主的行動；如果在「利三方宮」，有益財富；如果在「欲三方宮」，代表物欲和性交、娛樂；如果涉及「解脫」，則有益精神提升。

7. 行星力量的強度

「大象與獅子的組合」的結果，充分或部分依賴其建構行星——木星和月亮的行星力量，並視其強度而定；當月亮或木星入弱或無力，那麼這組行星組合的本質為弱。當月亮或木星沒有充足的行星力量時，這組行星組合的效應將無法充分呈現。其結果正如其他行星組合，易於月亮或木星主管的大運（Dasa）期間呈現。

【案例六】

證嚴法師

1937 年 5 月 4 日 02:40

台中市清水區

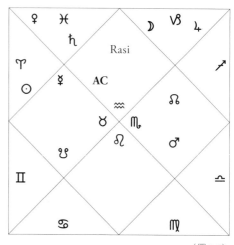

〈圖7-6〉

1. 月亮 ☽ 和木星 ♃ 會合於第十二宮摩羯座 ♑，即木星 ♃ 位於由月亮 ☽ 起算的第一宮內，符合「大象與獅子的組合」的行星準則。

2. 月亮 ☽ 和木星 ♃ 會合在摩羯座 ♑，無力，看似不佳。但經計算後發現，月亮 ☽ 和木星 ♃ 的「六種力量」都強；尤其是「行星的八個吉點力量」，兩者所在的摩羯座 ♑，具有三十吉點，頗強。

3. 月亮 ☽ 和木星 ♃ 會合於第十二宮，正是修行、禁欲、苦行等精神修練的宮位；南交點 ☋ 跟靈性修行有關，也在第四宮金牛座 ♉，與之相映。

4. 證嚴法師堅苦卓絕的帶領慈濟，不僅成為台灣社會的安定力量，更不計榮辱，將愛心遍及全球，令人起敬。

【案例七】

C 男

1959 年 9 月 23 日 16:30

屏東市

1. 月亮 ☽ 為母親的徵象星。

2. 第四宮主管母親、教育學歷、家族、土地，以及一切舒適享受，例如汽車等等。

3. 月亮 ☽ 位於第四宮金牛座 ♉，入旺；正符合徵象星法則第 5 點（P256），

受第十宮內的木星 ♃ 相映，命
主自小乖巧，深得母親疼愛，
關係甚佳。

4. 命主為留美土木景觀博士，現
   任教於應用科技大學，並成立
   了顧問公司；業務鼎盛，營運
   績效佳。

5. 金星 ♀ 為男命的配偶徵象星，
   位於第七宮，不利婚姻；金星
   ♀ 位於獅子座 ♌，配偶富有美
   麗但強勢；夫妻宮主星入弱於

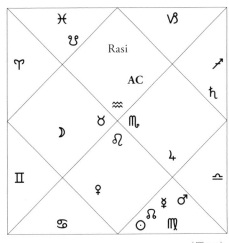

〈圖 7-7〉

處女座 ♍ 第八宮，會合火星 ♂ 及北交點 ☊ 兩凶星，導致離婚。

6. 本案例中，木星 ♃ 位於第十宮天蠍座 ♏，是由入旺於金牛座 ♉ 第四宮的
   月亮 ☽，所起算的始宮（第七宮）；符合「大象與獅子的組合」的行星
   準則，稍後再細論。

【案例八】

毛澤東

1893 年 12 月 26 日 07:30:00,

Zone 8.00

CCT Tuesday Lahiri 22:22:31

中國・湖南省 112E54, 27N48

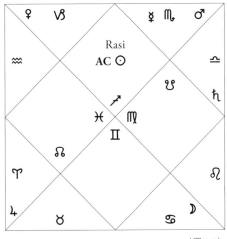

〈圖 7-8〉

1. 木星 ♃ 位於本命第五宮白羊座
   ♈，正好為由月亮 ☽ 起算的第
   十宮，符合「大象與獅子的組
   合」的行星準則。

2. 月亮 ☽ 位於第八宮巨蟹座 ♋，

自己主管的星座，不為凶。

3. 土星 ♄ 位於第十一宮天秤座 ♎ 入旺，相映至木星 ♃；隨著年歲成長，目標、野心越能實現。

4. 木星 ♃ 為上升星座主星。

5. 毛澤東帶領八路軍建立「中華人民共和國」，實屬不易。

第三節　根據宮主星互相飛臨的行星組合

印度占星學如同西洋古典占星學，是以事件預測為論斷主軸，故著重後天宮為事件論斷的依據，也因此，各後天宮主星的重要性格外被突顯；而宮主星所建構組成的行星組合，也就頗具意義。印度占星學將後天宮區分為吉宮和凶宮，使得原本為自然吉星或自然凶星的行星，因為主管吉凶後天宮而衍生出「功能性吉星」或「功能性凶星」。我們必須了解這些分類狀況，才能充分掌握根據宮主星的行星組合之特殊意涵。「根據宮主星的行星組合」，主要有四種，本節將詳述之。

一、貴格

定義

梵文為「Raja Yogas」。「Raja」為國王或皇家之意。「貴格」是指：一始宮（一、四、七、十宮）主星和一三方宮（一、五、九宮）主星會合，或互相相映，或互容。

效應

地位提升，受到認同；事業成功，獲得聲望；有利於往政界發展，權力、領導地位如同皇室。

評論

　　印度占星學對「貴格」的定義相當分歧。例如，印度著名占星學家羅曼先生於其行星組合的著作《Three Hundred Important Combination》中，光是針對貴格就列出十九種情況，且不同於上述定義，其中的分歧可見一斑；另一位學術底子深厚的印度占星家巴特（M. R. Bhat），在其著作《Fundamentals of Astrology》中，以一整章的篇幅解釋「貴格」，更是列出了四十九種情況。

　　目前印度占星學界似乎傾向以上述的定義為主，然而卻也衍生出多種變化，其中較被認定為吉祥的情況為：以「第九、十宮主星」、「第一、九宮主星」、「第一、四宮主星」，和「第一、五宮主星」之間所建構的四種「貴格」，情況最佳。

　　如同其他行星組合，仍應充分考量建構「貴格」的行星狀態、位置、力量，以及與其他行星會合或相映等因素。

【案例九】

毛澤東

1893 年 12 月 26 日 07:30:00,

Zone 8.00

CCT Tuesday Lahiri 22:22:31

中國‧湖南省 112E54, 27N48

第九宮獅子座 ♌，宮主星太陽 ☉ 飛臨命宮，受木星 ♃，也就是上升星座的主星，在第五宮的相映；且木星 ♃ 相映至自己的星座，土星 ♄ 位於第十一宮天秤座 ♎，旺宮，也相映至命宮內的太陽 ☉。

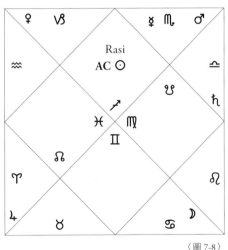

〈圖 7-8〉

此「貴格」賦予毛澤東強而有力的領導性格和野心，並大有斬獲。

【案例十】

連戰

1936 年 8 月 27 日 19:25

中國・陝西省西安市

第九宮天秤座 ♎，主星金星 ♀
飛臨第七宮，與命宮內上升星座
的主星土星 ♄ 相映；此即三方宮
「第一、九宮主星」相映，符合
「貴格」架構。

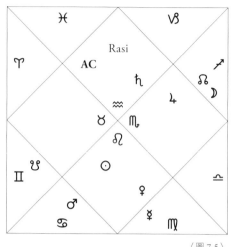

〈圖 7-5〉

【案例十一】

星雲法師

1927 年 8 月 19 日 10:10

中國・江蘇省江都縣

1. 命宮為處女座 ♍，宮內見自然
   吉星金星 ♀，且為第九宮吉宮
   （三方宮）金牛座的主星。

2. 上升星座的宮主星水星 ☿，飛臨
   第十一宮巨蟹座 ♋。

3. 第四宮人馬座 ♐ 的宮主星木星
   ♃，落入第七宮雙魚座 ♓，自己
   主管的星座，同時相映至上升

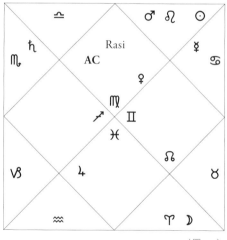

〈圖 7-9〉

星座。第四宮為始宮，第九宮為三方宮，兩個宮主星都屬自然吉星，且
互映甚吉，形成「貴格」。

4. 第四宮主星相映至第十一宮巨蟹座 ♋ 內的命主星水星 ☿；巨蟹座 ♋ 為

木星 ♃ 的旺宮，遂形成「第一、四宮主星」相映。

5. 星雲法師隻身來台，創立佛光山、美國西來寺以及澳州等相關佛教事業，確有「貴格」的氣勢。

【案例十二】

證嚴法師

1937 年 5 月 4 日 02:40

台中市清水區

上升星座為水瓶座 ♒，命宮主星土星 ♄ 落入第二宮雙魚座 ♓，與第四宮金牛座 ♉ 的宮主星金星 ♀ 會合；而金星 ♀ 位於雙魚座 ♓ 旺宮，屬「第一、四宮主星」的「貴格」。

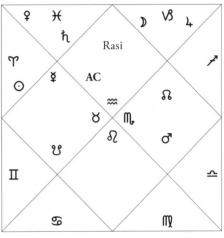

〈圖 7-6〉

【案例十三】

馬英九

1950 年 7 月 13 日 13:35

香港

第九宮位於雙子座 ♊，其宮主星水星 ☿ 位於自己主管的星座，與第十宮巨蟹座 ♋ 的主星月亮 ☽，會合在第九宮，符合「第九、十宮主星」之間的「貴格」。

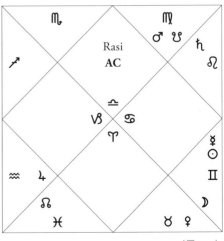

〈圖 7-10〉

【案例十四】

陳水扁

1950 年 10 月 12 日 07:06

台南市官田區

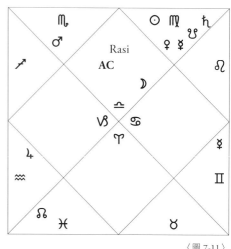

〈圖 7-11〉

1. 陳水扁的上升星座為天秤座 ♎，主星金星 ♀ 落入第十二宮，弱宮處女座 ♍，與第九宮雙子座 ♊ 的主星水星 ☿，落入旺宮處女座 ♍ 會合；且逢第四、五宮（分別為摩羯座 ♑、水瓶座 ♒）兩宮主星土星 ♄ 的會合，形成「第一、九宮」、「第一、五宮」、「第一、四宮」等幾個「貴格」。

2. 命主星金星 ♀ 落入第十二宮凶宮，因此雖出身一介貧民，後能晉升為民選總統，然而領導國政卻倍感艱辛，甚至最後被控貪污而入獄。

二、富格

定義

梵文為「Dhana Yogas」。「Dhana」為財富之意，「富格」是指下列這些宮主星的互相關係或會合，或相映，或互容形成時的四種情況：

1. 上升星座命宮主星和第二、五、九或十一宮主星之間。
2. 第二宮主星和第五、九或十一宮主星之間。
3. 第五宮主星和第九或十一宮主星之間。
4. 第九宮主星和第十一宮主星之間。

效應

當上升星座命宮主星強旺時，命主能力強，較易出人頭地。第二宮主管財

富，第十一宮代表大筆金錢收入。在印度占星學的神話意義裡，財富女神居住在三方宮（一、五、九宮），因此，這些宮位宮主星的互相關係中，當上升星座命宮主星為旺時，易帶來財富。

評論

「富格」跟前述「貴格」的情況會有些重疊；但前者著重財富，後者強調權力地位。相關宮主星如果與第六、八、十二宮主星會合，同時落入死亡殺手宮（二、七宮），則會帶來疾病、不幸、災難。因此，帕拉薩拉的一些看法值得注意，內容請參考如下：

（一）五／十一宮軸的意義

1. 太陽：位於第五宮（獅子座的先天宮位），等同位於自己主管的星座獅子座，且月亮、木星、土星位於第十一宮；或太陽位於第五宮獅子座，只有木星位於第十一宮。

2. 月亮：位於第五宮自己主管的星座——巨蟹座，且土星位於第十一宮摩羯座。

3. 火星：位於第五宮，等同位於自己主管的星座——白羊座或天蠍座，且金星位於第十一宮。

4. 水星：位於第五宮，等同位於自己主管的星座——雙子座或處女座，且月亮、火星、木星位於第十一宮。

5. 木星：位於第五宮，等同位於自己主管的星座——人馬座或雙魚座，且水星位於第十一宮。

6. 金星：位於第五宮，等同位於自己主管的星座——金牛座或天秤座，且火星位於第十一宮。

7. 土星：位於第五宮，等同位於自己主管的星座——摩羯座或水瓶座，且太陽和月亮位於第十一宮（土星位於摩羯座，而月亮位於第十一宮巨蟹座；土星位於水瓶座，而太陽位於第十一宮獅子座）。

（二）上升星座和上升星座主星的意義，上升星座主星位於命宮內

1. 太陽：在上升星座獅子座，與火星和木星會合或相映。

2. 月亮：在上升星座巨蟹座，與水星和木星會合或相映。

3. 火星：在上升星座自己主管的星座——白羊座或天蠍座，與水星、金星和土星會合或相映。

4. 水星：在上升星座自己主管的星座——處女座或雙子座，與土星和木星會合或相映。

5. 木星：在上升星座自己主管的星座——人馬座或雙魚座，與火星和水星會合或相映。

6. 金星：在上升星座自己主管的星座——金牛座或天秤座，與水星和土星會合或相映。

7. 土星：在上升星座自己主管的星座——摩羯座或水瓶座，與火星和木星會合或相映。

（三）第五宮和第九宮

　　例如木星主管的星座——人馬座或雙魚座位於第九宮，宮內見木星會合金星，或會合第五宮主星，是以產生潛力的「富格」。

【案例十五】

印度首富

穆克什・安巴尼（MuKesh Ambani）

1957 年 4 月 19 日

葉門・亞丁

1. 命主白羊座 ♈，宮內見太陽 ☉，入旺。太陽 ☉ 是第五宮獅子座 ♌ 的宮主星，逢金星 ♀、水星 ☿、南交點 ☋ 會合；其中金星 ♀ 為第二宮金牛座 ♉ 及第七宮天秤座 ♎ 的宮主星；水星 ☿ 則是第三宮雙子座 ♊ 及第六宮處女座 ♍ 的宮主星。太陽 ☉ 構成「貴格」，逢木星 ♃ 在三方吉宮第五宮獅子座

♌ 相映，吉上加吉。金星♀構成「富格」（第二宮主星飛臨第一宮，逢第五宮主星太陽☉會合，又見第九宮人馬座♐宮主星飛臨第五宮相映）。

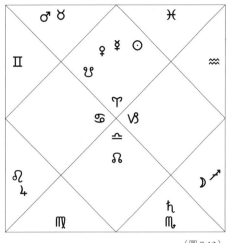

〈圖7-12〉

2. 第十一宮（與大財有關）水瓶座♒，逢木星♃在第五宮相映；而第十一宮主星土星♄落入第八宮，與遺產有關，逢火星♂在第二宮相映。火星♂乃上升星座白羊座♈及第八宮天蠍座♏的宮主星；火星♂、土星♄兩大凶星，都構成「富格」，顯示他憑著父蔭及印度經濟起飛，累積大量財富，卻予人為富不仁的印象。

【案例十六】

王永慶

1917 年 1 月 11 日 06:00

新北市新店區

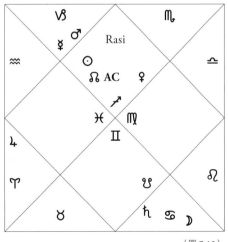

〈圖7-13〉

1. 命主人馬座♐，上升星座主星──木星♃飛臨第五宮白羊座♈，相映至上升星座內的太陽☉、北交點☊及金星♀；其中太陽☉為第九宮獅子座♌的宮主星，金星♀為第十一宮（與大財有關）天秤座♎及第六宮金牛座♉的宮主星，構成「貴格」及「富格」。太陽☉乃第九宮三方宮的宮主星，逢北交點☊、

南交點 ☋ 會合或相映，帶來吉祥。

2. 第二宮摩羯座 ♑、火星 ♂ 入旺在內，與水星 ☿ 會合；水星 ☿ 是第十宮處女座 ♍ 及第七宮雙子座 ♊ 的宮主星，亦屬「富格」。

3. 土星 ♄ 為第二宮摩羯座 ♑ 及第三宮水瓶座 ♒ 的宮主星，飛臨第八宮巨蟹座 ♋，力量不強；但火星 ♂ 會合水星 ☿ 相映，敢冒險犯難，賺取財富，而其過程頗為爭議，民間流傳採伐森林的說法沸沸揚揚。

【案例十七】

高清愿

1925 年 4 月 16 日 15:30

台南市北門區

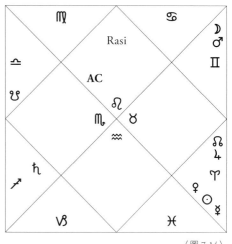

〈圖 7-14〉

1. 主命獅子座 ♌，上升星座主星太陽 ☉ 飛臨第九宮白羊座 ♈，入旺；且逢金星 ♀ 與水星 ☿ 兩吉星的包圍。金星 ♀ 為第十宮金牛座 ♉ 及第三宮天秤座 ♎ 的主星，而水星 ☿ 則為第二宮處女座 ♍ 及第十一宮雙子座 ♊ 的主星；因此構成「貴格」及「富格」，意謂命主能勇於進取（三、十宮是成長宮），賺取財富。

2. 又見木星 ♃ 及北交點 ☊ 在第九宮內會合；木星 ♃ 是第五宮人馬座 ♐ 及第八宮雙魚座 ♓ 的主星，而北交點 ☊ 則與第一宮主星太陽 ☉ 及第五宮主星木星 ♃ 會合在第九宮，且與第十宮主星金星 ♀ 會合在第九宮，帶來相當吉祥的徵象。

3. 第九宮主星火星 ♂ 也是第四宮天蠍座 ♏ 的主星，飛臨第十一宮；而第十一宮主星水星 ☿，也是第二宮主星，飛臨第九宮，兩者形成互容，是極佳的「富格」。

【案例十八】

比爾‧蓋茲

1955 年 10 月 28 日 21:15

美國‧西雅圖

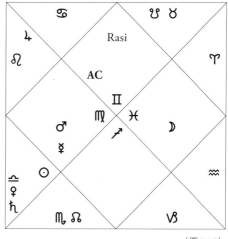

〈圖 7-15〉

1. 命宮位於雙子座 Ⅱ，主星水星 ☿ 落入第四宮處女座 ♍，為旺宮，與第十一宮白羊座 ♈ 的主星火星 ♂ 會合。

2. 第二宮巨蟹座 ♋，主星月亮 ☽ 飛臨第十宮始宮，增強它的力量；且受第九宮水瓶座 ♒ 主星土星 ♄ 入旺宮天秤座 ♎ 相映。

3. 第九宮水瓶座 ♒ 的主星土星 ♄，飛臨第五宮天秤座 ♎，為其旺宮；與第五宮主星金星 ♀ 會合，相映至第十一宮。

4. 木星 ♃ 為第十宮雙魚座 ♓ 的主星，落入第三宮，相映至第十一宮。

5. 火星 ♂ 也位於第四宮，相映至第十一宮白羊座 ♈，落入自己的星座。

6. 世界首富比爾‧蓋茲的五／十一宮軸線，非常活躍。

【案例十九】

連戰

1936 年 8 月 27 日 19:25

中國·陝西省西安市

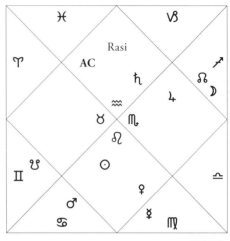

〈圖 7-5〉

第二宮雙魚座 ♓ 的主星木星 ♃，飛臨第十宮天蠍座 ♏，友誼星座相映至第二宮雙魚座 ♓、金牛座 ♉；而木星 ♃ 又是第十一宮人馬座 ♐ 的主星，形成極佳的「富格」。搭配他本命甚高的「貴格」，因此能累積鉅富，一代公務員卻富甲天下，真是台灣奇蹟。

三、Arishta Yogas

定義

梵文「Arishta」為邪惡、困難、遭逢不幸、甚或死亡之意。當下列三種情況出現時，這些主星的互相關係如會合，或相映，或互容，皆構成「Arishta Yogas」。

1. 上升星座主星和第六、八或十二宮主星。
2. 第六宮主星和第八或十二宮主星。
3. 第八宮主星和第十二宮主星。

效應

「Arishta Yogas」會導致健康不佳、疾病、不幸、災難。

評論

「Arishta Yogas」原本是醫療占星學中的重要行星組合，就本命占星學而

言，則會反向修正「貴格」及「富格」的吉象；其所建構的主要因子，涉及了三個凶宮：第六、八、十二宮的主星，因此會帶來凶象。如果這些因子再碰上死亡殺手行星，即與第二、七宮主星間形成會合，或相映，或互容，則凶象將更加突顯。如果命盤中其他徵象又甚凶，甚至有導致死亡之可能。

帕拉薩拉指出，這六種分盤，即 D₁、D₂、D₃、D₉、D₁₂、D₃₀ 上升星座的主星有這種組合，與第六宮主星會合，將賦予不同的症候：

1. 六種分盤的太陽：膽病、脾氣大。

2. 六種分盤的月亮：胃弱、不易消化、血清似水稀薄。

3. 六種分盤的火星：血液疾病、發炎。

4. 六種分盤的水星：脹氣、關節疼痛。

5. 六種分盤的木星：慢性黏液質疾病，例如多痰。

6. 六種分盤的金星：梅毒等因性交而引起的疾病。

7. 六種分盤的土星：高熱發燒或多痰等慢性黏液質疾病。

「Arishta Yogas」與「Daridra Yoga」（梵文「Daridra」意謂貧窮、革職、被剝奪）非常相似，後者涵蓋範圍較為廣泛，幾乎包含了前者。本書根據古典文獻，整理如下：

1. 所有行星在 D₉ 無力，或落於有敵意的宮位，即使在本命盤入旺宮，仍會致使命主求乞生活於低層，放縱於邪惡的行為。

2. 行星與第六、八、十二宮等主星會合，而死亡殺手行星（二、七宮主星）也參與其中，將剝奪第五、九宮主星的影響力，產生激烈的震盪（於第五、九宮主星的大運〔Dasa〕期間）。

3. 上升星座的主星落入第十二宮，且第十二宮的主星位於命宮；加上又有死亡殺手行星來影響兩者之一。

4. 上升星座主星位於第六宮，且第六宮主星位於命宮；加上又有死亡殺手行星來影響兩者之一。

5. 上升星座主星或月亮，受南交點刑剋；且上升星座主星位於第八宮，受死亡殺手行星的影響。

6. 上升星座主星位於三凶宮內，且有不佳的會合；再加上第二宮主星無力或位於第六宮，在此行星組合下，命主即使出生於王室，也會淪落成為窮人。

7. 上升星座主星，與凶宮主星之一會合，或與土星會合，且無吉星相映。

8. 第五宮主星位於第六宮，且第九宮主星位於第十二宮，受死亡殺手行星的影響。

9. 除了第九、十宮主星外，自然凶星還包括位於命宮且受死亡殺手行星的影響。

10. 凶星位於吉宮內，且吉星位於凶宮內。

11. 月亮為 D_9 星座的主星，與死亡殺手行星之一會合，或位於死亡殺手宮（二、七宮）內。

12. 本命上升星座主星，或 D_9 上升星座主星，位於三凶宮之一，且與死亡殺手行星之一會合，或相映。

13. 火星和土星位於第二宮，會破財；但如有水星相映，命主將富有。另一種說法是：月亮、火星會合於第二宮，會導致貧窮、匱乏、吝嗇；土星位於第二宮，受水星相映，則會富足繁榮。

【案例二十】

洪曉慧

1974 年 10 月 3 日 18:01

高雄市

1. 金星 ♀ 為第八宮天秤座 ♎ 主星，同時也是第三宮金牛座 ♉ 主星（非三方宮及始宮主星）。

2. 金星 ♀ 位於第七宮處女座 ♍，入弱，與太陽 ☉、火星 ♂ 會合於第七宮（夫妻宮），相映至

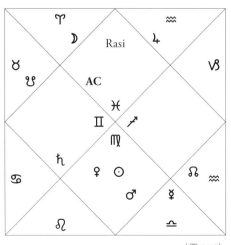

〈圖 7-16〉

命宮；其中太陽 ☉ 是第六宮獅子座 ♌ 主星，金星 ♀ 是第八宮主星，與第六宮主星會合，即為「Arishta Yogas」，必帶來管轄事項的不幸。

3. 金星 ♀ 又代表愛情，為婚姻的自然徵象星。

4. 南交點 ☋ 又落入第三宮，相映至金星 ♀。

5. 洪曉慧是清大化研所的高材生，參不透愛情的真諦，竟將情敵毀屍滅跡，轟動一時。其本命金星 ♀ 力量甚弱，與凶星會合，因嫉生恨，讓自己身陷囹圄。太陽 ☉ 為第六宮主星，金星 ♀ 為第八宮主星。第六、八兩凶宮主星會合，相映到命宮，以印度占星學來論，此案例驗證無誤。

【案例二十一】

吳鶴松

1951 年 12 月 30 日 03:15

高雄市岡山區

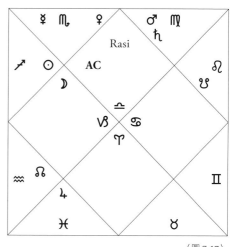

〈圖 7-17〉

1. 火星 ♂、土星 ♄ 為自然凶星，位於第十二宮凶宮。

2. 水星 ☿ 為第八宮（主管壽命、恐亡、意外、不幸、醜聞、災難）金牛座 ♉ 主星。

3. 金星 ♀ 為上升星座天秤座 ♎ 的主星，飛臨第二宮天蠍座 ♏，落陷；會合第十二宮主星水星 ☿，此即「Arishta Yoga」。

4. 土星 ♄ 位於第十二宮，相映至金星 ♀ 及水星 ☿，增添其凶性。

5. 木星 ♃ 是第六宮雙魚座 ♓ 主星，入廟，似可救援；惟火星 ♂ 及土星 ♄ 位於第十二宮相映刑剋，力有未逮。

6. 上升星座主星金星 ♀、第六宮主星木星 ♃、第八宮主星金星 ♀，及第十二宮主星水星 ☿，全部互相會合或相映。

7. 吳鶴松是高雄岡山地區的黑道老大，當上議長後，仍擺脫不了江湖習
   性，後因賭場利益及恩怨，被昔日小弟雇用殺手槍殺而亡。俗云：「菜
   蟲吃菜，菜下死」，正是黑道人物的最佳寫照。

【案例二十二】

李小龍

1940 年 11 月 27 日 07:12

美國・舊金山

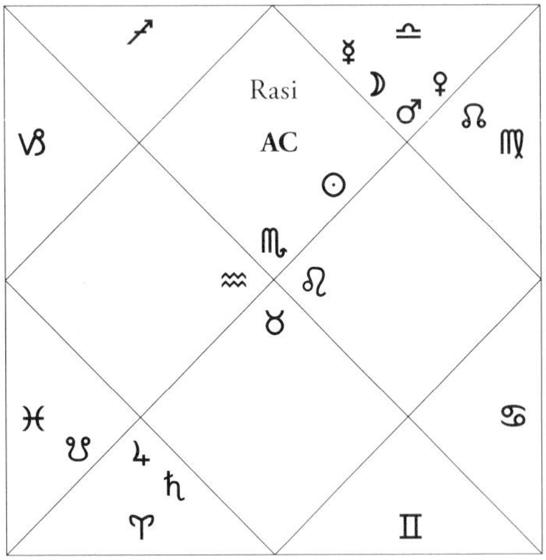

〈圖 7-18〉

1. 命主天蠍座 ♏，上升星座主星
   火星 ♂ 飛臨第十二宮凶宮天秤
   座 ♎，無力；水星 ☿ 受月亮 ☽
   和金星 ♀ 在第十二宮內包圍，
   而金星 ♀ 為第十二宮處女座 ♍
   主星，同時也是第七宮金牛座
   ♉ 主星，屬於殺手行星之一。

2. 土星 ♄ 位於第六宮白羊座 ♈，
   入弱無力，會合木星 ♃，相映
   至火星 ♂，增其凶性。木星 ♃ 雖為吉星，但也是第二宮人馬座 ♐ 的主
   星，為死亡殺手星。

3. 第八宮雙子座 ♊ 主管壽命、死亡，宮主星水星 ☿ 也落入第十二宮，會合
   第六宮主星火星 ♂。

4. 本案例中的重要因子，多與第六、八、十二宮相關。

5. 功夫武打巨星李小龍因風流而逃不過死亡命運，命主星多逢分離和死亡
   行星。

【案例二十三】

于楓

1961 年 12 月 25 日 02:10

高雄市

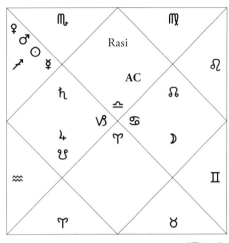

〈圖 7-19〉

1. 于楓命主天秤座 ♎，上升星座主星金星 ♀ 飛臨第三宮人馬座 ♐，與凶星火星 ♂ 及太陽 ☉ 會合；水星 ☿ 為第十二宮處女座 ♍ 的主星，位於同宮，火星 ♂ 為第二宮天蠍座 ♏ 的主星，為死亡殺手星。

2. 命主天秤座 ♎，木星 ♃ 為自然吉星，但因主管第三宮人馬座 ♐ 及第六宮雙魚座 ♓，而成為功能性凶星，飛臨第四宮摩羯座 ♑，入弱，雖是月亮 ☽ 起算的第七宮，符合「大象與獅子的組合」準則，但因為木星 ♃ 入弱，且受到凶星南交點 ☋ 及土星 ♄ 的包圍；土星 ♄ 是天秤座 ♎ 上升時的吉祥徵象星，且位於摩羯座 ♑，入廟，尚不凶。月亮 ☽ 減光，主管始宮第十宮巨蟹座 ♋，也屬功能性吉星，入廟；但逢北交點 ☊，且與第三宮的火星 ♂ 相映，而火星 ♂，又是第二宮天蠍座 ♏ 和第七宮白羊座 ♈ 的主星，為死亡殺手星。

3. 于楓懷疑同居男友外遇，穿紅衣自殺，轟動一時。

四、Parivartana Yoga

梵文「Parivartana」在占星學中的意義為「互容」，亦即兩行星互相交換自己的星座。交換或互容衍生出不同的意義，基本上共分三種，印度占星學界的重量鉅作《Phala Deepika》將之分別命名為：「吉祥的組合」（Maha Yogas）、「不幸的組合」（Dainya Yogas）及「邪惡的組合」（Khala Yoga）。本書分敘如下：

吉祥的組合

1. 上升星座主星與：①二宮主星、②四宮主星、③五宮主星、④七宮主星、⑤九宮主星、⑥十宮主星、⑦十一宮主星。

2. 第二宮主星與：①四宮主星、②五宮主星、③七宮主星、④九宮主星、⑤十宮主星、⑥十一宮主星。

3. 第四宮主星與：①五宮主星、②七宮主星、③九宮主星、④十宮主星、⑤十一宮主星。

4. 第五宮主星與：①七宮主星、②九宮主星、③十宮主星、④十一宮主星。

5. 第七宮主星與：①九宮主星、②十宮主星、③十一宮主星。

6. 第九宮主星與：①十宮主星、②十一宮主星。

7. 第十宮主星與：①十一宮主星。

以上二十八種組合，都是由始宮（一、四、七、十宮）、三方宮（五、九宮），以及掌管財富的第二、十一宮組合而成；所以，「吉祥的組合」將賦予命主財富、地位、物質享受。

不幸的組合

1. 第六宮主星與：①上升星座主星、②二宮主星、③三宮主星、④四宮主星、⑤五宮主星、⑥七宮主星、⑦八宮主星、⑧九宮主星、⑨十宮主星、⑩十一宮主星、⑪十二宮主星。

2. 第八宮主星與：①上升星座主星、②二宮主星、③三宮主星、④四宮主星、⑤五宮主星、⑥七宮主星、⑦九宮主星、⑧十宮主星、⑨十一宮主星、⑩十二宮主星。

3. 第十二宮主星與：①上升星座主星、②二宮主星、③三宮主星、④四宮主星、⑤五宮主星、⑥七宮主星、⑦九宮主星、⑧十宮主星、⑨十一宮主星。

以上三十種組合的互容，都是以三凶宮，跟第一、四、七、十宮（始宮），或第五、九宮（三方宮），或第二、十一宮（財富宮），及第三宮互

相交換而得的；因此，「不幸的組合」將賦予命主邪惡的本質，來自對手持續的困擾，以及健康不佳。

邪惡的組合

第三宮主星與：①上升星座主星、②宮主星、③四宮主星、④五宮主星、⑤七宮主星、⑥九宮主星、⑦十宮主星、⑧十一宮主星。

以上共有八種組合之交換，第三宮的特性雖非凶宮，但在印度占星學中被列為成長宮，通常會先遭逢困頓，然後隨著個人努力而有所改變。因此，上述組合具有浮躁、操守不堅、無常，以及邪惡的特性，而且運氣波動、時好時壞。

有關「Parivartana Yoga」的使用，同樣須注意涉及的行星、宮位、星座，以及其他因子對其影響如何，還有大運（Dasa）期間又會如何運作，皆須充分考量。

【案例二十四】

印度前女總理

英迪拉・甘地夫人

（Indira Gandhi）

1917 年 11 月 19 日 11:11（IST）

印度・安拉阿巴德（Allahabad）

25N27, 81E51

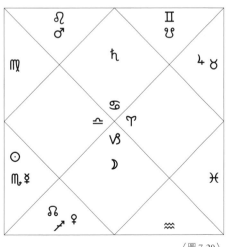

〈圖 7-20〉

1. 上升星座巨蟹座 ♋ 的主星月亮 ☽，位於第七宮摩羯座 ♑；而第七宮摩羯座 ♑ 的主星土星 ♄，則位於命宮巨蟹座 ♋ 內。

2. 第二宮獅子座 ♌ 的主星太陽 ☉

位於第五宮天蠍座 ♏；而第五宮天蠍座 ♏ 的主星火星 ♂，則位於第二宮獅子座 ♌。

3. 第六宮人馬座 ♐ 的主星木星 ♃ 落入第十一宮金牛座 ♉，而第十一宮金牛座 ♉ 的主星金星 ♀，位於第六宮人馬座 ♐。

4. 上升星座位於巨蟹座 ♋，月亮 ☽ 為其主星，位於摩羯座 ♑；而在 D₉ 中，月亮 ☽ 則位於水瓶座 ♒，適為本命第八宮（死亡宮），正符合印度古傳訣竅所提：「*當上升星座的主星位於 D₉ 的星座，適為本命盤第八宮，或逢太陽焦傷（蝕），或位於第六宮，那麼命主將死於飢餓，或無裝備的地板上，無血親在側……*」，即「死於非命」之意。1984 年 3 月 10 日，她被侍衛錫克教徒射殺身亡，躺在空曠的地板上，當時無血親在側，完全符合上述斷訣。

第四節　身宮盤的行星組合

梵文為「Chandra Yogas」。「Chandra」是「月亮」之意。所謂的「Chandra Yogas」，是以月亮作為行星組合的主要建構分子。自古以來，印度占星學界關於「Chandra Yogas」的著墨甚多，在此列舉較重要的組合，分述如下：

一、Adhi Yoga

定義

梵文「Adhi」，乃「排名在前」之意；即當吉星水星、木星和金星，位於由月亮起算的第六、七、八宮時。

效應

具有「Adhi Yoga」的命主，能成為國會內閣閣員或陸軍總司令，賦予命主財產、健康、地位、政府認定，能戰勝反對者或敵人。

評論

「Adhi」的意義是「增加」、「吸收」；這個行星組合特別有利於提升一個人的地位，或達到領導人的位階。因此，行星組合的建構，這三個吉星會分別相映到月亮（即身宮盤）的第一、二及十二宮。如果有凶星夾攻月亮，那麼則反為凶象；如果有吉星來夾月亮，則吉上加吉。

由「Adhi Yoga」的定義，可衍生出三個吉星位於同一宮位，或分別位於個別宮位，因此會有下列組合（由月亮起算的宮位）：

1. 僅位於第六宮
2. 僅位於第七宮
3. 僅位於第八宮
4. 僅位於第六、七宮
5. 僅位於第六、八宮
6. 僅位於第七、八宮
7. 三個吉星分別位於第六、七、八宮

一般認為，如果三個吉星全部參與「Adhi Yoga」，效應較明顯。如果只有兩個吉星參與，或甚至只有一個吉星位於所需宮位，同樣也會有效應，只是較不明顯。

當然，如果「Adhi Yoga」要發揮其效應，相關行星必須強而有力，不受凶星刑剋、會合或相映，且不逢焦傷。查拉喀博士認為，凶星並不會全然抵銷這個行星組合的效應，只是會帶來激情、激動、冷酷，如果能善用之，則有助於技術性工作或科學技術方面的行業。

【案例二十五】

宋楚瑜

1942 年 4 月 30 日 10:15

中國・湖南省湘潭縣

月亮 ☽ 位於本命第五宮天秤座
♎，滿月之際；其金星 ♀ 位於雙
魚座 ♓，入旺，為本命第十宮，
且適為由月亮 ☽ 起算的第六宮；
水星 ☿ 位於本命第十一宮，適為
由月亮 ☽ 起算的第七宮；木星
♃ 位於本命第十二宮，適為由月
亮 ☽ 起算的第八宮，符合「Adhi

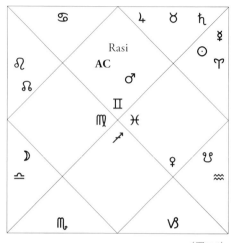

〈圖 7-4〉

Yoga」準則，特別有利於提升命主地位，達到領導人位階。

【案例二十六】

比爾・蓋茲

1955 年 10 月 28 日 21:15

美國・西雅圖

月亮 ☽ 位於本命第十宮雙魚
座 ♓，月亮 ☽ 增光時期，第 13
titli；木星 ♃ 位於本命第三宮，適
為由月亮 ☽ 起算的第六宮；水星
☿ 位於本命第四宮，入旺，適為由
月亮 ☽ 起算的第七宮；金星 ♀ 位
於本命第五宮天秤座 ♎（自己主
管的星座），適為由月亮 ☽ 起算

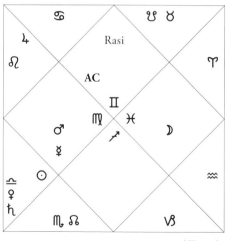

〈圖 7-15〉

的第八宮，符合「Adhi Yoga」準則，增強吉象。

二、Amala Yoga

定義

梵文「Amala」乃「無瑕疵」之意。當一吉星位於由月亮或上升點起算的第十宮，且吉星未受刑剋。

效應

命主將獲得持續的名望和聲譽，個性無瑕疵，會有一帆風順的人生。

評論

「Amala」的意義是「未被污染的」。未受刑剋的吉星位於第十宮天頂，明亮的照耀著，使命主行為（十宮）無瑕（德行、虔誠），受元首尊敬。

羅曼先生曾提及，如果凶星位於第十宮，有力，命主可能會不擇手段的賺錢，雖獲得財富，但不受人尊敬。

【案例二十七】

李轂摩

1941 年 12 月 8 日 15:15

南投縣草屯鎮

1. 吉星金星 ♀ 為藝術、優雅的自然徵象星，位於本命第十宮摩羯座 ♑ 友誼星座。

2. 木星 ♃ 位於第二宮金牛座 ♉，相映至第十宮的金星 ♀。

3. 月亮 ☽ 位於第四宮巨蟹座 ♋，自己主管的星座，相映至第十宮內的金星 ♀。

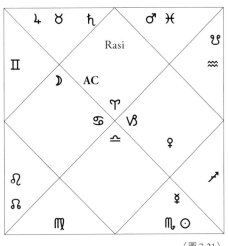

〈圖 7-21〉

4. 李轂摩出身南投竹山，原為小學教師，業餘從事繪畫；其特殊畫風在美術界占有一席之地，作品常被典藏。

5. 本案例中，金星♀並無凶星相映或會合的刑剋，且位於由上升點起算的第十宮，符合「Amala Yoga」準則。

【案例二十八】

鄧小平

1904 年 8 月 22 日 00:10

中國・四川省廣安州

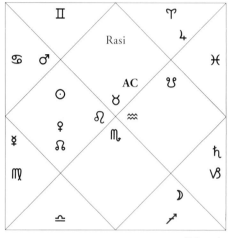

〈圖 7-22〉

1. 月亮☽位於本命第八宮人馬座♐友誼星座。

2. 水星☿位於由月亮☽起算的第十宮；入旺，位於處女座♍，第五宮三方吉宮，且為第五宮的主星，甚吉。

3. 水星☿無凶星會合或者相映的刑剋。

4. 本案例符合「Amala Yoga」準則。

5. 鄧小平著重經濟的發展與改革，改變了現今的中國，一直為人民所讚賞，贏得極高的聲譽與名望。

三、Sumapha Yoga

定義

除了太陽，還有行星位於由月亮起算的第二宮。

效應

賦予命主等同國王的地位、廣大的財富；經由個人努力而獲得成果、廣泛

的認同；德行佳；沉著、滿足。

評論

　　第二宮代表財富，但須注意，這種行星組合相當常見，所以必須小心檢驗相關行星的力量，以及與吉凶星相關聯的狀況，才能分辨之。其結果將視所在宮位以及相關行星的性質而定。

1. 火星：勇敢、剛猛、殘忍、粗暴、富有、統治者、厭惡偽善。

2. 水星：精於古典文獻、手抄本、藝術和音樂；沉浸宗教事務；外貌佳；善言詞、高智商、對他人好；賺錢容易；易患因寒冷所引起的慢性病。

3. 木星：精通各種學問；上師、指導者；廣泛的聲譽；非常富有；主管的恩惠；美好的家庭；清白無瑕；長壽。

4. 金星：命主效率佳；勇敢、外貌俊美；受領導者欣賞；有學問；妻子賢慧；有房子、土地、車子；華麗光鮮。

5. 土星：聰明、技術佳；受農民尊敬；評價高；富有、滿足。這種組合對母親不利。

　　因為位於月亮的第二宮，因此，除太陽及南、北交點外，其他五個傳統行星也都可能全部位於其第二宮，或者四個、三個、兩個，或只有一個，故行星組合的情況相當多。

【案例二十九】

D 男

1. 月亮 ☽ 為上升星座巨蟹座 ♋ 的主星。月亮 ☽ 位於第十一宮金牛座 ♉，入旺，代表收獲、企業所得、目標野心。

2. 金星 ♀ 吉星位於月亮 ☽ 的第二宮，符合「Sumapha Yoga」準則。

3. 金星 ♀ 與第二宮獅子座 ♌ 的主星太陽 ☉ 會合於第十二宮，受位於自己主管星座人馬座 ♐ 的木星 ♃ 相映，甚吉；然而也見土星 ♄ 會合刑剋，同時相映至金星 ♀，得中有失。

4. 金星 ♀ 也是第四宮主星，管轄田產、土地。

5. 命主承繼大批田產、土地，同時服務於證券、投顧公司，為理財高手，從事證券、債券買賣，獲利頗豐，但也不免有所損失，惟得大於失。

6. 因火星 ♂ 入廟於第十宮白羊座 ♈，是巨蟹座 ♋ 上升時的吉祥徵象星；意謂命主重視效率，有勇氣，頗受領導者欣賞。

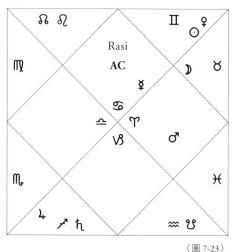

〈圖 7-23〉

四、Anapha Yoga

定義

除了太陽，有行星位於由月亮起算的第十二宮。

效應

具有「Anapha Yoga」的命主外形勻稱、威嚴；友好、自我尊重，擁有良好聲譽；享受物質生活、幸福快樂，喜歡華麗衣飾及性愛。

評論

評定「Anapha Yoga」的準則時，如同評估「Sumapha Yoga」的情形，只是必須注意：後者強調第二宮的金錢、財富，前者強調第十二宮，著重享受性愛、精神領域、消耗支出；同樣的，不同的行星會有不同的「Anapha Yoga」結果。

1. 火星：一群盜賊的首領；高傲不遜、大膽、暴怒；值得稱許、良好的外表；傷害他人（包括母親）。

2. 水星：雄辯；詩人；受領導人尊崇；精於音樂、舞蹈、寫作；英俊且有聲譽，但不利子孫的事業。

3. 木星：賦予力量及德行；精力旺盛、有學問、富有；詩人；受國王尊敬；反對自己的親信及親愛的人。若木星相映至由上升點起算的第六宮，則意謂命主滿足及幸福。

4. 金星：年輕婦女的魅力；私通、甜言蜜語；運用財富、牛羊和物資。

5. 土星：廣闊土地的主人；林野和牛羊；享有他人的財富；與邪惡之徒共同從事非法違禁的行為。

以上所述，都只以單一行星來說明；如果有兩個以上的行星，就要視其行星組合來說明。

【案例三十】

連戰

1936 年 8 月 27 日 19:25

中國·陝西省西安市

連戰的月亮 ☽ 位於第十一宮人馬座 ♐，其定位星木星 ♃ 正好位於由月亮 ☽ 起算的第十二宮，符合「Anapha Yoga」準則，不受刑剋；且木星 ♃ 相映至第二宮財帛宮雙魚座 ♓，意即自己主管的星座，更添吉祥、財富。

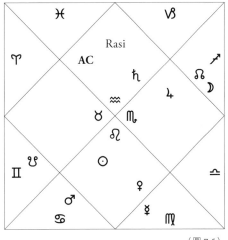

〈圖 7-5〉

五、Durudhara Yoga

定義

除了太陽，當有行星位於由月亮起算的第二、十二宮時。

效應

命主具有「Durudhara Yoga」行星組合，意謂著能透過絕佳的口才來贏取聲望，且具有學問、勇氣和德行。「Durudhara Yoga」賦予命主廣大的財富，包括車子、土地、僕人；身體舒適；沒有敵人攻擊；命主慈悲，希望與所愛的人結合。

評論

「Durudhara Yoga」涉及由月亮起算的第二宮，主要強調財產及累積；另一方面，則是由月亮起算的第十二宮，強調支出與享受。當然，整個結果還必須視其構成分子的特性及力量，以及是否有其他吉凶星的會合或相映而定。這個行星組合，可以說是「Sumapha Yoga」以及「Anapha Yoga」的簡單組合。

根據行星位於月亮的兩側，可能會有一邊一個；或者一邊一個，另一邊則有二、三、四個；一邊兩個，另一邊則有二、三、四個等各種排列組合，約有一百八十種變化。

【案例三十一】

D 男

命主的月亮 ☽ 位於本命第十一宮，除了由月亮 ☽ 起算的第二宮，即本命的第十二宮內有金星 ♀ 外，另外，由月亮 ☽ 起算的第十二宮，即本命的十宮內有火星 ♂，位於自己主管的星座白羊座 ♈，此即典型的「Durudhara Yoga」行星組合。

命主除了具有上述的徵象以外，口才、思路、邏輯以及辨識能力極佳，做事態度相當積極，事業運甚佳。

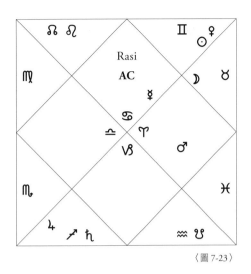

六、Kemadruma Yoga

定義

當命盤中沒有「Sumapha Yoga」、「Anapha Yoga」及「Durudhara Yoga」，則形成「Kemadruma Yoga」；即除了太陽，沒有其他行星位於由月亮起算的第二或十二宮內。

效應

命主具有「Kemadruma Yoga」行星組合時，意謂健康不佳、無財富、學問不好、沒有智慧、無妻小、心靈不平靜，即使出身王室也會淪為乞討之人；遭逢不幸、災難、失敗；身體染病；貶抑。

評論

「Kemadruma Yoga」主要會致使財務損失、地位貶落、不幸及貶低；然而，解釋此行星組合時，應當謹慎。不能盲目一味認為，此行星組合出現就一定會有上述效應；仍需詳細評估各種可能因素，抵銷這個行星組合的不良

效應。

1. 若行星都位於由上升點起算的始宮。

2. 若行星都位於由月亮起算的始宮。

3. 月亮或金星位於本命始宮，受木星相映。

4. 所有行星相映至月亮。

5. 力量強的月亮。

6. 月亮與吉星會合，或受木星相映。

7. 月亮在 D₉，入旺，或位於非常友誼的星座（亦即太陽及水星所主管的星座：獅子座、雙子座、處女座），受木星相映。

8. 滿月，月亮位於命宮，與吉星會合。

9. 月亮入旺於本命第十宮，且受吉星相映。

10. 出生時，火星和木星位於天秤座，太陽位於處女座，月亮位於白羊座；即使無其他行星相映至月亮，「Kemadruma Yoga」也會被抵銷。

【案例三十二】

吳鶴松

1951 年 12 月 30 日 03:15

高雄市岡山區

吳鶴松的月亮 ☽ 位於第四宮摩羯座 ♑，無力；由其起算的第二宮內並無行星，而第十二宮內雖有太陽 ☉，但無其他行星。因此，符合「Kemadruma Yoga」準則，且無其他因素來抵銷。儘管月亮 ☽ 位於始宮，亦即本命的第四宮，但力量不強，且位於第二個 Tithi，因此力量更弱。

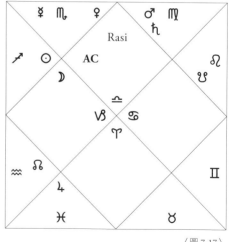

〈圖 7-17〉

七、Vasumati Yoga

定義

梵文「Vasumati」，乃「富有」之意；當所有吉星（水星、木星、金星）位於由月亮起算的成長宮（三、六、十、十一宮）時。

效應

命主具有「Vasumati Yoga」，將極為富有，享受生活。

評論

由於成長宮為成長擴充的宮位，行星位於這些宮位，經由個人努力及奮鬥，將有所成就；因此，此行星組合對於金錢資產極為有益，即使有其他凶的行星組合，仍有其優勢。這與本命盤的成長宮內並不樂見吉星出現，有所不同。

如果只有兩個吉星位於由月亮起算的成長宮，那麼將賦予中等財富；如果只有一個吉星，那麼則只有普通財富而已。

須注意，也有學者將「Vasumati Yoga」定義為「四個吉星」，包含漸增光的月亮，還有水星、金星、木星，位於由上升點起算的成長宮（本命第三、六、十、十一宮）。這與一般希望本命盤成長宮出現凶星，以利努力奮鬥、競爭、目標野心的論述相當不同，故保留其說法。

【案例三十三】

保羅・紐曼（Paul Newman）

1925 年 1 月 26 日 06:30 EST

美國・俄亥俄州 41N30, 81W42

1. 國際巨星保羅・紐曼的月亮 ☽ 位於水瓶座 ♒，本命的第三宮內；水星 ☿、木星 ♃、金星 ♀ 三個吉星，都會合於上升星座人馬座 ♐，適為由月亮 ☽

起算的第十一宮，符合
「Vasumati Yoga」。從影多年，
幾乎一直是一線主星，累積不
少財富；息影後，經商也頗為
順遂。

2. 夫妻宮位於雙子座 ♊，宮主星
水星 ☿ 入命，與命主星木星 ♃
會合；且配偶的徵象星金星 ♀
也入命宮，夫妻感情甚篤，從
一而終，成為向來緋聞不斷的
影藝圈典範，令人稱羨。

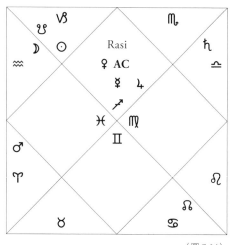

〈圖 7-24〉

第五節　以太陽為中心的行星組合

梵文「Ravi Yogas」。「Ravi」為「太陽」之意。所謂的「Ravi Yogas」，
是以太陽為建構中心；印度占星學向來重視月亮，以月亮為中心的「身宮
盤」，以及「Chandra Yoga」的探討，顯然比太陽的多。在此探討幾個以太
陽為中心的重要行星組合。

一、Veshi Yoga

定義

除了月亮外，當有行星位於由太陽起算的第二宮時。

效應

命主若具有「Veshi Yoga」，真誠、有些懶，但仁慈、德行佳；眼睛有點

斜視、身材高而比例勻稱；記憶力佳；財富狀況普通。當吉星建構此行星組合時，命主雄辯、富有，能消滅敵人；當凶星建構此行星組合時，命主窮困，與邪惡之人為伍。

評論

「Veshi Yoga」類似以月亮為建構中心的「Sumapha Yoga」，所以「Veshi Yoga」也衍生出三十一種組合，其效應結果，當然就以組成行星的特性以及其所主管的宮位、所臨宮位，還有其他行星對其所產生的影響同參，才能充分掌握其結果。

此行星組合的中心太陽，是為太陽系的核心，也是能量及影響力最強的行星，占星學賦予它支配、威權、尊貴以及行政管理能力；行星位於由太陽起算的第二宮，類比幫助太陽執行它的功能。

【案例三十四】

奧修

1931 年 12 月 11 日

印度・庫其瓦達

1. 命主是阿闍黎・羅傑尼希（Acharya Rajneesh），為當代知名精神導師，也是「Sadhana」的創始人。

2. 太陽 ☉ 位於天蠍座 ♏，由其起算的第二宮人馬座 ♐，為本命的第八宮；在此宮內，除月亮 ☽ 外，還有四個行星：火星 ♂、水星 ☿、金星 ♀、土星 ♄。

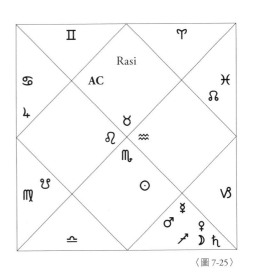

〈圖 7-25〉

3. 他的影響力強，鼓吹自己的精神導引，任何人跟他談過，都會被他的主

張所吸引；他擁有數種特質，能博得追隨者的尊敬。由於追隨者眾，因此累積龐大的財富；這一切都拜第八宮形而上、哲學奧祕的特殊領域所賜。而奧修之所以能輕易駕馭這個特殊領域，是因為主命金牛座 ♉，土星 ♄ 為「吉祥徵象星」，是第九宮摩羯座 ♑ 及第十宮水瓶座 ♒ 的主星，且與金星 ♀（上升星座主星）、水星 ☿（第五宮處女座 ♍ 及第二宮雙子座 ♊ 主星）、火星 ♂（第七宮天蠍座 ♏ 及第十二宮白羊座 ♈ 主星）會合，構成許多的「貴格」和「富格」；從事神祕學領域，而能因此名利雙收。

4. 月亮 ☽ 位於人馬座 ♐，主星木星 ♃ 位於巨蟹座 ♋，與之互容；木星 ♃ 位於巨蟹座 ♋，入旺，可以抵銷木星 ♃ 位於由月亮 ☽ 起算的第八宮，亦即「Shakata Yoga」所帶來的不利影響。

二、Voshi Yoga

定義

除月亮外，還有行星位於由太陽起算的第十二宮。

效應

命主具有「Voshi Yoga」時，辯才無礙、善於雄辯；學識淵博，擁有良好聲譽；記憶力佳；身體強壯；本性慷慨、不真誠，專注於設定的方向。

當此行星組合中出現吉星時，命主聰明、有學問、身體強壯，忙碌於科學研究；如果此行星組合裡出現凶星時，則命主的本性冷酷、外貌醜陋、貪求、不聰明。

評論

「Voshi Yoga」類似以月亮為建構中心的「Anapha Yoga」，相關評論仍須視建構行星的狀況而定。

三、Ubhayachari Yoga

定義

除月亮，還有行星位於由太陽起算的第二和十二宮。

效應

命主有「Ubhayachari Yoga」，擁有強壯的體格，如同國王般肩負重負大任；身形勻稱、外貌英俊；富有、學問佳。如果建構此行星組合的行星是吉星，那麼，更能突顯吉象；如果是凶星，則易生病，本性卑屈、邪惡，窮困貧乏。

評論

「Ubhayachari Yoga」類似以月亮為建構中心的「Durudhara Yoga」，位於太陽的兩側，共有一百八十種組合。由於水星和金星離太陽不遠，因此易形成此行星組合，須謹慎觀察。

第六節　五顏六色的行星組合

所謂五顏六色，是某些不易歸類的行星組合統稱。然而這些行星組合也同樣指出行星或行星的位臨，都會形成特定的結果，因此其吉凶結果，須視建構這些行星組合的分子狀況而定。以下為較受注意的行星組合：

一、Kartari Yoga

定義

梵文「Kartari」乃「剪刀」之意。這個行星組合與先前討論的「Durudhara

Yoga」（以月亮為建構中心的行星組合）及「Ubhayachari Yoga」（以太陽為中心的行星組合）相當類似，然而，此行星組合是以命宮為中心，且必須分辨兩側行星是自然吉星或自然凶星，因而又可細分成兩類：

1. Shubha-Kartari：梵文「Shubha」乃「繁榮、昌盛」之意；自然吉星位於命宮兩側的第二及十二宮。

2. Paapa-Kartari：梵文「Paapa」乃「邪惡」之意；自然凶星位於命宮兩側的第二及十二宮。

效應

1. 具有「Shubha-Kartari」的命主善於雄辯、健康狀況良好、外貌英俊或美麗，擁有財富及聲名。

2. 具有「Paapa-Kartari」的命主易有犯罪傾向、健康不佳，對有害身心的食品上癮，過度的性驅力，想奪取他人財富。

評論

「Kartari Yoga」很明確的指出，命宮兩側為自然吉星，其效應為吉；然而，如果命宮兩側為自然凶星，則會帶來凶象。

二、Lagnadhi Yoga

定義

梵文「Lagnadhi」乃「排名躍居在前」之意；當吉星位於由上升星座起算的第七宮或第八宮內，且無凶星會合或相映時。

效應

具有「Lagnadhi Yoga」的命主學問佳、能享福；慈悲寬容；地位高、財富收入穩定。

評論

　　這個行星組合類似由月亮為起算的「Adhi Yoga」，是由印度占星聖賢帕拉薩拉所提出的。後來，也有其他先賢認為，「Lagnadhi Yoga」也應如同「Adhi Yoga」，將第六宮納入考量。其他應注意事項與「Adhi Yoga」均同。

三、Parvata Yoga

定義

　　梵文「Parvata」乃「山」之意，隱含「穩健、難以超越」之意。這個行星組合共有兩種變化：

1. 吉星位於始宮，第六、八宮要不為空宮，要不須有吉星在內。
2. 上升星座主星和第十二宮主星位於互容的始宮，且受吉星相映。

效應

　　命主具有上述兩種情況之一，則擁有以下特質：名望、優秀、幸運、財運佳、富有、口才好、慷慨、有學問；強壯、好色；城市或鄉鎮領導人。

評論

　　「Parvata Yoga」是屬吉的行星組合，賦予命主雄辯能力及學問。

四、Kaahala Yoga

定義

　　梵文「Kaahala」乃「大鼓」之意。這個行星組合共有兩種變化：

1. 第四宮主星以及第九宮主星相互依存，位於始宮，且上升星座的主星力量強。
2. 第四宮主星入旺，或位於自己主管的星座，與第十宮主星會合，或者是相映。

效應

具有「Kaahala Yoga」行星組合的命主，可能積極、勇敢、不學無術，或是成為陸軍司令、數個村落的首領。

評論

在第一點定義中，對於「Kaahala Yoga」行星組合，也有其他的說法：係以木星而非第九宮主星來建構；然而，上升星座的主星仍必須強而有力。「Kaahala Yoga」強調第四宮主星，以及第四宮所帶來的物資、土地、房屋及車子。

五、Chaamara Yoga

定義

梵文「Chaamara」乃「犛牛尾巴」之意。這個行星組合共有兩種變化：
1. 上升星座的主星位於始宮，入旺，且受木星相映。
2. 兩個吉星不是會合在命宮，就是在第七、九宮，或第十宮內。

效應

命主具有「Chaamara Yoga」時，賦予其王權，或因國王而來的尊榮；雄辯口才、智慧，以及數種不同領域的知識（包含手抄本），壽命應有七十一歲以上。

六、Shankha Yoga

定義

梵文「Shankha」乃「海螺、貝殼」之意，是印度教的神聖象徵。這個行星組合共有兩種變化：
1. 第五宮主星和第六宮主星位於彼此互為起算的始宮，且上升星座主星強而有力。

2. 上升星座主星和第十宮主星都位於啟動星座，且第九宮主星強而有力。

效應

命主具有「Shankha Yoga」時，將會仁慈、德行高、有學問；妻子賢慧、子女孝順；精於罕見手抄本；擁有自己的土地、財產；長壽（可達八十一歲）。

評論

這個行星組合賦予命主訓誡或懲罰的權威。

七、Bheri Yoga

定義

梵文「Bheri」乃「定音鼓」之意，隱含「支持和定界限」之意。這個行星組合共有兩種變化：
1. 第九宮主星強而有力，所有行星都位於始宮，或第二、七、十二宮。
2. 第九宮主星強而有力，且上升星座主星為木星或金星，位於始宮。

效應

命主具有「Bheri Yoga」，易出生於王室或擁有良好家世；行為良好、無意外危險或疾病；享有財富和世俗的舒適；妻賢子孝、聲望佳。

評論

根據《Bhrigu Nadi》所載，命盤中任一行星或點，由其起算的第二、七、十二宮，總是具有「支持或定其界限」的意涵，這是非常重要的觀念，因此，此行星組合說明了這些宮位對於命宮，具有甚大的支持力量。

八、Khadga Yoga

定義

梵文「Khadga」乃「獻祭物品的刀」之意，隱含「渴望知識和良好聲名」之意；第九宮主星位於第二宮，而第二宮主星位於第九宮，且上升星座主星位於始宮或三方宮。

效應

具有「Khadga Yoga」的命主，精於罕見的手抄本；身分尊貴、富有、技術佳；賦予智慧、力量、舒適和感恩。

評論

「Khadga Yoga」涉及第二和九宮的互容，意即前述的「Parivartana Yoga」中的一種組合。

九、Lakshmi Yoga

定義

梵文「Lakshmi」意指印度幸運女神，乃毗濕奴神之妻。當命宮甚強，且第九宮主星位於始宮，且位於自己主管的星座、三方旺宮或旺宮時。

效應

具有「Lakshmi Yoga」的命主，外貌佳、德行好；相當富有、擁有廣大的土地；有學問、優秀，廣泛受到尊崇；擁有數名妻子及子女。

評論

「Lakshmi Yoga」是印度著名的財富女神，顧名思義，這個行星組合賦予財富、物質及享受。

十、Maha-Bhagya Yoga

定義

梵文「Maha-Bhagya」乃「巨大的福運」之意。這個行星組合會因為男女命而有不同的條件或定義。

男命命盤須符合下列條件：

1. 出生於白天（即從日出到日落）
2. 上升星座為奇數星座
3. 太陽位於奇數星座
4. 月亮也位於奇數星座

女命命盤須符合下列條件：

1. 出生於夜間（即從日落到日出）
2. 上升星座為偶數星座
3. 太陽位於偶數星座
4. 月亮也位於偶數星座

效應

命主具有「Maha-Bhagya Yoga」時，看起來愉悅，普遍受到尊崇；無可挑剔的個性、地主、地位等同於國王。女命命盤若見此行星組合，命主具備所有的女性特質及德行、幸運良好的個性、大筆財富、能懷孕。

評論

奇數星座是陽性星座，而偶數星座則是陰性星座。前者在白天具有額外的力量；相對的，後者在夜間也具有額外力量。就天宮圖而言，上升星座、太陽及月亮，是三個主要的樞紐；如果位於陽性星座，則賦予陽性剛猛的性質；如果位於陰性星座，則賦予陰性柔弱的性質。一般命盤中，常同時參雜著陽性、陰性性質。

【案例三十五】

印度前總理

莫拉爾吉·德賽

（**Morarji Desai**）

1896 年 2 月 29 日 13:38

印度·博帕爾（**Bhopal**）

78E34, 23N15

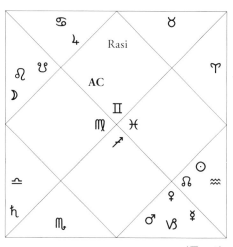

〈圖 7-26〉

1. 命主於白天出生（太陽 ☉ 位於
   第九宮）。

2. 上升星座雙子座 Ⅱ，為奇數星
   座。

3. 太陽 ☉ 位於水瓶座 ♒，也是奇
   數星座。

4. 月亮 ☽ 位於獅子座 ♌，也是奇數星座。

5. 命主具有強烈的性格以及理想主義色彩；木星 ♃ 為第十宮雙魚座 ♓ 的主
   星，入旺於第二宮巨蟹座 ♋。

6. 命盤中同時也見「Vipreeta Raja Yoga」行星組合，位於第八宮（因為火星
   ♂ 為第六宮天蠍座 ♏ 的主星，金星 ♀ 為第十二宮金牛座 ♉ 的主星）。

【案例三十六】

印度前女總理

英迪拉·甘地夫人（**Indira Goudhi**）

1917 年 11 月 19 日 11:11（**IST**）

印度·安拉阿巴德 25N27, 81E51

1. 命主於夜間出生（太陽 ☉ 位於第六宮）。

2. 上升星座巨蟹座 ♋，為偶數星座。

3. 太陽 ☉ 位於天蠍座 ♏，也是偶數星座。

4. 月亮 ☽ 位於摩羯座 ♑，也是偶
   數星座。

5. 命主具有優雅的女性特質，
   「Maha-Bhagya Yoga」的行星組
   合，使她比別人幸運。

6. 另外還有其他行星組合互容，
   可以參閱「Parivartana Yoga」
   （P355）的實例解說。

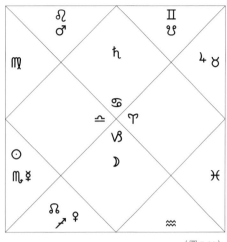

〈圖 7-20〉

十一、Chandra-Mangala Yoga

定義

梵文「Chandra」乃「月亮」之意；而「Mangala」為「火星」之意；當火
星和月亮會合在任何宮內時。

效應

命主具有「Chandra-Mangala Yoga」時，善飲酒、爭吵、粗魯；難忍受母
親；不擇手段的賺錢。

評論

這個行星組合有利於賺錢能力及財富的累積；除非有木星與火星或月亮的
相映，否則手段較不被社會所認同。火星和月亮會合時，最好位於吉宮；此
外，也有學者認為，火星和月亮相映或互容，亦可構成「Chandra-Mangala
Yoga」。

十二、Maala/ Maalika Yoga

定義

梵文「Maala」乃「薔薇園」之意。當七個行星（太陽、月亮、火星、水星、木星、金星、土星）不分前後順序，位於連續的七個宮位時。

效應

視太陽從何宮開始，會有不同的效應，共有十二種變化：

1. 從上升星座開始：地位等同於國王，並擁有支配的力量、舒適的享受（汽車）。

2. 從第二宮開始：富有的國王；孝順父母、積極、堅定果敢，德行佳。

3. 從第三宮開始：勇敢、富有、陰沉。

4. 從第四宮開始；自由主義；坐擁數個城邦；領導者。

5. 從第五宮開始：著名的；懂得執行神聖儀式，才智高超。

6. 從第六宮開始：一般而言屬於貧窮，但偶爾獲得財富和舒服感。

7. 從第七宮開始：壽命長，擁有數名妻子。

8. 從第八宮開始：壽命長，具分辨能力；貧窮和懼內。

9. 從第九宮開始：有力的；聖人、虔誠的宗教奉獻者。

10. 從第十宮開始：德行佳，具有高度的評價、良好的行為。

11. 從第十一宮開始：非常能幹、容易擁有美麗心愛的女人、王室的風采。

12. 從第十二宮開始：廣泛的受到尊崇；揮霍或放縱於性愛。

評論

「Maala Yoga」的效應須視太陽所在宮位的性質而定。

十三、Chatussaagara Yoga

定義

在梵文「Chatussaagara」中的「Chatuss」，乃數字「四」之意；「agara」則為「主要」之意。而在這個行星組合裡，共有兩種狀況：

1. 所有的行星位於始宮內。
2. 所有的行星位於啟動星座，即白羊座、巨蟹座、天秤座、摩羯座。

效應

當命主具有「Chatussaagara Yoga」時，可以破壞命盤中數個刑剋，賦予命主財富和地位。

評論

由於四個始宮是命盤的重點，因此，所有的行星位於始宮內，必然會增強其力量，有助命主的氣勢。如果行星能入旺或位於自己主管的星座，那麼情況必然更佳，足以抵擋一些不良的刑剋。

十四、Saraswati Yoga

定義

梵文「Saraswati」為印度智慧女神，乃創造主梵天之妻。水星、木星、金星位於始宮、三方宮或第二宮，且木星力量強，位於自己主管的星座、友誼星座或旺宮時。

效應

命主具有「Saraswati Yoga」時，學識淵博，精通散文、詩歌、罕見的手抄本以及高等數學。

評論

　　吉星位於吉宮，情況本就已經相當良好，如果位於第二宮，那麼將賦予命主財富和雄辯口才。在印度神話中，「Saraswati」代表的是學問女神；所以，當命主具有這個行星組合時，必然學問佳，易成為作家、詩人；然而，仍需注意，這些吉星最好避免逢凶星刑剋。

十五、Hatha-Wantaa Yoga

定義

　　當月亮位於本命的第十一宮；同時，太陽位於月亮主管的星座巨蟹座。

效應

　　命主具有「Hatha-Wantaa Yoga」時，會因為任性或自我吹噓的某些愚蠢行為而導致死亡。

評論

　　一般而言，這個行星組合並不會讓命主嚴重到致死；然而，會因為倔強、頑固而受到貶抑。

十六、Neecha-Bhanga Raja Yoga

定義

　　梵文「Neecha」乃「無力」之意；而「Bhanga」則為「取消」之意。若要構成「Neecha-Bhanga Raja Yoga」行星組合，則必須符合下列一項或多項條件：

1. 宮主星無力，位於由上升星座或月亮起算的始宮。
2. 無力的行星與落入宮位的宮主星會合或相映。
3. 無力的行星與落入宮位的宮主星互容。
4. 兩個無力的行星彼此相映。

效應

　　這個行星組合主要針對無力的行星可能被抵消的狀況，甚至可能構成「貴格」，帶來吉利的效應。

評論

　　一般而言，「Neecha」或無力的行星，會因為本身力量弱而產生不良影響，尤其是在它們的大運（Dasha）期間。見到這個行星組合時，必須仔細分辨，「Neecha」（無力的）行星並不全然會產生凶象；至於反而會形成「貴格」的說法，則須保留，不能全信。

十七、 尚有其他複雜的、五顏六色的行星組合，在此，不多作贅述；有興趣且想深入研究的讀者，可以搜集相關資料。

第七節　Nabhasa Yogas

　　「Nabhasa Yogas」行星組合向來較不被重視，因為它的形成，是以天宮圖的特殊型態組合而成；跟西洋占星學所強調的「星座的三方四正」，以及「後天宮的東、西、南、北半球分類」相當類似。

　　現代西洋占星學構成心理主軸的論斷，有線索指出，這些觀念沿襲自印度占星學；西洋占星學於十九世紀末，在英國興起，主要與海倫娜‧布拉瓦茨基夫人（Helena Petrovna Blavatsky）所創立的「通神學會」（Theosophical Society）有關。

　　「通神學會」探究以神祕主義為基礎的宗教哲學，許多內容均取材自印度哲學；他們也研究占星學，相當程度的與印度占星學相關。在十九世紀末以前，西洋占星學的天宮圖中，幾乎看不到上述型態的個性解說。「通神學

會」的會員艾倫‧里奧（Allan Leo）為他的被訴而改變占星學的論述：強調個性及心理的層面，將這些要素納入。他的引用並沒有證據佐證，因此可以合理的懷疑兩者的關聯性。

二十世紀初至中葉期間，美國占星師馬爾克‧埃德蒙‧瓊斯（Dr. Marc Edmund Jones）曾經提出著名的七種出生圖型：散落型（The Splash）、集團型（The Bundle）、火車頭型（The Locomotive）、碗型（The Bowl）、提桶型（The Bucket）、蹺蹺板型（The See-Saw）和擴展型（The Splay）。這些論述與印度占星學中的「Nabhasa Yogas」的某些內容相當類似，由此可見，古印度占星先賢的睿智及先見。

第八節　Sanyasa Yogas

「東方著重精神，西方重視物質」，一直是學界評述東、西方文化差異之所在。所謂東方，雖然泛指印度、中國、日本、韓國等地區，然而主要針對的對象仍為印度。印度可說是精神、宗教的國度，古印度人並不重視物質層面，強調靈魂的昇華。《吠陀經》所揭示的人生四行期，最後的行期即是拋棄一切，遁入森林人跡罕見之處，進行苦修，忍受一切苦痛、不便。在此觀念下，亦影響印度占星學對於精神提升的行星組合的闡述。

印度人服膺、遵從上師（Guru）教誨是舉世無雙的；對於公認的聖人更是五體投地，從不敢違逆聖人的訓示。上師、聖者的地位崇高無比，是人人欽慕的對象。因此，有關精神提升的行星組合，一般稱為「Sanyasa Yogas」，也就格外受到重視。「Sanyasa Yogas」大致有下列情況：

一、當有四個，或四個以上的行星，有力的位於天宮圖的單一宮位時，即會誕生一位「Tapasvi」或「Sanyasi」。所謂的「Tapasvi」，是指「進行苦修

或苦行之人」；而「Sanyasi」，則是指「禁欲主義者」。上述的行星組合，與建構此行星組合的最強行星的性質有關。

1. 太陽：在山陸或森林、水邊實施苦行，較為困難；崇高的道德、聰慧。
2. 月亮：棄絕社會、喜愛孤獨；自律；奉獻於罕見的手抄本。
3. 火星：追隨佛陀，穿紅色衣飾；控制自己的意念。
4. 水星：好辯、貪婪，且受他人哲學觀點的影響。
5. 木星：自律、受訓戒、獨身主義者；精於「數論派」哲學；生活靠牛乳和果實。
6. 金星：棄絕社會的流浪者、唯物派的追隨者。
7. 土星：自大傲慢、沉浸於嚴酷的苦行；裸僧（天衣派）。

如果力量最強的行星遭逢行星戰爭，命主則很有可能放棄禁欲，重返世俗社會。如果力量最強的行星逢焦傷，那麼命主無法成為聖人，但仍具有聖人的威嚴。

二、當第十宮主星也涉及四個行星組合，位於始宮或三方宮，那麼即形成「Sanyasi」，死後獲得解脫；這個組合是進行禁欲相當良好的要素。

第九節　案例解析

本節以張國榮的命盤（P386）為例，說明他的行星組合特色：

（一）太陽 ☉ 位於第十宮事業宮，因為屬於自然凶星，卻為始宮主星，因此成為功能吉星。

1. 太陽 ☉ 位於自己主管的星座獅子座 ♌，力量甚強；還擁有六個吉點，因此事業易發光發熱，擁有榮耀、名望，受人尊崇。
2. 太陽 ☉ 與木星 ♃ 會合於第十宮，木星 ♃ 是第二宮（財富）人馬座 ♐ 及

第五宮（才華）雙魚座 ♓ 三方宮的宮主星；因此，太陽 ☉ 和木星 ♃ 的行星組合，就具有「富格」及「貴格」，相當吉祥，且能名利雙收。

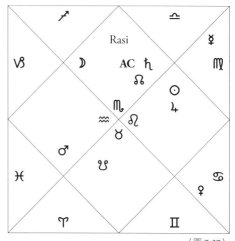

〈圖 7-27〉

3. 太陽 ☉ 位於第十宮獅子座 ♌，受到位於第九宮巨蟹座 ♋ 的金星 ♀，和位於第十一宮處女座 ♍ 的水星 ☿ 包圍。這兩個行星都是自然吉星，且金星 ♀ 位於第九宮，能增加其力量；水星 ☿ 位於自己主管的星座，甚佳。它們的包圍能帶來太陽 ☉ 的光輝。以太陽 ☉ 為中心的第二宮處女座 ♍ 內，有水星 ☿ 入廟，以及第十二宮巨蟹座 ♋，有金星 ♀ 形成「Ubhayachari Yoga」，肩負如國王般的重責大任，外形勻稱、外貌英俊；由於兩者都屬自然吉星，因此更能突顯事業吉象。此外，這兩個吉星的包圍，也構成了「Shubha Yoga」，將帶來繁榮昌盛。

4. 火星 ♂ 為上升星座天蠍座 ♏ 及第六宮白羊座 ♈ 的宮主星，飛臨第四宮水瓶座 ♒，相映至太陽 ☉ 刑剋；因命宮屬於三方宮之一，因此，火星 ♂ 和太陽 ☉ 也構成「貴格」。由於火星 ♂ 屬自然凶星，位於第四宮，因此母親易見刑傷，父母不和，較無家庭親情溫暖。此外，火星 ♂ 是第六宮（疾病）宮主星，位於第四宮，容易引起腸胃不佳、長期胃食道逆流等問題。

5. 土星 ♄ 位於命宮，也相映至太陽 ☉。土星 ♄ 是第三宮摩羯座 ♑ 的宮主星，與音樂創作、藝術戲劇表演有關；同時也是第四宮水瓶座 ♒ 的宮主星，與母親、家庭有關。母親與父親長期不和，在戲劇表演上力求完美，帶給自己極大的壓力。

（二）月亮 ☽ 位於命宮，乃自然吉星（第一四分相至滿月）；同時也是第九宮巨蟹座 ♋ 三方吉宮的宮主星，屬功能吉星。

1. 雖然月亮 ☽ 入弱於天蠍座 ♏；然而，第九宮三方宮的宮主星飛入第一宮（始宮兼三方宮），類似「貴格」的行星組合；又逢南北交點 ☋／☊ 會合相映，也帶有「貴格」的吉祥徵象。月亮 ☽ 具有五個吉點，且上升點具有三十個吉點，頗佳。

2. 月亮 ☽ 逢土星 ♄ 會合，土星 ♄ 乃第四宮始宮的宮主星，飛入第一宮，會合月亮 ☽ 三方宮第九宮的宮主星，形成「貴格」的行星組合，利於名聲；但是，月亮為心思的自然徵象星，逢土星 ♄ 及南北交點 ☋／☊ 會合或相映，不免憂傷、抑鬱，不快樂。月亮也是母親的徵象星，與母親緣分較薄。

3. 由月亮 ☽ 起算的始宮第十宮內，見木星 ♃，形成「大象與獅子的組合」。月亮 ☽ 雖然入弱，不過是第九宮吉宮的宮主星，具有五個吉點；而木星 ♃，則是第二宮人馬座 ♐ 和第五宮雙魚座 ♓ 三方宮吉宮的宮主星，也有五個吉點。月亮 ☽ 和木星 ♃ 分別位於命宮及第十宮，這個「大象與獅子的組合」，頗利於名望、財利；然而，土星 ♄ 及南北交點 ☋／☊ 卻與月亮 ☽ 會合或相映，且土星 ♄ 也相映至木星 ♃；而上升星座主星火星 ♂，也相映至木星 ♃，使得這個行星組合威力受損。

4. 由月亮 ☽ 起算的第二宮人馬座 ♐ 及第十二宮天秤座 ♎，宮內都無行星，構成月亮身宮盤的「Kemadruma Yoga」行星組合，帶來健康不佳、心靈不平靜，易遭逢不幸。

（三）火星 ♂ 為上升星座主星，位於第四宮水瓶座 ♒，火星 ♂ 是上升星座的主星，也是第六宮白羊座 ♈ 的主星，故屬中性功能。

1. 火星 ♂ 為始宮兼三方宮的命宮主星，逢落入自己主管星座獅子座 ♌ 的太陽 ☉，在第十宮始宮相映，構成「貴格」，如本節第（一）點的第4點分析。

2. 火星 ♂ 亦見第二宮人馬座 ♐ 及第五宮雙子座 Ⅱ 的宮主星木星 ♃ 飛入第十宮始宮的相映，也形成「貴格」及「富格」。

3. 火星 ♂ 也與位於第十一宮，入旺於處女座 ♍ 的水星 ☿ 相映，構成「富格」行星組合；火星 ♂ 的吉點四，力量平平，但是在第四宮有三十點；且水星 ☿ 擁有吉點六，所在的第十一宮也有三十五點，甚強，可以累積財富。

　　根據本書所述的行星組合條件，張國榮的命盤中，構成甚多的「貴格」及「富格」，名利雙收；卻因為月亮嚴重受剋，以致憂鬱症纏身，過不了關。一代巨星殞落，令人惋惜！

第八章

大運系統

印度占星學中，最受尊崇以及最令西方占星家驚豔的，就是「大運系統」（Dasa）；它是一種行星期間（Planetary Period）的預測系統。「Dasa」的字義，就是生命的階段或狀況（Stage or Condition of Life）；根據印度占星學文獻的說法：特定的業力已經成熟，因而顯示。「Dasa」意指準備或享受咀嚼。

一般將天宮圖的解讀視為靜態分析；而大運、流年等預測系統，則被視為動態分析（Dynamic Analysis）。不過，唯有本命天宮圖所呈現的吉凶徵象，方可能因為特定業力的成熟，而在「大運系統」中出現；所以，本命和大運之間的關係相當緊密。本命天宮圖中沒有的徵象，不可能在「大運系統」中呈現；欲推估「大運」系統的徵象，務必先對本命天宮圖的分析具備相當程度的熟稔。儘管東、西方占星學都強調本命、大運的關係；然而，還是以印度占星學執行得最為徹底。

事實上，「大運」系統相當繁多，根據古典文獻的統計，粗估便約莫有一百多種。例如印度占星學主流學者帕拉薩拉，其著作《BPHS》就記載了三十二種「大運」系統；而非主流的賈密尼也有四十幾種，令人眼花撩亂。前者大抵根據出生時間、月亮所在的二十七星宿來計算；而後者則根據星座推演而來。

這麼多的「大運」系統，勢必會出現矛盾。這個現象也突顯了印度占星學流傳幾千年來的必然結果。幸好，經過世代的推移及驗證，主流派帕拉薩拉的「Vimsottari Dasa」系統最令人折服，因此被全印度各占星學派所認同，

也流傳至歐美各國。本章將以這個系統為主題來作說明。

「Vimsottari Dasa」為行星期間的一種，印度占星學所使用的七大行星及兩個陰影行星，都有各自的管轄期間；最短的是太陽，管六年，最長的是金星，管二十年。由於這些時間都顯得稍長，因此在「主要期間」內又分出「次要期間」，命名為「Bhuktis」，也稱作「Antaras」。這種「主要期間／次要期間」的預測系統一直占據重要地位，本章將教導讀者如何演算排列。

除「主要期間／次要期間」的分類外，還更進一步的將「次要期間」細分成「次次要期間」（Pratyantaras）。然而，這種作法除增加分析難度外，並未能讓分析結果更為精確，因此甚少被占星家採用。本命徵象在「大運（Dasa）」系統成熟的呈現，觸發媒介是以「過運系統」（Transit）為主；即採用「本命─Dasa（主要期間／次要期間）─過運」三合一分析，以顯露吉凶事徵的性質及應期。

這套預測系統相當犀利，因此讓印度占星學逐漸在歐美嶄露頭角。須注意的是，儘管印度占星學的過運法也如同西方系統一般，觀測現行天空星體的移行與本命星體的關係；然而，兩者分析的方式並不相同，後文將析論之。

此外，印度占星學在談論過運法時，相當在意行星的力量，這項分析須與第六章「行星的八個吉點力量」的內容，互相搭配使用。

第一節　Vimsottari Dasa 系統的內容與應用

若是要了解「Vimsottari Dasa」系統的核心意義，就務必要深入探討下列幾個相關議題：

一、Vimsottari Dasa 系統的合理性

印度是全球宗教信仰最虔誠的國度。全印度境內，主要的宗教派別為印

度教、回教、佛教、耆那教、錫克教、祆教、基督教……但是以印度教為大宗，約占 83% 人口。印度占星學的創立，只是奠基於吠陀經典的哲學精神；印度人天真爛漫的認為，吠陀學問是天啟的，完全不需懷疑其真實性。

「Vimsottari」的字面意義是「一百二十」。古代印度聖人認為，人類只要施行「大法」，清心寡欲地修行，壽命至少可以延長至一百歲以上。「Vimsottari Dasa」系統就是以九個行星，各配以管轄年度，按固定的順序排列，共計一百二十年的時間。列表如下：

行星	管轄年數	主管二十七星宿
☉	6 年	Krittika、Uttara Phalguni、Uttara Ashadha
☽	10 年	Rohini、Hasta、Shravana
♂	7 年	Mrigasira、Chitra、Dhanishtha
☊	18 年	Ardra、Swati、Shatabhisha
♃	16 年	Punarvasu、Vishakha、Purva Bhadra
♄	19 年	Pushya、Anuradha、Uttara Bhadra
☿	17 年	Ashlesha、Jyeshta、Revati
☋	7 年	Ashwini、Magha、Mula
♀	20 年	Bharani、Purva Phalguni、Purva Ashadha
共	120 年	

〈表 8-1〉

關於「Vimsottari Dasa」系統的合理性，1950 至 1980 年間，陸續有人提出看法。然而，平心而論，反倒是西方學者的紮實論證較為合理，尤以葛雷斯・英格利斯（Grace Inglis）和雷利（V. G. Rele）的說法，較令人信服。由於雷利的論證須以長篇幅探討，過於耗時，在此不予討論。有興趣深入了解的讀者，可參閱他的著作。

二、歲差修正值

在計算「Vimsottari Dasa」系統時，是以月亮所在的二十七星宿宿度起頭的，而二十七星宿又與「恆星黃道」結合。前述印度占星學採用的「恆星黃

道」，與西方占星學採用的「迴歸黃道」之間存在著歲差修正值，可以用下列公式表示：

恆星黃道度數＝迴歸黃道度數－歲差修正值

第二章「天宮圖的建立」曾經提及，在印度政府的協商、統合下，一律採用「Lahiri」歲差修正值；目前此一作法已成為多數共識。

三、適當的一年日數

在此要探討的，是一年的日數該採用 365 又 1/4 日，還是 360 日？印度曆法對一年的日數定義曾經出現好幾種版本，其中跟占星學有關的，最主要有兩種：一是「世間年」（Savan Year）等於 360 日；二是「太陽年」（Solar Year）等於 366 日。

隨著科學的進展，經實測一年的日數為 365 又 1/4 日。

西元十六世紀，印度占星學先賢曼崔斯瓦拉所著的《Phala Deepika》，首次採用 365 又 1/4 日作為「Vimsottari Dasa」系統的計算基礎。這部著作內容簡潔有力，影響甚鉅，因此不乏仿效者跟進。直到二十世紀，西方一些採用「恆星黃道」系統的占星學者，例如雷利、葛雷斯・英格利斯、加思・艾倫（Garth Allen〔Donald Bradley〕）、肯尼思・伊林（Kenneth Iring）等人陸續提出，應以一年 365 日計算，才符合事件應期他們努力研究的成果，也讓印度本土占星學者重新檢視占星古典文獻，發現早於曼崔斯瓦拉的巴度塔巴拉（Bhattotapala）在評論《Brihat Jataka》時，曾經引用聖人蓋夫賈（Gavga）的說法，宣稱大運（Dasa）系統應以「世間年」360 日來計算，引起一番論爭。

採用一年日數為 365 又 1/4 日，和以一年日數為 365 日計算「主要期間／次要期間」系統的管轄期間，必然不同，對事件的應期會產生一定的誤差。當代印度占星學界最具威望的雷歐先生採用前者來推算應期；因此，目前前者較占上風，根據筆者的實務經驗，也認同之。

出生時月亮經度的「Vimsottari Dasa」餘額表

月亮經度		月亮在火象 白羊座 獅子座 人馬座			月亮在土象 金牛座 處女座 摩羯座			月亮在風象 雙子座 天秤座 水瓶座			月亮在水象 巨蟹座 天蠍座 雙魚座		
度	分	年	月	日	年	月	日	年	月	日	年	月	日
0	0	☋ 7	0	0	☉ 4	6	0	♂ 3	6	0	♃ 4	0	0
0	20	6	9	27	4	4	6	3	3	27	3	7	6
0	40	6	7	24	4	2	12	3	1	24	3	2	12
1	0	6	5	21	4	0	18	2	11	21	2	9	18
1	20	6	3	18	3	10	24	2	9	18	2	4	24
1	40	6	1	15	3	9	0	2	7	15	2	0	0
2	0	5	11	12	3	7	6	2	5	12	1	7	6
2	20	5	9	9	3	5	12	2	3	9	1	2	12
2	40	5	7	6	3	3	18	2	1	6	0	9	18
3	0	5	5	3	3	1	24	1	11	3	0	4	24
3	20	5	3	0	3	0	0	1	9	0	♄ 19	0	0
3	40	5	0	27	2	10	6	1	6	27	18	6	9
4	0	4	10	24	2	8	24	1	4	24	18	0	18
4	20	4	8	21	2	6	21	1	2	21	17	6	27
4	40	4	6	18	2	4	18	1	0	18	17	1	6
5	0	4	4	15	2	3	15	0	10	15	16	7	15
5	20	4	2	12	2	1	12	0	8	12	16	1	24
5	40	4	0	9	1	11	9	0	6	9	15	8	3
6	0	3	10	6	1	9	18	0	4	6	15	2	12
6	20	3	8	3	1	7	24	0	2	3	14	8	21
6	40	3	6	0	1	6	0	☊ 18	0	0	14	3	0
7	0	3	3	27	1	4	6	17	6	18	13	9	9
7	20	3	1	24	1	2	12	17	1	6	13	3	18
7	40	2	11	21	1	0	18	16	7	24	12	9	27
8	0	2	9	18	0	10	24	16	2	12	12	4	6
8	20	2	7	15	0	9	0	15	9	0	11	10	15
8	40	2	5	12	0	7	6	15	3	18	11	4	24
9	0	2	3	9	0	5	12	14	10	6	10	11	3
9	20	2	1	6	0	3	18	14	4	24	10	5	12

月亮經度		月亮在火象 白羊座 獅子座 人馬座			月亮在土象 金牛座 處女座 摩羯座			月亮在風象 雙子座 天秤座 水瓶座			月亮在水象 巨蟹座 天蠍座 雙魚座		
度	分	年	月	日	年	月	日	年	月	日	年	月	日
9	40		1	11	3	0	1	24	13	11	12	9	11	21
10	0	1	9	0	☽ 10	0	0	13	6	0	9	6	0
10	20	1	6	27	9	9	0	13	0	18	9	0	9
10	40	1	4	24	9	6	0	12	7	6	8	6	18
11	0	1	2	21	9	3	0	12	1	24	8	0	27
11	20	1	0	18	9	0	0	11	8	12	7	7	6
11	40	0	10	15	8	9	0	11	3	0	7	1	15
12	0	0	8	12	8	6	0	10	9	18	6	7	24
12	20	0	6	9	8	3	0	10	4	6	6	2	3
12	40	0	4	6	8	0	0	9	10	24	5	8	12
13	0	0	2	3	7	9	0	9	5	12	5	2	21
13	20	♀ 20	0	0	7	6	0	9	0	0	4	9	0
13	40	19	6	0	7	3	0	8	6	18	4	3	9
14	0	19	0	0	7	0	0	8	1	6	3	9	18
14	20	18	6	0	6	9	0	7	7	24	3	3	27
14	40	18	0	0	6	6	0	7	2	12	2	10	6
15	0	17	6	0	6	3	0	6	9	0	2	4	15
15	20	17	0	0	6	0	0	6	3	18	1	10	24
15	40	16	6	0	5	9	0	5	10	6	1	5	3
16	0	16	0	0	5	6	0	5	4	24	0	11	12
16	20	15	6	0	5	3	0	4	11	12	0	5	21
16	40	15	0	0	5	0	0	4	6	0	☿ 17	0	0
17	0	14	6	0	4	9	0	4	0	18	16	6	27
17	20	14	0	0	4	6	0	3	7	6	16	1	24
17	40	13	6	0	4	3	0	3	1	24	15	8	21
18	0	♀ 13	0	0	☽ 4	0	0	☊ 2	8	12	☿ 15	3	18
18	20	12	6	0	3	9	0	2	3	0	14	10	15
18	40	12	0	0	3	6	0	1	9	18	14	5	12
19	0	11	6	0	3	3	0	1	4	6	14	0	9
19	20	11	0	0	3	0	0	0	10	24	13	7	6
19	40	10	6	0	2	9	0	0	5	12	13	2	3

月亮經度		月亮在火象 白羊座 獅子座 人馬座			月亮在土象 金牛座 處女座 摩羯座			月亮在風象 雙子座 天秤座 水瓶座			月亮在水象 巨蟹座 天蠍座 雙魚座		
度	分	年	月	日	年	月	日	年	月	日	年	月	日
20	0	10	0	0	2	6	0	♃ 16	0	0	12	9	0
20	20	9	6	0	2	3	0	15	7	6	12	3	27
20	40	9	0	0	2	0	0	15	2	12	11	10	24
21	0	8	6	0	1	9	0	14	9	18	11	5	21
21	20	8	0	0	1	6	0	14	4	24	11	0	18
21	40	7	6	0	1	3	0	14	0	0	10	7	15
22	0	7	0	0	1	0	0	13	7	6	10	2	12
22	20	6	6	0	0	9	0	13	2	13	9	9	9
22	40	6	0	0	0	6	0	12	9	18	9	4	6
23	0	5	6	0	0	3	0	12	4	24	8	11	3
23	20	5	0	0	♂ 7	0	0	12	0	0	8	6	0
23	40	4	6	0	6	9	27	11	7	6	8	0	27
24	0	4	0	0	6	7	24	11	2	12	7	7	24
24	20	3	6	0	6	5	21	10	9	18	7	2	21
24	40	3	0	0	6	3	18	10	4	24	6	9	18
25	0	2	6	0	6	1	15	10	0	0	6	4	15
25	20	2	0	0	5	11	12	9	7	6	5	11	12
25	40	1	6	0	5	9	9	9	2	12	5	6	9
26	0	1	0	0	5	7	6	8	9	18	5	1	6
26	20	0	6	0	5	5	3	8	4	24	4	8	3
26	40	☉ 6	0	0	5	3	0	8	0	0	4	3	0
27	0	5	10	6	5	0	27	7	7	6	3	9	27
27	20	5	8	12	4	10	24	7	2	12	3	4	24
27	40	5	6	18	4	8	21	6	9	18	2	11	21
28	0	5	4	24	4	6	18	6	4	24	2	6	18
28	20	5	3	0	4	4	15	6	0	0	2	1	15
28	40	5	1	6	4	2	12	5	7	6	1	8	12
29	0	4	11	12	4	0	9	5	2	12	1	3	9
29	20	4	9	18	3	10	6	4	9	18	0	10	6
29	40	4	7	24	3	8	3	4	4	24	0	5	3
30	0	4	6	0	3	6	0	4	0	0	0	0	0

〈表 8-2〉

接下來的二個小節，將會說明「Vimsottari Dasa」的製作與要義，並探討「主要期間／次要期間」。

第二節　Vimsottari Dasa 系統的製作

一、首先，必須注意出生時，月亮所在星座的正確度數、分數

以前述張國榮的案例解說。他出生時，月亮位於天蠍座 27°46'（以「Lahiri」為基準的歲差修正值）。

二、從〈表 8-2〉找出最接近月亮經度和其相對應的年、月、日餘額

本案例中，月亮的恆星黃道經度位於天蠍座 27°46'，從表中找出最接近的度數為 27°40'；由於月亮位於水象星座（天蠍座），對應的餘額為 2 年 11 月 21 日，屬水星主管的行星期間。

如何知道期間由哪個行星所管轄？可根據命主出生時，月亮的恆星黃道經度歸屬於哪個星宿，其星宿主星即是。

例如本案例中，月亮位於天蠍座 26°5'，其星宿為「Jyeshta」，而星宿主星為水星，故由水星所管轄；管轄年數為十七年，從天蠍座 16°40' 至 30°。月亮如果位於天蠍座 16°40'，其餘額為十七年，如今已經來到天蠍座 27°40'，歷經 11°，即 660'。

$$14.025 \text{ 年} = \frac{660'}{800'} \times 17 \text{ 年}$$

結果即為表列餘額 2 年 11 月 21 日（為簡化計算：1 年 = 12 月，1 月 = 30 日）。

三、再從〈表8-3〉找出各個行星管轄每一分（1'）及累積的月／日數

行星大運（Dasa）每一分比例計算表

	☋ 7 年		♀ 20 年		☉ 6 年		☽ 10 年		♂ 7 年		☊ 18 年		♃ 16 年		♄ 19 年		☿ 17 年		
	月	日	月	日	月	日	月	日	月	日	月	日	月	日	月	日	月	日	
1	0	3	0	9	0	3	0	5	0	3	0	8	0	7	0	9	0	8	1
2	0	6	0	18	0	5	0	9	0	6	0	16	0	14	0	17	0	15	2
3	0	9	0	27	0	8	0	14	0	9	0	24	0	22	0	26	0	23	3
4	0	13	1	6	0	11	0	18	0	13	1	2	0	29	1	4	1	1	4
5	0	16	1	15	0	14	0	23	0	16	1	11	1	6	1	13	1	8	5
6	0	19	1	24	0	16	0	27	0	19	1	19	1	13	1	21	1	16	6
7	0	22	2	3	0	19	1	2	0	22	1	27	2	20	2	0	1	24	7
8	0	25	2	12	0	22	1	6	0	25	2	5	1	28	2	8	2	1	8
9	0	28	2	21	0	24	1	11	0	28	2	13	2	5	2	17	2	9	9
10	1	1	3	0	0	27	1	15	1	1	2	21	2	12	2	26	2	17	10
15	1	17	4	15	1	11	2	8	1	17	4	0	3	18	4	8	3	25	15
20	2	3	6	0	1	24	3	0	2	3	5	12	4	24	5	21	5	3	20

〈表 8-3〉

從〈表 8-3〉得知，只要知道由哪個行星管轄，命主月亮經度距離〈表 8-2〉所列經度差幾分，即可換算得知。

水星主管 17 年，從天蠍座 16° 40' 至 30°，換算共 800'，即 800' ＝ 17 年

因此，在水星管轄下，$1' = \dfrac{17 \text{ 年}}{800} = \dfrac{17 \times 12 \times 30}{800} \fallingdotseq 7.65 \text{ 日}$

本案例中，月亮位於天蠍座 27°46'，距離表列 27°40' 多 6'；因此，須從餘額 2 年 11 月 21 日再扣除 1 月 16 日，約 2 年 10 月 5 日，即得到水星實際管轄的餘額。

其他行星管轄期間，都是 13°20'，但因為管轄年數長度不同，因此每一分（1'）的日數有所不同，整理成〈表 8-3〉。

經過上述三個步驟，根據「Vimsottari Dasa」系統主管行星的順序及管轄係數，逐一排列；張國榮於 1956 年 9 月 12 日 11:50 在香港出生。

　　　　　　　1956/09/12
(1)　+　　2/10/05
　　　　　　　1959/07/17　即 1956/09/12 至 1959/07/14，當屬水星管轄

(2)　+　　　7
　　　　　　　1966/07/14　即 1959/07/15 至 1966/07/14，當屬南交點管轄七年

(3)　+　　　20
　　　　　　　1986/07/14　即 1966/07/15 至 1986/07/14，當屬金星管轄二十年

(4)　+　　　6
　　　　　　　1992/07/14　即 1986/07/15 至 1992/07/14，當屬太陽管轄六年

(5)　+　　　10
　　　　　　　2002/07/14　即 1992/07/15 至 2002/07/14，當屬月亮管轄十年

(6)　+　　　7
　　　　　　　2009/07/14　即 2002/07/15 至 2009/07/14，當屬火星管轄七年

(7)　+　　　18
　　　　　　　2027/07/14　即 2009/07/15 至 2027/07/14，當屬北交點管轄十八年

(8)　+　　　16
　　　　　　　2043/07/14　即 2027/07/14 至 2043/07/14，當屬木星管轄十六年

(9)　+　　　19
　　　　　　　2062/07/14　即 2043/07/14 至 2062/07/14，當屬土星管轄十九年

張國榮於西元 2003 年 4 月 1 日跳樓自殺死亡，屬火星管轄的「大運」期間；為了讓讀者充分了解整個「Vimsottari Dasa」系統演布，在此將他往生後的「大運」期間，也逐一列出，並以電腦計算為準。

　　以上所求得的各管轄期間為「主要期間」，如欲求「次要期間」，須再以各「主要期間」的管轄年數，按行星「主要期間」的比例計算。例如，太陽管轄六年，其在任何「次要期間」都管轄 6/120；而月亮管轄十年，各「次要期間」管轄 10/120，其他依此類推。各「主要期間」的第一個「次要期間」，則以該「主要期間」行星來管轄；其他順序則按前述各主要行星順序排列。例如太陽的「大運」期間，第一個「次要期間」為太陽；一般記載為 ☉／☉，將管 6 年 × 6/120，約 3 月 18 日；接下來，第二個「次要期間」為月亮，記載為 ☉／☽，將管 6 年 × 6/120，約六個月，其他依此類推。

各主要期間／次要期間分配一覽表

Dasa	☉-6 年						☽-10 年						♂-7 年					
Bhukti	次要期間			總共			次要期間			總共			次要期間			總共		
	年	月	日	年	月	日	年	月	日	年	月	日	年	月	日	年	月	日
☉	0	3	18	0	3	18												
☽	0	6	0	0	9	18	0	10	0	0	10	0						
♂	0	4	6	1	1	24	0	7	0	1	5	0	0	4	27	0	4	27
♌	0	10	24	2	0	18	1	6	0	2	11	0	1	0	18	1	5	15
4	0	9	18	2	10	6	1	4	0	4	3	0	0	11	6	2	4	21
♄	0	11	12	3	9	18	1	7	0	5	10	0	1	1	9	3	6	0
☿	0	10	6	4	7	24	1	5	0	7	3	0	0	11	27	4	5	27
☋	0	4	6	5	0	0	0	7	0	7	10	0	0	4	27	4	10	24
♀	1	0	0	6	0	0	1	8	0	9	6	0	1	2	0	6	0	24
☉							0	6	0	10	0	0	0	4	6	6	5	0
☽													0	7	0	7	0	0

Dasa	♌-18 年						4-16 年						♄-19 年					
Bhukti	次要期間			總共			次要期間			總共			次要期間			總共		
	年	月	日	年	月	日	年	月	日	年	月	日	年	月	日	年	月	日
♌	2	8	12	2	8	12												
4	2	4	24	5	1	6	2	1	18	2	1	18						
♄	2	10	6	7	11	12	2	6	12	4	8	0	3	0	3	3	0	3
☿	2	6	18	10	6	0	2	3	6	6	11	6	2	8	9	5	8	12
☋	1	0	18	11	6	18	0	11	6	7	10	12	1	1	9	6	9	21
♀	3	0	0	14	6	18	2	8	0	10	6	12	3	2	0	9	11	21

Dasa	☊-18 年						♃-16 年						♄-19 年					
Bhukti	次要期間			總共			次要期間			總共			次要期間			總共		
☉	0	10	24	15	5	12	0	9	18	11	4	0	0	11	12	10	11	3
☽	1	6	0	16	11	12	1	4	0	12	8	0	1	7	0	12	6	3
♂	1	0	18	18	0	0	0	11	6	13	7	6	1	1	9	13	7	12
☊							2	4	24	16	0	0	2	10	6	16	5	18
♃													2	6	12	19	0	0

Dasa	☿-17 年						☋-7 年						♀-20 年					
Bhukti	次要期間			總共			次要期間			總共			次要期間			總共		
	年	月	日	年	月	日	年	月	日	年	月	日	年	月	日	年	月	日
☿	2	4	27	2	4	27												
☋	0	11	27	3	4	24	0	4	27	0	4	27						
♀	2	10	0	6	2	24	1	2	0	1	6	27	3	4	0	3	4	0
☉	0	10	6	7	1	0	0	4	6	1	11	3	1	0	0	4	4	0
☽	1	5	0	8	6	0	0	7	0	2	6	3	1	8	0	6	0	0
♂	0	11	27	9	5	27	0	4	27	2	11	0	1	2	0	7	2	0
☊	2	6	18	12	0	15	1	0	18	3	11	18	3	0	0	10	2	0
♃	2	3	6	14	3	21	0	11	6	4	10	24	2	8	0	12	10	0
♄	2	8	9	17	0	0	1	1	9	6	0	3	3	2	0	16	0	0
☿							0	11	27	7	0	0	2	10	0	18	10	0
☋													1	2	0	20	0	0

〈表 8-4〉

以張國榮為例，月亮「主要期間」和「次要期間」分配。月亮管轄十年（1992/07/14-2002/07/13）。

主要期間	次要期間	次要期間管轄年月數	管轄起迄日期
☽	☽	10 年 ×10/120 ＝ 10 月	1992/07/14-1993/05/13
	♂	10 年 ×7/120 ＝ 7 月	1993/05/14-1993/12/13
	☊	10 年 ×18/120 ＝ 1 年 6 月	1993/12/14-1995/06/13
	♃	10 年 ×16/120 ＝ 1 年 4 月	1995/06/14-1996/10/12
	♄	10 年 ×19/120 ＝ 1 年 7 月	1996/10/13-1998/05/13
	☿	10 年 ×17/120 ＝ 1 年 5 月	1998/05/14-1999/10/13
	☋	10 年 ×7/120 ＝ 7 月	1999/10/14-2000/05/12
	♀	10 年 ×20/120 ＝ 1 年 8 月	2000/05/12-2002/01/11
	☉	10 年 ×6/120 ＝ 6 月	2002/01/12-2002/07/14

〈表 8-5〉

電腦計算的 Vimsottari Dasa

Vimsh, Dasa, Bhukti Start Dates
Dasa Year Used: 365.25

Merc	Jup	09/12/1956	Sun	Sat	05/20/1989
Merc	Sat	11/03/1956	Sun	Ketu	05/02/1990
Ketu	Ketu	07/14/1959	Sun	Ven	03/08/1991
Ketu	Ven	12/10/1959	Sun	Sun	07/14/1991
Ketu	Sun	02/08/1961	Moon	Moon	07/14/1992
Ketu	Moon	06/16/1961	Moon	Mars	05/14/1993
Ketu	Mars	01/15/1962	Moon	Rahu	12/13/1993
Ketu	Rahu	06/13/1962	Moon	Jup	06/14/1995
Ketu	Jup	07/02/1963	Moon	Sat	10/13/1996
Ketu	Sat	06/07/1964	Moon	Ketu	05/14/1998
Ketu	Ketu	07/17/1965	Moon	Ven	10/14/1999
Ven	Ven	07/13/1966	Moon	Sun	05/13/2000
Ven	Sun	11/13/1969	Moon	Moon	01/12/2002
Ven	Moon	11/12/1970	Mars	Mars	07/14/2002
Ven	Mars	07/14/1972	<u>Mars</u>	<u>Rahu</u>	<u>12/10/2002</u>
Ven	Rahu	09/12/1973	Mars	Jup	12/28/2003
Ven	Jup	09/12/1976	Mars	Sat	12/03/2004
Ven	Sat	05/14/1979	Mars	Ketu	01/12/2006
Ven	Ketu	07/14/1982	Mars	Ven	01/10/2007
Ven	Ven	05/14/1985	Mars	Sun	06/08/2007
Sun	Sun	07/13/1986	Mars	Moon	08/07/2008
Sun	Moon	10/31/1986	Mars	Mars	12/13/2008
Sun	Mars	05/02/1987	Rahu	Rahu	07/14/2009
Sun	Rahu	09/07/1987	Rahu	Jup	03/25/2012
Sun	Jup	08/01/1988			

→張國榮往生於此期間

〈表 8-6〉

第三節　主要期間／次要期間的詮釋

　　前述印度占星學視「主要期間」（Dasa）或「次要期間」（Bhukti）為本命盤因果業力成熟、時機已到的顯示；由此可見，有關「主要期間／次要期間」的解釋，可說是完全奠基於本命盤，所以，只要對本命盤各宮位垂象的掌握清楚，正確預測「主要期間／次要期間」將沒什麼困難。讀者須先熟稔前面本命盤靜態分析的基本內容，無論在本命盤、「主要期間」或「次要期間」的解釋上，都用得到。

　　古代印度占星先賢帕拉薩拉在《BPHS》一書中，解釋「主要期間」的法則如下：「『主要期間』有兩種效應，一般的及特殊的；行星的自然性質會導致一般效應，而行星的位置等等，則會導致特殊效應。」

　　上述語句中的「行星的位置等等」，是泛指行星主管哪個宮位、位於哪個星座（友誼或敵意、旺宮或弱宮、自己的星座等等）、行星狀態（例如是否逢焦傷、嬰兒、老年時期？是否有吉、凶星包圍等等），以及是否有來自其他吉、凶星的會合或相映。

　　帕拉薩拉所詮釋的「主要期間」法則，須完全掌握「主要期間」主星（推及「次要期間」）在本命盤的所有狀況，然後完整的予以分析。行星的自然性質會導致一般效應，例如火星的自然徵象為勇氣、膽量、爭鬥、積極、不顧他人立場；在「主要期間／次要期間」，自然就會出現這些自然徵象。而特殊效應的範圍相當廣泛，不過仍然有脈絡可尋，其分析原則，就是反覆演練天宮圖基本要素所可能產生的吉、凶變化。

　　有關一般效應和特殊效應，大致可整理成以下要點：

1.「主要期間」主星參與的行星組合。

2.「主要期間」主星的自然吉星或自然凶星的性質。

3.「主要期間」主星所在的宮位和與它會合的行星，該「主要期間」主星作為自然吉星或自然凶星。

4. 「主要期間」主星相映的宮位或行星，該「主要期間」主星作為自然吉星
   或自然凶星。

5. 會合或相映「主要期間」主星的行星，該行星作為自然吉星或自然凶星。

6. 「主要期間」主星所在或相映的宮位，以及與它會合或相映的行星，該
   「主要期間」主星主管某些宮位，作為功能吉星或功能凶星的影響。

7. 「主要期間」主星所在的宮位，對於它所主管宮位產生的效應。

8. 相映或會合「主要期間」主星的行星所主管的宮位。

9. 「主要期間」主星的定位星所影響的宮位。

10. 「主要期間」主星的自然徵象或宮位徵象所代表的事物。

　　上述是掌握「主要期間」主星特性所不能忽略的十個要點。如果再深入探
討有關吉凶性，以及「主要期間」主星主管宮位的要義和本身特性，那麼，
具體的「主要期間」所可能應驗的事項當能突顯。由於印度占星學強調事件
預測，所以讀者務必隨時將吉凶觀念牢記在心。

　　接下來，本書將吉凶事項，以及「主要期間」主星主管宮位或所在宮位，
甚或相映宮位可能應驗的事項列表；也將「主要期間」主星本身的特性整理
成重點，以幫助讀者掌握「主要期間」主星的要義。

「主要期間」主星的重要吉凶事項

吉	凶
1. 「主要期間」主星為自然吉星，相映至命宮上升星座，或為命宮上升星座的友誼行星。	1. 「主要期間」主星為自然凶星，刑剋命宮上升星座，或為命宮上升星座的敵意行星。
2. 具備標準以上的六種力量。	2. 具備標準以下的六種力量。
3. 位於三方旺宮、自己主管的星座或友誼星座。	3. 位於弱宮、敵意星座、陷宮。
4. 位於 D₉ 吉象。	4. 位於 D₉ 凶象。
5. 位於本命始宮或三方宮。	5. 位於本命的凶宮——第六、八、十二宮。

吉	凶
6. 具備標準以上的「行星的八個吉點力量」所需的行星吉點。	6. 不具備標準以上的「行星的八個吉點力量」所需的行星吉點。
7. 從弱宮度數上升至旺宮度數。	7. 從旺宮度數下降至弱宮度數。
8. 受兩吉星包圍的吉象。	8. 受兩凶星包圍的凶象。
9. 從「主要期間」主星起算的始宮或三方宮，見強而有力的自然吉星或相映。	9. 逢太陽焦傷。
10. 作為功能吉星。	10. 「主要期間」主星逆行（須注意：停滯狀態非凶）。
11. 受自然吉星相映或會合。	11. 位於星度 1° 之前（ < 1°），或最後度數 29° 之後（ > 29°）。
12. 參與吉祥的行星組合。	12. 從「主要期間」主星起算的三凶宮——第六、八、十二宮內，見凶星。
	13. 作為功能凶星。
	14. 受自然凶星相映或會合。
	15. 參與凶惡的行星組合。

〈表 8-7〉

「主要期間／次要期間」行星落宮的可能影響

狀況 宮位	配置良好或受良好相映	弱且受刑剋
一宮	• 名望，受認同肯定、榮耀、進展 • 健康、幸福 • 外觀改善	• 地位貶落、無信心 • 健康不佳、身體受傷、頭痛 • 評價不佳、不受支持
二宮	• 金錢收入佳；金錢的利益 • 享受幸福快樂的家庭生活，婚姻和諧 • 成功的教育計畫、寫作能力、教導能力、自演講活動獲益	• 錢財的困擾、喪失財富 • 家庭生活變差、婚姻不和諧 • 教育困難、文字寫作能力差 • 喉嚨不適、右眼疼痛或疾病、視力差
三宮	• 巨大的能量、勇氣佳、膽量足、具有冒險精神 • 有能力實現每日的願望 • 與兄弟姊妹和睦相處，且能得到幫助	• 希望和野心的喪失、能量弱、毫無生氣、昏睡 • 沒有能力實現每日的願望 • 遭逢來自兄弟姊妹的困擾、麻煩或相處不佳

宮位 / 狀況	配置良好或受良好相映	弱且受刑剋
三宮	• 音樂、舞蹈和戲劇等精緻藝術上的成功 • 娛樂享受、短期旅行愉快	• 藝術秉賦方面的問題，特別是音樂、舞蹈、戲劇 • 手臂疼痛、肺部和支氣管疾病、聽力障礙（右耳）
四宮	• 母親成功、受母親助益、母親身體健康 • 獲得新屋或土地、房地產 • 成功地搬遷至新城市 • 獲得汽車或其他交通工具 • 獲得珠寶或其他舒適的享受，例如音響、電視等等 • 滿足與幸福的生活 • 成功獲得學位	• 與母親不睦、母親生病 • 家庭困擾、風水不佳 • 汽車拋錨、損壞 • 生活不滿足、不幸福 • 難以獲得舒適享受 • 無法完成學位 • 心臟方面的疾病
五宮	• 孩子出生、與孩子相處狀況佳或孩子孝順 • 投機、從股市中獲益 • 繪畫和手藝精巧 • 充滿喜悅、快樂、受恩人幫助、實行精神技巧 • 心靈澄澈有力、幸福樂觀、態度正面 • 主權或政治實力 • 了解和實現個人的命運 • 由於前世的善因，得以享受今日的成果	• 遭逢孩子的問題或困擾 • 投機或股市失利 • 欠缺繪畫和手藝的才能 • 快樂不起來，悲觀、混淆、負面態度居多 • 不願意實施精神訓練 • 政治力量的喪失 • 前世惡因，今世惡果 • 胃腸不適
六宮	• 健康的改善、治療能力的增強 • 生活中的常規工作、駕輕就熟 • 戰勝敵人和競爭者 • 擁有得力助手或部屬，且相處的狀況佳	• 健康問題，攸關行星特性的疾病 • 對常規工作甚為厭煩 • 遭逢敵人或競爭者的打擊 • 遭法院判刑 • 諸多困難、障礙、慢性疾病、負債、部屬背叛 • 腸道疾病
七宮	• 可能結婚 • 幸福的愛情	• 婚姻出現問題或離婚 • 背叛愛情、不忠實

宮位＼狀況	配置良好或受良好相映	弱且受刑剋
七宮	• 受大眾歡迎、人際關係佳 • 擴展企業	• 配偶身體不佳或相處狀況不佳 • 合夥作生意易發生問題 • 生殖器官方面的問題或疾病
八宮	• 對占星學或神祕異象、形而上的學問感興趣 • 有利精神或心靈的神祕體驗 • 獲自他人之錢財（遺產、保險公司、樂透等） • 獲自配偶或其他合夥人之錢財	• 聯合財務的問題 • 難以支付或是收受贍養費（已離婚者） • 無法獲得遺囑或遺產 • 意外、倒閉、負債龐大、被判刑入監 • 生殖系統的疾病
九宮	• 長途旅行愉快 • 獲得精神導師的指引 • 對宗教感興趣或虔誠奉獻 • 獲益自哲學或精神的教導 • 與父親相處佳、得到父親的助益 • 福氣、幸運連連	• 取消長程旅行或過程中遭逢困頓 • 來自精神導師的困擾、是非 • 信仰或熱衷降低，甚或詆誹 • 無法獲得較高等知識或錯學反誤 • 與父親不睦，甚或困擾 • 大腿或臀部的不適或疾病
十宮	• 企業擴展、成功、職位晉升 • 獲得獎賞、尊榮、地位以及名望增加 • 增加對外界的影響力 • 實施對社會有益的活動 • 獲得來自權威人士或政府的肯定 • 朝拜莊嚴的聖地	• 事業失敗、地位貶落 • 職位、工作上的問題，難以進展 • 對人生目的（法〔Dharma〕）產生混淆 • 被權威人士或政府官員斥責 • 膝蓋或關節的疾病
十一宮	• 企業利益，獲得大筆財富 • 結交新朋友，獲得朋友的助益 • 從事團體活動，或在團體中獲得地位或肯定 • 充分的機會、願景與希望，得以實現野心 • 與年紀較大的手足相處佳，獲得他們的助益	• 企業虧損，喪失大筆財富 • 喪失新朋友或因朋友而遭逢困難 • 在團體中相處的困擾，在團體中可能有問題 • 甚少有機會或喪失機會，致使野心難以實現 • 與年紀較大的手足相處困難，甚至因他們而遭逢困頓 • 腳踝傷痛
十二宮	• 對精神解放、精神訓練、瑜伽感興趣	• 無預期的負債或支出 • 很難獲得精神上的啟蒙或解放

狀況 宮位	配置良好或受良好相映	弱且受刑剋
十二宮	• 靜坐、冥想境界高 • 退隱或入修道院靜修 • 善於處理預算，不致浪費消耗 • 旅行於外國地區 • 享受性愉悅	• 入監服刑、進入精神病院或醫院療養 • 遭逢盜竊損失 • 被放逐、驅離家鄉（在印度因種姓制度而被排斥） • 很難享受性愉悅 • 遭逢諸多問題和困難 • 腳底板傷痛、左眼視力不佳、左耳聽力差

〈表 8-8〉

接下來，本書也將各主星「主要期間」的基本意義列舉如下：

太陽

六年太陽的「主要期間」，將帶來有關大眾化、生涯成就、權威地位、影響力、聲名、來自長者和權威當局的認定，以及和政府交涉等事件。命主的父親可能會成為焦點，如果太陽的配置良好，父親的生命將會得到幫助；如果受刑剋，反而不利。依據印度經典所載，命主可能在此時於叢林區域徘徊，以及沉溺於真言念咒的吟唱；如果太陽力量弱且逢刑剋，可能會有視力和心臟疾病的麻煩。

月亮

由於月亮對個人的影響至深，因此，一般而言，這個十年的「主要期間」，在命主的生命中將是極為重要的時期，與命主的身體、來自他人的認定、滿足個人最大的願望，以及與生命最密切的面向有關聯；無論為何，這些都攸關命主個人的生命基調。

所有月亮的徵象呈現，都可預期與女性、母親有關；其生命也有吉凶的影響，可以依據月亮的配置而定。這些年間，將有強烈的情緒變化、許多的戀

情、敏感性和喜怒無常。如果月亮配置佳，將會是在大眾注目下努力工作和獲得聲譽的時刻。

這種狀態也是結婚和快樂的一段時間。如果月亮受刑剋，那麼將會是非常困頓的時期，遠離心靈平靜和財富；命主易受誹謗、恥辱、控訴、個人墮落，以及因他人而犧牲等影響。身體容易罹患的慢性病，包括胃腸、胸部或大腦。

火星

在七年火星「主要期間」，一般而言，命主對任何有所企圖的事項，都能有最大幅度的能量和進展，因而可能會有快速的進展和成功。這個七年的「主要期間」，也是兒子出生、獲得財產、與手足聯繫的適當時期；可能會有較強的性欲和較高的手術開刀機率。

火星期間有利於從事機械性或技術性的職業，或者是與軍事、警力有關。如果行星受剋，則會有意外的危險、暴力、割傷、燃燒，也可能容易爭吵、魯莽、性急，以及會有血液、骨頭、脊髓或肌肉系統的疾病。

北交點

這個期間，將導致與北交點所在宮位有關的強烈欲望，容易呈現貪婪本性。這個「主要期間」長達十八年，因此，一般而言，屬於較深且密集的經驗。北交點在其「主要期間」的第一或二、三年，通常會導致較強的災難，結果可能會有很大的質變。在某些情況下，這個期間的開端，會帶來所愛之人的死亡或分離；至於其他人，則可能是醜聞或個人的聲名狼藉，且很難事前確切預測。

如果有來自吉星的相映，或是北交點配置良好，則可能呈現較大且全面的成功和吉利，命主能升至極高的權威地位，也就是說，北交點位於始宮或三方宮，且逢始宮或三方宮的主星相映。相對的，如果火星、土星或第十二宮主星相映至北交點，這個期間將比一般的情況還要辛苦困難的多。

古代印度聖人宣稱，在北交點「主要期間」將會有財務損失、中毒或遭蛇咬的危險，甚至還會疾病叢生、心靈困頓、遭逢恥辱和失敗。然而，當北交點位於第三、六、十、十一宮（凶星是受歡迎的），且位於水星主管的任一星座（處女座、雙子座）時，則能獲得較佳的結果。由於北交點並非實際的行星，所以並不象徵直接的智識。這個期間運用的是已經發展的能力，而非學習新才能的時刻。

印度經典曾提及，即使北交點有良好的配置，這個期間所獲得的利益，仍然會在「主要期間」末期失去。

木星

除非木星受剋，否則這個十六年「主要期間」將帶來財富、幸福和尊榮，易有成就並實現個人願望。一般而言，也與精神心靈的成長和較高等教育有關。因為木星是孩子的徵象星，因此，這也是生兒育女的時期。如果孩子已經長大，可依據木星的配置良窳，判斷可能帶來的吉凶影響；通常第一個孩子最容易感應。

由於木星是自然吉星，因此常提供許多不同種類的機會和好運，在這個期間內，命主的生活品質可望提升，擁有更奢華、舒適的享受，獲得性能配備較佳的交通工具，以及增益財產。

在講求靈魂的國家——印度，這個期間非常利於與精神導師和宗教人物來往，也適合沐浴在神聖的恆河，以及動身前往諸多聖地朝拜。無論如何，都有利於長期旅行。如果木星受剋，那麼所有的不幸都是有可能發生的：命主的幸運被毀掉，且幾乎所有的諾言都失效，也會出現與過敏性和肝臟相關的慢性病。

土星

土星「主要期間」有十九年之久，命主的職業將持續不變的努力工作。除非土星受剋，否則在這個期間內，命主可以根據個人的表現和過去的努力

而得到尊榮和進展，但仍然需要歷經艱辛，且刻苦耐勞。這是訓練、建立和穩固個人職業的好時機，命主可以在這個期間建構將來任何具體化形式及組織的功能。

由於土星是自然凶星，因此，如果土星位於成長宮（三、六、十、十一宮），將提供額外的效果；如果配置佳，逢吉星相映，將能獲得額外的效果，取得財富、權力，繼承不動產。

如果土星受剋，這個「主要期間」將帶來限制、遲延、貧窮和困頓、疾病、受傷，也可能會有職位被貶低、喪失榮譽等問題。身體方面則可能會有罹患風濕、關節、骨骼系統的病痛，或中風的危險。

水星

時值水星十七年的「主要期間」，命主將體驗到學問、寫作、演講，以及所有關於智識的才能，也將深入探索內心，和感知持續的心理洞見。水星是代表貿易和商業的行星，因此，這個期間有利於進行商業活動，以及收音機、電視台、會計、出版，和其他與水星相關的活動。

由於水星是自然吉星，如果逢太陽焦傷或任何自然凶星的會合或相映，將允諾幸福、財富或其他有益的效應；至於各個種類的知識學習和表現，也將在這個期間內獲得極佳的結果。基於這個理由，水星「主要期間」可以成功地受到精神導師的恩惠。在印度，命主若是進入這個時期，將學會新的真言念咒或瑜伽技巧；而其他國家的人，則會有很好的機會返回校園，並就讀夜間部。

如果水星受剋，將出現精神上的困擾、悲觀或不穩定，也可能精神耗弱；商人則可能遭逢相當程度的商業損失。

南交點

在所有行星的「主要期間」中，南交點可能是最難以正確預測的。根據印度古代經典所述，這個期間容易引起種種災難、不幸，例如貧窮、悲傷、恥

辱、誹謗、中毒、怪病。實際上，這個七年的「主要期間」容易產生南交點
所在宮位所象徵事項的困難；然而，如果南交點位於第三、六、十、十一宮
等歡迎凶星的成長宮，其負面效應將會反轉。

由於南交點是超脫塵世的，完全無法帶來物質上的利益，乃苦行和非執
著。因此，如果南交點這個陰影行星受水星、金星或木星相映，在此期間內
將帶來良好的結果；如果南交點位於始宮或三方宮，以及受始宮或三方宮主
星相映，將能呈現良好的效應。在精神追求者的命盤中，南交點的「主要期
間」，將提供極佳的心靈、神祕和精神上的經驗。

金星

二十年的金星「主要期間」，有益於奢侈品的享受，以及舒適、戀愛和婚
姻生活。如果金星未受剋，將提供充裕的財富、幸福和愉快的聯繫，也可能
涉及藝術才華，對演員、音樂家、歌唱家和舞者來說，是極其有利的時期；
命主的企業活動可能轉至與寶石、甜食、娛樂、美容沙龍有關。一般而言，
如果金星在「主要期間」配置不佳、多逢凶星相映，命主須注意婚姻和內心
的煩雜，這類活動恐將變得不順暢，帶來悲傷、痛苦，幸福被毀，金錢遭逢
損失，還可能導致生殖系統或腎臟、膀胱方面的疾病。

根據帕拉薩拉的《BPHS》所載，印度占星學的「大運（Dasa）」系統共
有三十二種之多，列表如下：

序號	大運名稱	序號	大運名稱
1	Vimsottari	7	Chaturashitisama
2	Astottari	8	Dwisapatatisama
3	Shadsottari	9	Shashtihayani
4	Dwadashottari	10	Shatrimshatsama
5	Panchsottari	11	Kala
6	Shatabdika	12	Chakra

序號	大運名稱	序號	大運名稱
13	Kalachakra	23	Driga
14	Chara	24	Rashi
15	Sthira	25	Panchswara
16	Brahma-Graha	26	Yogini
17	Yogardha	27	Pinda Amsa
18	Kendradi	28	Naisargika
19	Karaka	29	Ashtakavarga
20	Mandooka	30	Sandhya
21	Shoola	31	Pachaka
22	Trikona	32	Tara

〈表 8-9〉

　　〈表 8-9〉第一項所介紹的「Vimsottari」，最令全球研習印度占星學的占星家讚賞，幾乎等同印度占星學「大運」的代表。可是，為何會有這麼多令人眼花撩亂的「大運」系統呢？帕拉薩拉的《BPHS》僅提及，古代曾有這些方法，且以「Vimsottari Dasa」最具優勢，並未道出繁雜的理由。那麼，我們要如何取捨呢？帕拉薩拉列出個別「大運」的應用條件，然而也僅提及約十個「大運」，再無其他「大運」的條件敘述。目前，印度占星學界特別將之命名為《聖人帕拉薩拉有條件的大運》（Conditional Dasa of Sage Parasara，暫譯），本書將於後文敘述，至於實務應用部分，則不予討論。

	大運系統	年數	主導行星	應用條件
1	Vimsottari	120	☽	任何情況均可全面應用
2	Astottari	108	☋	1. 北交點位於由命宮主星起算的始宮或三方宮，而命宮主星不在命宮內。 2. ①夜生人，於月亮漸增光時。②晝生人，於月亮漸減光時。

	大運系統	年數	主導行星	應用條件
3	Shadsottari	116	☋	1. 出生在月亮漸增光時，且上升點位於月亮的「Hora」（奇數星座的前半 15° 由太陽主宰，後半 15° 則由月亮主宰；偶數星座的前半 15° 由月亮主管，後半 15° 則由太陽主管）。 2. 出生在月亮漸減光，且上升點位於太陽的「Hora」。
4	Dwadashottari	112	♀	D₉ 的上升星座為金牛座、天秤座（兩個由金星主管的星座）。
5	Panchsottari	105	ASC	上升點位於巨蟹座 0° 至 2°30' 內。
6	Shatabdika	100	ASC	逢「Vargottama」上升星座，即 D₁ 和 D₉ 的上升星座相同。
7	Chaturashitisama	84	第十宮主星	逢第十宮主星位於第十宮內。
8	Dwisapatatisama	9×8 = 72	Hora／☽	命宮主星位於第七宮，或第七宮主星位於命宮。
9	Shashtihayani	60	☉	太陽位於第十宮。
10	Shatrimshatsama	36×3 = 108	☿	1. 晝生人，上升點位於太陽的「Hora」。 2. 夜生人，上升點位於月亮的「Hora」。

〈表 8-10〉

使用「Vimsottari Dasa」時，如果命盤中見到符合某「大運」的應用條件時，可參酌該「大運」；欲深入研究的讀者，可參考雷歐先生和其學生所撰寫的大運條件相關書籍，以及桑賈伊・銳斯（Sanjay Rath）所著的《Vimsottari and Udu Dasa's》。

第九章

行星過運

　　梵文「Gochar」，是「行星移動」之意，就如同西方占星學中「過運」（Transit）的意義。命主出生時，天宮圖中的行星是瞬間靜止不動的；它的結構是命主前世因果累積，呈現在在這一世中，經由「主要期間／次要期間」成熟的突顯出來，常因為當時的行星過運予以激發。這種說法跟西洋古典占星學強調的三合一運勢論法並無差異，只不過印度占星學對於過運的激發論述，跟西洋占星學稍有不同，讀者應有所認知，才不致混淆。

　　討論行星過運時，必須注意以下兩項要點：

1. 行星過運，主要以身宮盤為主，作為分析。

2. 行星過運的效應，須配合「行星的八個吉點力量」，更能顯示。

　　無論是東方還是西方，這兩大占星系統都強調：行星的過運只是一種觸媒，不會改變本命的結構；印度占星學尤其強調輪迴因果，更不可能因為過運而產生巨變。例如如果本命為無子之命，那麼不可能因為木星（徵象星）的過運而受孕，出現弄璋弄瓦之喜。

　　由於印度占星學採用的「整個星座宮位制」，各宮主星非常明確；且行星彼此間的相映關係也不似西方系統——在某個容許度內形成相位，即產生關聯。因此，在印度占星學中，當任何一個行星過運時，就其相映法很容易涉及好幾個宮位，例如木星過運在獅子座，相映至由其起算的第五、七、九宮時，也必然對人馬座、水瓶座、白羊座等宮位有所影響；其他行星的過運，也依此類推。

第一節　身宮盤為主，本命盤為輔，分析行星過運

對印度天文學或占星學頗有頁獻的古代聖人阿查里亞斯（Acharyas）強調：「行星過運應以月亮身宮盤為主」，因而成為後世的重要法則。後來，印度古代重要占星作者──曼崔斯瓦拉也在其著作《Phaladeepika》中強調：評估行星過運的效應，應著重身宮盤中的上升星座。任何行星過運至由月亮所在星座起算的宮位，分別有吉有凶，例如〈表 9-1〉、〈表 9-2〉，而有關行星過運的幾個要點，將分述於後：

太陽	吉　宮	三	六	十	十一				
	挫折點	九	十二	四	五				
月亮	吉　宮	一	三	六	七	十	十一		
	挫折點	五	九	十二	二	四	八		
火星	吉　宮	三	六	十一					
	挫折點	十二	九	五					
水星	吉　宮	二	四	六	八	十	十一		
	挫折點	五	三	九	一	八	十二		
木星	吉　宮	二	五	七	九	十一			
	挫折點	十二	四	三	十	八			
金星	吉　宮	一	二	三	四	五	八	九	十一	十二
	挫折點	八	七	一	十	九	五	十一	三	六
土星	吉　宮	三	六	十一					
	挫折點	十二	九	五					

〈表 9-1〉

行星＼宮位	一	二	三	四	五	六	七	八	九	十	十一	十二
太陽			B/V$_9$			B/V$_{12}$				B/V$_4$	B/V$_5$	
月亮	B/V$_5$		B/V$_9$			B/V$_{12}$	B/V$_2$			B/V$_4$	B/V$_8$	
火星			B/V$_{12}$			B/V$_9$					B/V$_5$	
水星		B/V$_5$		B/V$_3$		B/V$_9$		B/V$_1$		B/V$_8$	B/V$_{12}$	
木星		B/V$_{12}$			B/V$_4$		B/V$_3$		B/V$_{10}$		B/V$_8$	
金星	B/V$_8$	B/V$_7$	B/V$_1$	B/V$_{10}$	B/V$_9$			B/V$_5$	B/V$_{11}$		B/V$_3$	B/V$_6$
土星			B/V$_{12}$			B/V$_9$					B/V$_5$	

〈表 9-2〉

B：Benefit，吉宮。

V：Vedha，挫折點。V 右側數字，代表 B 的相對挫折點宮位。

1. 當太陽過運至由本命月亮所在星座起算的第三、六、十、十一宮時，為吉；如果過運於其他宮位，例如第一、二、四、五、七、八、九、十二宮時，那麼為凶。

2. 當月亮過運至由本命月亮所在星座起算的第一、三、六、七、十、十一宮時，將帶來好的結果；如果過運於其他宮位，例如第二、四、五、八、九、十二宮時，那麼為凶。

3. 當火星過運至由本命月亮所在星座起算的第三、六、十一宮時，將帶來好的結果；至於其他宮位，則凶。

4. 當水星過運至由本命月亮所在星座起算的第二、四、六、八、十、十一宮

時，將帶來好的結果；至於其他宮位，則凶。

5. 當木星過運至由本命月亮所在星座起算的第二、五、七、九、十一宮時，將帶來好的結果；至於其他宮位，則凶。

6. 當金星過運至由本命月亮所在星座起算的第一、二、三、四、五、八、九、十一、十二宮時，將帶來好的結果；至於其他宮位，則凶。

7. 當土星過運至由本命月亮所在星座起算的第三、六、十一宮時，將帶來好的結果；至於其他宮位，則凶。

8. 北交點的過運類似土星，只是過運至由本命月亮所在星座起算的第十宮時，亦為吉；即第三、六、十、十一宮為吉，其他宮位則凶。

9. 南交點的過運類似火星，只是過運至由本命月亮所在星座起算的第十宮，亦為吉；即第三、六、十、十一宮為吉，其他宮位則凶。

〈表 9-2〉也列出挫折點。亦即上述任何行星過運至由本命月亮起算的吉宮時，如果同時也有其他行星經過，相對吉宮的挫折點所在的宮位時，吉宮的優點將被取消。以太陽為例：

吉宮	三	六	十	十一
挫折點	九	十二	四	五

〈表 9-3〉

太陽過運至由本命月亮起算的第三宮時，將帶來好的結果，例如成功、健康、財富。但是，如果同時有其他行星也過運至由本命月亮起算的第九宮時，那麼上述的吉象將被取消，例如與第六宮相對為第十二宮，與第十宮相對為第四宮，與第十一宮相對為五宮，其他宮位依此類推。

然而，當挫折點遇到下述情況時，則不會生效：在印度神話中，太陽為土星之父，月亮為水星之父；父子之間，並無挫折可言。

另外，如果太陽位於由本命月亮起算的第五宮時，不吉；然而，如果同時有其他行星過運至由本命月亮起算的第十一宮時，則凶象將被取消，其他依此類推。這種現象在印度占星學的古文獻裡，被稱作「Viparita Vedha」。

　　當行星過運至由月亮起算的各後天宮時，除論述其吉宮及挫折點外，其餘宮位均為凶；然而凶宮也有相對挫折點，如果出現時，那麼凶象將被壓抑，不致逞凶。表列如下：

宮位 / 行星	一	二	三	四	五	六	七	八	九	十	十一	十二
太陽	M / V_1	M / V_2		M / V_3	M / V_6		M / V_7	M / V_8	M / V_{10}			M / V_{11}
月亮		M / V_1		M / V_3	M / V_6			M / V_7	M / V_{10}			M / V_{11}
火星	M / V_1	M / V_2		M / V_3	M / V_5		M / V_6	M / V_7	M / V_8	M / V_{10}		M / V_{11}
水星	M / V_2		M / V_4		M / V_7		M / V_6		M / V_8			M / V_{11}
木星	M / V_1		M / V_2	M / V_5		M / V_6		M / V_7		M / V_9		M / V_{11}
金星						M / V_{12}	M / V_2			M / V_4		
土星	M / V_1	M / V_2		M / V_3	M / V_4		M / V_6	M / V_7	M / V_8	M / V_{10}		M / V_{12}

〈表 9-4〉

M：凶宮

V：Vedha，挫折點。V 右側數字代表當下凶，其相對挫折點宮位。

　　以太陽為例，太陽過運至由月亮起算的各後天宮位為凶宮的條件：

凶宮	一	二	四	五	七	八	九	十二
挫折點	一	二	三	六	七	八	十	十一

〈表 9-5〉

　　例如太陽過運至由月亮起算的第五宮為凶宮；然而如果同時有其他行星位於由月亮起算的第六宮時，後者就會抑制太陽的凶象。至於其他行星的過運，依此類推。接下來以陳水扁與馬英九競選市長的案例來分析行星過運。

【案例一】

事件：陳水扁競選連任市長失利，馬英九當選市長

日期：1998 年 12 月 5 日

（一）先就陳水扁命盤分析

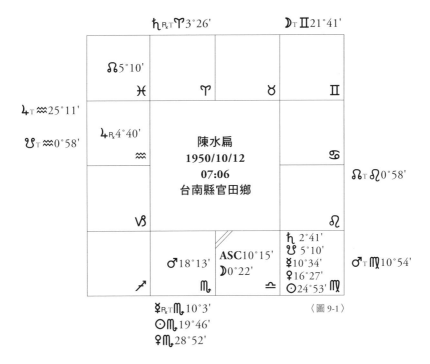

〈圖 9-1〉

1. 過運的太陽 ☉T 位於由月亮 ☽R 起算的第二宮，不吉；但由於第二宮內還見其他行星：逆行的水星 ☿R 及金星 ♀，因此，太陽 ☉ 的凶象不致呈現。

2. 月亮 ☽T 過運至由月亮 ☽R 起算的第九宮時，不吉；而其相對挫折點位於第十宮巨蟹座 ♋，且不見其他行星過運於此，故此月亮 ☽T 過運為凶。

3. 火星 ♂T 過運至由月亮 ☽R 起算的第十二宮時，不吉；然而由於第十五宮內見過運的北交點 ☊T，故此火星 ♂T 過運的凶象，受到壓制。

4. 水星 ☿T 過運至由月亮 ☽R 起算的第二宮時，為吉；然而由於第五宮內見

過運的木星 ♃T，以及南交點 ☊ 為挫折點，故此水星 ☿T 過運的吉象，受到壓制。

5. 木星 ♃T 過運至由月亮 ☽R 起算的第五宮，為吉；然而其相對挫折點位於第四宮摩羯座 ♑，且未見其他行星過運於此，故此木星 ♃T 過運為吉。

6. 金星 ♀T 過運至由月亮 ☽R 起算的第二宮時，為吉；然而由於第七宮內，過運的土星 ♄T 為挫折點，故此金星 ♀T 過運的吉象，受到壓制。

7. 土星 ♄T 過運至由月亮 ☽R 起算的第七宮時，為凶；然而其相對挫折點位於第六宮雙魚座 ♓，不見任何行星過運於此，故此土星 ♄T 過運為凶。

8. 綜合上述情形，開票當日，諸行星過運凶大於吉；尤以土星 ♄ 入弱且逆行，更見其殺傷力。

（二）再就馬英九命盤分析

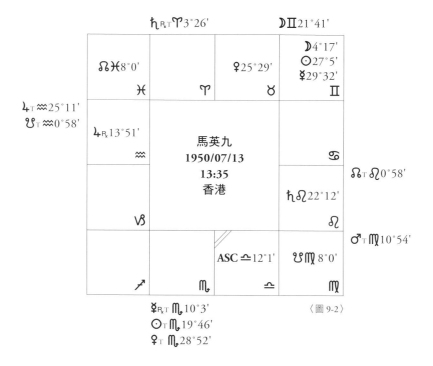

〈圖9-2〉

1. 當太陽 ☉ᴛ 過運至由月亮 ☽ᴿ 起算的第六宮時，為吉；而其相對挫折點，位於第十二宮金牛座 ♉，且不見其他行星過運，因此太陽 ☉ᴛ 過運為吉。

2. 當月亮 ☽ᴛ 過運至由月亮 ☽ᴿ 起算的第一宮時，為吉；而其相對挫折點，位於第五宮天秤座 ♎，且不見其他行星過運，因此月亮 ☽ᴛ 過運為吉。

3. 當火星 ♂ᴛ 過運至由月亮 ☽ᴿ 起算的第四宮時，為凶；然而其相對挫折點位於第三宮獅子座 ♌，見北交點 ☊ᴛ 過運於此，因此過運火星 ♂ᴛ 的凶性受到壓制，不為凶。

4. 水星 ☿ᴛ 過運至由月亮 ☽ᴿ 起算的第六宮時，為吉；然而其相對挫折點位於第九宮水瓶座 ♒，見過運木星 ♃ᴛ 及南交點 ☋ᴛ，因此過運水星 ☿ᴛ 的吉象受到壓制，不為吉。

5. 木星 ♃ᴛ 過運至由月亮 ☽ᴿ 起算的第九宮時，為吉；而其相對挫折點，位於第十宮雙魚座 ♓，且不見其他行星過運，因此過運木星 ♃ᴛ 為吉。

6. 金星 ♀ᴛ 過運至由月亮 ☽ᴿ 起算的第六宮時，為凶；而其相對挫折點，位於第十二宮金牛座 ♉，不見任何其他行星過運，因此過運金星 ♀ᴛ 為凶。

7. 土星 ♄ᴛ 過運至由月亮 ☽ᴿ 起算的第十一宮時，為吉；而其相對挫折點，位於第五宮天秤座 ♎，且不見任何行星過運，因此過運土星 ♄ᴛ 為吉。

8. 綜合上述各點，顯然開票當天的行星過運對馬英九來說，甚為有利。

　　印度占星學談及過運時，還有古傳的方法：「Murti Nirnay」，以及常被談述到的「莎蒂年」（Sade-Sati）。前者在實務上較少被用到，因而在此不擬解說；而後者爭議性頗大。印度當代享譽全球的占星家雷歐先生，曾令其門下弟子以此作為專題研究，成果發表於《Journal of Astrology》（1999 年4-6 季刊）；後來集結實證個案，出版成《Sade Sati-a balanced View》一書，有興趣的讀者可自行參閱。

第二節　判斷過運行星效應的綱領與要點

1. 分析過運行星時，首要的觀念是必須記住當時的「主要期間／次要期間」主星為哪個行星。畢竟，行星才是該期間內最重要的影響因子；過運行星中，尤其以「主要期間／次要期間」主星為重。有可能會發生下列情形：

   （1）當時的「主要期間／次要期間」為吉，而過運行星也有吉祥效應，結果終究為吉。

   （2）當時的「主要期間／次要期間」為吉，然而過運行星帶來的效應卻為凶；「主要期間／次要期間」的效應將會往下修正，因而產生混淆的結果。

   （3）當時的「主要期間／次要期間」為凶，然而過運行星帶來的效應卻為吉；則「主要期間／次要期間」的效應將會往上修正，因而產生混淆的結果。

   （4）當時的「主要期間／次要期間」為凶，然而過運行星帶來的效應卻為凶，則結果終究為凶。

   ※ 上述的吉凶效應發生於何種事項，請參閱第八章第三節。

2. 純就過運行星的吉凶效應，列出以下要點。每個過運行星，皆須詳審其在本命盤中所有的吉凶狀況。

   （1）如果行星入弱、落入敵意星座、逢太陽焦傷、受兩個凶星圍攻、位於本命盤的三凶宮（六、八、十二宮）中、不具備所需的「**行星的八個吉點力量**」、位於星座 1° 內或 29° 後……將減弱行星的力量。即使它是自然吉星或功能吉星，且過運時位於吉宮，也無法提供實質的吉祥效應；如果過運於凶宮，情況更加不利；而如果是自然凶星或功能凶星，則情況甚凶。

   （2）相對的，行星入旺宮、三方旺宮、友誼星座、於 D₉ 吉象、具備所需的「**行星的八個吉點力量**」、受兩個吉星包圍、得自然吉星相

映。當它是自然吉星或功能吉星，且過運於吉宮，又是該宮吉點時，則力量更強，肯定會帶來正面的吉祥效果；如果是自然凶星或功能凶星，也會帶來財運，只是身體健康可能較易折損。

3. 過運行星依其原本相映的特性，於過運時也有此功能。例如木星原本相映至第五、七、九宮，當過運至獅子座時，會影響人馬座（第五宮）、水瓶座（第七宮）和白羊座（第九宮）等宮位及宮內行星。依此類推：

> **太陽、月亮、金星、水星：第七宮**
>
> **火星：第四、七、八宮**
>
> **木星、北交點、南交點：第五、七、九宮**
>
> **土星：第三、七、十宮**

4. 當過運行星經過本命太陽所在星座，到達距太陽前後 8° 的區間時，也會被「焦傷」，力量會稍減。

5. 當過運行星經過兩吉星／兩凶星包圍的宮位，或度數範圍內時，前者會增強，而後者會減弱該過運行星的效應。

6. 過運行星的應期：依據曼崔斯瓦拉所著的《Phaladeepika》指出：「**過運行星產生吉凶效應的應期，是當它會合或相映行星的本命經度時。**」

7. 過運行星因其運行速率的不同，因此，基本上太陽、月亮、水星、金星等內行星較不列入考慮；而外行星如火星、木星、土星，以及兩陰影行星（南北交點），才會列入考慮，尤以木星、土星最為重要。

8. 土星過運一個星座，約需兩年半的時間。土星行經由本命月亮起算的第十二、一、二宮，共需七年半的時間，此即印度占星學中著名的「莎蒂年」期間，通常負面的結果居多。如欲完整評估其凶象，仍須充分考量關於「主要期間／次要期間」、所歷經宮位吉點如何、土星本身吉點如何，才能確定。

9. 南北交點過運至土星，易見突然、未預期的事件發生。

10. 須注意過運行星的逆行。一般而言，吉星逆行，增吉；凶星逆行，增凶。

11. 當木星、土星同時過運或相映的宮位，該宮位代表事項易成為注目焦

點；尚須評估相關的「主要期間／次要期間」和行星組合，看何者影響較大。

12. 評估過運的結果，主要是視「行星的八個吉點力量」吉點而定。如果行星過運至凶宮，行星吉點卻有四點以上時，則其凶象將會減低。吉點越多，結果就越佳；相對的，吉點越少，凶象就越凶。

13. 一般而言，太陽和火星行經星座的 0° 至 10° 間時，最容易產生效應；木星和金星在 10° 至 20° 之間；而月亮和土星則是在 20° 至 30° 之間。至於水星和南北交點，則是整個星座（僅供參考）。

14. 當太陽和木星過運至「次要期間」主星的旺宮星座時，將感覺到其極佳效應；然而當它們過運至其弱宮星座時，將體驗到相反的結果（不利）。

15. 如果「大運」主星在本命盤中力量強、配置佳，那麼於其過運時，正好經過其旺宮星座、自己的星座或友誼星座，將促進由上升星座起算的宮位事項的成長。

16. 當「大運」主星在本命盤力量弱，其過運時，逢太陽焦傷，或入弱宮星座，或入敵意星座，將導致正在過運宮位所掌管的事項受到全面破壞。

17. 如果「大運」主星正值過運至由其起算的第一、三、六、十、十一宮，或「大運」主星來到由上升星座起算的第七宮，或當吉星或友誼行星來到上升星座時，此「大運」主星的過運將帶來好的結果。

18. 如果「主要期間／次要期間」主星過運至月亮身宮盤的吉宮時（各個行星的情況都不同）將帶來好的結果；相對的，如果它們過運至月亮身宮盤的凶宮時，將帶來負面影響。須注意是否呈現挫折點，方能下定論。

19. 當土星來到太陽的本命度數位置或其三方宮，即 120° 或 240° 時，命主或其父親的健康將遭逢不利、嚴重刑剋，甚至可能死亡。當土星來到月亮的本命度數位置或其三方宮，即 120° 或 240° 時，則母親或其他徵象星，如手足、子女、男命配偶、女命丈夫，亦同此論。

20. 當木星或本命第七宮主星過運至金星或其三方宮位置，命主可能結婚。

21. 當金星過運至本命木星或其三方宮位置，預期會有小孩誕生。

行星過運的吉凶宮及挫折點的意象一覽表

行星 後天宮	太陽	月亮	火星	水星	木星	金星	土星
一宮	凶 V1 財務損失／漫無目的旅遊／不舒服	吉 V5 舒適／精神佳	凶 V1 苦惱／身體刑傷／意外	凶 V2 爭吵／不恰當的勸告／入獄／損失	凶 V1 金錢損失／浪跡在外／誤判	吉 V8 舒適／愉悅／幸福／精神佳	凶 V1 害怕入獄／憂傷／國外旅行
二宮	凶 V2 不快樂／害怕／畏懼／眼睛傷痛／視力差	凶 V1 挫敗／損失／財務不佳	凶 V2 意外／損失／遭竊	吉 V5 成功／財富／收獲	吉 V12 幸福／家庭和諧／成功	吉 V7 金錢、財運佳／性愉悅／小孩出生	凶 V2 身體虛弱／不舒服／錢財流失
三宮	吉 V9 財富／健康佳／勝利／克敵制勝	吉 V9 收獲／幸福	吉 V12 收獲／權力／財富	凶 V4 流浪／損失／來自權威的困擾	凶 V2 困難／地位貶低／旅行	吉 V1 受尊敬／財富／精神佳	吉 V12 財富／健康／所有層面的成功
四宮	凶 V3 與母親爭吵／聲名低落	凶 V3 心靈缺乏寧靜／不被信任／與母親相處不快	凶 V3 胃腸發炎／發燒／健康不佳	吉 V3 家庭收入提升／收獲	凶 V5 困擾／失敗／損失	吉 V10 繁榮／家庭和諧／舒適	凶 V3 胃腸問題／邪惡／離家出走
五宮	凶 V6 健康不佳／害怕敵人	凶 V6 失敗／不滿意／悲傷	凶 V3 與孩子相處不快／來自敵人的困擾	凶 V7 不幸／與配偶子女爭吵	吉 V4 小孩出生／財富／正確判斷	吉 V9 名望佳／權力	凶 V4 與孩子分離／爭吵／不能放鬆
六宮	吉 V12 成功／健康佳／克敵制勝	吉 V12 幸福／財富／健康	吉 V9 成功壓制敵人／財富／獲勝	吉 V9 名望／成功／增添光彩	凶 V6 心理不適／敵意／小人／憂慮	凶 V12 聲名低／爭吵／貶辱	吉 V9 無病／無小人／成功

行星 後天宮	太陽	月亮	火星	水星	木星	金星	土星
七宮	凶　V₇ 旅居外國／身體疼愛／婚姻問題	吉　V₂ 尊榮／收獲	凶　V₆ 爭吵／婚姻問題	凶　V₆ 心理疾病／爭吵／沉溺	吉　V₃ 健康幸福快樂／性愉悅／富有	凶　V₂ 丟臉／疾病／困擾	凶　V₆ 流浪／與配偶爭吵／來自權威的困擾
八宮	凶　V₈ 疾病／婚姻挫敗	凶　V₇ 損失／緊張／憂慮	凶　V₇ 憂慮／意外／損失／聲名不佳	吉　V₁ 孩子出生／幸福快樂／成功	凶　V₇ 疾病／入獄／悲傷	吉　V₅ 性愉悅／人際關係佳／享受	凶　V₇ 不幸災難／地位喪失
九宮	凶　V₁₀ 挫敗／內心憂傷	凶　V₁₀ 心情不能放鬆／無宗教心	凶　V₈ 損失／侮羞／疾病	凶　V₈ 心理困擾／挫折／妨礙	吉　V₁₀ 成就／宗教心／小孩出生／財富	吉　V₁₁ 奢侈享受／幸福／物質充足	凶　V₈ 疾病／不幸／地位喪失
十宮	吉　V₄ 成功／尊榮／收獲	吉　V₄ 成功／收獲／權威	凶　V₁₀ 住所變更／未預期的財富	吉　V₈ 金錢／幸福／成功／家庭和樂	凶　V₉ 喪失地位金錢／健康不佳／浪跡在外	凶　V₄ 德行不佳不貞／不榮譽之事／不愉快	凶　V₁₀ 錢財流失／壞名聲／懶散／事業變動
十一宮	吉　V₅ 健康佳／繁榮興盛／尊貴	吉　V₈ 繁榮興盛／舒服／收獲	吉　V₅ 權威／收獲／聲名佳	吉　V₁₂ 小孩出生／幸福／財富	吉　V₈ 恢復健康地位／幸福快樂／收獲	吉　V₃ 收獲／繁榮／幸福／舒適	吉　V₅ 財富／成功／收獲
十二宮	凶　V₁₁ 浪費支出／損失	凶　V₁₁ 受傷／支出／悲傷	凶　V₁₁ 支出／與妻子爭吵／疾病	凶　V₁₁ 疾病／家庭不和諧	凶　V₁₁ 地位貶落／行為不當／悲傷	凶　V₆ 新朋友／金錢、收獲／愉快	凶　V₁₂ 悲傷／挫敗／不幸／損失／健康不佳

〈表 9-6〉

第三節　案例解析

【案例二】

事件：張國榮在香港文華酒店跳樓自殺，震驚華人世界

日期：2003 年 4 月 1 日 18:00

主要期間／次要期間：值火星 ♂／北交點 ☊

〈圖 9-3〉

（一）先就本命盤分析

1. 本命 D₁ 上升星座為天蠍座 ♏︎，月亮 ☽ 入弱，逢土星 ♄ 和南北交點 ☋／
　☊ 會集刑剋，生命力較脆弱，容易見心理疾病如憂鬱、想不開、悲觀、
　負面情緒。

2. 第八宮為雙子座 ♊，其宮主星水星 ☿ 入旺於處女座 ♍，似吉。

3. 上升星座主星火星 ♂ 逆行於第四宮，易內省、退縮；太陽 ☉ 入廟於獅子座 ♌，會合吉星木星 ♃ 於第十宮，與火星 ♂ 相映，因此能發光發熱，掩飾內心的不快。

4. D30（災難）命宮內，見 D1 第八宮主星水星 ☿，入弱且逢南北交點 ☋ / ☊ 刑剋；而 D30 的第

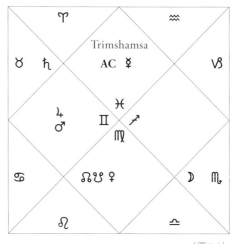

〈圖 9-4〉

八宮內，見太陽 ☉ 入弱於天秤座 ♎，太陽 ☉ 為 D30 第六宮獅子座 ♌ 的宮主星。此外，第八宮天秤座 ♎ 的宮主星金星 ♀ 也入弱於處女座 ♍，會合南北交點 ☋ / ☊，與水星 ☿ 相映；且受火星 ♂ 於雙子座 ♊ 刑剋。上升星座主星木星 ♃ 與火星 ♂ 會合刑剋。

5. 他的 D30 甚差，連帶影響本命 D1 第八宮主星水星 ☿ 的力量。

（二）再就「主要期間／次要期間」分析火星和北交點

1. 「大運」主星火星 ♂ 為自然凶星，與木星 ♃ 相映；而木星 ♃ 為第二宮殺手宮的宮主星，且火星 ♂ 相映至第七宮殺手宮內的凶星南交點 ☋，也刑剋第十一宮內的水星 ☿（第八宮主星）。由於受到太陽 ☉ 位於獅子座 ♌，會合木星 ♃ 於第十宮，因此榮耀、名望皆備。然而顯見火星 ♂ 的徵象甚凶，易見生命威脅。

2. 「次要期間」主星北交點 ☊ 為凶星，與土星 ♄ 會合於命宮，刑剋宮內入弱的月亮 ☽，易見情緒低潮、憂鬱；土星 ♄ 位於第三宮（第八宮之八），掌管壽命，逢南北交點 ☋ / ☊ 軸線刑剋。因此，過運火星 ♂T 與北交點 ☊ 同步影響了相關壽命之星。

8 Points Strengths(Ashtaka Varga)					
Planet	Own Chart	Sarva Chart	House	Sarva Chart	
☉	6	28	1	30	
☽	5	30	2	26	
♂	4	30	3	31	
☿	6	34	4	30	
♃	5	28	5	27	
♀	7	26	6	27	
♄	3	30	7	30	
			8	33	
			9	26	
			10	28	
			11	34	
			12	15	

Sun	Sun	07/13/1986
Sun	Moon	10/31/1986
Sun	Mars	05/02/1987
Sun	Rahu	09/07/1987
Sun	Jup	08/01/1988
Sun	Sat	05/20/1989
Sun	Merc	05/02/1990
Sun	Ketu	03/08/1991
Sun	Ven	07/14/1991
Moon	Moon	07/14/1992
Moon	Mars	05/14/1993
Moon	Rahu	12/13/1993
Moon	Jup	06/14/1995
Moon	Sat	10/13/1996
Moon	Merc	05/14/1998
Moon	Ketu	10/14/1999
Moon	Ven	05/13/2000
Moon	Sun	01/12/2002
Mars	Mars	07/14/2002
<u>Mars</u>	<u>Rahu</u>	<u>12/10/2002</u>
Mars	Jup	12/28/2003
Mars	Sat	12/03/2004

〈表 9-7〉

（三）查火星及北交點的過運狀況

1. 火星 ♂T 過運至由月亮 ☽R 起算的第二宮，不吉，且無 V2 反制；過運火星 ♂T 相映至本命第八宮，未見吉星援救，此過運火星 ♂T 甚為不吉。

2. 北交點 ☊ 過運至本命的第七宮，相對的，南交點 ☋ 位於本命命宮內，更引動本命命宮內諸凶刑剋的凶象。

（四）查外行星木星及土星的過運，火星參見如上述（三）第一點的分析

1. 木星 ♃T 過運至由月亮 ☽R 起算的第九宮，為吉，且不見 V10 反制；此外，木星 ♃T 入旺於巨蟹座 ♋，雖然逆行，但是相映至命宮，應為吉。

2. 土星 ♄T 過運至由月亮 ☽R 起算的第七宮，為凶，但是未見 V6 反制；且過運土星 ♄T 會合過運北交點 ☊T，刑剋至命宮。此過運土星 ♄T 也相映至本命第十一宮內的金星 ♀（死亡殺手，本命第七宮主星）。

從以上分析，可見其「主要期間／次要期間」過運火星 ♂T 和北交點 ☊ 甚凶，不利身體健康及壽元；雖然見木星 ♃T 過運的吉因，然而過運土星 ♄T 及南北交點 ☋T／☊T 均凶，加上過運火星 ♂T 不利壽元，以致難以挽救，令人扼腕。

【案例三】
事件：梅艷芳子宮頸癌併發肺功能衰竭死亡
日期：2003 年 12 月 30 日 02:25

（一）先論本命盤 D_1 及 D_{30}，分析其疾病及死亡狀況

1. 主命在雙魚座 ♓，宮內見木星 $♃_R$ ♓20°29'，位於自己主管的星座，構成「Hamsa Yoga」，甚佳；而水星 ☿ 位於第七宮處女座 ♍，始宮，入旺於處女座 ♍6°14'，構成「Bhadra Yoga」相映。此外，共有四個行星入廟或入

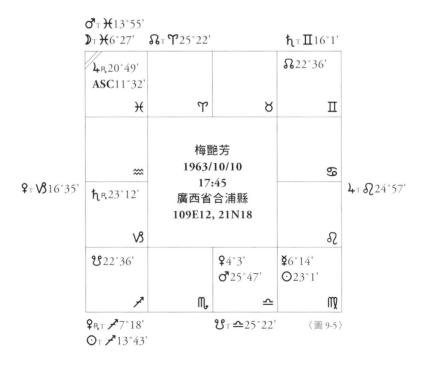

〈圖 9-5〉

旺，難怪她發光發熱，尤其步入水星 ☿「大運」後，一路風光；然而，命宮受到位於處女座 ♍23°1' 的太陽 ☉ 刑剋，太陽 ☉ 卻是第六宮獅子座 ♌ 的主星。此外，位於第十一宮（第六宮之六）摩羯座 ♑23°12' 的土星 ♄R，受本命火星 ♂ 在第八宮的刑剋，而土星 ♄ 刑剋上升星座，易見疾病併發。火星 ♂ 位於天秤座 ♎ 第八宮，不強，不利於壽命；而火星 ♂ 又是第二宮白羊座 ♈ 的宮主星，殺手行星落入第八宮，有生命之憂。

2. 第六宮獅子座 ♌ 內無行星，但是第六宮主星太陽 ☉ 落入第七宮，相映刑剋至命宮，已如第 1 點所述。

3. 第八宮位於天秤座 ♎，宮內見金星 ♀，亦即生殖系統的徵象星。金星 ♀ 位於第八宮，對生殖器官不吉，雖然位於自己主管的星座，力量不弱；然而，多逢凶星刑剋：與火星 ♂ 會合於第八宮，火星 ♂ 已受本命北交點 ☊ 在四宮的刑剋，北交點 ☊T 過運在白羊座 ♈25°22' 的對宮映射，以及本命位於摩羯座 ♑23°12' 逆行中的土星 ♄R 刑剋，顯見凶象多；此外，本命中火星 ♂、土星 ♄ 互映，為凶，且第八宮吉點最弱，僅二十二而已。

4. 再觀察 D30 的第八宮內，金星 ♀ 落入白羊座 ♈，且逢火星 ♂ 相映至土星 ♄（第六宮天秤座 ♎ 的主星）。

（二）再就「主要期間／次要期間」分析主星南交點和金星（2003/08/15-2004/10/14）：

1. 「大運」主星南交點 ☋ 位於始宮第十宮人馬座 ♐，不見三方宮主星會合或相映，不吉；宜養生節制、解脫，不能迷戀世俗；易罹患無法診斷出或無法治癒的疾病。

2. 「次要期間」主星金星 ♀ 為生

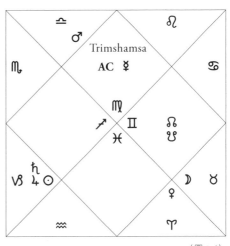

〈圖 9-6〉

8 Points Strengths(Ashtaka Varga)					
Planet	Own Chart	Sarva Chart	House		Sarva Chart
☉	4	23	1		25
☽	5	33	2		25
♂	2	22	3		32
☿	2	23	4		29
♃	6	25	5		33
♀	5	22	6		35
♄	2	35	7		23
			8		22
			9		28
			10		27
			11		35
			12		23

Merc	Merc	03/19/1986
Merc	Ketu	08/15/1988
Merc	Ven	08/12/1989
Merc	Sun	06/12/1992
Merc	Moon	04/19/1993
Merc	Mars	09/18/1994
Merc	Rahu	09/15/1995
Merc	Jup	04/03/1998
Merc	Sat	07/09/2000
Ketu	Ketu	03/19/2003
Ketu	Ven	08/15/2003
Ketu	Sun	10/14/2004
Ketu	Moon	02/19/2005

〈表 9-8〉

　　殖器官的自然徵象星，參見上述本命盤第 3 點的分析，凶象居多。

3. 金星 ♀ 位於由南交點 ☋ 起算的第十一宮，不利於疾病併發症。

（三）「大運」主星南交點和「次要期間」主星金星的過運

1. 南交點 ☋ₜ 過運至天秤座 ♎，正好與第八宮內的火星 ♂ 只有 25' 的差距，頗不利本命第八宮所對應的事項。

2. 金星 ♀ₜ 過運至摩羯座 ♑，位於由月亮 ☽ 起算的第七宮，不吉。不過，幸見 V₂ 反制，因此尚不為凶。

（四）外行星火星、木星、土星過運的影響

1. 火星 ♂ₜ 過運至由月亮 ☽ᴿ 起算的第九宮，不吉，不見 V₈ 反制，故為凶；

且火星 ♂ 是本命的殺手行星，過運至本命的命宮，不吉，又相映至本命的第八宮，對壽命更是不利。

2. 木星 ♃ᴛ 過運至由月亮 ☽ʀ 起算的第二宮，為吉；然而，卻見 V₁₂ 反制，故不為吉。而木星 ♃ᴛ 位於獅子座 ♌24°37'，緊密引動位於人馬座 ♐22°36' 的南交點 ☋ʀ，更引動南交點 ☋ 的凶象。

3. 土星 ♄ᴛ 過運至由月亮 ☽ʀ 起算的第十二宮，不吉；不見 V₁₂ 反制，故此過運為凶。過運土星 ♄ᴛ 又相映至本命的命宮和南交點 ☋；而過運的木星 ♃ᴛ 和土星 ♄ᴛ，又同時引動南交點 ☋ 的凶象。

【案例四】

事件：馬英九當選總統

日期：2008 年 3 月 22 日 19:00

主要期間／次要期間：值水星 ☿／金星 ♀

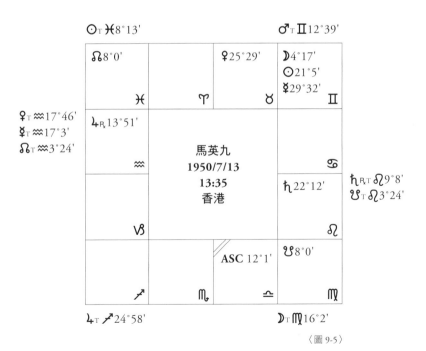

〈圖 9-5〉

（一）先就「主要期間／次要期間」期間，分析主星水星及金星

1. 水星☿是他本命第九宮雙子座♊和第十二宮處女座♍的主星，位於自己主管的星座，幸運、有福報、前世的吉祥業力，三方宮中最大吉宮；惟水星☿位於雙子座♊29°32'，處於老年狀態，又逢太陽☉焦傷，折損其力；不過，也與位於雙子座♊4°7'的月亮☽拱夾太陽☉，最有利於政治活動，再加上月亮☽是第十宮巨蟹座♋的主星。水星☿、月亮☽構成由「第九、十宮」組成的「貴格」，甚吉；而木星♃又位於本命第五宮，相映至第九宮，以及宮內的水星☿、太陽☉和月亮☽，更添吉祥。

2. 金星♀是上升星座天秤座♎的主星，飛入第八宮金牛座♉，看似不吉；然而因為金星♀位於自己主管的星座，力量強旺，無礙。而金星♀的行星的八個吉點力量，共有六個，在水準以上；且不見其他凶星刑剋，有助於魅力施展，故吸引異性選民。

3. 「次要期間」主星金星♀，位於由「主要期間」主星水星☿起算的第十二宮，消耗難免。幸好兩者都是吉星，且水星☿和金星♀構成「貴格」（水星☿為第九宮主星、金星♀為上升星座主星），故此期間有助於他的選舉能量。

（二）分析當時水星和金星的過運情形

1. 分別掌握由月亮☽R起算的吉凶狀態，再評估其對本命盤吉凶宮所產生的影響，以及是否與本命行星會合或映射。

2. 水星☿T過運於水瓶座♒17°3'，位於由月亮☽R起算的第九宮，不吉，易見心理困擾。幸而水星☿是本命第九宮雙子座♊及第十二宮處女座♍的主星，位於本命的第五宮，為吉；且水星☿吉點不至於太差，因此綜合分析其過運效應，不凶。

3. 金星♀T過運於水瓶座♒17°46'，位於由月亮☽R起算的第九宮，為吉，也不見V₁₁反制。金星♀是本命命宮天秤座♎和第八宮金牛座♉的主星，過運於本命的第五宮，為吉；而金星♀的吉點為六，強，因此綜合分析

8 Points Strengths(Ashtaka Varga)				
Planet	Own Chart	Sarva Chart	House	Sarva Chart
☉	4	28	1	30
☽	4	28	2	30
♂	1	22	3	31
☿	4	28	4	26
♃	6	23	5	23
♀	6	20	6	35
♄	3	30	7	34
			8	20
			9	28
			10	28
			11	30
			12	22

〈表 9-9〉

Merc	Merc	10/12/2004
Merc	Ketu	03/11/2007
Merc	Ven	03/07/2008
Merc	Sun	01/06/2011
Merc	Moon	11/13/2011
Merc	Mars	04/13/2013
Merc	Rahu	04/10/2014
Merc	Jup	10/17/2016
Merc	Sat	02/02/2019

其過運效應，甚吉。

4. 水星 ☿T 過運於獅子座 ♌，與過運的金星 ♀T 甚為緊密，且 5°內會合本命木星 ♃R（位於水瓶座 ♒13°51'），吉上加吉；且相映至本命第十一宮，願望可望達成，並能和緩本命第十一宮內土星 ♄R 所帶來的壓力。

（三）針對兩大外行星土星及木星的過運評估

1. 分別掌握過運的土星 ♄T 及木星 ♃T，由月亮 ☽R 起算的吉凶／反制情況，再評估其對本命盤各後天宮，以及宮內行星的影響。

2. 過運土星 ♄R 逆行於獅子座 ♌9°8'，位於由月亮 ☽R 起算的第三宮，為吉，不見 V₁₂ 的反制，看似有利；但是土星 ♄T 過運至本命的第十一宮，一定會帶來實現願望的壓力，且見過運於獅子座 ♌3°24' 的南交點 ☋，壓力更形加重。幸而土星 ♄ 是天秤座 ♎ 上升時的「吉祥徵象星」，位於第十一宮，相映至命宮天秤座 ♎，為其旺宮，帶來榮耀、領導，只是須注

意身體健康；因此，此土星 ♄T 過運，屬吉居多。

3. 過運木星 ♃T 位於人馬座 ♐24°58'，由月亮 ☽R 起算的第七宮，為吉，但見 V₃ 反制，吉象被壓制；幸而木星 ♃T 過運至本命的第三宮，為於自己主管的星座人馬座 ♐，有助個人戰鬥力提升，勇氣十足。而過運木星 ♃T 相映至本命第九宮雙子座 ♊，及宮內的水星 ☿、太陽 ☉ 和月亮 ☽，為吉；木星 ♃ 的吉點六，水準以上，相映至本命第十一宮獅子座 ♌，也有助緩和宮內土星 ♄R 的凶象，因此，此木星 ♃T 過運，吉象居多。

從以上有關「主要期間／次要期間」水星 ☿ 和金星 ♀ 及其過運，以及過運土星 ♄T、木星 ♃T 的綜合分析，在在顯示開票當日，對馬英九甚為有利，難怪大贏對手謝長廷兩百萬票以上。

【案例五】
事件：英國黛安娜王妃在法國被狗仔跟蹤，發生車禍身亡
日期：1997 年 8 月 31 日 19:30

先分析 D₁ 及 D₃₀：
黛安娜王妃
1961 年 7 月 1 日 18:45 Zone 0.00
CCT Saturday Lahiri 23:19:0
英國・桑德令罕府（Sandringhan）
0E30, 52N30

（一）分析本命 D₁

1. 先針對第八宮（死亡宮）解析：
　（1）第八宮雙子座 ♊，宮主星水星 ☿ 位於自己主管的星座，力量本為強；然而，逢太陽 ☉ 焦

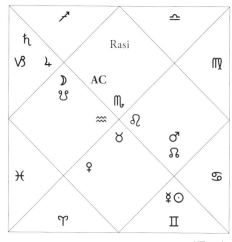

〈圖 9-8〉

傷，能量減弱，不宜公開、公眾事務（太陽的徵象）。

（2）南交點 ☋ 位於第四宮，刑剋月亮 ☽，同時也刑剋第八宮，以及第八宮內的水星 ☿ 和太陽 ☉；必然心情不快、家庭不睦，因此埋下死亡肇因。

2. 火星 ♂ 會合北交點 ☊，刑剋命宮天蠍座 ♏，亦即自己主管的星座，對人不利、身體刑傷。

（二）分析 D30

1. D30 的上升星座天蠍座 ♏，正好是 D1 的命宮，由此可知，黛安娜王妃的不幸遭遇，雖然出自查爾斯王儲的不忠，然而她個人內心的糾結、憤怒、忌妒等無明煩惱，也是主因之一。

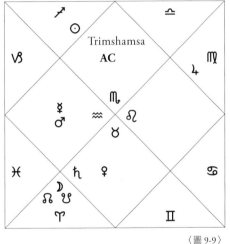

〈圖 9-9〉

2. D30 的上升星座主星火星 ♂ 落入水瓶座 ♒，因此命主想要掙脫束縛、獨立自主；此外，火星 ♂ 與水星 ☿ 會合，而水星 ☿ 又為第八宮雙子座 ♊（死亡宮）的主星，火星 ♂ 刑剋水星 ☿，不吉。

3. D30 的土星 ♄ 皆刑剋 D30 的命宮，甚為不吉；且 D30 中的火星 ♂ 及土星 ♄ 皆刑剋 D30 的八宮主星水星 ☿；太陽 ☉ 位於第二宮，相映至第八宮。綜合上述因素，突顯命主不幸死亡的徵象。

（三）先就「主要期間／次要期間」分析木星和北交點（1995/09/11-1998/02/04）

1. 木星 ♃ 是本命第二宮人馬座 ♐ 和第五宮雙魚座 ♓ 的主星，落入第三宮摩羯座 ♑，力量弱；再與自然凶星土星 ♄ 會合，不利。不過木星 ♃、土

星 ♄ 的會合，形成「貴格」；只是木星 ♃ 力量弱，且為殺手行星（第二宮主星）。此外，木星 ♃ 為女命丈夫的自然徵象星，被丈夫冷落似乎有跡可尋；而其所會合的土星 ♄，是 D30 的致命因素之一。

2. 北交點 ☊ 位於本命第十宮內，逢命宮主星火星 ♂ 會合，名望爆紅；然而，火星 ♂ 相映至命宮天蠍座 ♏，對事有利，對人不利，身體健康易見刑傷。而其所會合的火星 ♂，也是 D30 的致命因素之一。

3. 北交點 ☊ 為「次要期間」主星，位於由「主要期間」主星木星 ♃ 起算的第八宮，不吉，顯然此期間的凶禍難免。

（四）分析當時木星和北交點的過運情形

1. 過運木星 ♃T 逆行中，位於摩羯座 ♑20°26'，亦即由月亮 ☽R 起算的第十二宮，不吉，且不見 V11 反制；地位貶落，悲傷，行為不當。木星 ♃T 過運至本命的第三宮，可增強其勇氣；然而木星 ♃R 逆行且入弱，因此，此木星 ♃T 過運，不吉居多。

2. 北交點 ☊T 過運至獅子座 ♌25°52'，位於由月亮 ☽R 起算的第七宮，不吉（北交點 ☊T 過運，可比擬為土星 ♄T 過運），且受 V6 反制，遂引發流浪、與配偶爭吵，或來自權威的困擾。由於北交點 ☊T 位於本命第十宮內，會合火星 ♂R 及北交點 ☊R，因此，更引動火星 ♂R 的凶象。

3. 「主要期間／次要期間」主星的過運，都以凶居多。

（五）再來看土星過運的情況

土星 ♄T 逆行，過運至雙魚座 ♓25°46'，位於由月亮 ☽R 起算的第二宮，不吉，且未見 V2 其他行星反制，不利；身體虛弱、不舒服，錢財流失。再加上土星 ♄T 過運至本命的第五宮，相映至第七宮；同時，過運的木星 ♃T 也相映至第七宮。由此可知，婚姻困擾當事人已經有一段時期，而這也是全球媒體關心的焦點。

ℏ℞ᴛ♓25°46'

| ♀1°4' | ☉16°20'
☿℞℞9°53' |
| ♓ | ♈ | ♉ | ♊ |

☊ᴛ≈25°52'

☊4°51'
☽1°43'

黛安娜王妃
1961/07/01
18:45
英國·桑德令罕府
0E30, 52N30

♃℞℞♑20°26'

♃℞11°46'
ℏ℞4°29'

♑

♒

⚹8°19'
☋4°51'

♋

♌

☋ᴛ♌25°52'
☉ᴛ♌14°35'
☿℞ᴛ♌14°8'
☽ᴛ♌14°

ASC25°27'

♐ | ♏ | ♎ | ♍

⚹ᴛ♎17°2'   ♀ᴛ♍19°58'

〈圖 9-10〉

8 Points Strengths(Ashtaka Varga)		
Planet	Own Chart	Sarva Chart
☉	3	27
☽	3	26
⚹	5	31
☿	5	27
♃	3	25
♀	5	23
ℏ	4	25

House	Sarva Chart
1	37
2	24
3	25
4	26
5	30
6	38
7	23
8	27
9	21
10	31
11	29
12	26

〈表 9-10〉

Jup	Jup	02/04/1982
Jup	Sat	03/25/1984
Jup	Merc	10/06/1986
Jup	Ketu	01/11/1989
Jup	Ven	12/18/1989
Jup	Sun	08/18/1992
Jup	Moon	06/06/1993
Jup	Mars	10/06/1994
Jup	Rahu	09/11/1995
Sat	Sat	02/04/1998
Sat	Merc	02/07/2001
Sat	Ketu	10/18/2003
Sat	Ven	11/26/2004
Sat	Sun	01/27/2008
Sat	Moon	01/08/2009
Sat	Mars	08/09/2010
Sat	Rahu	09/18/2011
Sat	Jup	07/25/2014

由以上五點分析可知，於木星 ♃ 和北交點 ☊ 期間，引動土星 ♄ 以及火星 ♂ 的凶象，是黛安娜王妃 D30 災難不幸死亡的主因。相關的「主要期間／次要期間」，以及木星 ♃T、土星 ♄T 的過運，皆屬不吉；再加上過運木星 ♃T 引動本命中的土星 ♄R，而過運北交點 ☊T 也引動本命火星 ♂R，重複本命的凶象。

【案例五】

事件：前立委黃顯洲吸食毒品，被送往勒戒

日期：2002 年 9 月 9 日

主要期間／次要期間：值水星 ☿／金星 ♀

（一）就本命盤分析入監特徵

1. 第九宮雙子座 ♊ 掌管德行，其主星水星 ☿ 落入第四宮，逢太陽 ☉ 焦傷（印度占星的定義）；且逢來自第十二宮內的北交點 ☊ 刑剋，入監之象。

2. 本命盤三凶宮：第六宮雙魚座 ♓ 內，見南交點 ☋，其主星木星 ♃ 落入第二宮，逢位於第八宮金牛座 ♉ 的火星 ♂（凶星）相映；第八宮主星金星 ♀，見位於第三宮的土星 ♄ 相映；而第十二宮處女座 ♍ 內，見北交點 ☊，亦即三凶宮內，皆見凶星。因此易見乖違、負債、入監等德行不足的罪業。

（二）先就「主要期間／次要期間」分析水星和金星

1. 「主要期間」主星水星 ☿ 為第九宮雙子座 ♊，掌管德行的宮位宮主星；其分析如上述。水星 ☿ 雖然構成「貴格」，相映至第十宮巨蟹座 ♋，擁有社會名望；然而第十宮主星月亮 ☽ 入命，且木星 ♃ 位於第二宮，相映至第十宮巨蟹座 ♋，為其旺宮。命主能當選立法委員，卻不知惜福，搞色情派對，因金錢糾紛，演變成被要脅，扯出毒品助興、性醜聞等轟動一時的社會案件。

2. 「次要期間」主星金星 ♀ 為第八宮金牛座 ♉ 的主星，飛臨第五宮水瓶座

≈，逢位於第三宮人馬座 ♐ 的土星 ♄ 相映，以及太陽 ⊙、南交點 ☋ 的圍攻正是典型的性愛、不堪入目的醜聞、毒品等相關的徵象。

3. 金星 ♀ 位於由水星 ☿ 起算的第二宮，情況尚佳；惟水星 ☿、金星 ♀ 本身，易見第 2 點所述，此期間德行不佳。

（三）「主要期間」主星水星和「次要期間」金星的過運情況

1. 水星 ☿T 過運至由月亮 ☾R 起算的第十二宮，不吉；然而見 V11 反制。因此，此水星 ☿T 過運尚非凶；然而，相映至本命第六宮內的南交點 ☋，引動南交點 ☋ 相映至本命第十宮。因此名譽受損，地位貶低。

2. 金星 ☿T 過運至由月亮 ☾R 起算的第一宮，為吉；然而見 V8 反制，因此，此水星 ☿T 過運並非凶，只是吉象被抑制而已。

（四）外行星火星、木星、土星的過運情況

1. 火星 ♂T 過運至由月亮 ☾R 起算的第十一宮，為吉；且未見 V5 反制，本應

8 Points Strengths(Ashtaka Varga)				
Planet	Own Chart	Sarva Chart	House	Sarva Chart
☉	5	23	1	33
☽	6	33	2	30
♂	3	24	3	30
☿	5	23	4	23
♃	8	30	5	22
♀	4	22	6	36
♄	4	30	7	21
			8	24
			9	29
			10	27
			11	36
			12	26

Sat	Sat	06/26/1979
Sat	Merc	06/29/1982
Sat	Ketu	03/08/1985
Sat	Ven	04/17/1986
Sat	Sun	06/17/1989
Sat	Moon	05/30/1990
Sat	Mars	12/29/1991
Sat	Rahu	02/06/1993
Sat	Sat	12/14/1995
Merc	Merc	06/26/1998
Merc	Ketu	11/22/2000
Merc	Ven	11/19/2001
Merc	Sun	09/19/2004
Merc	Moon	07/27/2005
Merc	Mars	12/26/2006
Merc	Rahu	12/23/2007
Merc	Jup	07/11/2010
Merc	Sat	10/16/2012

〈表 9-11〉

有利。然而過運火星 ♂T 相映至本命金星 ♀R，因而引發凶象。

2. 木星 ♃T 過運至由月亮 ☽R 起算的第十宮，不吉；幸而見 V9 反制，不為凶。但是過運木星 ♃T 相映至本命命宮，因此可緩和不利情況。

3. 土星 ♄T 過運至由月亮 ☽R 起算的第九宮，不吉；然而見 V8 反制，尚不為凶。然而土星 ♄T 過運於本命第九宮雙子座 ♊，德行當受到考驗；且相映至本命土星 ♄，以及第六宮內的南交點 ☋，以致無力對抗敵人。

由上述四點分析可知，「主要期間／次要期間」的行星過運，是黃顯洲發生德行不足、入監的主要因素。

──────────── ☽ 結語 ☾ ────────────

　　本書在前面的章節裡，已經敘述印度占星學中帕拉薩拉系統的重要技術，由於內容有些龐雜，以下就整理成學習印度占星學必備的預測技巧，以利讀者盡速掌握，若能再加以整合，相信能輕易地進入印度占星學的論斷殿堂，體會其奧妙。

一、確切掌握後天十二宮的管轄內容

（一）分辨人生四大目的與各宮的連結

　　1. 法：一、五、九宮

　　2. 利：二、六、十宮

　　3. 欲：三、七、十一宮

　　4. 解脫：四、八、十二宮

（二）後天十二宮的重要分類

　　1. 始宮：一、四、七、十宮

　　2. 三方宮：一、五、九宮

　　3. 困難宮：三、六、八、十二宮

　　4. 成長宮：三、六、十、十一宮

　　5. 殺手宮：二、七宮

（三）宮位原理的衍生

（四）宮位徵象星的特殊應用

（五）後天十二宮具體的管轄（有些項目迥異於西洋占星學）

二、行星的諸多要點必須牢牢記在心裡

（一）行星的自然吉凶性質

1. 自然吉星：木星、金星、水星（不與凶星連結），陰曆八至廿二日的月亮。

2. 自然凶星：土星、火星、南北交點、太陽、水星（與凶星結合），陰曆一至七日，廿三至廿九日的月亮。

（二）行星的功能性質

1. 當自然吉星主管始宮時，會暫緩其吉象，稱為功能凶星。
   當自然凶星主管始宮時，會暫緩其凶性，稱為功能吉星。

2. 三方宮的主星賦予吉祥效果，為功能吉星。

3. 主管第三、六、十一宮的主星，賦予凶性，為功能凶星，但如該主星位於自己的星座，仍有機會屬吉，有利於財富。

4. 第二、八、十二宮的主星，中性，易受影響（八宮較凶，因是九宮之十二宮）。

5. 第二、七宮的主星歸於殺手宮，即殺手行星。

6. 八宮主星同時是第三、六、十一宮主星，必然不祥。但若是三方宮主星，原則上屬吉。

7. 三方宮主星位於四正始宮，甚吉；而四正始宮主星位於三方宮，亦同。

8. 上升星座主星對所在宮位或相應宮位有益，但若位於凶宮，對該宮有利，但本身受傷害。

（三）行星的相映

1. 太陽月亮水星金星皆映至它們自己起算的七宮。

2. 火星映至它自己起算的第四、七、八宮。

3. 木星南北交點映至它們自己起算的第五、七、九宮。

4. 土星映至它自己起算的第三、七、十宮。

（四）行星的力量及狀態

1. 行星所在星座的旺弱，行星在旺宮、弱宮皆需再考慮它的定位星強弱，請參考下表：

行星	旺宮度數	弱宮度數	三方旺宮	主管星座	
☉	♈ 10°	♎ 10°	♌ 0°-20°	♌ 20°-30°	
☽	♉ 3°	♏ 3°	♉ 3°-30°	♋ 0°-30°	
♂	♑ 28°	♋ 28°	♈ 0°-12°	♈ 12°-30°	♏ 0°-30°
☿	♍ 15°	♓ 15°	♍ 16°-20°	♍ 20°-30°	♊ 0°-30°
♃	♋ 5°	♑ 5°	♐ 0°-5°	♐ 5°-30°	♓ 0°-30°
♀	♓ 27°	♍ 27°	♎ 0°-20°	♎ 20°-30°	♉ 0°-30°
♄	♎ 20°	♈ 20°	♒ 0°-20°	♒ 20°-30°	♑ 0°-30°
☊	♉				
☋	♏				

2. 行星之間的友誼與敵意（永久與暫時）

行星 / 關係	☉	☽	♂	☿	♃	♀	♄	☊	☋
友誼	☽ ♂ ♃	☉ ☿	☉ ☽ ♃ ☋	☉ ♀	☉ ☽ ♂ ☊	☿ ♄ ☊ ☋	☿ ♀ ☊	♀ ♄	♂
中立	☿	♂ ♃ ♀ ♄	♀ ♄	♂ ♃ ♄ ☊ ☋	♄ ☋	♂ ♃	♃	☿ ♃	☿ ♃

敵意	♀ ♄ ☊ ☋	☊ ☋	☿ ☊	☽	☿ ♀	☉ ☽	☉ ☽ ♂ ☋	☉ ☽ ☋	☉ ♀ ♄ ☊

（1）永久的友誼 + 暫時的友誼 = 知己朋友

（2）永久的中立 + 暫時的友誼 = 友誼

（3）永久的友誼 + 暫時的敵意 = 中立

（4）永久的敵意 + 暫時的友誼 = 中立

（5）永久的中立 + 暫時的敵意 = 敵意

（6）永久的敵意 + 暫時的敵意 = 嚴酷敵意

3. 行星的狀態

就實務經驗來看，原則上以行星在星座初入度（即小於 1°）與最末度（即大於 29°），判定其力量弱。

4. 行星逢焦傷

就實務經驗來看，原則上以行星距離太陽 8.5° 內，即行星在太陽的前後 8.5° 內，稱為焦傷。

5. 行星逆行

（1）逆行行星不如順行行星的力量強，即使在計算「行星的六種力量」時，考慮到逆行是強的。

（2）逆行行星有些額外的力量，因為當它逆行時，較接近地球，這使得逆行行星的能量震動到命主整個生命之個人覺醒和思想過程，因而給予一個基本的優勢力量。

（3）逆行行星確實會影響該行星的基本能量。

（4）逆行行星的能量是命主意識和內在過程的張力，它產生一種明確的心理面，至於外在水準和呈現水準並非古典文獻敘述的那般誇張。

（5）有關行星逆行並不會導致傷害，因它們並非受剋，只是使象徵較內省化。

（6）停滯的行星若處於完全停滯，可能有令人驚奇之處。

6. 行星戰爭

（1）當兩顆行星的黃道經度會合在 1° 內，較高緯度的行星勝於較低緯度的行星。

（2）不適用於太陽，因行星會合太陽為「逢焦傷」。

7. 圍攻

某行星在宮位的兩側，各有凶星土星、火星、太陽、南北交點，稱遭凶星圍攻，不吉。若是見吉星木星、金星、月亮、水星，則是受吉星包圍，為吉。

8. 其他情形

（1）行星所落宮位位置

　　a. 行星位於三方宮（五、九宮），會被增強。

　　b. 行星位於困難宮（六、八、十二宮），會被毀壞。

　　c. 行星位於使宮（一、四、七、十宮），是有力的。

（2）Vargottama

當行星位於本命盤 D_1 和分宮盤 D_9 的同一星座裡，則稱之為「Vargottama」，等同入旺宮。

三、整合分析

（一）分辨天宮圖的正負面情形

1. 正面的天宮圖必須具備哪些要素？

2. 負面的天宮圖是因為哪些要素形成的？

（二）分辨行星的正負面情形

1. 正面的行星必須具備哪些要素？

2. 負面的行星是因為哪些要素形成的？

（三）分辨宮位的正負面情形

1. 正面的宮位必須具備哪些要素？
2. 負面的宮位是因為哪些要素形成的？

（四）配合下列重要的印度占星學預測方法

1. 十六分宮群的應用（出生時間須正確）。
2. 行星／宮位的力量強弱分析：行星的八個吉點力量。
3. 行星組合：特殊吉凶的論斷法訣。

（五）應期

1. 「主要期間／次要期間」的分析，必須充分掌握上述整合分析的所有內涵。
2. 流年過運。

☽ 參考書目 ☾

中文參考書目

1 《古代印度神話》。魏慶征著。北岳文藝出版社（原稿：山西人民出版社）（簡）

2 《印度三大聖典》。糜文開譯。中國文化大學出版社

3 《印度占星學入門》。洪能平著。博揚文化出版

4 《印度史詩神話百科》。潘俊琳著／吳德朗繪。貓頭鷹出版

5 《印度哲學史》。黃心川著。北京商務印書館（簡）

6 《印度哲學史》。楊惠南著。東大

7 《印度哲學宗教史》。高楠順次郎、木村泰賢著。高觀廬譯。臺灣商務印書館

8 《印度哲學概論》。恰特吉（S. C. Chatterjee）、達塔（D. M. Datta）著。李登貴、伍先林、黃彬譯。黎明文化

9 《印度神話故事》。黃晨淳編著。好讀出版

10 《印度納迪葉 Nadi Leaf》。Keshin 著。商周出版

11 《印度教宗教文化》。林煌州著。東大圖書公司

12 《印度智慧書：認識薄伽梵歌的第一本書》。楊逢財、江信慧著。商周出版

13 《印度學講義》。釋傳印著。宗教文化出版社（簡）

14 《西望梵天：漢譯佛經中的天文學源流》。鈕衛星著。上海交通大學出版（簡）

15 《恆河之魂 —— 印度教漫談》。江亦麗著。三民

16 《宿曜占星術》。張勤譯。武陵出版社

17 《博伽梵歌原意》。嘉娜娃譯。宗教文化出版社（簡）

18 《紫微斗數 3：密教占星法》（上、下）。恭鑑老人譯著。京洋文化

19 《摩奴法典》。迭朗善、馬香雪轉譯。臺灣商務印書館

20 《摩訶婆羅多的故事》。拉賈戈帕拉查理（C. Rajagopalachari）。唐季雍譯。三聯書店（簡）

21 《羅摩衍那的故事》。蟻垤著。杜帕坦編譯。陝西師範大學出版社（簡）

英文參考書目

原典及註釋

1. *Brihat Parasara Hora Sastra.* Maharishi Parasara (Author), G. C. Sharma (E.D.). Sagar

2. *Phala Deepika.* Mantreswara (Author), S. S. Sareen (E.D.). Sagar

3. *Brihat Jatak.* Acharya Varahamihira (Author), P. S. Sastri (E.D.). Saujanya Books

4. *Hora Sara.* Prithuyasas (Author), R. Santhanam (E.D.). Ranjan

5. *Saravali Vol. I & II.* Kalyana Varma (Author), R. Santhanam (E.D.). Ranjan

6. *Prasna Marga.* Visnu Nambudiri (Author), R. Santhanam (E.D.). Ranjan

一般書籍

1. *Light on Life: An Introduction to the Astrology of India Paperback.* Hart Defouw, Robert Svoboda (Author). Penguin Books

2. *Vedic Astrology Demystified.* Chandrashekhar Sharme (Author). Parimal

3. *Elements of Vedic Astrology Vol. I & II.* Dr. K. S. Chark (Author). UMA

4. *Ancient Hindu Astrology for the Modern Western Astrologers.* James T. Braha (Author). Hermetician Press

5. *The Art and Practice of Ancient Hindu Astrology.* James T. Braha (Author). Hermetician Press

6. *Ganesh Hora Shastram: Bhava Analgsis Vol. I & II.* S. Ganesh (Author). Alpha

7. *Science of Light : An Introduction to Vedic Astrology.* Freedom Tobias Cole (Author). Printed Media Books

8. *Vedic Astrology (An Integrated Approach).* P. V. R. Narasimha Rao (Author). Sagar

9. *Jyotisa: Fundamentals (My Master's Words).* Visti Larsen (Author). Sagittarius

10. *Practical Vedic Astrology.* G. S. Agarwal (Author). Sagar

大運流年

1. *Hindu Dasha System Vol. I & II.* K. K. Pathak (Author). Saujanya Books

2. *Advance Study of Vimshottari Dasha.* K. K. Pathak (Author). Saujanya Books

3. *Secrets of Vimshottari Dasa.* O. P. Verma (Author). Ranjan

4. *Judgement of Bhavas & Timing of Events Through Dasha & Transit.* M. N. Kedar (Author). K. V. R. Publishers

5. *Hindu Dasa System.* Grace Inglis (Author). Sagar

6. *Vimsottari and Udu Dasa's: Parasara's key to Prognostication.* Sanjay Rath (Author). Sagar

7. *Textbook of Transit of Planets.* O. P. Verma (Author). Ranjan

8. *Gochar Phaladeepika: Torch on Transit of Planets.* U. S. Pulippani (Author). Alpha

9. *Interpretation of Planetary Transit.* S.K. Duggal (Author). Sagar

二十七星宿

1. *The Nakshatras: The Lunar Mansion of Vedic Astrology.* Dennis M. Harness (Author). Motilal Banarsidass

2. *27 Stars, 27 Gods: The Astrological Mythology of Ancient India.* Vic DiCara (Author)

3. *27 Celestial Portals.* Prash Trivedi (Author). Sagar

4. *Brhat Nakshatra.* Sanjay Rath (Author). Sagittarius Publications

5. *Indian Astrology: How to Discover the Secrets of Your Vedic Star Sign.* Komilla Sutton (Author). Penguin Books

行星的八個吉點力量

1. *Ashtakvarga: Concept and Application.* M. S. Metha (Author). Alpha

2. *Advance Predictive Techniques of Ashtakvarga.* M. S. Metha (Author). Sagar

3. *Dots of Destiny Applications of Ashtakvarga.* Vinay Aditya (Author). Systems Vision

4. *Ashtakavarga.* Chandulal S. Patel, C. A. Subramania Aiyar (Author). Sagar

行星組合

1. *Yogas in Astrology.* K. S. Charak (Author). UMA

2. *Core Yogas.* Ernst Wilhelm (Author). Kala Occult

3. *Yogas: The Marvels of Hindu Astrology (The Celestial Entities in Action).* O. P. Verma (Author). Ranjan

4. *Yogaarnava: Yogas in Indian Astrology.* V. S. Kalyanramen (Author). CBH

5. *Yoga Pushpanjali: A Treatise on Astrological Combinations.* Sunita Jha (Author), U.K. Jha (Commentary). Alpha

行星力量的計算

1. *Shad Bala: Planetary Strengths Calculations and Application.* S. K. Duggal, Neerja Taneja (Author). Sagar

2. *Shadbala Rahasyam.* Krishan Kumar (Author). Alpha

3. *The Textbook for Shadbala & Bhava Bala.* V. P. Jain (Author). Deepawali

分宮圖

1. *Vargas: A Vedic Approach.* Lt. Col. Raj Kumar (Author). Sagar

2. *Varga Chakra.* Sanjay Rath (Author). Sagar

3. *Utility of Shadvargas.* K K Pathak (Author). Alpha

印度占星學，正是「梵我不二」哲學的體現，

也是天體秩序與地球世俗事件相互呼應，最好的證明。

印度占星學
精準解讀先天格局，論斷命運走勢
Jyotish Astrology

作　　者　秦瑞生
繪　　者　葉若蒂、王薇、魏子薇
內頁設計　葉若蒂
封面設計　莊謹銘
特約編輯　Peace Green
行銷企劃　林瑀、陳慧敏
行銷統籌　駱漢琦
業務發行　邱紹溢
營運顧問　郭其彬
責任編輯　何韋毅
總 編 輯　李亞南
出　　版　豐富文化／漫遊者文化事業股份有限公司
地　　址　台北市松山區復興北路331號4樓
電　　話　(02) 2715-2022
傳　　真　(02) 2715-2021
服務信箱　service@azothbooks.com
網路書店　www.azothbooks.com
臉　　書　www.facebook.com/azothbooks.read
營運統籌　大雁文化事業股份有限公司
地　　址　台北市松山區復興北路333號11樓之4
劃撥帳號　50022001
戶　　名　漫遊者文化事業股份有限公司
初版一刷　2019年1月
初版四刷-1　2022年8月
定　　價　台幣980元

ISBN　978-986-94147-3-9

有著作權・侵害必究（Printed in Taiwan）
本書如有缺頁、破損、裝訂錯誤，請寄回本公司更換。

國家圖書館出版品預行編目 (CIP) 資料

印度占星學：精準解讀先天格局，論斷命運走勢／秦瑞生著. -- 初版. -- 臺北市：豐富文化，漫遊者文化出版：大雁文化發行，2019.01
456 面；17×23 公分
ISBN 978-986-94147-3-9（平裝）
1. 占星術
292.22　　107019046

azoth books
漫遊者
漫遊，一種新的路上觀察學
www.azothbooks.com
漫遊者文化

遍路文化 on the road
大人的素養課，通往自由學習之路
www.ontheroad.today
遍路文化・線上課程